LA PRIÈRE DANS LA TRADITION PLATONICIENNE, DE PLATON À PROCLUS

RECHERCHES SUR LES
RHÉTORIQUES RELIGIEUSES

22

Collection dirigée par
Gérard FREYBURGER
Laurent PERNOT

La prière dans la tradition platonicienne, de Platon à Proclus

Par
Andrei TIMOTIN

BREPOLS

D/2017/0095/170
ISBN 978-2-503-57482-0
E-ISBN 978-2-503-57483-7
DOI 10.1484/M.RRR-EB.5.112877

Printed in the EU on acid-free paper.

Τί δέ ἐστιν ἄλλο ἡ εὐχὴ ἢ ὁμοίωσις καὶ ἀνάτασις ἡ πρὸς αὐτοὺς ἡ διὰ τῆς ζωῆς;

(Hermias, *in Phaedrum scholia*, p. 52, 7-8 Lucarini-Moreschini)

Remerciements

Le présent ouvrage reprend, sous une forme remaniée, mon travail de diplôme postdoctoral préparé sous la direction de M. Philippe Hoffmann et soutenu à l'École Pratique des Hautes Études à Paris le 30 janvier 2016. Après avoir dirigé ma thèse de doctorat, M. Philippe Hoffmann a accepté avec générosité la responsabilité de ce nouveau travail et, par ses conseils judicieux et ses encouragements, m'a aidé à le mener à son terme. Je désire lui exprimer toute ma gratitude.

Ma reconnaissance s'adresse également aux membres du jury, à Mme Marie-Odile Boulnois et à MM. Luc Brisson et Laurent Pernot, que je remercie pour leurs remarques et suggestions. MM. Gérard Freyburger et Laurent Pernot m'ont fait l'honneur d'accueillir ce travail dans la belle collection qu'ils dirigent. Je tiens à leur exprimer mes vifs remerciements.

Mme Nicole Belayche et M. Michael Trapp m'ont aimablement communiqué leurs remarques sur différentes parties du livre. C'est un plaisir de les remercier ici pour leur disponibilité et leur bienveillance. Mes collègues et amis, Jocelyn Groisard, Adrien Lecerf et Anna Van den Kerchove, ont eu la gentillesse de relire certains chapitres et de me transmettre de précieuses observations. Je tiens à leur renouveler ici ma gratitude.

La matière de cet ouvrage a fait également l'objet d'un cours que j'ai tenu, entre 2014 et 2016, dans le cadre du Master d'Études religieuses de l'Université de Bucarest, à la Faculté de Langues et de Littératures Étrangères. Je remercie mes étudiants, qui ont pris part à la genèse de ce travail et ont partagé ma passion pour le sujet. Enfin, j'ai bénéficié, pendant cette période, de l'appui offert par un projet de recherche sur les théories et les pratiques de la prière dans l'Antiquité tardive, financé par l'Agence roumaine pour la recherche scientifique (PN-II-RU-TE-2012-3-0045) et que j'ai dirigé, entre 2013 et 2016, à l'Institut de Philosophie « Al. Dragomir » de Bucarest.

Préface

Déjà connu pour ses travaux sur la démonologie et sur la prière, Andrei Timotin a estimé, à juste titre, qu'une synthèse consacrée à la prière néoplatonicienne était un *desideratum* de la recherche. Sur la base d'une sélection des sources les plus pertinentes, son enquête se développe en sept études, consacrées respectivement à Platon, au *Second Alcibiade* pseudo-platonicien, à Maxime de Tyr, Plotin, Porphyre, Jamblique et Proclus. Les textes sont analysés de près et la démarche consiste à caractériser l'attitude de chaque auteur envers la prière ainsi que le dialogue qu'il instaure avec ses prédécesseurs.

La réflexion des philosophes grecs n'était pas abstraite. Chacun tenait compte du public auquel était destiné son ouvrage : les textes examinés dans ce livre sont très variés de ce point de vue, les conférences de Maxime de Tyr, par exemple, n'ayant pas la même visée que les traités d'école. Tous tenaient compte du contexte social : la prière – comme la magie, qui souvent lui est liée – étant répandue dans la société, sous des formes privées et publiques, la philosophie réagissait à un état de fait.

Pour respectable et respectée que fût la prière traditionnelle, les philosophes, en effet, n'hésitaient pas à la remettre en question, ni à entreprendre de l'épurer. C'est ainsi que la « prière de l'insensé » est critiquée au profit de définitions exigeantes et de distinctions rigoureuses. Une hiérarchie est établie entre différents « modes » et « degrés » de la prière, pour viser l'idéal d'une prière philosophique, qui soit un « commerce » (ὁμιλία) avec les dieux. « La philosophie est un hymne », « Le sage seul sait prier ». Mais il subsiste des difficultés. Comment les dieux font-ils pour entendre nos prières ? Les prières peuvent-elles contraindre les astres ?

Les aspects rhétoriques de la prière comprennent l'argumentation et les formules, mais aussi la voix et le chant, ainsi que les gestes et les attitudes corporelles.

Le livre d'Andrei Timotin montre comment les écoles platoniciennes ont construit, à propos de la prière, des systèmes fondés à la fois sur les textes de Platon, sur les traditions mythologiques et sur la théurgie chaldaïque. Il offre ainsi une contribution à l'étude des rapports entre philosophie et religion dans la pensée grecque.

Gérard FREYBURGER & Laurent PERNOT

I. Introduction

Définie de manière très générale comme une « action verbale destinée à établir une relation avec le divin »[1], et qui englobe une grande variété de discours – sollicitation, vœu, hymne, action de grâce, etc. –, la prière est un élément fondamental de la pratique religieuse des Anciens, publique ou privée, et en même temps un objet privilégié de réflexion philosophique et théologique. Le *Second Alcibiade*, pseudépigraphe platonicien de l'époque hellénistique, est le premier témoin notable d'un intérêt qui, en passant par le Περὶ εὐχῆς perdu d'Aristote, se perpétue jusqu'à l'Antiquité tardive, surtout dans la tradition médio- et néoplatonicienne avec des auteurs comme Maxime de Tyr, Porphyre, Jamblique et Proclus.

En suivant le fil de cette tradition, la présente étude a pour objet la prière en tant que catégorie de la pensée religieuse platonicienne d'expression grecque, de Platon jusqu'à la fin de l'Antiquité. Ce choix est justifié par l'intérêt exceptionnel que la prière comporte pour l'analyse des modes de communication entre le divin et l'humain tels qu'ils sont conceptualisés dans les textes philosophiques de la fin de l'Antiquité. Par le prisme de l'examen historique des théories de la prière développées dans la tradition platonicienne, ce livre est ainsi susceptible d'apporter une contribution importante à l'étude de la pensée religieuse dans l'Antiquité tardive.

Les principales notions grecques exprimant la prière dans les textes philosophiques qui font l'objet de cette analyse sont εὐχή, δέησις, λιτανεία et ἱκετεία[2]. L'étude des théories platoniciennes de la prière doit tenir compte de cette variété lexicale et de la spécificité des diverses formes de prière examinées. Elle doit également éclairer, là où cela s'avère nécessaire, le rapport entre la prière (notamment εὐχή) et l'hymne (ὕμνος). Depuis Platon, ὕμνος a pu être

---

1. *Corpus de prières grecques et romaines*, textes réunis, traduits et commentés par F. Chapot et B. Laurot, RRR, 2, Turnhout, 2001, p. 7.

2. Sur le lexique de la prière, voir A. Corlu, *Recherches sur les mots relatifs à l'idée de prière, d'Homère aux Tragiques*, Paris, 1966 (notamment pour les familles de εὔχομαι et de λίσσομαι) ; É. Benveniste, *Vocabulaire des institutions indo-européennes*, t. II, Paris, 1969, p. 245-254 ; D. Aubriot-Sévin, *Prière et conceptions religieuses en Grèce ancienne jusqu'à la fin du Vᵉ siècle av. J.-C.*, Lyon, 1992, p. 197-253 et 439-494 ; D. Jakov, E. Voutiras, « Das Gebet bei den Griechen », dans *Thesaurus Cultus et Rituum Antiquorum*, t. III, Los Angeles, 2005, p. 108-109 et 126-130.

défini, en effet, comme une forme d'εὐχή chantée adressée aux dieux, ce qui le distingue ainsi des thrènes, des dithyrambes et d'autres formes poétiques[3]. D'autres définitions ont également eu cours dans l'Antiquité[4], mais la relation entre εὐχή et ὕμνος a été constamment thématisée dans l'Antiquité tardive, non seulement au sein de la réflexion philosophique, mais aussi dans la théorie rhétorique, par exemple chez Ménandre le rhéteur (IIIe siècle apr. J.-C.), qui aborde la prière dans le cadre d'une typologie des hymnes rhétoriques[5].

L'objectif principal de ce travail est de retracer l'histoire de la réflexion sur la prière dans la tradition platonicienne, depuis Platon jusqu'aux derniers philosophes néoplatoniciens, en prêtant attention au contexte doctrinal particulier dans lequel cette réflexion s'inscrit chez chacun des auteurs étudiés, aux thèmes et aux problèmes spécifiques auxquels elle est à chaque fois liée. Il s'agit ainsi, principalement, d'une étude d'histoire doctrinale. En suivant un plan chronologique où à chaque auteur est consacré un chapitre à part, cette étude a néanmoins l'ambition de faire ressortir, à travers ces analyses centrées sur l'œuvre de tel ou tel auteur, les liens et les convergences thématiques qui se dégagent au long de la tradition platonicienne.

Plusieurs catégories de problèmes structurent, de manière transversale, l'enchaînement chronologique des chapitres : la relation des théories (néo) platoniciennes de la prière avec les critiques et les interprétations philosophiques du culte civique et notamment du sacrifice, avec la réflexion sur les

---

3.   PLATON, *Lois* III, 700 a-b : διῃρημένη γὰρ δὴ τότε ἦν ἡμῖν ἡ μουσικὴ κατὰ εἴδη τε ἑαυτῆς ἄττα καὶ σχήματα, καί τι ἦν εἶδος ᾠδῆς εὐχαὶ πρὸς θεούς, ὄνομα δὲ ὕμνοι ἐπεκαλοῦντο· καὶ τούτῳ δὴ τὸ ἐναντίον ἦν ᾠδῆς ἕτερον εἶδος – θρήνους δέ τις ἂν αὐτοὺς μάλιστα ἐκάλεσεν – καὶ παίωνες ἕτερον, καὶ ἄλλο, Διονύσου γένεσις οἶμαι, διθύραμβος λεγόμενος. « À l'époque, en effet, le domaine des Muses était divisé en genres et en modes définis. Un genre de chant comprenait les prières aux dieux, et il recevait le nom d''hymnes'. Le genre opposé à celui-là constituait un autre genre de chant, ces lamentations qu'on appelait très justement 'thrènes' Celui des 'péans' en constituait un troisième. La naissance de Dionysos en constituait, j'imagine, un autre, appelé 'dithyrambe'. » (trad. L. Brisson-J.-F. Pradeau).

4.   Voir *infra*, p. 22 n. 3. Sur les différents sens du mot ὕμνος dans l'Antiquité, voir L. PERNOT, *La rhétorique de l'éloge dans le monde gréco-romain*, t. I, Paris, 1993, p. 216-218 ; J. GOEKEN, *Aelius Aristide et la rhétorique de l'hymne en prose*, RRR, 15, Turnhout, 2012, p. 35-39. Cf. aussi J. M. BREMMER, « Greek Hymns », dans H. S. VERSNEL (éd.), *Faith, Hope and Worship. Aspects of Religious Mentality in the Ancient World*, Leyde, 1981, p. 193-215 ; P. WÜLFING, « Hymnos und Gebet. Zur Formengeschichte der älteren griechischen Hymnendichtung », *Studii clasice*, 20, 1981, p. 21-31 ; S. PULLEYN, *Prayer in Greek Religion*, Oxford, 1997, p. 39-55 ; Y. LEHMANN (éd.), *L'hymne antique et son public*, RRR, 7, Turnhout, 2007.

5.   MÉNANDRE, *Sur la division des discours épidictiques*, p. 342, 22-343, 16 SPENGEL ; MENANDER RHETOR, edited with translation and commentary by D. A. RUSSELL and N. G. WILSON, Oxford, 1981, p. 24-27.

émotions religieuses, avec les théories de l'âme et de l'intériorité et avec la description théologique du réel dans le néoplatonisme tardif.

Ce travail se présente ainsi, en premier lieu, comme une contribution à l'étude de la pensée religieuse dans la tradition platonicienne antique. Depuis les études pionnières d'André-Jean Festugière[6], une série de travaux importants ont été consacrés à la religiosité philosophique de l'Antiquité tardive, mettant en évidence le climat religieux dans lequel se déroulait la vie intellectuelle des communautés néoplatoniciennes à la fin de l'Antiquité et la dimension spirituelle de l'activité philosophique structurée par l'élaboration d'une théologie scientifique[7]. Le déploiement de cette théologie correspond à une célébration intellectuelle de la divinité, à une *religio mentis*, tandis que l'activité et le mode de vie qui lui sont associés se présentent comme un véritable culte rendu aux dieux, qui prolonge et achève la religion traditionnelle. La pratique scolaire de la philosophie n'est pas, de ce fait, incompatible avec une ferveur religieuse que les hymnes de Proclus, par exemple, rendent particulièrement manifeste.

La place de plus en plus importante du thème de la prière dans la réflexion des philosophes néoplatoniciens est étroitement liée à ce phénomène. La définition d'une piété spécifique du philosophe et d'une *praxis* religieuse du sage platonicien représente en effet une démarche liée à l'interprétation sous un mode philosophique et théologique des aspects fondamentaux du culte civique. Cette définition est censée répondre à une question cardinale pour les

---

6.   A.-J. FESTUGIÈRE, *La Révélation d'Hermès Trismégiste*, t. I-IV, Paris, 1944-1954 [nouvelle édition revue et augmentée avec la collaboration de C. Luna, H. D. Saffrey et N. Roudet, Paris, 2014]; *Personal religion among the Greeks*, Berkeley-Los Angeles, 1954; « Proclus et la religion traditionnelle », dans R. CHEVALIER (éd.), *Mélanges d'archéologie et d'histoire offerts à André Piganiol*, Paris, 1966, p. 1581-1590 [repris dans *Études de philosophie grecque*, Paris, 1971, p. 575-596].

7.   Voir H. DÖRRIE, « Die Religiosität des Platonismus im 4. und 5. Jahrhundert nach Christus », dans *De Jamblique à Proclus*, Entretiens sur l'Antiquité classique, 21, Genève, 1974, p. 257-281; H.-D. SAFFREY, « Quelques aspects de la spiritualité des philosophes néoplatoniciens de Jamblique à Proclus et Damascius », *Revue des sciences philosophiques et théologiques*, 68, 1984, p. 169-182 [repris dans *Recherches sur le néoplatonisme après Plotin*, Paris, 1990. p. 213-226]; Ph. HOFFMANN, « What was Commentary in Late Antiquity ? The Example of the Neoplatonic Commentators », dans M. L. GILL, P. PELLEGRIN (éd.), *The Cambridge Companion in Ancient Philosophy*, Cambridge, 2006, p. 597-622; J. DILLON, « The Religion of the Last Hellenes », dans J. SCHEID (éd.), *Rites et croyances dans les religions du monde romain*, Genève, 2007, p. 117-138; K. CORRIGAN, « Religion and Philosophy in the Platonic Tradition », dans K. CORRIGAN, J. D. TURNER, P. WAKEFIELD (éd.), *Religion and Philosophy in the Platonic and Neoplatonic Traditions. From Antiquity to the Early Medieval Period*, Sankt Augustin, 2012, p. 19-34.

différents platonismes de l'Antiquité tardive : quelle attitude doit adopter le philosophe par rapport au culte civique et quelle espèce de prière correspond le mieux à son profil spirituel ? Le sage a-t-il besoin de prier selon la coutume et, si c'est le cas, quel est le rapport entre la prière du sage et la prière légale, conforme aux usages traditionnels des cités ? Les réponses à ces questions ont varié dans les différents platonismes tardo-antiques. Leur examen approfondi est de ce fait susceptible d'éclairer sous un jour nouveau la variété des expériences spirituelles et religieuses de l'Antiquité tardive.

En second lieu, une attention particulière est prêtée à la relation entre philosophie et rhétorique, c'est-à-dire à l'analyse de la prière comme discours et comme acte de langage[8]. La dimension rhétorique de la prière est examinée ici notamment en relation avec le rôle de la persuasion (πείθειν) et de l'affectivité (παθεῖν) dans la prière, mais aussi avec le développement dans les écoles philosophiques à la fin de l'Antiquité de la conception selon laquelle le commentaire exégétique représente un hymne en prose adressé aux dieux[9]. L'examen de cette question nous amènera à poser le problème plus général du rapport entre prière et exégèse dans le néoplatonisme tardif, dans un climat spirituel où la prière tend de plus en plus à être conçue comme un exercice méditatif à partir d'un support textuel. La sacralisation de la démarche exégétique sera ainsi étudiée en relation avec les différentes formes de textualisation de l'acte religieux à la fin de l'Antiquité[10].

8.   Voir notamment l'article programmatique de L. PERNOT, « Prière et rhétorique », dans *Papers on Rhetoric*, III, éd. L. CALBOLI MONTEFUSCO, Bologne, 2000, p. 213-232. Voir aussi D. AUBRIOT, « Prière et rhétorique en Grèce ancienne (jusqu'à la fin du Vᵉ siècle av. J.-C.) », *Mètis* 6, 1991, p. 147-165. Deux travaux plus anciens méritent également d'être mentionnés : K. ZIEGLER, *De precationum apud Graecos formis quaestiones selectae*, Diss., Breslau, 1905 ; O. KUETTLER, *Precationes quomodo oratores ueteres usurpauerint in orationibus*, Diss., Jena, 1909.

9.   Voir Ph. HOFFMANN, « Sur quelques aspects de la polémique de Simplicius contre Jean Philopon : de l'invective à la réaffirmation de la transcendance du Ciel », dans I. HADOT (éd.), *Simplicius : sa vie, son œuvre, sa survie* (Actes du Colloque international *Simplicius*, Paris, 28 septembre-1ᵉʳ octobre 1985), Berlin-New York, 1987, p. 204-209 ; IDEM, « Science théologique et Foi selon le Commentaire de Simplicius au *De Caelo* d'Aristote », dans E. CODA, C. MARTINI BONADEO (éd.), *De l'Antiquité tardive au Moyen Âge. Études de logique aristotélicienne et de philosophie grecque, arabe, syriaque et latine offertes à Henri Hugonnard-Roche*, Paris, 2014, p. 283-286 ; L. BRISSON, « Le commentaire comme prière destinée à assurer le salut de l'âme », dans M.-O. GOULET-CAZÉ (éd.), *Le commentaire entre tradition et innovation*, Paris, 2000, p. 329-353.

10.   Un aspect relativement bien connu de ce phénomène est la lecture néoplatonicienne des textes de Platon sous la forme d'une pratique initiatique dans le cadre du programme de lecture des dialogues codifié par Jamblique ; voir A.-J. FESTUGIÈRE, « L'ordre de lecture des dialogues

Corpus de textes

Le corpus des textes examinés est formé des dialogues platoniciens, authentiques ou apocryphes, et des textes médio- et néoplatoniciens qui traitent du thème de la prière, auxquels s'ajoute un ensemble des textes appartenant à d'autres traditions philosophiques, notamment aristotélicienne et stoïcienne, ou à d'autres genres, par exemple, la théorie rhétorique, dont l'analyse est susceptible d'éclairer ponctuellement la compréhension des textes (néo)platoniciens.

Le corpus principal de textes comprend : parmi les dialogues platoniciens et pseudo-platoniciens, les *Lois, Euthyphron, Phèdre, Phédon,* la *République, Timée, Critias, Second Alcibiade* ; le discours εἰ δεῖ εὔχεσθαι de Maxime de Tyr ; l'œuvre de Plotin, notamment les traités 10, 27-29, 31-33, 47-49 et 52 ; l'ensemble de l'œuvre de Porphyre ; la *Réponse à Porphyre* (*De mysteriis*) et la *Vie de Pythagore* par Jamblique ; les discours *Sur Hélios-Roi* et *Sur la Mère des Dieux* de Julien ; les commentaires de Proclus sur le *Timée* et sur la *République,* ainsi que ses hymnes et la *Théologie platonicienne.*

En dehors de ce corpus, d'autres œuvres des auteurs mentionnés ou bien d'autres auteurs appartenant à la tradition platonicienne (comme Philon, Plutarque, Apulée, Saloustios, Synésios et Ammonius) sont cités et commentés au long de ce travail pour éclairer tel ou tel point de l'analyse. Le corpus principal comporte néanmoins trois absences notables : Philon d'Alexandrie, Damascius et Simplicius. La conception de la prière de Philon doit beaucoup plus à la tradition juive qu'à l'héritage platonicien, raison pour laquelle elle nécessiterait une étude à part qui dépasse les objectifs du présent travail ; une telle étude a été d'ailleurs entreprise récemment par Menahem Luz avec des résultats remarquables[11]. Quant à l'absence ici d'études sur la prière chez Damascius et Simplicius, elle s'explique, d'une part, par les limites de nos compétences et, d'autre part, de telles investigations ont déjà été réalisées, et d'une manière excellente, respectivement par Marilena Vlad[12] et par Philippe Hoffmann[13].

de Platon aux Ve-VIe siècles », *Museum Helveticum,* 26, 1969, p. 281-296 [repris dans IDEM, *Études de philosophie grecque,* p. 535-550] ; cf. aussi Ph. HOFFMANN, « Le cursus d'étude dans l'École néoplatonicienne d'Alexandrie », dans Ch. MÉLA *et alii* (éd.), *Alexandrie la Divine,* t. I, Genève, 2014, p. 342-353.

11.   M. LUZ, « Philo on Prayer as Devotional Study », dans J. DILLON, A. TIMOTIN (éd.), *Platonic Theories of Prayer,* Leyde-Boston, 2016, p. 46-57.

12.   M. VLAD, « Damascius and Dionysius on Prayer and Silence », *ibid.,* p. 192-212.

13.   Une étude de synthèse sur le sujet (*Les prières en prose de Simplicius et la théologie néoplatonicienne*) a été présentée par Ph. HOFFMANN au colloque *Théories et pratiques de la prière*

Dans l'étude de ce corpus de textes, une attention particulière est prêtée à l'ensemble doctrinal où les notions et les textes examinés sont inscrits,
ensemble qui se définit en rapport à la fois avec la totalité de l'œuvre dont le
texte fait partie et avec son genre littéraire (dialogue philosophique, discours
public, traité ou manuel philosophique, ζητήματα, commentaire exégétique).
En particulier, la dimension exégétique de ces développements théoriques est
essentielle : les textes médio- et néoplatoniciens étudiés se rapportent souvent
à des passages des dialogues de Platon que les auteurs postérieurs reprennent
et commentent en fonction des éléments et des cadres exégétiques élaborés
au cours d'une longue tradition interprétative.

Status quaestionis

Les recherches sur les théories de la prière dans l'Antiquité remontent au
début du XXᵉ siècle. Le travail d'Heinrich Schmidt, *Veteres philosophi quomodo iudicaverint de precibus*, (Giessen, 1907), le premier consacré à l'histoire
de la réflexion philosophique sur la prière, a le caractère d'un répertoire, très
utile, des textes de référence. Ce n'est pas véritablement une étude d'histoire
doctrinale. Au contraire, la dissertation de Hans Peter Esser, *Untersuchungen
zu Gebet und Gottesverehrung der Neuplatoniker* (Cologne, 1967) a cette ambition, mais ses analyses, de caractère général, ne sont pas toujours fondées
sur une lecture approfondie des textes commentés. L'absence d'une étude de
synthèse sur le sujet a été récemment soulignée par Gilles Dorival, dans les
Actes d'un colloque sur la prière dans le monde méditerranéen antique[14], et
par John Dillon[15]. Le présent travail vise à combler cette lacune[16]. Durant sa

---

dans l'Antiquité tardive (IIᵉ-VIᵉ s.) (23-24 octobre 2015, New Europe College, Bucarest). Le
volume des actes du colloque est en préparation. Voir aussi IDEM, « Sur quelques aspects de la
polémique de Simplicius... », p. 204-209 ; « Science théologique et Foi... », p. 283-286.

14.   G. DORIVAL, « Païens en prière », dans G. DORIVAL, D. PRALON (éd.), *Prières méditerranéennes hier et aujourd'hui*, Aix-en-Provence, 2000, p. 87-101. Une version mise à jour de cet
article a été publiée sous le titre « Modes of Prayer in the Hellenic Tradition » dans J. DILLON,
A. TIMOTIN (éd.), *Platonic Theories of Prayer*, p. 26-45.

15.   J. DILLON, « The Platonic Philosopher at Prayer », dans Th. KOBUSCH, M. ERLER (éd.),
Metaphysik und Religion. Zur Signatur des spätantikern Denkens, München-Leipzig, K. G. Saur,
2002, p. 279-296 [repris dans J. DILLON, A. TIMOTIN (éd.), *Platonic Theories of Prayer*, p. 7-25].

16.   Voir également É. DES PLACES, « La prière des philosophes grecs », *Gregorianum*, 41,
1960, p. 253-272 ; C. MUELLER-GOLDINGEN, « Zur Behandlung der Gebetsproblematik
in der griechisch-römischen Antike », *Hyperboreus* 2, 1996, p. 21-37 ; Ch. GUITTARD, « La
prière philosophique, grecque et latine : une esquisse de définition et de classification », dans

préparation, nous avons organisé, en collaboration avec John Dillon, une table ronde sur les théories platoniciennes de la prière au XIᵉ Congrès de l'Association internationale d'études néoplatoniciennes (Cardiff, 12-15 juin 2013), qui a donné lieu récemment à un recueil d'études, ainsi que, plus récemment, en collaboration avec l'École Pratique des Hautes Études, un colloque sur *Théories et pratiques de la prière dans l'Antiquité tardive (IIᵉ-VIᵉ s.)*, à Bucarest (New Europe College, 23-24 octobre 2015).

L'absence d'études de synthèse est, en partie, compensée par un certain nombre d'études qui traitent de manière spécifique de certains aspects de la théorie de la prière chez tel ou tel philosophe (néo)platonicien. Les passages contenant des prières dans les dialogues de Platon ont été répertoriés par André Motte[17]. Le discours de Maxime de Tyr sur la prière a été étudié par Guy Soury dans sa monographie sur les conceptions religieuses de Maxime, puis par P. van den Horst, et plus récemment par Carl O'Brien[18]. La place de la prière dans la philosophie de Plotin a fait l'objet de deux études qui n'ont pas épuisé le sujet[19]. Sur Porphyre, il n'y a pas d'étude particulière[20]. Les conceptions de Jamblique en la matière sont un peu mieux connues grâce notamment aux études de John Dillon et de Philippe Hoffmann[21], mais une étude

D. Briquel, C. Février, Ch. Guittard (éd.), *Varietates fortunae. Religion et mythologie à Rome. Hommage à Jacqueline Champeux*, Paris, 2010, p. 195-210 ; B. Bitton-Ashkelony, « Theories of prayer in Late Antiquity: doubts and practices from Maximos of Tyre to Isaac of Nineveh », dans B. Bitton-Ashkelony, D. Krueger (éd.), *Prayer and Worship in Eastern Christianities, 5th to 11th Centuries*, Londres – New York, 2017, p. 10-33.

17. A. Motte, « La prière du philosophe chez Platon », dans H. Limet, J. Ries (éd.), *Expérience de la prière dans les grandes religions*, Actes du colloque de Louvain-la-Neuve et Liège (22-23 novembre 1978), Louvain-la-Neuve, 1980, p. 173-204.

18. G. Soury, *Aperçus de philosophie religieuse chez Maxime de Tyr, platonicien éclectique*, Paris, 1942, p. 15-38 ; P. W. van der Horst, « Maximus of Tyre on Prayer. An Annotated Translation of εἰ δεῖ εὔχεσθαι (*Dissertatio* 5) », dans H. Cancik, H. Lichtenberger, P. Schäfer (éd.), *Geschichte-Tradition-Reflexion. Festschrift für M. Hengel zum 70. Geburtstag*, Bd. II. *Griechische und Römische Religion*, Tübingen, 1996, p. 323-338 ; C. S. O'Brien, « Prayer in Maximus of Tyre », dans J. Dillon, A. Timotin (éd.), *Platonic Theories of Prayer*, p. 58-72.

19. J. M. Rist, *Plotinus. The Road to Reality*, Cambridge, 1967, p. 199-212 ; J. Laurent, « La prière selon Plotin », *Kairos*, 15, 1999 [= D. Montet (éd.), *Plotin.Ἐκεῖ, ἐνταῦθα*], p. 99-106.

20. Les analyses développées ici dans le chapitre consacré à Porphyre ont été précédées par l'étude « Porphyry on prayer. Platonic tradition and religious trends in the third century », dans J. Dillon, A. Timotin (éd.), *Platonic Theories of Prayer*, p. 88-107.

21. J. Dillon, *Iamblichi Chalcidensis in Platonis dialogos commentariorum fragmenta*, Leyde, 1973, p. 407-411 ; Ph. Hoffmann, « Erôs, Alètheia, Pistis... et Elpis. Tétrade chaldaïque, triade néoplatonicienne (Fr. 46 des Places, p. 26 Kroll) », dans H. Seng, M. Tardieu (éd.), *Die Chaldaeischen Orakel. Kontext, Interpretation, Rezeption*, Heidelberg, 2010, p. 255-324, notamment p. 287-295.

systématique qui prenne en compte l'ensemble des passages pertinents fait encore défaut[22]. Enfin, la conception de Proclus est relativement bien connue grâce à l'excellente monographie de Robbert van den Berg sur ses hymnes, qui traite aussi de nombreux aspects concernant la prière[23]. Luc Brisson et Danielle Layne ont également étudié cet aspect de la pensée de Proclus[24].

Il faudra ajouter à ce bilan les études sur les réflexions relatives à la prière développées dans d'autres écoles philosophiques (stoïcienne[25], épicurienne[26]) et les études sur la place de la prière dans les textes hermétiques[27] ou dans la réflexion des Pères de l'Église, laquelle doit beaucoup à la tradition platonicienne, notamment chez Clément d'Alexandrie et Origène[28].

---

22.   Une première version de l'analyse présente dans ce travail a été publiée dans A. Timotin, « La théorie de Jamblique sur la prière. Sa fonction et sa place dans l'histoire du platonisme », *Laval Théologique et Philosophique*, 70, 2014, 3, p. 563-577.

23.   R. van den Berg, *Proclus' Hymns. Essays, translation and commentary*, Leyde-Boston, 2001.

24.   L. Brisson, « Prayer in the Neoplatonism and the *Chaldaean Oracles*. Porphyry, Iamblichus, Proclus », dans J. Dillon, A. Timotin (éd.), *Platonic Theories of Prayer*, p. 108-133 ; D. Layne, « Philosophical Prayer in Proclus' Commentary on Plato's *Timaeus* », *Review of Metaphysics*, 67, 2013, 2, p. 345-368 ; « Cosmic Etiology and Demiurgic Mimesis in Proclus' Account of Prayer », dans J. Dillon, A. Timotin (éd.), *Platonic Theories of Prayer*, p. 134-163.

25.   Voir C. Merckel, « Prière philosophique et transcendance divine. L'intériorité dans la religion de Sénèque (sur la base des *Lettres à Lucilius*) », *RÉL*, 89, 2011, p. 133-153 ; J. Pià Comella, *Une piété de la raison. Philosophie et religion dans le stoïcisme impérial. Des* Lettres à Lucilius *de Sénèque aux* Pensées *de Marc-Aurèle*, Turnhout, 2015, p. 77-87 (sur l'*Hymne à Zeus* de Cléanthe), 129-141 (sur les *Lettres à Lucilius*) et 339-358 (sur le *De providentia* de Sénèque et Épictète) ; « Prière et appropriation des dogmes dans le stoïcisme impérial : vers une conversion philosophique de nature religieuse », dans Ph. Hoffmann, A. Le Boulluec, L. G. Soares Santoprete, A. Timotin (éd.), *Exégèse, révélation et formation des dogmes dans l'Antiquité tardive*, Paris, à paraître.

26.   Voir G. D. Hadzsits, « Significance of Worship and Prayer among the Epicureans », *Transactions and Proceedings of the American Philological Association* 39, 1908, p. 73-88.

27.   Voir A. Van den Kerchove, *La voie d'Hermès. Pratiques rituelles et traités hermétiques*, Leyde-Boston, 2012, p. 235-274 et « *Comment convient-il, mon père, que je prie ?* Les prières des hermétistes », à paraître dans les Actes du colloque *Théories et pratiques de la prière dans l'Antiquité tardive (IIᵉ-VIᵉ s.)*, édités par Ph. Hoffmann et A. Timotin.

28.   Voir L. Perrone, « Prayer in Origen's *Contra Celsum* : The Knowledge of God and the Truth of Christianity », *Vigiliae Christianae*, 55, 2001, p. 1-19 ; *La preghiera secondo Origene. L'impossibilità donata*, Brescia, 2011 ; A. Le Boulluec, « Les réflexions de Clément sur la prière et le traité d'Origène », dans L. Perrone (éd.), *Origeniana Octava. Origen and the Alexandrian Tradition*, Louvain, 2003, p. 387-407. En général pour la comparaison entre les prières païennes et chrétiennes, voir A. Hamman, « La prière chrétiennes et la prière païenne, formes et différences », dans ANRW II, 23.2, Berlin, 1980, p. 1190-1247.

Si les études sur la compréhension philosophique de la prière dans l'Antiquité ne sont pas particulièrement nombreuses au regard du nombre élevé de textes, on ne peut pas en dire autant de l'étude de la prière dans la religion grecque. Après le chapitre que lui a consacré Jean Rudhardt dans son travail désormais classique[29], d'autres travaux remarquables ont été publiés, dont notamment l'étude novatrice de Hendrik Versnel sur la prière du point de vue de l'histoire des mentalités[30], et deux excellents travaux de synthèse, dus à Danielle Aubriot-Sévin et à Simon Pulleyn[31]. En ce qui concerne la prière romaine, d'une grande utilité pour la mise en contexte historique et religieuse des textes philosophiques sur la prière sont les études de Gérard Freyburger[32], de Jacqueline Champeaux[33], et de Charles Guittard[34]. Les publications sur la prière dans les religions grecque et romaine sont abondantes. La *Bibliographie de la prière gréco-romaine*, réalisée au Centre d'Analyse des Rhétoriques Religieuses de l'Antiquité de l'Université de Strasbourg et trois fois mise à jour[35], recense périodiquement toutes les publications qui touchent, plus ou moins directement, la prière dans l'Antiquité gréco-romaine. Cet outil indispensable est une mine pour tous ceux qui travaillent sur le sujet.

29. J. RUDHARDT, *Notions fondamentales de la pensée religieuse et actes constitutifs du culte dans la Grèce classique*, Genève, 1958, p. 187-201, 249-300.

30. H. S. VERSNEL, « Religious Mentality in Ancient Prayer », dans H. S. VERSNEL (éd.), *Faith, Hope and Worship. Aspects of Religious Mentality in the Ancient World*, Leyde, 1981, p. 1-64 ; *Fluch und Gebet. Magische Manipulation versus religiöses Flehen ? Religionsgeschichtliche und hermeneutische Betrachtungen über antike Fluchtafeln*, Berlin-New York, 2009.

31. D. AUBRIOT-SÉVIN, *Prière et conceptions religieuses en Grèce ancienne* ; S. PULLEYN, *Prayer in Greek Religion*.

32. G. FREYBURGER, « Prière et magie à Rome », dans *La magie*. Actes du colloque de Montpellier, 25-27 mars 1999, t. III. *Du monde latin au monde contemporain*, Montpellier, 2000, p. 5-13 ; « Prière silencieuse et prière murmurée dans la religion romaine », *REL*, 79, 2001, p. 26-36.

33. J. CHAMPEUX, « La prière du Romain », *Ktèma*, 26, 2001, p. 267-283.

34. Ch. GUITTARD, « Invocations et structures théologiques dans la prière à Rome », *REL* 76, 1998, p. 71-92 ; *Carmen et prophéties à Rome*, RRR, 6, Turnhout, 2007. Voir aussi C. FÉVRIER, *Supplicare deis. La supplication expiatoire à Rome*, RRR, 10, Turnhout, 2009 ; S. ROESCH (éd.), *Prier dans la Rome antique. Études lexicales*, Paris, 2010.

35. *Bibliographie analytique de la prière grecque et romaine (1898-1998)*, sous la direction de G. FREYBURGER et L. PERNOT, RRR, 1, Turnhout, 2000 ; 2ᵉ édition complétée et augmentée *(1898-2003)*, sous la direction de G. FREYBURGER, L. PERNOT, F. CHAPOT et B. LAUROT, 2008 ; *Supplément à la deuxième édition (2004-2008)*, sous la direction de Y. LEHMANN, L. PERNOT et B. STENUIT, 2013 ; *Deuxième Supplément à la deuxième édition (2009-2013)*, sous la direction de B. STENUIT, 2016. Voir aussi le bilan dressé par L. PERNOT, « Cent ans de recherches sur la prière païenne (1898-1998) », dans *La preghiera nel tardo antico. Dalle origini ad Agostino*, Rome, 1999, p. 631-639.

Ce travail aura atteint son objectif s'il contribue à une meilleure connaissance de la réflexion antique sur le phénomène religieux et des formes de
religiosité philosophique qui se développent en relation avec les différents
platonismes tardo-antiques.

II. Platon. Prières des impies, prières des sages

L'attitude de Platon envers la religion est marquée par une antinomie remarquable : d'une part, elle est caractérisée par un conservatisme vigoureux, par un souci permanent de préserver les pratiques religieuses traditionnelles ; d'autre part, elle laisse transparaître un ample dessein réformateur visant à contrôler et à épurer la religion traditionnelle de tout ce qui contrevient à la moralité et à la piété, un projet dont témoignent la *République* et les *Lois*[1].

Le premier de ces deux traits ressortit à la préoccupation de l'auteur des *Lois* que la religion, dans toutes se manifestations extérieures, demeure sous le contrôle permanent de l'État, souci manifesté notamment par l'interdiction des cultes privés (*Lois* X, 909 d-910 e). De manière générale, rien de ce qui relève de la tradition ne doit être changé : dans la *République* (IV, 427 b-c ; cf. V, 461 e, 470 a ; VII, 540 c), l'établissement de la religion dépend de la tradition et de l'oracle de Delphes, l'arbitre principal en matière de religion. Les *Lois* préservent fidèlement cette règle et interdisent au législateur d'y toucher (V, 738 b-c ; cf. *Épinomis* 985 c-d), en montrant concrètement comment cet ensemble de prescriptions régira la vie de la cité. Cette décision repose sur le principe, qui est à la base de la rédaction des *Lois*, selon lequel c'est la divinité, et non la raison humaine, qui est la mesure de toutes choses (IV, 716 c), l'organisation de la cité prévue par le législateur ne faisant que développer les conséquences de ce principe.

Le second trait de la pensée religieuse de Platon se révèle à la fois dans son attitude à l'égard de la poésie religieuse et d'Homère en particulier, qu'il condamne sans appel, et dans son intolérance envers les pratiques religieuses jugées impies et immorales. L'État platonicien est censé, en effet, exercer

1.   Sur la pensée religieuse de Platon, voir notamment A. Diès, *Autour de Platon*, t. II, Paris, 1927, p. 523-603 ; O. Reverdin, *La religion de la cité platonicienne*, Paris, 1945 ; V. Goldschmidt, *La religion de Platon*, Paris, 1949 ; É. des Places, *La Religion grecque. Dieux, cultes, rites et sentiment religieux dans la Grèce antique*, Paris, 1969, p. 245-259 ; D. Babut, *La religion des philosophes grecs, de Thalès aux Stoïciens*, Paris, 1974, p. 75-104 ; M. L. Morgan, *Platonic Piety. Philosophy and Ritual in Fourth-Century Athens*, New Haven-Londres, 1990 ; M. L. Mcpherran, *The Religion of Socrates*, Pennsylvania, 1996 ; L. Brisson, « La critique de la tradition religieuse par Platon, et son usage dans la *République* et dans les *Lois* », dans E. Vegleris (éd.), *Cosmos et psychè. Mélanges offerts à Jean Frère*, Hildesheim-Zurich-New York, 2005, p. 67-82 ; G. van Riel, *Plato's Gods*, Farnham, 2013.

un contrôle minutieux sur les poètes et les musiciens[2], tout en stimulant la composition de prières (εὐχαί) et d'hymnes (ὕμνοι), soumis à une vérification stricte, en l'honneur des dieux, des δαίμονες et des héros[3].

1. Prier selon la loi

Les prières et la loi sur l'impiété (*Lois* X, 905 d-e)

La manière dont Platon envisage la prière est marquée par l'antinomie qui caractérise sa pensée religieuse[4]. D'une part, la prière est considérée, notamment dans les *Lois* (VII, 796 c), en fonction du culte public et les prières que l'on retrouve dans les dialogues de Platon sont souvent redevables à la tradition religieuse[5]. D'autre part, Platon se montre intransigeant à l'égard des prières par lesquelles ceux qui les prononcent prétendent pouvoir contraindre la divinité à accomplir leurs souhaits, voire à purifier les gens de leurs fautes (*République* II, 364 b-e; *Lois* X, 906 c-d).

---

2.   PLATON, *Lois* VII, 801 c-d : Τὸν ποιητὴν παρὰ τὰ τῆς πόλεως νόμιμα καὶ δίκαια ἢ καλὰ ἢ ἀγαθὰ μηδὲν ποιεῖν ἄλλο, τὰ δὲ ποιηθέντα μὴ ἐξεῖναι τῶν ἰδιωτῶν μηδενὶ πρότερον δεικνύναι, πρὶν ἂν αὐτοῖς τοῖς περὶ ταῦτα ἀποδεδειγμένοις κριταῖς καὶ τοῖς νομοφύλαξιν δειχθῇ καὶ ἀρέσῃ. « Que le poète ne compose rien d'autre que ce que la cité regarde comme légal, juste, comme beau ou comme bon. Quant à ses compositions, il ne lui sera permis de les montrer à aucun particulier avant qu'elles n'aient été vues et approuvées par les juges qui auront été désignées à cet effet par les gardiens des lois » (trad. L. Brisson-J.-F. Pradeau).

3.   *Ibid.*, VII, 801 e : Μετά γε μὴν ταῦτα ὕμνοι θεῶν καὶ ἐγκώμια κεκοινωνημένα εὐχαῖς ᾄδοιτ' ἂν ὀρθότατα, καὶ μετὰ θεοὺς ὡσαύτως περὶ δαίμονάς τε καὶ ἥρωας μετ' ἐγκωμίων εὐχαὶ γίγνοιντ' ἂν τούτοις πᾶσιν πρέπουσαι. « Cela posé, il sera parfaitement juste de chanter en l'honneur des dieux des hymnes et des éloges associés à des prières ; on pourra aussi, après s'être adressé aux dieux, adresser aux démons et aux héros des prières comportant des éloges qui leur conviennent à eux tous » (trad. L. Brisson-J.-F. Pradeau). Dans ce passage, Platon définit ὕμνος comme une forme d'éloge (ἐγκώμιον) qui a pour objet un dieu. Cette définition semble avoir fait autorité dans la rhétorique, même si chez Platon elle est loin d'être arrêtée. Dans la *République* X, 607 a, ὕμνος est ainsi opposé à ἐγκώμιον dont l'objet sont les hommes, et cette distinction a été reprise par ARISTOTE (*Poétique* 1448 b 27). Qui plus est, ὕμνος peut également être défini comme une forme d'εὐχή chantée adressée aux dieux (*Lois* III, 700 a-c).

4.   Sur la conception platonicienne de la prière, voir O. REVERDIN, *La religion...*, p. 65-68 ; B. DARREL-JACKSON, « The Prayers of Socrate », *Phronesis*, 16, 1971, p. 14-37 ; A. MOTTE, « La prière du philosophe... » ; R. MAYHEW, « On Prayer in Plato's *Laws* », *Apeiron*, 41, 2008, p. 45-61.

5.   Pour un relevé des prières du corpus platonicien, voir B. DARREL-JACKSON, « The Prayers of Socrate », p. 30-37 ; A. MOTTE, « La prière du philosophe... », p. 176-190.

La condamnation de ces prières trouve sa place dans le cadre plus général de la critique des aspects de la tradition religieuse censés saper l'ordre social et moral de la cité. Elle est, en effet, formulée par Platon dans l'exposé consacré, dans le Xe livre des *Lois*, à la loi contre l'impiété entendue comme négation de l'existence des dieux, de leur providence et de leur impartialité[6]. Cette loi comporte trois volets correspondant à ces trois éléments, dont le dernier concerne spécifiquement les prières : a) la critique de l'athéisme[7] ; b) la réfutation des adversaires de la providence ; c) la critique de la conception selon laquelle la divinité peut être fléchie par des prières (εὐχαί) et des sacrifices :

> Et pour commencer, le seul avertissement important que je puis te donner, sans crainte que jamais tu ne le prennes en défaut, est le suivant : ni toi seul, ni tes amis ne fûtes les premiers initiateurs d'une telle opinion sur les dieux, car il y a toujours eu un nombre plus ou moins important des gens affligés de cette maladie. À vrai dire, j'en ai connu beaucoup et voici ce que j'aurais à déclarer. **a)** Jamais aucun de ceux qui dans leur jeunesse ont adopté cette opinion sur les dieux, à savoir qu'ils n'existent pas, n'est parvenu à la vieillesse en persistant dans cette conviction. En revanche, ce qui a persisté comme état d'esprit à propos des dieux, non pas chez beaucoup, mais seulement chez quelques-uns, c'est l'un de ces deux sentiments : **b)** soit que les dieux existent, mais qu'ils ne s'intéressent en rien aux affaires humaines, **c)** soit encore qu'ils s'y intéressent, mais qu'ils sont facilement apaisés par les sacrifices et par les prières (εὐχαί)[8].

Chacun de ces trois éléments qui définissent l'impiété fait l'objet d'une réfutation. Le dernier élément, correspondant à l'erreur religieuse consistant à considérer que les dieux seraient facilement apaisés par les sacrifices et les

---

6.   Sur cette loi, voir O. REVERDIN, *La religion...*, p. 11-23 et 208-227, en mettant en évidence les innovations de Platon – notamment dans le régime des peines – par rapport à la législation antique contre l'ἀσέβεια ; V. GOLDSCHMIDT, *La religion de Platon*, p. 134 ; L. BRISSON, « La critique de la tradition religieuse... », p. 74-75.

7.   Sur cette critique, voir les analyses approfondies de W. DE MAHIEU, « La doctrine des athées au Xe livre des *Lois* de Platon (I-II) », *Revue belge de philologie et d'histoire* 41, 1963, p. 5-24 et 42, 1964, p. 42-64, et de L. BRISSON, « La critique de la tradition religieuse... », p. 75-82.

8.   PLATON, *Lois* X, 888 b-c (trad. L. Brisson-J.-F. Pradeau) : πρῶτον δὲ περὶ αὐτῶν ἕν τι μέγα σοι μηνύων οὐκ ἄν ποτε φανείην ψευδής, τὸ τοιόνδε. οὐ σὺ μόνος οὐδὲ οἱ σοὶ φίλοι πρῶτοι καὶ πρῶτον ταύτην δόξαν περὶ θεῶν ἔσχετε, γίγνονται δὲ ἀεὶ πλείους ἢ ἐλάττους ταύτην τὴν νόσον ἔχοντες· τόδε τοίνυν σοι, παραγεγονὼς αὐτῶν πολλοῖσι, φράζοιμ' ἄν, τὸ μηδένα πώποτε λαβόντα ἐκ νέου ταύτην τὴν δόξαν περὶ θεῶν, ὡς οὐκ εἰσίν, διατελέσαι πρὸς γῆρας μείναντα ἐν ταύτῃ τῇ διανοήσει, τὰ δύο μέντοι πάθη περὶ θεοὺς μεῖναι, πολλοῖσι μὲν οὔ, μεῖναι δὲ οὖν τισιν, τὸ τοὺς θεοὺς εἶναι μέν, φροντίζειν δὲ οὐδὲν τῶν ἀνθρωπίνων, καὶ τὸ μετὰ τοῦτο, ὡς φροντίζουσι μέν, εὖ παραμύθητοι δ' εἰσὶν θύμασιν καὶ εὐχαῖς. Voir aussi PLATON, *Lois* X, 885 b ; XI, 948 c.

prières, est réfuté dans le passage qui va de 905 d à 905 e. Selon l'argument principal qui commande cette réfutation, les dieux, assimilés à de bons gouverneurs (ἀρχόντες), ne sauraient se laisser fléchir par des demandes affectant la bonne marche des affaires dont ils sont responsables. Une fois admise la providence des dieux, qui a déjà fait l'objet d'une démonstration (*Lois* X, 903 b-905 c), leur impartialité en découle ainsi de manière nécessaire :

> [L'Étranger d'Athènes :] Que les dieux en effet existent, et qu'ils prennent soin des hommes (ἀνθρώπων ἐπιμελοῦνται), c'est, à mon avis du moins, ce que nous n'avons pas trop mal démontré. Que par ailleurs les dieux se laissent corrompre par ceux qui commettent l'injustice, lorsqu'ils reçoivent des présents voilà ce qu'il ne faut accorder à personne et c'est ce que nous devons désormais réfuter de toutes nos forces.
> [Clinias :] Ce que tu dis est d'une grande beauté ; faisons ce que tu proposes.
> [L'Étranger d'Athènes :] Voyons, dis-moi, au nom des dieux eux-mêmes, de quelle façon se laisseraient-ils corrompre par nous, s'ils se laissent corrompre ? Qui devraient-ils être pour cela et quelle devrait être leur nature ? Je suppose qu'ils doivent être des gouvernants [cf. *Lois* X, 903 b], puisqu'ils administrent sans interruption le ciel en son entier. [Clinias :] C'est exact[9].

Ces bons ἀρχόντες qui sont les dieux sont comparés également à des conducteurs de chars, à des capitaines de navires, d'armées, à des médecins ou à des gardiens de troupeaux. Ces « spécialistes », affirme l'Étranger, ne se laissent influencer par les demandes capricieuses de leurs sujets ; ils mettent simplement en application leurs compétences en faisant ce qui est nécessaire pour la réussite de leur démarche[10]. La comparaison des dieux avec ces modèles humains est censée rendre explicite le fait que si ces différentes sortes de spécialistes ne se laissent pas corrompre par des présents et par des paroles flatteuses en commettant ainsi des injustices qui nuiraient à leur œuvre, à plus forte raison les dieux ne sauraient commettre des injustices en se laissant corrompre de manière impie (ἀνοσίως) par des sacrifices et des εὐχαί insensées[11].

9.   *Ibid.*, X, 905 d-e : {ΑΘ.} ὅτι μὲν γὰρ θεοί τ᾽ εἰσὶν καὶ ἀνθρώπων ἐπιμελοῦνται, ἔγωγε οὐ παντάπασιν φαύλως ἂν φαίην ἡμῖν ἀποδεδεῖχθαι· τὸ δὲ παραιτητοὺς αὖ θεοὺς εἶναι τοῖσιν ἀδικοῦσι, δεχομένους δῶρα, οὔτε τινὶ συγχωρητέον παντί τ᾽ αὖ κατὰ δύναμιν τρόπῳ ἐλεγκτέον. {ΚΛ.} Κάλλιστ᾽ εἶπες, ποιῶμέν τε ὡς λέγεις. {ΑΘ.} Φέρε δὴ πρὸς θεῶν αὐτῶν, τίνα τρόπον παραιτητοὶ γίγνοιντ᾽ ἂν ἡμῖν, εἰ γίγνοιντο αὖ ; καὶ τίνες ἢ ποῖοί τινες ὄντες ; ἄρχοντας μὲν ἀναγκαῖόν που γίγνεσθαι τούς γε διοικήσοντας τὸν ἅπαντα ἐνδελεχῶς οὐρανόν. {ΚΛ.} Οὕτως.

10.   *Ibid.*, X, 905 e-906 a. Pour la comparaison des dieux avec des capitaines des navires, voir aussi *Lois* X, 906 d-e ; cf. *République* VI, 487 e-489 a.

11.   Cette idée est développée par la suite (*Lois* X, 906 b-907 d) et, à la fin de la démonstration, l'Étranger conclut : Τὰ μὲν δὴ προτεθέντα τρία, θεοί τε ὡς εἰσίν, καὶ ὡς ἐπιμελεῖς, καὶ παρὰ τὸ δίκαιον ὡς παντάπασιν ἀπαραίτητοι, ἐπιμελεῖς, καὶ παρὰ τὸ δίκαιον ὡς παντάπασιν ἀπαραίτητοι,

La prière et la πλεονεξία

Pour mieux comprendre la place de la critique des prières dans l'ensemble de l'exposé sur la loi contre l'impiété, il faudra essayer de préciser le contenu de la notion platonicienne de « piété » (les termes employés pour la désigner sont ὁσιότης et εὐσέβεια[12]) qui se trouve à l'arrière-plan de cette « théologie rationnelle »[13] que Platon édifie dans le livre X des *Lois* pour persuader, au moyen de la démonstration, les adversaires de la tradition religieuse qui régit la vie de la cité. L'ὁσιότης est définie dans les *Lois* (X, 906 a-b) comme le résultat de la réunion de trois vertus : la justice (δικαιοσύνη), la tempérance (σωφροσύνη) et la prudence (φρόνησις)[14]. Ces trois vertus s'opposent, de façon symétrique, à l'injustice (ἀδικία), à la déraison (ἀφροσύνη) et à la démesure (ὕβρις), qui définissent l'impiété :

> Puisque, en effet, nous sommes convenus que le ciel était rempli non seule-
> ment de beaucoup de bonnes choses, mais aussi de leurs opposés – mais les
> biens sont les plus nombreux –, il y a là, nous l'affirmons, une lutte incessante
> et qui exige une étonnante vigilance ; mais nous y avons pour alliés les dieux

φῶμεν ἱκανῶς ἀποδεδεῖχθαί που ; « Les trois points que nous nous étions proposés d'établir, à savoir que les dieux existent, qu'ils sont vigilants et que leur justice est absolument incorruptible, prétendrons-nous les avoir établis de façon suffisante ? » (trad. L. Brisson-J.-F. Pradeau).
12.   PLATON semble utiliser les deux notions comme des synonymes – tel est, par exemple, l'usage qu'en fait Euthyphron (*Euthyphron* 5 c-d) –, même si εὐσέβεια peut laisser transparaître, notamment dans les *Lois*, une coloration juridique plus marquée que celle qui peut caractériser l'ὁσιότης ; voir L. BRUIT-ZAIDMAN, *Le commerce des dieux. Eusebeia, essai sur la piété en Grèce ancienne*, Paris, 2001, p. 157-161. Sur le vocabulaire platonicien de la piété, voir aussi M. L. MCPHERRAN, *The Religion of Socrates*, p. 29-82 (sur *Euthyphron*) ; L. BRUIT-ZAIDMAN, « Impies et impiété de l'*Euthyphron* aux *Lois* », dans J. LAURENT (éd.), *Les dieux de Platon*, Caen, 2003, p. 153-168 ; G. VAN RIEL, « Le 'service des dieux' chez Platon : religion et moralité dans l'*Euthyphron* et les *Lois* », *Études platoniciennes*, 5, 2008, p. 11-22 ; IDEM, *Plato's Gods*, p. 12-19. On relira aussi avec profit les pages précieuses sur ce sujet de L. GERNET et A. BOULANGER, *Le génie grec dans la religion*, Paris, 1932, p. 384-390. Pour ce qui est de l'usage général des notions d'ὁσιότης et d'εὐσέβεια à l'époque classique, J. Rudhardt l'a caractérisé de la manière suivante : « alors que la ὁσιότης [...] définit ces comportements en considération d'un ordre objectif avec lequel ils s'harmonisent, l'εὐσέβεια les caractérise par leur accord avec une disposition intérieure dont ils procèdent » ; voir J. RUDHARDT, *Notions fondamentales...*, p. 15, et en général, p. 13-15 (sur εὐσέβεια) et 30-36 (sur ὁσιότης).
13.   L'expression est empruntée à L. BRISSON, « La critique de la tradition religieuse... », p. 67.
14.   Pour les exposés platoniciens sur les différentes espèces de vertu (dans le *Protagoras*, la *République* et les *Lois*), voir L. BRISSON, « Les listes de vertus dans le *Protagoras* et dans la *République* », dans P. DEMONT (éd.), *Problèmes de la morale antique*, Amiens, 1993, p. 75-92. Sur δικαιοσύνη en particulier, voir E. A. HAVELOCK, *The Greek Concept of Justice from Its Shadow in Homer to Its Substance in Plato*, Cambridge, Mass.-Londres, 1978, p. 308-323.

aussi bien que les démons (σύμμαχοι δὲ ἡμῖν θεοί τε ἅμα καὶ δαίμονες), et nous sommes, nous, la propriété des dieux et des démons. Ce qui nous détruit c'est l'injustice (ἀδικία), la démesure (ὕβρις) et la déraison (ἀφροσύνη), alors que ce qui nous sauve, c'est la justice (δικαιοσύνη), la tempérance qu'accompagne la sagesse (σωφροσύνη μετὰ φρονήσεως), vertus qui résident dans les puissances que comporte l'âme des dieux, bien que, ici-bas, on puisse en apercevoir clairement quelque faible mais claire parcelle résidant en nous[15].

Ce passage montre que la piété platonicienne a un triple caractère – politique (lié à la δικαιοσύνη), moral (lié à la σωφροσύνη) et intellectuel (lié à la φρόνησις) –, et que l'acte impie représente, corrélativement, à la fois une violation de la loi (ἀδικία) et un manque de mesure (ὕβρις) et de raison (ἀφροσύνη).

Il faut souligner les éléments d'innovation de cette définition par rapport à la pensée religieuse de la Grèce classique. Si le lien entre ὁσιότης et δικαιοσύνη est traditionnel[16], comme l'est aussi le lien entre εὐσέβεια et δικαιοσύνη[17], la relation entre ὁσιότης et σωφροσύνη l'est moins. Εὐσέβεια peut dans certains contextes être associée à la σωφροσύνη[18], mais elle n'a pas, en général, cette dimension morale et intellectuelle que lui prête Platon. Le lien entre σωφροσύνη et φρόνησις n'est pas, lui non plus, habituel[19], mais Platon explique dans le *Phédon* (69 a-b) que la σωφροσύνη n'est pas véritablement une vertu si elle ne s'accompagne pas de la φρόνησις, sans quoi elle, comme d'ailleurs toutes les autres vertus, ne serait

---

15.   PLATON, *Lois* X, 906 a-b (trad. L. Brisson-J.-F. Pradeau légèrement modifiée) : γὰρ συγκεχωρήκαμεν ἡμῖν αὐτοῖς εἶναι μὲν τὸν οὐρανὸν πολλῶν μεστὸν ἀγαθῶν, εἶναι δὲ καὶ τῶν ἐναντίων, πλειόνων δὲ τῶν μή, μάχη δή, φαμέν, ἀθάνατός ἐσθ' ἡ τοιαύτη καὶ φυλακῆς θαυμαστῆς δεομένη, σύμμαχοι δὲ ἡμῖν θεοί τε ἅμα καὶ δαίμονες, ἡμεῖς δ' αὖ κτῆμα θεῶν καὶ δαιμόνων· φθείρει δὲ ἡμᾶς ἀδικία καὶ ὕβρις μετὰ ἀφροσύνης, σῴζει δὲ δικαιοσύνη καὶ σωφροσύνη μετὰ φρονήσεως, ἐν ταῖς τῶν θεῶν ἐμψύχοις οἰκοῦσαι δυνάμεσιν, βραχὺ δέ τι καὶ τῇδε ἄν τις τῶν τοιούτων ἐνοικοῦν ἡμῖν σαφὲς ἴδοι.

16.   J. Rudhardt a pu réunir un nombre important de textes qui montrent clairement que « les mots ὅσιος et δίκαιος sont très fréquemment associés, ou employés dans différents contextes de telle manière que leur étroite correspondance ne peut être mise en doute » ; voir J. RUDHARDT, *Notions...*, p. 32 et n. 5 et 6.

17.   *Ibid.*, p. 15 (et n. 1) : « la vertu d'εὐσέβεια s'apparente d'autre part à la justice ; les textes en effet associent fréquemment εὐσέβεια et δικαιοσύνη ou εὐσεβής et δίκαιος ». Cf. par exemple, à propos du portrait moral de Socrate, XÉNOPHON, *Mémorables* IV, 8, 11.

18.   Voir ISOCRATE, *Sur la paix* [VIII], 63 ; XÉNOPHON, *Mémorables* IV, 3, 18. Cf. J. RUDHARDT, *Notions...*, p. 13 ; H. NORTH, *Sophrosyne. Self-Knowledge and Self-Restreint in Greek Literature*, Ithaca-New York, 1966, p. 19, 41-42, 47-48, 65-67 et 77.

19.   Σωφροσύνη et φρόνησις sont associées dans plusieus passages analysés par H. NORTH (*Sophrosyne...*, p. 127-128, 172, 176, 179, 186-187 et 214-217), mais ces passages proviennent de Platon et de Xénophon ou des auteurs postérieurs à Platon (les Stoïciens notamment). Σωφροσύνη peut néanmoins être associée, dans la tragédie, au νοῦς et à la σοφία (*ibid.*, p. 77).

qu'une « vertu en trompe l'œil ». Dans le *Cratyle* (411 e), σωφροσύνη dérive, en effet, de σωτηρία et de φρόνησις, étymologie reprise par Aristote[20].

Platon a sans doute contribué à l'intellectualisation des notions d'ὁσιότης et d'εὐσέβεια, mais leur coloration morale et politique n'est pas une innovation platonicienne. La notion fondamentale qui permet, en effet, d'associer étroitement la piété (ὁσιότης et εὐσέβεια) et la δικαιοσύνη, est, négativement, la πλεονεξία, l'« avidité », le désir (ἐπιθυμία) d'avoir toujours plus (associé à l'ἰδιοπραγία), qui est une forme de l'ὕβρις et, dans l'analyse platonicienne de la société, la cause de l'injustice (ἀδικία) sociale[21]. Elle est également une notion morale dans la mesure où elle relève de l'intempérance, de l'incapacité de se maîtriser, et s'oppose ainsi à la σωφροσύνη.

Platon explique ainsi que si les dieux ne se laissent pas fléchir par des sacrifices et des prières, c'est précisément parce qu'ils seraient ainsi amenés à commettre un acte impie, en tolérant l'ἀδικία et la πλεονεξία :

> Il est d'ailleurs manifeste que, parmi les âmes qui résident sur terre, certaines de celles qui possèdent un injuste butin ressemblent à des bêtes de proie : ce sont les âmes qui, lorsqu'elles viennent à se trouver en face des âmes de leurs gardiens, de chiens de garde ou des bergers, ou en face des âmes des maîtres suprêmes, cherchent à les convaincre (πείθουσιν), par des paroles flatteuses et des prières sous forme d'incantations, que, conformément à la rumeur que laissent courir les méchantes gens, il leur est permis de s'enrichir aux dépens de leurs semblables sans qu'il leur vienne aucune punition. Or la faute dont nous venons de parler et qui a reçu le nom d'« avidité » (πλεονεξία), nous disons que c'est une maladie lorsqu'elle frappe les corps de chair, nous disons que c'est un fléau lorsqu'elle intervient dans les saisons de l'année et dans les années, tandis que dans les cités et dans les constitutions, le même mal, changeant de nom, se nomme l'« injustice » (ἀδικία).
> [Clinias :] Eh oui, absolument !
> [L'Étranger d'Athènes :] Tel est donc le discours que doit nécessairement tenir celui qui dit que les dieux sont chaque fois pleins d'indulgence (συγγνώμονες) pour les hommes injustes et les injustices. C'est comme si des

---

20.   ARISTOTE, *Éthique à Nicomaque* VI, 1, 1140 b 11-12 : ἔνθεν καὶ τὴν σωφροσύνην τούτῳ προσαγορεύομεν τῷ ὀνόματι, ὡς σῴζουσαν τὴν φρόνησιν. « De là vient encore que la tempérance se trouve, dans notre langage, porter ce nom-là : c'est que, pense-t-on, elle préserve la sagacité » (trad. R. Bodéüs).

21.   Cf. PLATON, *République* IX, 586 a-b ; *Gorgias* 508 a. Voir H. NORTH, *Sophrosyne...*, p. 96 et 106-110, en particulier p. 106 sur πλεονεξία en tant que « form taken by *hybris* in public affairs ». Pour l'usage platonicien de la notion, voir *ibid.*, p. 161, 167 et 193, et G. J. BOTER, « Thrasymachus and πλεονεξία », *Mnemosyne* 39, 1986, p. 261-281. ARISTOTE met également en relation δικαιοσύνη et πλεονεξία (*Éthique à Nicomaque* V, 1129 a 33-b 2 ; V, 1130 a 15-23).

loups abandonnaient aux chiens une part minime de leurs proies, et que les chiens apprivoisés par ces présents leur permettaient de décimer le troupeau. N'est-ce pas ce discours que doivent tenir ceux qui soutiennent que les dieux se laissent corrompre[22] ?

La πλεονεξία est, en dernière analyse, comme l'a expliqué Louis Gernet[23], une expression de l'« individualisme destructeur », de l'amour de soi qui s'affirme aux plans économique, politique et religieux au détriment des intérêts communs de la cité. Cet « amour de soi » (φιλία ἑαυτοῦ) est dénoncé dans les *Lois* (V, 731 d-e) comme le principal obstacle à la vraie piété : « Mais il y a, implanté dans l'âme de la plupart des hommes, un mal qui est plus grave que tous les autres, celui qui fait que chacun est pour lui-même plein d'indulgence, et auquel personne ne prend les moyens d'échapper : ce mal, on l'appelle « amour de soi », en ajoutant que cette indulgence est naturelle à tout homme et qu'il est dans l'ordre des choses qu'il en aille ainsi. [...] Ce n'est en effet ni soi-même ni son intérêt que l'on doit chérir si l'on veut être un grand homme, mais c'est le juste, que l'action juste soit la sienne ou plutôt celle d'autrui »[24]. Aristote dénonce, à son

---

22. PLATON, *Lois* X, 906 c-d (trad. L. Brisson-J.-F. Pradeau) : ψυχαὶ δέ τινες ἐπὶ γῆς οἰκοῦσαι καὶ ἄδικον λῆμμα κεκτημέναι δῆλον ὅτι θηριώδεις, πρὸς τὰς τῶν φυλάκων ψυχὰς ἄρα κυνῶν ἢ τὰς τῶν νομέων ἢ πρὸς τὰς τῶν παντάπασιν ἀκροτάτων δεσποτῶν προσπίπτουσαι, πείθουσιν θωπείαις λόγων καὶ ἐν εὐκταίαις τισὶν ἐπῳδαῖς, ὡς αἱ φῆμαί φασιν αἱ τῶν κακῶν, ἐξεῖναι πλεονεκτοῦσιν σφίσιν ἐν ἀνθρώποις πάσχειν μηδὲν χαλεπόν· φαμὲν δ' εἶναί που τὸ νῦν ὀνομαζόμενον ἁμάρτημα, τὴν πλεονεξίαν, ἐν μὲν σαρκίνοις σώμασι νόσημα καλούμενον, ἐν δὲ ὥραις ἐτῶν καὶ ἐνιαυτοῖς λοιμόν, ἐν δὲ πόλεσι καὶ πολιτείαις τοῦτο αὐτό, ῥήματι μετεσχηματισμένον, ἀδικίαν. {ΚΛ.} Παντάπασι μὲν οὖν. {ΑΘ.} Τοῦτον δὴ τὸν λόγον ἀναγκαῖον λέγειν τὸν λέγοντα ὡς εἰσὶν συγγνώμονες ἀεὶ θεοὶ τοῖς τῶν ἀνθρώπων ἀδίκοις καὶ ἀδικοῦσιν, ἂν αὐτοῖς τῶν ἀδικημάτων τις ἀπονέμῃ· καθάπερ κυσὶν λύκοι τῶν ἁρπασμάτων σμικρὰ ἀπονέμοιεν, οἱ δὲ ἡμερούμενοι τοῖς δώροις συγχωροῖεν τὰ ποίμνια διαρπάζειν. ἆρ' οὐχ οὗτος ὁ λόγος ὁ τῶν φασκόντων παραιτητοὺς εἶναι θεούς;

23. L. GERNET, *Recherches sur le développement de la pensée juridique et morale en Grèce (Étude sémantique)*, Paris, 1917, p. 422 : « Ce que traduisent les notions apparentées d'ὕβρις, de πλεονεξία, de παρανομία, c'est de la part d'un groupe comme la cité, le sentiment et le besoin inquiets de son unité ; or, c'est en symboles religieux que s'exprime d'abord la réprobation de l'individualisme destructeur », individualisme illustré dans son analyse par la figure d'Alcibiade, « l'ὑβρίζων par excellence, la synthèse vivante, pour ainsi dire, de l'ὕβρις sous toutes ses formes ».

24. PLATON, *Lois* V, 731 d-e (trad. L. Brisson-J.-F. Pradeau) : Πάντων δὲ μέγιστον κακῶν ἀνθρώποις τοῖς πολλοῖς ἔμφυτον ἐν ταῖς ψυχαῖς ἐστιν, οὗ πᾶς αὐτῷ συγγνώμην ἔχων ἀποφυγὴν οὐδεμίαν μηχανᾶται· τοῦτο δ' ἔστιν ὃ λέγουσιν ὡς φίλος αὑτῷ πᾶς ἄνθρωπος φύσει τέ ἐστι καὶ ὀρθῶς ἔχει τὸ δεῖν εἶναι τοιοῦτον. [...] οὔτε γὰρ ἑαυτὸν οὔτε τὰ ἑαυτοῦ χρὴ τόν γε μέγαν ἄνδρα ἐσόμενον στέργειν, ἀλλὰ τὰ δίκαια, ἐάντε παρ' αὑτῷ ἐάντε παρ' ἄλλῳ μᾶλλον πραττόμενα τυγχάνῃ. V. GOLDSCHMIDT (*La religion de Platon*, p. 127-128) avait à juste titre attiré l'attention sur ce passage important.

tour, la φιλαυτία[25], dont il peut néanmoins distinguer un bon et un mauvais aspect[26].

C'est précisément ce « mal plus grave que tous les autres », ce désir que tout obéisse à notre volonté (*Lois* III, 687 c-d), que Platon condamne dans le troisième volet de la loi contre l'impiété. En réprouvant les prières formulées en dehors du culte publique et dans l'intérêt personnel, il réitère en effet cette réprobation de la φιλαυτία et de la πλεονεξία qui sont la cause des autres vices et de la ruine de la cité. Dans la prière idéale, les désirs individuels s'estompent en faveur du bien commun avec lequel ils devraient coïncider.

Les prières des poètes, des orateurs, des devins et des prêtres

À qui faudrait-il attribuer les opinions fautives sur les dieux condamnées dans la loi contre l'impiété et à qui est destinée cette « théologie rationnelle » destinée à évacuer le moindre doute concernant l'existence des dieux et de la providence ? Platon le dit dans le préambule du livre X des *Lois*, lorsqu'il évoque quatre catégories de personnes – les poètes, les orateurs, les devins et les prêtres – dont les opinions impies au sujet des dieux rendent nécessaire une telle démonstration :

> Nous exigeons donc, que, avant de nous menacer durement, vous entrepre-
> niez de nous persuader et de nous enseigner, en produisant des preuves suf-
> fisantes, que des dieux existent et qu'ils sont trop excellents pour se laisser
> séduire par des présents et se laisser détourner de ce qui est juste. De fait, à
> l'heure actuelle, c'est ce que, entre autres choses, nous entendons conter par
> les plus renommés des poètes et des orateurs, par des devins et des prêtres
> et par des milliers et des milliers d'autres personnes, et c'est ce qui, au lieu
> de nous conduire à ne point commettre d'actions injustes, fait que pour la

---

25. ARISTOTE, *Éthique à Nicomaque* IX, 1168 a 29-35 : ἐπιτιμῶσι γὰρ τοῖς ἑαυτοὺς μάλιστ' ἀγαπῶσι, καὶ ὡς ἐν αἰσχρῷ φιλαύτους ἀποκαλοῦσι, δοκεῖ τε ὁ μὲν φαῦλος ἑαυτοῦ χάριν πάντα πράττειν, καὶ ὅσῳ ἂν μοχθηρότερος ᾖ, τοσούτῳ μᾶλλον – ἐγκαλοῦσι δὴ αὐτῷ οἷον ὅτι οὐδὲν ἀφ' ἑαυτοῦ πράττει – ὁ δ' ἐπιεικὴς διὰ τὸ καλόν, καὶ ὅσῳ ἂν βελτίων ᾖ, μᾶλλον διὰ τὸ καλόν, καὶ φίλου ἕνεκα, τὸ δ' αὑτοῦ παρίησιν. « On fait honte en effet à ceux-là qui sont attachés en tout premier lieu à leurs propres personnes et l'on prend en mauvaise part l'amour de soi pour le dénoncer. L'opinion aussi va dans le même sens. Le vilain, d'après elle, n'agit que pour soi et plus il est méchant, plus c'est évident ; donc on lui reproche en quelque sorte de ne jamais se départir de lui-même lorsqu'il agit, alors que l'honnête homme est motivé par ce qui est beau et plus il est vertueux, plus il se laisse guider par ce mobile, qui le fait agir dans le souci de son ami et il laisse de côté son avantage personnel » (trad. R. Bodéüs).
26. *Ibid.*, IX, 1168 a-b.

plupart nous cherchons seulement à y remédier une fois que nous les avons commises[27].

Les poètes, les orateurs, les devins et les prêtres sont tous des personnages auxquels Platon a réfusé, à maintes occasions, en l'absence d'une inspiration divine, la compétence en matière religieuse[28]. Pour notre propos, il est important de retenir que ces personnages sont censés professer l'opinion selon laquelle les dieux se laissent fléchir par des présents, allusion aux sacrifices et aux prières qu'on adresse à leur intention. Ces sacrifices et ces prières ne peuvent pas être ceux du culte civique, parce que, comme on sait, il est défendu au législateur d'y toucher. Ce que prétendent ces personnages est, donc, qu'on peut influencer la divinité en lui offrant des dons et en lui adressant des demandes à titre individuel et dans l'intérêt personnel. Cette attitude est doublement impie : elle l'est d'abord parce qu'elle est fondée sur une conception erronée sur la divinité que l'on imagine vénale et cupide ; elle l'est encore dans la mesure où elle reflète un vice universel qui consiste à considérer que les événements doivent arriver au gré de notre volonté comme si nous étions la mesure de toutes choses.

Dans la catégorie des devins mentionnés dans ce passage il faut sans doute ranger les charlatans (ἀγύρται) et les devins (μάντεις) évoqués dans le livre II de la *République*[29], lesquels prétendent pouvoir purifier, à la faveur de sacrifices et d'incantations (ἐπῳδαί, ἐπαγωγαί)[30], ceux qui ont commis des injustices, et

27.   PLATON, *Lois* X, 885 d : ἀξιοῦμεν δή, καθάπερ ὑμεῖς ἠξιώκατε περὶ νόμων, πρὶν ἀπειλεῖν ἡμῖν σκληρῶς, ὑμᾶς πρότερον ἐπιχειρεῖν πείθειν καὶ διδάσκειν ὡς εἰσὶ θεοί, τεκμήρια λέγοντες ἱκανά, καὶ ὅτι βελτίους ἢ παρὰ τὸ δίκαιον ὑπό τινων δώρων παρατρέπεσθαι κηλούμενοι. νῦν μὲν γὰρ ταῦτα ἀκούοντές τε καὶ τοιαῦθ' ἕτερα τῶν λεγομένων ἀρίστων εἶναι ποιητῶν τε καὶ ῥητόρων καὶ μάντεων καὶ ἱερέων καὶ ἄλλων μυριάκις μυρίων, οὐκ ἐπὶ τὸ μὴ δρᾶν τὰ ἄδικα τρεπόμεθα οἱ πλεῖστοι, δράσαντες δ' ἐξακεῖσθαι πειρώμεθα.

28.   La compétence des poètes en matière religieuse est raillée à la fin du IIe et au début du IIIe livre de la *République* et dans le VIIe livre des *Lois* (801 b-c). Dans l'*Ion* (534 c-e) cette compétence est réfusée aux devins, alors que le prêtre Euthyphron s'avère, dans le dialogue homonyme, incapable de définir la piété.

29.   Il est difficile de préciser l'identité de ces ἀγύρται et μάντεις et, pour ce qui concerne notre propos, dépourvu d'intérêt. Le fait qu'ils sont censés appuyer leurs propos sur des livres « orphiques » (*République* II, 364 e-365 a) a pu stimuler différentes hypothèses qui les rattachent d'une manière ou d'une autre à l'orphisme. Voir P. BOYANCÉ, *Le culte des Muses chez les philosophes grecs*, Paris, 1938, p. 31 ; O. REVERDIN, *La religion...*, p. 224-227 ; M. L. MORGAN, *Platonic Piety*, p. 111-114.

30.   Cf. PLATON, *Lois* X, 906 c. Dans le *Charmide* (155 e-156 a, etc.), l'ἐπῳδή, attribuée dans ce contexte à des médecins thraces dont Socrate l'aurait apprise (156 d), reçoit pourtant une interprétation positive en ce qu'elle est associée aux λόγοι qui font naître dans les âmes la σωφροσύνη (157 a). Sur cette torsion infligée par Platon à « une pratique religieuse qu'il transforme au point

pouvoir, par les mêmes moyens, faire du tort à n'importe quelle personne au prix d'une rétribution :

> Mais de tous ces arguments, ceux qu'ils tiennent concernant les dieux et la vertu (περὶ θεῶν... καὶ ἀρετῆς) sont les plus étonnants : selon eux, les dieux affligent bien des hommes justes d'un destin malheureux et rendent leur existence mauvaise, alors qu'ils donnent à ceux qui sont à l'opposé un destin contraire. Des charlatans (ἀγύρται) et des devins (μάντεις) viennent aux portes des riches, ils les persuadent que les dieux leur ont conféré un certain pouvoir, en raison de leurs sacrifices (θυσίαι) et de leurs incantations (ἐπῳδαί) : si quelque injustice (ἀδίκημα) a été commise par eux-mêmes ou par leurs ancêtres, ils pourront en guérir par le biais de plaisirs et de fêtes. Désire-t-on faire du mal à un ennemi en particulier, ils feront, moyennant une petite rétribution, du tort à l'homme juste comme à l'homme injuste, en recourant à des formules incantatoires (ἐπαγωγαί) et à des envoûtements (κατάδεσμοι), car les dieux, prétendent-ils, se laissent convaincre (πείθοντες) de leur rendre service (ὑπηρετεῖν)[31].

Il est très significatif pour la relation de ce passage avec le texte des *Lois* sur l'impiété que ces ἀγύρται et μάντεις sont censés légitimer les compétences qu'ils prétendent posséder et les résultats qu'ils assurent pouvoir obtenir par le recours à des passages tirés des poèmes d'Homère et d'Hésiode, qui sont précisément ceux incriminés dans le passage des *Lois* :

> Toutes ces prétentions, ils les rattachent au témoignage des poètes ; certains, pour faire voir combien le vice est facile, chantent que
> *La méchanceté, il est facile d'y accéder en nombre*
> *le chemin qui y mène est sans obstacles,*
> *et elle loge tout près,*

---

de la rendre méconnaissable », voir L. BRISSON, « L'incantation de Zalmoxis dans le *Charmide* (156d-157c) », dans Th. ROBINSON, L. BRISSON (éd.), *Plato. Euthydemus, Lysis, Charmides. Proceedings of the V Symposium Platonicum*, Sankt Augustin, 2000, p. 278-286 (p. 286 pour le passage cité). En général sur les ἐπῳδαί dans l'Antiquité, voir R. KOTANSKY, « Incantations and Prayers for Salvation on Inscribed Greek Amulets », dans Ch. A. FARAONE, D. OBBINK (éd.), *Magika Hiera. Ancient Greek Magic and Religion*, Oxford, 1991, p. 107-137 ; F. GRAF, « Prayer in Magical and Religious Ritual », *ibid.*, p. 188-213.

31.   PLATON, *République* II, 364 b-c (trad. G. Leroux) : τούτων δὲ πάντων οἱ περὶ θεῶν τε λόγοι καὶ ἀρετῆς θαυμασιώτατοι λέγονται, ὡς ἄρα καὶ θεοὶ πολλοῖς μὲν ἀγαθοῖς δυστυχίας τε καὶ βίον κακὸν ἔνειμαν, τοῖς δ' ἐναντίοις ἐναντίαν μοῖραν. ἀγύρται δὲ καὶ μάντεις ἐπὶ πλουσίων θύρας ἰόντες πείθουσιν ὡς ἔστι παρὰ σφίσι δύναμις ἐκ θεῶν ποριζομένη θυσίαις τε καὶ ἐπῳδαῖς, εἴτε τι ἀδίκημά του γέγονεν αὐτοῦ ἢ προγόνων, ἀκεῖσθαι μεθ' ἡδονῶν τε καὶ ἑορτῶν, ἐάν τέ τινα ἐχθρὸν πημῆναι ἐθέλῃ, μετὰ σμικρῶν δαπανῶν ὁμοίως δίκαιον ἀδίκῳ βλάψει ἐπαγωγαῖς τισιν καὶ καταδέσμοις, τοὺς θεούς, ὥς φασιν, πείθοντές σφισιν ὑπηρετεῖν.

mais devant la vertu, les dieux ont placé la sueur
et, ajoutent-ils, il s'agit d'un chemin long, plein d'embûches et escarpé.
D'autres font témoigner Homère, pour montrer la soumission des dieux
aux hommes, car Homère lui aussi a dit : *les dieux eux-mêmes peuvent être
influencés avec des sacrifices*, avec de douces supplications (εὐχωλαί), avec des
libations et la fumée des sacrifices, les hommes les apaisent et les implorent,
quand ils ont transgressé la loi et commis une faute[32].

Le premier fragment poétique mentionné dans ce passage est une citation
d'Hésiode (*Travaux*, 286-289), qui est reprise également à des fins polémiques
dans le livre IV des *Lois* (718 d-e), et dans le *Protagoras* (340 d)[33], sous des
formes légèrement modifiées. Dans la *République* et les *Lois*, Platon altère de
propos délibéré le sens des vers d'Hésiode, auteur qui jouit par ailleurs d'une
image plutôt positive dans les dialogues platoniciens[34]. Contrairement à ce
que semblent affirmer les personnages de Platon, Hésiode n'a nullement l'intention de louer le vice, mais de souligner plutôt l'effort que réclame la vertu.

Le second fragment est une citation d'*Iliade* (IX, 497), elle aussi légèrement modifiée. Cependant, le sens n'est pas, cette fois-ci, altéré par rapport au
contexte homérique. Phénix demande, en effet, à Achille de ne pas se durcir,
en ajoutant, en guise d'argument, que même les dieux se laissent fléchir par des
offrandes et des prières. Cette idée est précisément celle que Platon combat
dans la *République* et dont il démontre le mal-fondé dans les *Lois*.

Le choix réitéré de ces textes ne peut pas être l'effet du hasard. Si Platon
attribue, en effet, aux ἀγύρται et aux μάντεις évoqués dans le livre II de la
République l'usage des mêmes passages d'Homère et d'Hésiode pour légitimer leurs propos sur la venalité des dieux, il est évident qu'il faut corréler ce
texte avec le passage du livre X des *Lois* (885 d), où les poètes et les orateurs

---

32.   *Ibid.* II, 364 c-e : τούτοις δὲ πᾶσιν τοῖς λόγοις μάρτυρας ποιητὰς ἐπάγονται οἱ μὲν κακίας πέρι,
εὐπετείας διδόντες, ὡς 'τὴν μὲν κακότητα καὶ ἰλαδὸν ἔστιν ἑλέσθαι/ ῥηϊδίως· λείη μὲν ὁδός, μάλα δ'
ἐγγύθι ναίει./ τῆς δ' ἀρετῆς ἱδρῶτα θεοὶ προπάροιθεν ἔθηκαν' καί τινα ὁδὸν μακράν τε καὶ τραχεῖαν
καὶ ἀνάντη· οἱ δὲ τῆς τῶν θεῶν ὑπ' ἀνθρώπων παραγωγῆς τὸν Ὅμηρον μαρτύρονται, ὅτι καὶ ἐκεῖνος
εἶπεν – 'λιστοὶ δέ τε καὶ θεοὶ αὐτοί, / καὶ τοὺς μὲν θυσίαισι καὶ εὐχωλαῖς ἀγανῇσιν.' λοιβῇ τε κνίσῃ
τε παρατρωπῶσ' ἄνθρωποι λισσόμενοι, ὅτε κέν τις ὑπερβήῃ καὶ ἁμάρτῃ. Sur les différentes signi-
fications de εὐχωλή, voir A. CORLU, *Recherches...*, p. 151-172 ; A. W. H. ADKINS, « Εὔχομαι,
εὐχωλή, and εὖχος in Homer », *Classical Quarterly*, 19, 1969, p. 20-33.

33.   Des allusions aux mêmes vers d'Hésiode se retrouvent également dans le *Phèdre* (272 c)
et chez XÉNOPHON (*Mémorables* II, 1, 20).

34.   Notamment en ce qui concerne la démonologie ; voir A. TIMOTIN, *La démonologie platonicienne. Histoire de la notion de daimōn de Platon aux derniers néoplatoniciens*, Leyde-Boston,
2012, p. 62-75. Voir en général G. R. BOYS-STONES, J. H. HAUBOLD (éd.), *Plato and Hesiod*,
Oxford, 2010.

sont crédités de la même opinion, professée, sous leur influence, également
« par des milliers et des milliers d'autres personnes », et condamnée formellement par la loi contre l'impiété. Le passage de la *République* doit ainsi être
lu à la lumière de la critique générale formulée par Platon contre la poésie
religieuse (notamment Homère, mais aussi Hésiode) dont l'autorité permettait, aux yeux de Platon, de diffuser à large échelle et d'inculquer par l'éducation des opinions fautives sur la nature de la divinité. La suite du passage
(365 d-366 a) montre clairement la légitimité d'une telle lecture :

> Mais s'ils [*scil.* les dieux] n'existent pas, ou si rien de ce qui concerne les
> affaires humaines ne leur importe, pourquoi faudrait-il se soucier de leur
> échapper ? Et s'ils existent et s'ils ont souci des affaires humaines, nous ne
> savons pas qui ils sont, ou nous n'avons entendu parler d'eux par aucun inter-
> médiaire si ce n'est les lois et les poètes qui ont fait leur généalogie. Or, ces
> mêmes poètes nous affirment que les dieux peuvent être influencés et persua-
> dés par les sacrifices, les prières de supplication (εὐχωλαί), les offrandes. Il faut
> les croire sur ces deux points, ou ne les croire sur aucun. Et donc, s'il faut les
> croire, il conviendra de commettre l'injustice et d'offrir des sacrifices en pro-
> fitant de nos injustices. Car en étant justes, nous serons seulement exempts
> de châtiments de la part des dieux, mais nous renoncerions par ailleurs aux
> profits provenant de l'injustice. Étant injustes au contraire, nous aurons le
> profit et, tout en poursuivant nos transgressions et nos fautes, nous les per-
> suaderons par nos supplications et ainsi nous échapperons aux châtiments[35].

Les opinions professées par les ἀγύρται et les μάντεις sous l'influence des
textes d'Homère et d'Hésiode se ramènent ainsi à la critique générale de
la poésie religieuse : si les poètes se trompent sur la venalité des dieux, rien
n'empêche qu'ils se trompent également sur d'autres questions théologiques,
comme, par exemple, les généalogies des dieux. Cette critique est, ici comme
ailleurs, justifiée avant tout par l'impact que cette poésie a, à l'échelle de la
cité, sur la moralité de ses habitants[36] : si l'on admet que les injustices peuvent

---

35.   PLATON, *République* II, 365 d-366 a (trad. G. Leroux) : Οὐκοῦν, εἰ μὲν μὴ εἰσὶν ἢ μηδὲν
αὐτοῖς τῶν ἀνθρωπίνων μέλει, τί καὶ ἡμῖν μελητέον τοῦ λανθάνειν ; εἰ δὲ εἰσί τε καὶ ἐπιμελοῦνται,
οὐκ ἄλλοθέν τοι αὐτοὺς ἴσμεν ἢ ἀκηκόαμεν ἢ ἔκ τε τῶν νόμων καὶ τῶν γενεαλογησάντων ποιητῶν, οἳ
δὲ αὐτοὶ οὗτοι λέγουσιν ὡς εἰσὶν οἷοι θυσίαις τε καὶ εὐχωλαῖς ἀγανῇσιν καὶ ἀναθήμασιν παράγεσθαι
ἀναπειθόμενοι, οἷς ἢ ἀμφότερα ἢ οὐδέτερα πειστέον. εἰ δ᾽ οὖν πειστέον, ἀδικητέον καὶ θυτέον ἀπὸ
τῶν ἀδικημάτων. δίκαιοι μὲν γὰρ ὄντες ἀζήμιοι μόνον ὑπὸ θεῶν ἐσόμεθα, τὰ δ᾽ ἐξ ἀδικίας κέρδη
ἀπωσόμεθα· ἄδικοι δὲ κερδανοῦμέν τε καὶ λισσόμενοι ὑπερβαίνοντες καὶ ἁμαρτάνοντες, πείθοντες
αὐτοὺς ἀζήμιοι ἀπαλλάξομεν.

36.   Voir en dernier lieu l'analyse de L. BRISSON, « Les poètes, responsables de la déchéance
de la cité. Aspects éthiques, politiques et ontologiques de la critique de Platon », dans *Études
sur la* République *de Platon*, t. I, Paris, 2005, p. 25-41.

être effacées par des sacrifices et par des supplications (εὐχωλαί)[37], la plupart des hommes n'hésiteront plus à les commettre, ce qui amènerait à la ruine de la cité.

Les prières du culte civique

Si la loi contre l'impiété condamne les prières adressées aux dieux dans l'intérêt personnel et en vertu d'une mauvaise idée sur la nature de la divinité, il n'en reste pas moins que les prières et les hymnes requis par le culte civique doivent être accomplis avec le plus grand soin. Cette obligation est justifiée par le conservatisme religieux dont témoigne le programme politique exposé dans les *Lois* qui interdit toute innovation religieuse, mais Platon apporte en sa faveur, dans le discours qui va de 715 e à 734 a, et qui tient lieu de préambule à l'ensemble de la législation des *Lois*, une argumentation théologique qui mérite d'être examinée.

Dans ce préambule, Platon explique d'abord que la conduite la plus agréable à la divinité est celle qui consiste à l'imiter, autant que faire se peut (κατὰ δύναμιν)[38], car la divinité est la mesure de toutes choses. Se rendre semblable au dieu signifie devenir juste et tempérant en gardant la mesure en toute chose. Le mot « mesure » (μέτρον) est entendu dans ce contexte de deux manières distinctes : le μέτρον comme attribut de la divinité, puisque c'est à elle que toute chose se rapporte, et le μέτρον comme vertu des hommes tempérants. Platon passe discrètement d'un sens à l'autre : si la divinité est le μέτρον, l'homme doit l'être aussi à sa façon – non en faisant de soi-même la mesure de toute chose –, mais en gardant lui-même la mesure, dans ses actions et ses opinions. Être δίκαιος et σώφρων permet ainsi de ressembler à Dieu :

---

37.   Platon semble néanmoins l'admettre à propos des prières qui accompagnent les rites de purification auxquels on doit recourir pour écarter une malédiction (*Lois* IX, 854 b ; *Phédon* 114 a), mais dans ces cas il s'agit de ἱκετείαι « supplications ». L'ἱκετεία, à la différence d'εὐχή et d'εὐχωλή, est caractérisée par une attitude d'humilité profonde, d'abaissement devant la divinité (voir G. FREYBURGER, « Supplication grecque et supplication romaine », *Latomus*, 67, 1988, p. 501-525 ; D. AUBRIOT-SÉVIN, *Prière et conceptions religieuses...*, p. 405-438 ; F. S. NAIDEN, *Ancient Supplication*, Oxford, 2006). Chez PLATON, une telle attitude est, en général, l'attribut des femmes et des enfants (cf. *Lois* VII, 796 c ; X, 887 e ; XII, 949 b, etc.).

38.   Cf. PLATON, *Théétète* 176 b ; *République* X, 613 b ; *Timée* 90 d. Sur l'idéal de l'ὁμοίωσις θεῷ, voir H. MERKI, Ὁμοίωσις θεῷ. *Von der platonischen Angleichung an Gott zur Gottähnlichkeit bei Gregor von Nyssa*, Fribourg, 1952 ; D. SEDLEY, « 'Becoming like God' in the *Timaeus* and Aristotle », dans T. CALVO, L. BRISSON (éd.), *Interpreting the* Timaios-Critias. *Proceedings of the Fourth Symposium Platonicum*, Sankt Augustin, 1997, p. 327-339 ; J.-F. PRADEAU, « L'assimilation au dieu », dans J. LAURENT (éd.), *Les dieux de Platon*, Caen, 2003, p. 41-52.

Eh bien, quelle est la conduite que le dieu aime et qui permet qu'on lui fasse cortège (ἀκόλουθος θεῷ)³⁹ ? Il n'y en a qu'une et une seule règle antique l'exprime : *le semblable appartient au semblable*⁴⁰ qui garde la mesure, tandis que les êtres qui outrepassent la mesure (τὰ ἄμετρα) n'appartiennent ni les uns aux autres ni aux êtres qui gardent la mesure. Or, pour nous, c'est le dieu qui doit être la mesure (μέτρον) de toutes choses, et cela au plus haut point et beaucoup plus, je suppose, que ne peut l'être l'homme, comme le disent certains. Assurément, pour devenir cher à un être de ce genre, il faut, de toutes ses forces et autant qu'on le peut, devenir tel à son tour. Oui, et en vertu de cette règle, celui d'entre nous qui fait preuve de tempérance est cher au dieu, car il lui ressemble (ὅμοιος), alors que celui qui n'en fait pas preuve, celui qui est injuste (ἄδικος), ne lui ressemble pas (ἀνόμοιος) et s'oppose à lui (διάφορος). Et pour tout le reste, il en va comme le veut le proverbe⁴¹.

La conséquence que Platon tire de cette argumentation est que le δίκαιος et le σώφρων qui cherchent à ressembler au dieu selon leurs moyens doivent suivre scrupuleusement les préceptes religieux que les dieux ont confiés à la cité⁴², notamment sacrifier aux dieux et les adresser des prières selon la coutume. Ne pas s'y conformer signifie, d'une part, ne pas donner aux dieux ce qui leur revient dans le culte, c'est-à-dire se conduire en ἄδικος, d'autre part, se juger supérieur

---

39.   L'expression renvoie au mythe central du *Phèdre* (246 a-257 a), où les âmes s'attachent au cortège des dieux et des démons qui accompagnent Zeus dans le ciel.

40.   HOMÈRE, *Odyssée* XVII, 218 : αἰεὶ τὸν ὁμοῖον ἄγει θεὸς ὡς τὸν ὁμοῖον (l'authenticité du vers est contestée). La formule, qui est citée également dans *Lysis* (214 a) et qui exprime une idée souvent reprise dans les dialogues, avait déjà, comme le souligne L.-A. DORION (note *ad. loc.*), valeur de proverbe à l'époque de Platon.

41.   PLATON, *Lois* IV, 716 c-d (trad. L. Brisson-J.-F. Pradeau) : Τίς οὖν δὴ πρᾶξις φίλη καὶ ἀκόλουθος θεῷ; μία, καὶ ἕνα λόγον ἔχουσα ἀρχαῖον, ὅτι τῷ μὲν ὁμοίῳ τὸ ὅμοιον ὄντι μετρίῳ φίλον ἂν εἴη, τὰ δ' ἄμετρα οὔτε ἀλλήλοις οὔτε τοῖς ἐμμέτροις. ὁ δὴ θεὸς ἡμῖν πάντων χρημάτων μέτρον ἂν εἴη μάλιστα, καὶ πολὺ μᾶλλον ἤ πού τις, ὥς φασιν, ἄνθρωπος· τὸν οὖν τῷ τοιούτῳ προσφιλῆ γενησόμενον, εἰς δύναμιν ὅτι μάλιστα καὶ αὐτὸν τοιοῦτον ἀναγκαῖον γίγνεσθαι, καὶ κατὰ τοῦτον δὴ τὸν λόγον ὁ μὲν σώφρων ἡμῶν θεῷ φίλος, ὅμοιος γάρ, ὁ δὲ μὴ σώφρων ἀνόμοιός τε καὶ διάφορος καὶ <ὁ> ἄδικος, καὶ τὰ ἄλλ' οὕτως κατὰ τὸν αὐτὸν λόγον ἔχει.

42.   Cette définition de la piété, qui consiste à respecter scrupuleusement la loi ou la coutume, est également celle que XÉNOPHON attribue à Socrate dans les *Mémorables* IV, 3, 16 : ὁρᾷς γὰρ ὅτι ὁ ἐν Δελφοῖς θεός, ὅταν τις αὐτὸν ἐπερωτᾷ πῶς ἂν τοῖς θεοῖς χαρίζοιτο, ἀποκρίνεται· Νόμῳ πόλεως· νόμος δὲ δήπου πανταχοῦ ἐστι κατὰ δύναμιν ἱεροῖς θεοὺς ἀρέσκεσθαι. πῶς οὖν ἂν τις κάλλιον καὶ εὐσεβέστερον τιμῴη θεοὺς ἤ, ὡς αὐτοὶ κελεύουσιν, οὕτω ποιῶν; « Tu [*scil.* Euthydème] vois bien que le dieu de Delphes, lorsqu'on l'interroge sur la façon de rendre grâce aux dieux, fait cette réponse : 'suivant la loi de la cité'. Or la loi consiste partout, je suppose, à se concilier les dieux par des sacrifices accordés à ses moyens. Comment pourrait-on honorer les dieux de plus belle et de plus pieuse façon qu'en le faisant comme ils nous le prescrivent ? » (trad. L.-A. Dorion). Cf. *ibid.*, I, 3, 1 ; IV, 6, 2-4.

aux dieux en se considérant capable de savoir mieux que les dieux ce qui leur est agréable, c'est-à-dire faire preuve d'ἀφροσύνη. Au contraire, l'homme pieux (δίκαιος et σώφρων) respectera ce qui est requis par les dieux dans sa conduite à l'égard des dieux, des *daimones* et des héros (716 d-717 b), des ancêtres et des parents (717 b-718 a), de soi-même (âme et corps) (726 a-728 e), et de ses relations avec les autres (729 b-730 a), en jouissant ainsi d'une vie heureuse :

> Mettons-nous bien dans l'esprit que de ces propos découle la doctrine suivante qui est, j'imagine, la plus belle des doctrines et la plus vraie. Pour l'homme de bien (ἀγαθός), sacrifier (θύειν) aux dieux et entrer constamment en relation avec eux (προσομιλεῖν ἀεὶ τοῖς θεοῖς) par la prière, en leur adressant des offrandes et en leur rendant l'ensemble du culte qu'on doit lui rendre, c'est la chose la plus belle, la meilleure et la plus efficace (κάλλιστον καὶ ἄριστον καὶ ἀνυσιμώτατον) pour atteindre au bonheur ; et comme de juste cela convient de façon exceptionnelle à l'homme de bien. À l'inverse, pour le méchant, c'est tout le contraire. Oui, en effet, le méchant (κακός) est impur (ἀκάθαρτος) en son âme alors que l'homme de bien est pur (καθαρός), et pour un homme de bien comme pour un dieu, recevoir des présents de mains souillées ne saurait être droit. Toute la peine que se donnent les impies (ἀνόσιοι) pour mettre les dieux de leur côté est donc vaine, alors que c'est une chose des plus opportunes pour les hommes pieux (ὅσιοι)[43].

Ce texte remarquable montre que ce qui permet à l'ἀγαθός de se rendre semblable aux dieux et d'« entrer constamment en relation avec eux » (προσομιλεῖν ἀεὶ τοῖς θεοῖς) est précisément l'accomplissement minutieux du culte, les offrandes et les prières qui leur sont adressées quotidiennement (au matin et au soir[44]) et aux autres occasions prévues par la loi. Le texte souligne également, en anticipant la démonstration exposée dans le livre X (903 b-905 c), que l'accomplissement du culte est inutile s'il ne s'accompagne pas d'actions justes. La piété (ὁσιότης) étant indissociable de la justice (δικαιοσύνη) et de la tempérance (σωφροσύνη), le zèle religieux des ὅσιοι n'a donc pas de valeur sans la vertu, sans la « pureté » (καθαρότης) morale, exigence qui tend

---

43.   PLATON, *Lois* IV, 716 d-717 a (trad. L. Brisson-J.-F. Pradeau) : νοήσωμεν δὴ τούτοις ἑπόμενον εἶναι τὸν τοιόνδε λόγον, ἁπάντων κάλλιστον καὶ ἀληθέστατον οἶμαι λόγον, ὡς τῷ μὲν ἀγαθῷ θύειν καὶ προσομιλεῖν ἀεὶ τοῖς θεοῖς εὐχαῖς καὶ ἀναθήμασιν καὶ συμπάσῃ θεραπείᾳ θεῶν κάλλιστον καὶ ἄριστον καὶ ἀνυσιμώτατον πρὸς τὸν εὐδαίμονα βίον καὶ δὴ καὶ διαφερόντως πρέπον, τῷ δὲ κακῷ τούτων τἀναντία πέφυκεν. ἀκάθαρτος γὰρ τὴν ψυχὴν ὅ γε κακός, καθαρὸς δὲ ὁ ἐναντίος, παρὰ δὲ μιαροῦ δῶρα οὔτε ἄνδρ' ἀγαθὸν οὔτε θεὸν ἔστιν ποτὲ τό γε ὀρθὸν δέχεσθαι· μάτην οὖν περὶ θεοὺς ὁ πολύς ἐστι πόνος τοῖς ἀνοσίοις, τοῖσιν δὲ ὁσίοις ἐγκαιρότατος ἅπασιν.
44.   Cf. HÉSIODE, *Travaux* 336-341. Voir aussi D. JAKOV, E. VOUTIRAS, « Das Gebet bei den Griechen », p. 125-126.

d'ailleurs à compléter à l'époque classique celle de la pureté rituelle[45]. Ces deux aspects, la définition de la prière comme une espèce de « commerce » (προσομιλία) avec les dieux et sa relation étroite avec l'acquisition et l'exercice de la vertu, seront, comme on le verra, une constante dans la tradition platonicienne jusqu'à la fin de l'Antiquité.

2. Les prières platoniciennes et la tradition religieuse

Après avoir essayé de préciser quelle est l'attitude envers la prière traditionnelle qui se dégage des dialogues platoniciens, il convient maintenant d'examiner les différentes prières dont les dialogues font état et leur rapport avec la tradition littéraire et religieuse. La plupart de ces prières sont attribuées à Socrate et contribuent à définir son profil d'homme vertueux qui, dans le portrait qu'en dresse Xénophon, débute précisément par l'εὐσέβεια[46]. D'autres en jouissent d'un statut particulier en ce qu'elles n'ont pas de correspondant dans la tradition littéraire et religieuse : par exemple, les prières adressées au κόσμος.

Il est important de souligner d'emblée la place que ces prières peuvent occuper dans l'univers platonicien. Cette place est circonscrite par un aspect fondamental de la cosmologie platonicienne, à savoir que les dieux sont inférieurs aux formes intelligibles dans la mesure où ces dernières sont éternelles, alors que les dieux sont engendrés (*Timée* 41 a-b). De ce fait, le savoir ayant pour objet les formes intelligibles, qui est la philosophie, sera nécessairement supérieur aux modes traditionnels de communication avec les dieux (la prière, le sacrifice, la divination).

---

45. O. REVERDIN (*La religion...*, p. 23) évoque la contribution de Pindare et de la tragédie à cette évolution qui est déjà achevée dans les dialogues platoniciens (cf. *Phédon* 66 b-68 b, 111b ; *Philèbe* 51 d-e). En citant ce passage, A.-J. FESTUGIÈRE (*L'idéal religieux des Grecs et l'Évangile*, Paris, 1932, p. 122 n. 4) avait noté que la notion de pureté de la pensée tend à s'ajouter à la pureté physique dans les lois cultuelles et mentionnait aussi l'inscription gravée sur le temple d'Asclépios à Épidaure cité, d'après THÉOPHRASTE (*Sur la piété*, fr. 9 PÖTSCHER), par PORPHYRE dans *De l'abstinence* II, 19, 5 : ἁγνὸν χρὴ ναοῖο θυώδεος ἐντὸς ἰόντα ἔμμεναι· ἁγνεία δ᾽ ἐστὶ φρονεῖν ὅσια. « Pur doit être celui qui pénètre dans le temple où fume l'encens ; et la pureté consiste à penser saintement » (trad. J. Bouffartigue, M. Patillon). L'inscription date très probablement de la période de construction de l'Asclépieion, aux environs de 370 av. J.-C.

46. XÉNOPHON, *Mémorables* IV, 8, 11 : ἐμοὶ μὲν δή, τοιοῦτος ὢν οἷον ἐγὼ διήγημαι, εὐσεβὴς μὲν οὕτως ὥστε μηδὲν ἄνευ τῆς τῶν θεῶν γνώμης ποιεῖν, δίκαιος δὲ ὥστε βλάπτειν μὲν μηδὲ μικρὸν μηδένα « pour ma part, je l'ai dépeint tel qu'il était : pieux au point de ne rien faire sans l'avis des dieux ; juste au point de ne jamais léser personne, si peu que ce soit » (trad. L.-A. Dorion). Sur la piété de Socrate, voir aussi *ibid.*, I, 1, 20 ; 3, 1-4 ; 4, 2-19 ; IV, 3, 2-18.

La philosophie comme hymne

Le discours théologique a pu être défini dans l'Antiquité comme un hymne adressé aux dieux. Cette idée a été développée de manière explicite par un auteur du IIIe siècle apr. J.-C., Ménandre le rhéteur[47], dans son étude des discours épidictiques, qui contient une section dédiée aux « hymnes scientifiques » (φυσικοὶ ὕμνοι)[48], parmi lesquels sont rangés les poèmes philosophiques de Parménide et d'Empédocle, ainsi que le *Phèdre* et le *Timée* :

> Selon notre plan, nous devons parler maintenant des hymnes scientifiques (φυσικοὶ ὕμνοι). Il faut dire tout d'abord que ce type de discours convient peu aux écrivains médiocres, mais plutôt à ceux qui font preuve d'une pensée vigoureuse et d'une grandeur de conception. Il convient ensuite de préférence aux poètes plutôt qu'aux historiens, aux prosateurs ou aux orateurs. On trouve de tels hymnes, par exemple, lorsqu'on célèbre Apollon dans un hymne, quand on l'identifie au soleil et on discute la nature du soleil, ou quand on identifie Héra à l'air ou Zeus à la chaleur. De tels hymnes relèvent de la science de la nature (φυσιολογικοί). Ils sont pratiqués avec précision par Parménide et Empédocle, mais Platon en fait également usage. Dans le *Phèdre*, il donne en effet une explication naturelle (φυσιολογῶν) en disant que l'Amour est une passion de l'âme et lui donne des ailes. [...] Dans le *Critias*, Platon qualifie ainsi le *Timée* d''hymne à l'Univers' (ὕμνος τοῦ Παντός) [...][49].

---

47. Sur Ménandre le rhéteur, voir l'article de L. PERNOT, dans DPhA, t. IV, Paris, 2005, p. 433-438 ; A.-M. FAVREAU-LINDER, « L'hymne et son public dans les traités rhétoriques de Ménandros de Laodicée », dans Y. LEHMANN (éd.), *L'hymne antique et son public*, p. 153-167.
48. MÉNANDRE LE RHÉTEUR, *Division des discours épidictiques*, p. 336, 25-337, 32 SPENGEL [p. 12-15 RUSSELL-WILSON et notes p. 235-237]. Cette section a été étudiée par D. A. RUSSELL et N. G. WILSON (*ibid.*, p. 235-237), par R. VAN DEN BERG (*Proclus' Hymns*, p. 16), et par Ph. HOFFMANN (« Science théologique et Foi... », p. 284-285).
49. MÉNANDRE LE RHÉTEUR, *Division des discours épidictiques* (Διαίρεσις τῶν ἐπιδεικτικῶν), p. 336, 25-337, 9 et 22-24 SPENGEL (p. 12-14 RUSSELL-WILSON) : Περὶ τοίνυν τῶν φυσικῶν ἐφεξῆς ἂν εἴη, ὥσπερ προεθέμεθα, λέγειν. πρῶτον τοίνυν τόδε περὶ αὐτῶν ῥητέον, ὅτι ἐλάχιστα μὲν τοῖς ἀφελεστέροις τὸ εἶδος ἁρμόττει, μάλιστα δὲ τοῖς ἐμψυχοτέροις καὶ μεγαλονουστέροις, ἔπειτα ὅτι ποιηταῖς μᾶλλον ἢ συγγραφεῦσιν ἢ λογογράφοις ἢ πολιτικοῖς ἁρμόττουσιν. εἰσὶ δὲ τοιοῦτοι, ὅταν Ἀπόλλωνος ὕμνον λέγοντες ἥλιον αὐτὸν εἶναι φάσκωμεν, καὶ περὶ τοῦ ἡλίου τῆς φύσεως διαλεγώμεθα, καὶ περὶ Ἥρας ὅτι ἀήρ, καὶ Ζεὺς τὸ θερμόν. οἱ γὰρ τοιοῦτοι ὕμνοι φυσιολογικοί. καὶ χρῶνται δὲ τῷ τοιούτῳ τρόπῳ Παρμενίδης τε καὶ Ἐμπεδοκλῆς ἀκριβῶς, κέχρηται δὲ καὶ ὁ Πλάτων. ἐν τῷ Φαίδρῳ γὰρ φυσιολογῶν ὅτι πάθος ἐστὶ τῆς ψυχῆς ὁ Ἔρως, ἀναπτεροποιεῖ αὐτόν. [...] ὁ γοῦν Πλάτων ὕμνον τοῦ Παντὸς τὸν Τίμαιον καλεῖ ἐν τῷ Κριτίᾳ [...].

Ménandre se trompe sur ce dernier aspect, car le *Timée* n'est nulle part qualifié de cette manière dans les dialogues de Platon[50], mais l'idée n'est pas étrangère à l'esprit sinon à la lettre du texte platonicien[51]. Plusieurs passages du *Timée* (21 a, 47 b) ou du *Critias* (106 a) auraient pu en effet inspirer à Ménandre cette affirmation, qui connaîtra, comme on le verra, une fortune particulière dans le néoplatonisme tardif[52].

De toute manière, dans l'*Épinomis* (980 b) le discours théologique que l'Étranger d'Athènes s'apprête à exposer est envisagé comme un hymne par lequel on honore les dieux, et on se souvient également que dans les *Lois* toute composition inspirée par les Muses – la philosophie en est une – est assimilée à une prière (εὐχή) adressée aux dieux[53]. Il faut tenir compte aussi du fait que les prières de gratitude, ainsi que les hymnes ou les poèmes étaient des τιμαί et, de ce fait, susceptibles d'être offerts aux dieux comme offrande[54].

Selon la théorie de Ménandre, le *Timée* et le *Phèdre* sont des hymnes en tant qu'éloges des dieux et leur caractère « scientifique » concerne à la fois leur forme et leur contenu : dans les deux cas, il s'agit d'un exposé rationnel, qui procède par des démonstrations et qui a pour objet des réalités religieuses (par exemple, le dieu Éros et la naissance des dieux) expliquées sans faire appel à la mythologie, par le recours à des causes naturelles.

Du reste, la célébration des dieux au moyen de la prose était une pratique répandue à l'époque de Ménandre, dont témoignent en premier lieu les hymnes d'Aelius Aristide[55]. On n'oubliera pas que le *Phèdre* s'achève par

---

50.   Ce fait n'a pas échapé à ceux qui ont étudié cette section du traité de Ménandre. Voir *Menander Rhetor*, edited with translation and commentary by D. A. RUSSELL and N. G. WILSON, Oxford, 1981, p. 236 ; R. VAN DEN BERG, *Proclus' Hymns*, p. 16 n. 9 ; Ph. HOFFMANN, « Science théologique et Foi… », p. 285 n. 32.

51.   Comme l'a relevé P. HADOT, « Physique et poésie dans le *Timée* de Platon », *Revue de Théologie et de Philosophie* 115, 1983, p. 113-133 [repris dans *Études de philosophie ancienne*, Paris, 1998, p. 277-306].

52.   Voir *infra*, p. 221-222 et 240-241.

53.   PLATON, *Lois* VII, 801 a : Τίς δὴ μετ' εὐφημίαν δεύτερος ἂν εἴη νόμος μουσικῆς ; ἆρ' οὐκ εὐχὰς εἶναι τοῖς θεοῖς οἷς θύομεν ἑκάστοτε ; « Quelle serait donc, après celle qui consiste à être de bon augure, la deuxième loi relative aux Muses ? N'est-ce pas que toute activité en ce domaine soit une prière adressée aux dieux auxquels dans chaque cas nous sacrifions ? » (trad. L. Brisson, J.-F. Pradeau).

54.   Comme le rappelle H. S. VERSNEL, « Religious Mentality in Ancient Prayer », p. 53. Voir aussi C. CALAME, « Les *Hymnes homériques* comme prières poétiques et comme offrandes musicales. Le chant hymnique en acte », *Mètis* n.s. 10, 2012, p. 51-76.

55.   Sur l'histoire du genre, voir L. PERNOT, « Hymne en vers ou hymne en prose ? L'usage de la prose dans l'hymnographie grecque », dans Y. LEHMANN (éd.), *L'hymne antique et son public*, p. 169-188 ; J. GOEKEN, *Aelius Aristide…*, p. 32-39 et 313-318.

une prière, dont il sera question un peu plus loin, ce qui était conforme aux normes régissant la composition des hymnes.

La prière aux « dieux visibles »

Une place à part parmi les prières du corpus platonicien revient aux prières adressées aux « dieux visibles » (θεοὶ ὁρατοί) (*Timée* 40 a-d), le Soleil (Hélios), la Lune (Séléné) et les astres[56], et à l'univers (κόσμος) dans son ensemble. Le caractère exceptionnel de cette prière réside en ce qu'il s'agit d'une prière fondée sur la connaissance, à savoir sur la connaissance astronomique.

Le culte du Soleil ne représentait pas une partie importante du culte civique, bien que les prières adressées au Soleil à l'aube et au coucher du soleil ne fussent pas inhabituelles[57]. Au contraire, Platon accorde au culte du Soleil – qui, il ne faut pas l'oublier, est l'image sensible du Bien (*République* VI, 508 a-511 e) – une place centrale dans la vie religieuse de la cité[58]. Dans un passage célèbre du *Banquet*, qui met en relation la dévotion au Soleil et la méditation philosophique, Socrate prie le Soleil à l'aurore après avoir passé la journée dans la réflexion :

> Ce que fit d'autre part, ce que sut endurer, ce héros énergique là-bas, un jour en campagne, cela vaut la peine d'être entendu. Concentré en effet sur ses pensées, il était, à l'endroit même où il se trouvait au point du jour, resté debout à examiner un problème. Et, comme cela n'avançait pas, il n'abandonnait pas, et il restait là debout à chercher. Il était déjà midi. Les hommes l'observaient, tout étonnés ; ils se faisaient savoir les uns aux autres que Socrate, depuis le petit matin, se tenait là debout en train de réfléchir. En fin de compte, le soir venu, certains de ceux qui le regardaient, une fois qu'ils eurent fini de dîner, sortirent leurs paillasses dehors, car on était alors en été, et ils couchèrent au frais, tout en le surveillant pour voir s'il passerait la nuit debout. Or, il resta debout jusqu'à l'aurore, jusqu'au lever du soleil. Puis, après avoir adressé sa prière au soleil, il s'en alla[59].

---

56. Sur la vénération des astres chez Platon et dans l'Ancienne Académie, voir A.-J. Festugière, *La Révélation d'Hermès...*, t. II, p. 153-259 [p. 625-731] ; P. Boyancé, « La religion astrale de Platon à Cicéron », *RÉG* 65, 1952, p. 312-350 ; L. Tarán, *Academica. Plato, Philip of Opus and the Pseudo-Platonic* Epinomis, Philadelphia, 1975, p. 32-36.

57. Voir A.-J. Festugière, *La Révélation d'Hermès...*, t. IV, p. 245 n. 3 [p. 1671]. En particulier sur la prière au soleil levant, voir les textes rassemblés par F. J. Dölger, *Sol Salutis. Gebet und Gesang im christlichen Altertum*, 2ᵉ éd., Münster, 1925, p. 38-60.

58. Platon, *Lois* VII, 821 b-821 d ; X, 887 e. Sur la divinité du Soleil, voir aussi *Apologie* 26 d ; *République* VI, 508 a.

59. Platon, *Banquet* 220 c-d (trad. L. Brisson) : οἷον δ' αὖ τόδ' ἔρεξε καὶ ἔτλη καρτερὸς ἀνὴρ ἐκεῖ ποτε ἐπὶ στρατιᾶς, ἄξιον ἀκοῦσαι. συννοήσας γὰρ αὐτόθι ἕωθέν τι εἱστήκει σκοπῶν, καὶ ἐπειδὴ οὐ

Le lien que Platon établit dans ce passage entre la contemplation du Soleil et la réflexion philosophique est fondé sur la dimension religieuse qu'il attribue à la connaissance de la nature et des mouvements des astres, le culte qui leur est voué selon le projet législatif conçu dans les *Lois* ayant une dignité proprement philosophique. À la différence des dieux traditionnels, les « dieux visibles » se laissent connaître et cette connaissance est à la base de l'attitude respectueuse qui accompagne les sacrifices et les prières qui leur échoient dans le cadre du culte civique :

> [L'Étranger d'Athènes :] Il n'en est pas moins vrai que, pour ce qui concerne cela [*scil.* l'astronomie], il existe une opinion étonnante, qu'on ne saurait d'aucune façon et à aucun prix tolérer.
> [Clinias :] Laquelle donc ?
> [L'Étranger d'Athènes :] C'est de dire, comme nous le faisons, qu'il ne faut ni chercher à connaître la divinité la plus importante, c'est-à-dire l'univers (ὅλον τὸν κόσμον), ni nous compliquer la vie en recherchant les causes qui peuvent l'expliquer, en estimant même qu'il s'agit là d'un acte impie (οὐδ' ὅσιον). Or c'est la conduite qui en est tout le contraire qui paraît bien être la seule juste. [...]
> [L'Étranger d'Athènes :] C'est bien là, je le déclare à cette heure, Mégille et Clinias, ce dont doivent être instruits nos citoyens comme nos jeunes gens quant aux dieux du ciel (περὶ θεῶν τῶν κατ' οὐρανὸν) ; il faut qu'ils aient une connaissance (μαθεῖν) qui porte sur toutes ces choses et qui aille assez loin pour les empêcher de blasphémer (βλασφημεῖν) à l'endroit de ces dieux et pour qu'ils ne prononcent sur leur compte que des paroles de bon augure (εὐφημεῖν), chaque fois qu'ils offrent un sacrifice ou que dans leurs prières ils les implorent avec piété (εὐσεβῶς)[60].

προυχώρει αὐτῷ, οὐκ ἀνίει ἀλλὰ εἱστήκει ζητῶν. καὶ ἤδη ἦν μεσημβρία, καὶ ἄνθρωποι ᾐσθάνοντο, καὶ θαυμάζοντες ἄλλος ἄλλῳ ἔλεγεν ὅτι Σωκράτης ἐξ ἑωθινοῦ φροντίζων τι ἕστηκε. τελευτῶντες δέ τινες τῶν Ἰώνων, ἐπειδὴ ἑσπέρα ἦν, δειπνήσαντες – καὶ γὰρ θέρος τότε γ᾽ ἦν – χαμεύνια ἐξενεγκάμενοι ἅμα μὲν ἐν τῷ ψύχει καθηῦδον, ἅμα δ᾽ ἐφύλαττον αὐτὸν εἰ καὶ τὴν νύκτα ἑστήξοι. ὁ δὲ εἱστήκει μέχρι ἕως ἐγένετο καὶ ἥλιος ἀνέσχεν· ἔπειτα ᾤχετ᾽ ἀπιὼν προσευξάμενος τῷ ἡλίῳ. La contemplation des astres à l'aurore en tant que modèle d'ordre et de pureté est un « exercice spirituel » pythagoricien selon MARC AURÈLE, XI, 27.

60.   PLATON, *Lois* VII, 820 e-821 a, 821 c-d (trad. L. Brisson-J.-F. Pradeau) : {ΑΘ.} Καὶ μὴν θαῦμά γε περὶ αὐτά ἐστιν μέγα καὶ οὐδαμῶς οὐδαμῇ ἀνεκτόν. {ΚΛ.} Τὸ ποῖον δή ; {ΑΘ.} Τὸν μέγιστον θεὸν καὶ ὅλον τὸν κόσμον φαμὲν οὔτε ζητεῖν δεῖν οὔτε πολυπραγμονεῖν τὰς αἰτίας ἐρευνῶντας – οὐ γὰρ οὐδ᾽ ὅσιον εἶναι – τὸ δὲ ἔοικεν πᾶν τούτου τοὐναντίον γιγνόμενον ὀρθῶς ἂν γίγνεσθαι. [...] {ΑΘ.} Ταῦτ᾽ ἔστι τοίνυν, ὦ Μέγιλλέ τε καὶ Κλεινία, νῦν δὴ φημι δεῖν περὶ θεῶν τῶν κατ᾽ οὐρανὸν τούς γε ἡμετέρους πολίτας τε καὶ τοὺς νέους τὸ μέχρι τοσούτου μαθεῖν περὶ ἁπάντων τούτων, μέχρι τοῦ μὴ βλασφημεῖν περὶ αὐτά, εὐφημεῖν δὲ ἀεὶ θύοντάς τε καὶ ἐν εὐχαῖς εὐχομένους εὐσεβῶς.

On peut faire sur ce texte deux remarques. En premier lieu, il laisse entendre que le κόσμος est supérieur aux autres dieux en raison de sa visibilité et de sa cognoscibilité, et que la vénération qu'on doit lui manifester (par des sacrifices et des prières) représente une partie du culte civique. En second lieu, le texte montre que l'ὁσιότης et l'εὐσέβεια sont dans ce cas indissociables d'une forme de μάθησις, de la connaissance d'ordre physique que l'on peut avoir du κόσμος. Les connaissances élémentaires d'astronomie – à savoir que les mouvements du soleil, de la lune et des planètes sont réguliers et conformes à la raison (*Lois* VII, 822 a-c) – sont ainsi une condition *sine qua non* de la piété à l'égard du κόσμος et, partant, des « dieux visibles »[61]. Cette μάθησις rend possible l'εὐφημία dans les discours sur ces dieux, tandis que l'ignorance en ces matières relève du βλασφημεῖν[62].

Ces traits qui caractérisent le culte des « dieux visibles » seront développés dans l'*Épinomis*. Sur les traces du chemin esquissé dans les *Lois*, son auteur – probablement Philippe d'Oponte – prévoit, en effet, l'instauration en bonne et due forme dans la cité d'Athènes d'un culte voué aux « dieux visibles » selon le modèle des cultes établis, c'est-à-dire bénéficiant d'un sanctuaire propre, de fêtes, de sacrifices et de prières comme toute autre divinité du panthéon[63] :

> Par contre, en ce qui concerne les dieux qui nous sont réellement visibles, le même raisonnement ne démontre-t-il pas que la pire lâcheté est de ne pas oser nous en parler et nous révéler qu'ils sont des dieux autant que les autres, mais privés des cérémonies et des honneurs qui leur reviennent ? En fait, c'est là ce qui se passe aujourd'hui, en cette matière également ; c'est comme si l'un d'entre nous, ayant un jour vu le soleil ou la lune venir à l'existence et nous surveiller tous, ne les signalait pas, impuissant qu'il serait en quelque sorte à les signaler, et en même temps, les voyant exclus de tout honneur, ne s'efforçait pas, au moins pour sa part, de les amener en un lieu honorable pour les y mettre en évidence, leur faire offrir des fêtes et des sacrifices, et de déterminer des périodes plus ou moins longues, d'après leurs révolutions, comme un temps réservé à chacun d'eux plusieurs fois dans l'année[64] ?

61.   L'astronomie a également une fonction éthique, qui transparaît très clairement dans le *Timée* (90 c-d), sur laquelle je n'insiste pas ici. Sur cette question, voir G. R. Carone, « The Ethical Function of Astronomy in Plato's *Timaeus* », dans T. Calvo, L. Brisson (éd.), *Interpreting the* Timaios-Critias. *Proceedings of the Fourth Symposium Platonicum*, Sankt Augustin, 1997, p. 341-350.

62.   Cf. [Platon], *Alcibiade II* 149 b-c ; voir *infra*, p. 74-75.

63.   Sur le programme de réforme religieuse de l'*Épinomis*, voir A.-J. Festugière, *La Révélation d'Hermès...*, t. II, p. 202-209 [p. 674-681].

64.   [Platon], *Épinomis*, 985 d-e (trad. L. Brisson) : τοὺς δὲ ὄντως ἡμῖν φανεροὺς ὄντας θεοὺς ἆρ' οὐχ αὐτὸς λόγος ἔχει κακίστους εἶναι τοὺς μὴ τολμῶντας λέγειν ἡμῖν καὶ φανεροὺς ποιεῖν

À la différence des autres cultes d'Athènes, le culte que l'auteur de l'*Épi-nomis*, dans le sillage des *Lois*, veut établir est fondé non sur la tradition, mais sur la raison, sur l'observation du ciel et sur le calcul mathématique, d'où l'éminence des divinités qui en font l'objet et des discours qui en traitent.

Une prière adressée au κόσμος est attribuée, dans le *Critias* (106 a-b), à Timée, qui venait d'exposer son discours sur la création du κόσμος. À ce moment-là, Timée prie le κόσμος, qui est une divinité à part entière (*Timée* 92 c), pour qu'il lui prodigue l'ἐπιστήμη qui lui permettrait d'achever son discours par un exposé sur la génération des dieux, cette même ἐπιστήμη qui lui avait d'ailleurs permis de connaître le dieu qu'il prie :

> Comme je suis content, Socrate ; voilà que j'abandonne le cheminement de mon discours avec la même satisfaction que si je faisais halte après une longue route. À ce dieu qui dans le passé naquit réellement un jour et qui à l'instant vient tout juste de naître en paroles j'adresse cette prière (προσεύχομαι) : parmi les choses que nous avons dites, qu'il nous accorde d'assurer lui-même leur salut à toutes celles qui auront été dites en respectant la mesure (μετρίως), et si, malgré nous, il nous est arrivé de faire sur le sujet qulque fausse note, qu'il nous inflige la peine qui s'impose. Or, la juste peine pour celui qui détonne, c'est de rentrer dans le ton. Pour être sûrs de mener à bonne fin ce qui nous reste à dire sur la génératon des dieux, nous prions (εὐχόμεθα) donc ce dieu de nous donner lui-même le plus parfait et le meilleur des remèdes (φάρμακον), la science (ἐπιστήμη)[65].

Le discours sur la création du κόσμος est un être vivant à l'image du κόσμος sur lequel il porte[66]. En lui adressant cette prière, Timée le convie non seu-

ἀνοργιάστους τε ὄντας ἑτέρους θεοὺς καὶ τιμὰς μὴ δεχομένους τὰς προσηκούσας αὐτοῖς ; νῦν δὲ δὴ συμβαίνει γιγνόμενον ἅμα τὸ τοιοῦτον· οἷον γὰρ εἴ ποτέ τις ἡμῶν ἥλιον ἢ σελήνην ἑωρακὼς ἦν γιγνομένους ἐφορῶντάς τε ἡμᾶς πάντας, καὶ μὴ ἔφραζεν ἀδύνατος ὢν πη φράζειν, τιμῆς τε ἀμοίρους ὄντας ἅμα καὶ μὴ προθυμοῖτο τό γε αὐτοῦ μέρος, εἰς ἔντιμον χώραν καταφανεῖς ἄγων αὐτούς, ἑορτάς τε αὐτοῖς γίγνεσθαι ποιεῖν καὶ θυσίας, ἀπολαμβανόμενόν τε χρόνον ἑκάστοις μειζόνων καὶ ἐλαττόνων πολλάκις ἐνιαυτῶν ὥρας διανέμειν.

65.   PLATON, *Critias* 106 a-b : Ὡς ἄσμενος, ὦ Σώκρατες, οἷον ἐκ μακρᾶς ἀναπεπαυμένος ὁδοῦ, νῦν οὕτως ἐκ τῆς τοῦ λόγου διαπορείας ἀγαπητῶς ἀπήλλαγμαι. τῷ δὲ πρὶν μὲν πάλαι ποτ' ἔργῳ, νῦν δὲ λόγοις ἄρτι θεῷ γεγονότι προσεύχομαι, τῶν ῥηθέν των ὅσα μὲν ἐρρήθη μετρίως, σωτηρίαν ἡμῖν αὐτὸν αὐτῶν διδόναι, παρὰ μέλος δὲ εἴ τι περὶ αὐτῶν ἄκοντες εἴπομεν, δίκην τὴν πρέπουσαν ἐπιτιθέναι. δίκη δὲ ὀρθὴ τὸν πλημμελοῦντα ἐμμελῆ ποιεῖν· ἵν' οὖν τὸ λοιπὸν τοὺς περὶ θεῶν γενέσεως ὀρθῶς λέγωμεν λόγους, φάρμακον ἡμῖν αὐτὸν τελεώτατον καὶ ἄριστον φαρμάκων ἐπιστήμην εὐχόμεθα διδόναι.

66.   Timée établit ainsi une homologie entre la création de l'univers (κόσμος) par le démiurge et la création du λόγος sur l'univers (le *Timée*). Une étude minutieuse du vocabulaire de Platon a permis en effet à L. BRISSON de « discerner une homologie entre les vocables relatifs à la production du *kósmos*, entendu dans le sens d'"univers", et ceux relatifs à la fabrication du *mû-thos* » ; voir « Le discours comme univers et l'univers comme discours. Platon et ses interprètes

lement à consentir à son récit, mais aussi à continuer à lui prodiguer cette ἐπιστήμη sur lequel ce récit même est fondé.

Prier au début d'un discours

Une espèce d'invocation traditionnelle que Platon reprend dans ses dialogues est la prière au début d'un discours, en particulier avant d'aborder un sujet difficile[67]. Dans le *Timée*, Timée prie les dieux pour que son discours leur soit agréable, mais l'invocation prend ici un relief particulier parce qu'il s'agit d'un discours sur l'origine de l'univers où le secours divin est particulièrement nécessaire. Procèder à une prière avant de se lancer dans un tel discours signifie faire preuve de σωφροσύνη qui est, on s'en souvient, une des composantes essentielles de la piété du sage :

> Socrate : C'est donc à toi désormais de parler, Timée, semble-t-il, non sans avoir selon l'usage invoqué les dieux (καλέσαντα κατὰ νόμον θεούς).
> Timée : Mais oui, Socrate, tous ceux en tout cas qui ont la moindre parcelle de sagesse (σωφροσύνη), quand ils sont sur le point d'entreprendre une affaire, grande ou petite, invoquent toujours une divinité, n'est-ce pas ? Or nous, qui nous apprêtons à discourir sur l'univers d'une certaine manière, selon qu'il fut engendré ou encore pour dire qu'il n'est pas engendré, nous devons, à moins d'être tout à fait égarés, appeler à l'aide dieux et déesses (θεούς τε καὶ θεὰς ἐπικαλουμένους) et les prier de faire que tout ce que nous dirons soit avant tout conforme à leur pensée, et par conséquent satisfaisant pour nous[68].

---

néoplatoniciens », dans *Le texte et ses représentations*, Paris, 1987, p. 121-128 [repris dans *Lectures de Platon*, Paris, 2000, p. 209-234], p. 121 [209] pour la citation. Sur le passage du *Critias* en particulier, voir aussi P. HADOT, « Physique et poésie... », p. 131 [= IDEM, *Études de philosophie ancienne*, p. 296]. La fortune néoplatonicienne de cette théorie a été étudiée par J. A. COULTER, *The Literary Microcosm. Theories of Interpretation of the Later Neoplatonists*, Leyde, 1976, p. 95-126. Cf. P. HADOT, « Physique et poésie... », p. 131-132 [p. 296-297] ; L. BRISSON (« Le discours comme univers... », p. 213-217) insiste sur la discontinuité entre la démarches des néoplatoniciens et celle de Platon.

67.   PLATON, *Timée* 27 c-d, 48 d-e ; *Critias* 106 a ; *Philèbe* 25 b ; *Lois* IV, 712 b ; X, 893 b. Pour ce type d'invocation, voir, par exemple, le début du *Discours sur la couronne* de DEMOSTHÈNE (*Or.* XVIII, 1), exemple classicisé, repris également par les théoriciens de la rhétorique ; voir HERMOGÈNE, *Les catégories stylistiques du discours* (*De ideis*) II, 7, 6 [dans *Corpus Rhetoricum*, t. IV, éd. M. PATILLON, Paris, 2012, p. 271]. Pour d'autres exemples, voir O. KUETTLER, *Precationes...*, p. 5-7 ; *Corpus de prières...*, p. 167-168.

68.   PLATON, *Timée* 27 b-c (trad. L. Brisson) : ΣΩ. σὸν οὖν ἔργον λέγειν ἄν, ὦ Τίμαιε, τὸ μετὰ τοῦτο, ὡς ἔοικεν, εἴη καλέσαντα κατὰ νόμον θεούς. ΤΙ. Ἀλλ᾽, ὦ Σώκρατες, τοῦτό γε δὴ πάντες ὅσοι καὶ κατὰ βραχὺ σωφροσύνης μετέχουσιν, ἐπὶ παντὸς ὁρμῇ καὶ σμικροῦ καὶ μεγάλου πράγματος θεὸν

Un peu plus loin, Timée prie encore pour la réussite de la seconde partie de son discours où il traite des produits de la nécessité : « cette fois encore reprenons le fil de notre discours en invoquant pour commencer une divinité protectrice, pour qu'elle assure notre sauvegarde tout au long du parcours qui, à partir d'un exposé étrange et insolite, va nous mener à une conclusion vraisemblable »[69].

Dans l'*Épinomis*, l'Étranger d'Athènes, en se préparant de rendre compte de l'origine des dieux et des êtres vivants, invoque également les dieux pour qu'ils l'inspirent et le guident dans son discours, qui est assimilé – on a déjà évoqué cet aspect – à un hymne (ὕμνος) :

> [L'Étranger d'Athènes :] Qu'est-ce donc à dire, Clinias ? Sommes-nous d'accord pour honorer les dieux de la meilleure façon possible par des hymnes (ὑμνοῦντες), en les priant de nous inspirer à leur sujet les discours les plus beaux et les meilleurs ? Cela te convient-il, ou sinon qu'as-tu d'autre à proposer ?
> [Clinias :] Mais oui, cela me plaît merveilleusement. Allons, divin ami, adresse aux dieux une prière pleine de confiance (πιστεύσα)[70] et tiens sur les dieux et les déesses le discours le plus beau qui te viendra à l'esprit.
> [L'Étranger d'Athènes :] Ainsi en sera-t-il si le dieu lui-même se fait notre guide. Unis-toi seulement à ma prière[71].

Non seulement les discours sur les dieux et sur l'origine de l'univers réclament, dans les dialogues platoniciens, l'invocation et le secours des dieux, mais aussi toute enquête philosophique et, d'une manière générale, toute activité[72]. Dans le *Philèbe* (25 b), par exemple, Socrate prie les dieux pour qu'ils l'aident dans son argumentation. Dans la *République* (IV, 432 b-c), il les prie pour découvrir la nature de la justice. La recherche philosophique est assimilée

---

ἀεί που καλοῦσιν· ἡμᾶς δὲ τοὺς περὶ τοῦ παντὸς λόγους ποιεῖσθαί πη μέλλοντας, ᾗ γέγονεν ἢ καὶ ἀγενές ἐστιν, εἰ μὴ παντάπασι παραλλάττομεν, ἀνάγκη θεούς τε καὶ θεὰς ἐπικαλουμένους εὔχεσθαι πάντα κατὰ νοῦν ἐκείνοις μὲν μάλιστα, ἑπομένως δὲ ἡμῖν εἰπεῖν.

69. *Ibid.*, 48 d : θεὸν δὴ καὶ νῦν ἐπ' ἀρχῇ τῶν λεγομένων σωτῆρα ἐξ ἀτόπου καὶ ἀήθους διηγήσεως πρὸς τὸ τῶν εἰκότων δόγμα διασῴζειν ἡμᾶς ἐπικαλεσάμενοι πάλιν ἀρχώμεθα λέγειν.

70. Cette mention de la πίστις à propos de la prière anticipe les développements néoplatoniciens, notamment chez Jamblique, sous l'influence des *Oracles chaldaïques*. Sur le rôle de la πίστις dans la prière chez Jamblique, voir *infra*, p. 193, 214-215 et 217 n. 27.

71. [PLATON], *Épinomis* 980 b-c (trad. L. Brisson) : {ΑΘ.} Πῶς οὖν, ὦ Κλεινία, λέγομεν ; ἢ δοκεῖ τοὺς θεοὺς ὑμνοῦντες σφόδρα τιμῶμεν, εὐχόμενοι τὰ κάλλιστα καὶ ἄριστα περὶ αὐτῶν ἐπιέναι λέγειν ἡμῖν ; οὕτως ἢ πῶς λέγεις ; {ΚΛ.} Θαυμαστῶς μὲν οὖν οὕτως. ἀλλ', ὦ δαιμόνιε, πιστεύσας τοῖς θεοῖς εὔχου τε καὶ λέγε τὸν ἐπιόντα σοι λόγον τῶν καλῶν περὶ τοὺς θεούς τε καὶ τὰς θεάς. {ΑΘ.} Ἔσται ταῦτα, ἂν αὐτὸς ὁ θεὸς ἡμῖν ὑφηγῆται. συνεύχου μόνον.

72. Cf. PLATON, *Philèbe* 25 b ; *Lois* X, 887 c, 893 b ; *Lettre VIII*, 353 a.

dans ce contexte à une chasse, analogie fréquente chez Platon (*Lachès* 194 b, *Lysis* 218 c, *Parménide* 128 c, etc.), ce qui suggère que cette prière est adressée à Apollon ou à Artémis[73].

La recherche philosophique est ainsi profondément ancrée dans un contexte religieux. Dès lors, ce n'est pas un hasard si les plus longs dialogues platoniciens, la *République* et les *Lois*, débutent dans un cadre religieux. Dans le prologue de la *République*, Socrate se rend, en effet, au Pirée pour prendre part à la fête de Bendis (déesse thrace assimilée à Artémis) et prier la déesse (I, 327 a-b)[74]. L'importance insolite prêtée à ce culte de périphérie dans le prologue de la *République* – on sait que Socrate n'avait pas l'habitude de sortir d'Athènes – peut s'expliquer par l'étymologie que Platon attribue au nom de la déesse Artémis, qu'il rapporte à ἀρετή (*Cratyle* 406 b), le but de la cité idéale décrite dans la *République*.

*

Parmi les prières au début d'un discours une place à part revient à celles adressées aux Muses, la prière aux Muses étant aussi la plus ancienne de la littérature grecque. L'*Odyssée*, ainsi que la *Théogonie* d'Hésiode, s'ouvrent, en effet, par une invocation aux Muses[75], les filles de Zeus et de Mnémosyne. L'invocation rituelle aux Muses au début d'une composition littéraire est devenue par la suite une convention poétique, Mnémosyne et ses filles étant souvent invoquées par les poètes et les historiens pour les aider à se remémorer le passé. Cette invocation est, bien sûr, à mettre en relation avec le statut religieux de la mémoire et avec son culte dans les milieux d'aèdes de la Grèce archaïque, une civilisation fondée sur des traditions orales qui exigent un développement de la mémoire ; la poésie archaïque dont l'*Iliade* et l'*Odyssée*

---

73.   Pour des exemples de prières à Apollon et à Artémis (Chasseresse), voir XÉNOPHON, *L'Art de la chasse* VI, 13.

74.   Le culte de Bendis a été introduit à Athènes vers 430 av. J.-C., probablement par l'intermédiaire des commerçants thraces qui jouaient à cette époque-là un rôle important dans l'organisation de la fête consacrée à la déesse ; voir R. PARKER, *Polytheism and Society at Athens*, Oxford, 2005, p. 170. PROCLUS se réfère à ce culte et remarque que les Bendidies constituent un culte de périphérie opposé au culte civique d'Athéna (*in Remp.* I, 18, 16-19, 23 ; cf. *in Tim.*, p. 84, 25-85, 26).

75.   HOMÈRE, *Odyssée* I, 1-10 ; HÉSIODE, *Théogonie* 1-2 ; cf. 22-23, 36-55. C'est par une invocation aux Muses que s'ouvre également le catalogue des vaisseaux dans l'*Iliade* (II, 484-493). Pour d'autres prières aux Muses, voir *Corpus de prières...*, p. 69-71 ; S. DIOP, « L'énonciation homérique et la pratique de l'invocation à la Muse », *Circe*, 15, 2011, p. 67-79. Pour Mnémosyne, en particulier, voir *Hymnes orphiques*, éd. FAYANT, p. 609.

sont l'aboutissement ne saurait être comprise en l'absence d'une véritable mnémotechnique[76]. La mémoire célébrée par les aèdes ne représente pas la remémoration d'un passé historique, mais une omniscience à caractère divinatoire d'origine divine, ce qui explique d'ailleurs le lien des Muses et de Mnémosyne avec Apollon (par exemple dans l'*Hymne homérique aux Muses*) – le dieu « musagète », qui conduit le chœur des Muses –, dieu de la poésie et de la mantique, en particulier de l'oracle de Delphes.

Les dialogues de Platon, qui se font l'écho de cette tradition, contiennent plusieurs invocations aux Muses. C'est, en effet, à la façon d'un poète que Critias le jeune, en prenant le relais de Solon, introduit dans le *Critias* le récit de la guerre qui aurait opposé l'Athènes ancienne et l'Atlantide par une invocation aux Muses et à Apollon :

> Hermocrate : [...] voilà bien pourquoi il te faut aller de l'avant courageusement, entreprendre ton récit, et, en invoquant le Secourable et les Muses, produire au jour les mérites de tes concitoyens d'autrefois et les célébrer en un hymne.
>
> Critias : [...] en plus des dieux que tu as nommés, il faut invoquer les autres, et comme de juste, surtout Mnémosyne. Car à peu près tout ce qu'il y a de plus important dans notre propos ressortit à cette déesse. En effet, si nous nous souvenons comme il faut et si nous rappelons la teneur de ce qui fut jadis raconté par les prêtres et rapporté chez nous par Solon, je suis à peu près certain qu'il apparaîtra à ce public que nous avons mené à son terme, en respectant la mesure, notre tâche[77].

Le choix de Platon n'est pas anodin. Le récit que Critias le jeune se prépare à raconter s'apparente, en effet, au mythe : il porte sur des événements d'un passé lointain, il est donc invérifiable, et ses « éléments s'enchaînent de façon contingente, contrairement au discours argumentatif dont l'organisation interne présente un caractère de nécessité »[78]. En formulant la préten-

---

76. Cela a été très bien expliqué par M. DETIENNE dans son livre *Les maîtres de vérité dans la Grèce archaïque*, Paris, 1967, p. 9-27 (chap. II « La Mémoire du poète »).

77. PLATON, *Critias* 108 c-d (trad. L. Brisson) : [...] προϊέναι τε οὖν ἐπὶ τὸν λόγον ἀνδρείως χρή, καὶ τὸν Παίωνά τε καὶ τὰς Μούσας ἐπικαλούμενον τοὺς παλαιοὺς πολίτας ἀγαθοὺς ὄντας ἀναφαίνειν τε καὶ ὑμνεῖν. ΚΡ. [...] πρὸς οἷς θεοῖς εἶπες τούς τε ἄλλους κλητέον καὶ δὴ καὶ τὰ μάλιστα Μνημοσύνην. προσθεν ἔχων ἄλλον, ἔτι θαρρεῖς. τοῦτο μὲν οὖν οἷόν ἐστιν, αὐτό σοι τάχα δηλώσει· παραμυθουμένῳ δ' οὖν καὶ παραθαρρύνοντί σοι πειστέον, καὶ σχεδὸν γὰρ τὰ μέγιστα ἡμῖν τῶν λόγων ἐν ταύτῃ τῇ θεῷ πάντ' ἐστίν· μνησθέντες γὰρ ἱκανῶς καὶ ἀπαγγείλαντες τά ποτε ῥηθέντα ὑπὸ τῶν ἱερέων καὶ δεῦρο ὑπὸ Σόλωνος κομισθέντα σχεδὸν οἶδ' ὅτι τῷδε τῷ θεάτρῳ δόξομεν τὰ προσήκοντα μετρίως ἀποτετελεκέναι.

78. L. BRISSON, *Platon, les mots et les mythes*, édition revue et mise à jour, Paris, 1994, p. 144.

tion de raconter un tel récit, Critias se place ainsi dans le sillage des poètes mythographes. Mais le lien entre le récit de Critias et la poésie archaïque va plus loin : le *Critias* était censé faire partie, avec le *Timée* et l'*Hermocrate*, d'une trilogie qui devait exposer l'origine de l'univers (le *Timée*), de l'homme (l'*Hermocrate*) et de la société (le *Critias*), projet ambitieux par lequel Platon renoue avec une tradition vénérable de la Grèce antique qui remonte, à travers les philosophes présocratiques, à Hésiode[79].

D'une manière analogue, dans le livre VIII de la *République*, Socrate invoque les Muses au moment où il s'apprête à chercher la cause du déclin des régimes politiques, en se plaçant ainsi dans le sillage de la recherche mythique d'une cause divine des malheurs humains[80] :

> Dès lors, Glaucon, dis-je, comment notre cité sera-t-elle ébranlée, et de quelle manière les auxiliaires et les chefs entreront-ils en conflit les uns avec les autres et même entre eux ? Veux-tu qu'à l'instar d'Homère, nous priions les Muses de nous dire ...*comment la discorde pour la première fois s'abattit* [*Il.* XVI, 112 *sq.*] ?[81]

L'imitation des modèles poétiques est encore plus nette dans le *Phèdre*, lorsque Socrate invoque l'aide des Muses avant de prononcer son premier discours sur Éros, qui est un dieu, ce qui explique l'usage du mot μῦθος pour désigner ce genre de discours :

> Venez, vous, Muses à la voix légère (λίγειαι), que vous deviez ce surnom à la nature de votre chant ou bien au peuple musicien des Ligures (Λιγύων). Aidez-moi à entreprendre le récit de ce mythe (μύθου), que m'oblige à faire le très bel ami que voici [*scil.* Lysias][82].

L'utilisation des épithètes dans ce contexte, rare chez Platon, est remarquable et elle recoupe la pratique littéraire et cultuelle ; en particulier l'épithète

---

79. Pour une présentation de ce projet, voir l'introduction de L. BRISSON à PLATON, *Timée. Critias*, traduction inédite, introduction et notes, 5ᵉ édition corrigée et à mise à jour, Paris, 2001, p. 9-65.

80. Sur la fonction de cette invocation et de la réponse des Muses dans l'ensemble du dialogue, voir M. MEULDER, « L'invocation aux Muses et leur réponse (Platon, *Républ.* VIII, 545d-547c) », *Revue de philosophie ancienne* 10, 1992, p. 139-177.

81. PLATON, *République* VIII, 545 d (trad. G. Leroux) : Πῶς οὖν δή, εἶπον, ὦ Γλαύκων, ἡ πόλις ἡμῖν κινηθήσεται, καὶ πῇ στασιάσουσιν οἱ ἐπίκουροι καὶ οἱ ἄρχοντες πρὸς ἀλλήλους τε καὶ πρὸς ἑαυτούς ; ἢ βούλει, ὥσπερ Ὅμηρος, εὐχώμεθα ταῖς Μούσαις εἰπεῖν ἡμῖν ὅπως δὴ πρῶτον στάσις ἔμπεσε.

82. PLATON, *Phèdre* 237 a-b (trad. L. Brisson) : Ἄγετε δή, ὦ Μοῦσαι, εἴτε δι' ᾠδῆς εἶδος λίγειαι, εἴτε διὰ γένος μουσικὸν τὸ Λιγύων ταύτην ἔσχετ' ἐπωνυμίαν, « ξύμ μοι λάβεσθε » τοῦ μύθου, ὅν με ἀναγκάζει ὁ βέλτιστος οὑτοσὶ λέγειν.

λίγειαι (« les mélodieuses, avec la voie claire ») – associée, par proximité ancienne, aux Λίγυες, « Ligures » – est traditionnelle pour les Muses.

La prière à l'heure de la mort

Les prières à l'heure de la mort n'étaient pas inhabituelles en Grèce antique[83]. Socrate ne se dérobe pas à cette tradition lorsqu'il prie les dieux, avant de boire la ciguë, pour qu'ils lui assurent un bon passage dans l'autre monde :

> Au moins, je suppose, est-il permis – et même obligatoire – de faire aux dieux une prière (εὔχεσθαί) pour que le sort soit favorable à ce changement de séjour, d'ici vers là-bas. Telle est donc ma prière (εὔχομαι), et puisse-t-il en être ainsi[84] !

Pour mieux comprendre le sens de cette prière, il convient de la mettre en relation avec deux textes. Le premier en est le discours que Socrate tient devant ses disciples avant sa mort (*Phédon* 64 a-69 d), où il essaie de les persuader du fait que la vie consacrée à la philosophie est une préparation pour la mort (μελέτη θανάτου) (67 e), et que, de ce fait, son dernier voyage est accompagné d'un « bon espoir » (ἀγαθὴ ἐλπίς), idée qui revient trois fois – ce n'est sans doute pas un hasard – au long de ce discours :

> Car je veux, maintenant, devant vous, mes juges, justifier cette affirmation : il me paraît raisonnable de penser qu'un homme qui a réellement passé toute sa vie dans la philosophie est, quand il va mourir, plein de confiance et d'espoir (εὔελπις) que c'est là-bas qu'il obtiendra les biens les plus grands, une fois qu'il aura cessé de vivre.
> Comment il peut justement en être ainsi, voilà, Simmias et Cébès, ce que je vais tenter de vous expliquer. Car c'est bien là une chose dont les autres risquent de ne pas avoir conscience : que tous ceux qui s'appliquent à la philosophie et s'y appliquent droitement ne s'occupent de rien d'autre que de mourir ou d'être morts[85]. [...]

---

83. Une des plus connues est la prière d'Ajax (SOPHOCLE, *Ajax* 824-865). Cf. aussi XÉNOPHON, *Cyropédie* VIII, 7, 3 (la prière de Cyrus avant de mourir).

84. PLATON, *Phédon* 117 c (trad. M. Dixsaut) : ἀλλ' εὔχεσθαί γέ που τοῖς θεοῖς ἔξεστί τε καὶ χρή, τὴν μετοίκησιν τὴν ἐνθένδε ἐκεῖσε εὐτυχῆ γενέσθαι ἃ δὴ καὶ ἐγὼ εὔχομαί τε καὶ γένοιτο ταύτη.

85. *Ibid.*, 63 e-64 a : ἀλλ' ὑμῖν δὴ τοῖς δικασταῖς βούλομαι ἤδη τὸν λόγον ἀποδοῦναι, ὥς μοι φαίνεται εἰκότως ἀνὴρ τῷ ὄντι ἐν φιλοσοφίᾳ διατρίψας τὸν βίον θαρρεῖν μέλλων ἀποθανεῖσθαι καὶ εὔελπις εἶναι ἐκεῖ μέγιστα οἴσεσθαι ἀγαθὰ ἐπειδὰν τελευτήσῃ. πῶς ἂν οὖν δὴ τοῦθ' οὕτως ἔχοι, ὦ Σιμμία τε καὶ Κέβης, ἐγὼ πειράσομαι φράσαι. Κινδυνεύουσι γὰρ ὅσοι τυγχάνουσιν ὀρθῶς ἁπτόμενοι φιλοσοφίας λεληθέναι τοὺς ἄλλους ὅτι οὐδὲν ἄλλο αὐτοὶ ἐπιτηδεύουσιν ἢ ἀποθνήσκειν τε καὶ τεθνάναι.

Donc, reprit-il, si tout cela est vrai, ami, il y a grand espoir (πολλὴ ἐλπὶς), pour qui est arrivé là où je me rends maintenant, d'acquérir en suffisance, et là-bas plus que partout ailleurs, ce qui a été pour nous le but d'un si grand effort tout au long de notre vie passée. Aussi ce voyage, celui qui à présent m'est prescrit, s'accompagne-t-il d'une noble espérance (μετὰ ἀγαθῆς ἐλπίδος), et cela vaut pour tout homme qui estime que sa réflexion (διάνοια) est prête à s'exercer, puisqu'elle est comme purifiée[86].

Le second texte qui contribue à éclairer la prière de Socrate est un passage du livre IV des *Lois*. Dans ce passage on affirme que l'on doit prier aussi pour les choses pour lesquelles nous sommes préparés (pour lesquelles on possède la τέχνη) – et qui dépendent de nous – puisque leur accomplissement dépend à la fois de la volonté du dieu et de la chance (τύχη) :

C'est un dieu (θεός), et de concert avec ce dieu le hasard et l'occasion (τύχη καὶ καιρός) qui gouvernent toutes les affaires humaines, sans exception. Il faut pourtant bien convenir que s'ajoute à cette liste un troisième élément, plus policé : la technique (τέχνη). [...] Ainsi, dans chaque cas considéré, celui qui du moins possède la technique pourrait avec raison, je suppose, demander dans ses prières (εὔξασθαι) que la chance lui accorde quelque circonstance favorable, même s'il lui était possible de ne compter que sur sa technique[87].

La conception qui transparaît de ce passage s'accorde avec le contenu de la prière de Socrate. Socrate possède en effet la τέχνη, qui consiste dans la pratique de la philosophie et dans son mode de vie qui est une préparation permanente pour la mort, mais il prie cependant les dieux pour qu'ils lui accordent un « passage favorable » dans l'autre monde. Socrate se sait bien préparé pour ce voyage, c'est pourquoi il s'y engage accompagné d'une ἀγαθὴ ἐλπίς[88], mais il sait également qu'il dépend des dieux de lui accorder cette εὐτυχία qui mènerait son voyage à bonne fin, ce qui explique sa prière : une

---

86.   *Ibid.*, 67 b-c : Οὐκοῦν, ἔφη ὁ Σωκράτης, εἰ ταῦτα ἀληθῆ, ὦ ἑταῖρε, πολλὴ ἐλπὶς ἀφικομένῳ οἷ ἐγὼ πορεύομαι, ἐκεῖ ἱκανῶς, εἴπερ που ἄλλοθι, κτήσασθαι τοῦτο οὗ ἕνεκα ἡ πολλὴ πραγματεία ἡμῖν ἐν τῷ παρελθόντι βίῳ γέγονεν, ὥστε ἥ γε ἀποδημία ἡ νῦν μοι προστεταγμένη μετὰ ἀγαθῆς ἐλπίδος γίγνεται καὶ ἄλλῳ ἀνδρὶ ὃς ἡγεῖταί οἱ παρεσκευάσθαι τὴν διάνοιαν ὥσπερ κεκαθαρμένην. Sur l'espoir d'exercer sa pensée « purifiée » dans l'au-delà, voir aussi *ibid.* 68 b : σφόδρα γὰρ αὐτῷ ταῦτα δόξει, μηδαμοῦ ἄλλοθι καθαρῶς ἐντεύξεσθαι φρονήσει ἀλλ' ἢ ἐκεῖ. « Car il croira intensément que la pensée, il ne pourra la rencontrer en toute pureté nulle part ailleurs, seulement là-bas ».
87.   PLATON, *Lois* IV, 709 b et d (trad. L. Brisson, J.-F. Pradeau) : Ὡς θεὸς μὲν πάντα, καὶ μετὰ θεοῦ τύχη καὶ καιρός, τἀνθρώπινα διακυβερνῶσι σύμπαντα. ἡμερώτερον μὴν τρίτον συγχωρῆσαι τούτοις δεῖν ἕπεσθαι τέχνην. [...] Οὐκοῦν ὅ γε πρὸς ἕκαστόν τι τῶν εἰρημένων ἔχων τὴν τέχνην κἂν εὔξασθαί που δύναιτο ὀρθῶς, τί παρὸν αὐτῷ διὰ τύχης, τῆς τέχνης ἂν μόνον ἐπιδέοι ;
88.   La même attitude est attribuée à Socrate par XÉNOPHON, *Mémorables* IV, 3, 17 : χρὴ οὖν μηδὲν ἐλλείποντα κατὰ δύναμιν τιμᾶν τοὺς θεοὺς θαρρεῖν τε καὶ ἐλπίζειν τὰ μέγιστα ἀγαθά. « Il

prière pleine de confiance et d'espoir pour une chose pour laquelle il s'est bien préparé durant toute sa vie mais dont l'accomplissement revient en dernière instance à la divinité[89].

La prière de Socrate à Pan

L'accord entre ce qui dépend de nous-mêmes et l'εὐτυχία accordée par les dieux transparaît également dans la prière – probablement la plus fameuse du corpus platonicien[90] – que Socrate adresse au dieu Pan et à d'autres divinités anonymes à la fin du *Phèdre* :

> Ô mon cher Pan, et vous autres, toutes autant que vous êtes, divinités de ces lieux, accordez-moi d'acquérir la beauté intérieure ; que, pour l'extérieur, tout soit en accord avec ce qui se trouve à l'intérieur (τοῖς ἐντὸς εἶναί μοι φίλια). Que le sage (σοφός) soit à mes yeux toujours riche. Et que j'aie juste autant d'or que le seul qui puisse le prendre et l'emmener soit l'homme tempérant (σώφρων)[91].

Les raisons pour laquelle cette prière est adressée à Pan peuvent être multiples. Pan est un dieu champêtre, patron des bergers, ce qui n'est pas tout à fait inattendu pour le décor pastoral où le dialogue est censé se développer. Pan est également le fils d'Hermès, le dieu du λόγος (cf. *Cratyle* 408 c), devenu symbole de l'éloquence à l'époque postclassique[92], ce qui n'est pas du tout

faut donc, sans rien négliger, honorer les dieux conformément à ses moyens, avoir confiance et espérer les plus grands biens » (trad. L.-A. Dorion).

89.   C'est une des raisons pour laquelle on ne peut pas accepter la conclusion de R. MAYHEW (« On Prayer in Plato's *Laws* », p. 61), selon laquelle « there is no solid evidence in the *Laws* that supports the idea that Plato believed that the gods do grant our prayers », et « the exclusive benefit from prayer is the proper development and maintenance of the soul of the one who prays ».

90.   Cette prière a fait l'objet de plusieurs études ; voir Th. G. ROSENMEYER, « Plato's Prayer to Pan (Phaedrus 279 B8-C3) », *Hermes* 90, 1962, p. 34-44 ; D. CLAY, « Socrates' Prayer to Pan », dans G. W. BOWERSOCK, W. BURKERT (éd.), *Arktouros. Hellenic Studies presented to Bernard M. W. Knox on the occasion of his 65th Birthday*, Berlin-New York, 1979, p. 345-353 ; K. GAISER, « Das Gold der Weisheit. Zum Gebet des Philosophen am Schluß des Phaidros », *Rheinisches Museum für Philologie* N.F. 132, 1989, p. 105-140 ; D. BOUVIER, « Socrate, Pan et quelques nymphes : à propos de la prière finale du *Phèdre* (279b4-c8) », dans F. PRESCENDI, Y. VOLOKHINE (éd.), *Dans le laboratoire de l'historien des religions. Mélanges offerts à Philippe Borgeaud*, Genève, 2011, p. 251-262.

91.   PLATON, *Phèdre* 279 b-c : Ὦ φίλε Πάν τε καὶ ἄλλοι ὅσοι τῇδε θεοί, δοίητέ μοι καλῷ γενέσθαι τἄνδοθεν· ἔξωθεν δὲ ὅσα ἔχω, τοῖς ἐντὸς εἶναί μοι φίλια. πλούσιον δὲ νομίζοιμι τὸν σοφόν· τὸ δὲ χρυσοῦ πλῆθος εἴη μοι ὅσον μήτε φέρειν μήτε ἄγειν δύναιτο ἄλλος ἢ ὁ σώφρων.

92.   Cf. Ph. HOFFMANN, « Implications religieuses de la logique aristotélicienne », *Annuaire de l'École Pratique des Hautes Études, Section des Sciences religieuses*, 103, 1994-1995, p. 267-270, en particulier p. 269-270.

inapproprié dans un dialogue qui porte précisément sur la rhétorique et sur l'écriture[93]. Enfin, on peut détecter également dans ce théonyme une allusion, par jeu de mots sur son nom, à la Totalité de l'univers[94].

Quoi qu'il en soit, le contenu de cette prière s'éclaire, à notre avis, par la comparaison avec la prière de Socrate au moment de la mort et avec les deux autres textes que l'on vient d'examiner, tirés du *Phédon* et du livre IV des *Lois*. Ce que Socrate demande à Pan dans sa prière est en effet une autre sorte d'accord (de φιλία) entre les biens intérieurs (ἔνδοθεν) (de l'âme) qui dépendent de lui-même mais aussi des dieux, et les biens extérieurs (ἔξωθεν) qui dépendent des dieux et de la τύχη : que ce qui relève de l'εὐτυχία soit ainsi en accord avec son âme. Au moment de la mort, Socrate prie seulement pour que le voyage auquel il s'est préparé toute la vie soit εὐτυχής, car ce qui dépendait de lui, il l'avait déjà accompli. Au contraire, dans la prière que Socrate adresse à Pan et aux autres divinités du lieu, il leur demande de lui accorder aussi les biens de l'âme qui dépendent, bien sûr, de lui-même, mais aussi des dieux[95].

Le passage du livre IV des *Lois* permet, à son tour, de mieux comprendre à quel point il est nécessaire de prier également pour que ce qui relève de l'εὐτυχία soit en accord avec ce qui dépend de notre τέχνη. La réflexion amorcée dans les *Lois* a été développée par Aristote dans l'*Éthique à Nicomaque* dans deux passages qui n'ont pas été jusqu'à présent, à notre connaissance, mis en relation avec la prière à Pan :

> Or dès l'instant où l'injuste (ἄδικος) est cupide (πλεονέκτης), ce sont alors les biens qui doivent être en jeu, non tous les biens, mais ceux qui sont exposés à la bonne et à la mauvaise fortune (εὐτυχία καὶ ἀτυχία) ; lesquels, pris simplement (ἁπλῶς), sont toujours certes des biens (ἁπλῶς ἀεὶ ἀγαθά), mais pas toujours pour un individu donné. Les hommes pourtant en font l'objet de leurs prières (εὔχονται) et se mettent à leur poursuite, mais ils ne devraient pas ; ils devraient au contraire souhaiter dans leurs prières (εὔχεσθαι) que les biens pris simplement (τὰ ἁπλῶς ἀγαθά) soient aussi bons pour eux et prendre ceux qui sont bons pour eux[96].

---

93. Cet aspect est examiné par Th. G. ROSENMEYER, « Plato's Prayer to Pan... », p. 36-38.

94. Cf. *Hymnes orphiques*, éd. FAYANT, p. 117-119, en particulier v. 1 : Πᾶνα καλῶ κρατερόν νόμιον, κόσμοιο τὸ σύμπαν « J'invoque Pan, le puissant, dieu des bergers, Totalité de l'univers ».

95. Pour une autre prière pour ce qui dépend de nous, voir PLATON, *Timée* 27 d : τὸ δ' ἡμέτερον παρακλητέον, ᾗ ῥᾷστ' ἂν ὑμεῖς μὲν μάθοιτε, ἐγὼ δὲ ἧ διανοοῦμαι μάλιστ' ἂν περὶ τῶν προκειμένων ἐνδειξαίμην. « En ce qui nous concerne, il faut faire l'invocation que voici : puissiez-vous avoir la plus grande facilité à comprendre ; et quant à moi, puisse-je mettre la plus grande clarté possible dans l'exposé de ma pensée sur le sujet proposé » (trad. L. Brisson).

96. ARISTOTE, *Éthique à Nicomaque* V, 1129 b 1-7 (trad. R. Bodéüs) : ἐπεὶ δὲ πλεονέκτης ὁ ἄδικος, περὶ τἀγαθὰ ἔσται, οὐ πάντα, ἀλλὰ περὶ ὅσα εὐτυχία καὶ ἀτυχία, ἃ ἐστὶ μὲν ἁπλῶς ἀεὶ ἀγαθά,

Mais il apparaît malgré tout que celui-ci [*scil.* le bonheur] a encore besoin, en plus, des biens extérieurs (τῶν ἐκτὸς ἀγαθῶν), ainsi que nous le disions. Impossible, en effet, ou du moins difficile d'exécuter de belles choses lorsqu'on est sans ressources car beaucoup s'exécutent, comme à l'aide d'instruments, par le moyen d'amis, de la richesse et du pouvoir politique. D'autre part, il y a un certain nombre d'avantages dont l'absence ternit la félicité : par exemple, une famille honorable, de bons enfants, la beauté... [...] il faut donc apparemment compter aussi sur ce genre d'avantage qui permet de couler des jours heureux. De là vient l'amalgame que font certains en identifiant la bonne fortune (εὐτυχία) au bonheur (εὐδαιμονία), alors que d'autres le réduisent à la vertu (ἀρετή)[97].

Les deux passages se complètent l'un l'autre. Dans le premier, Aristote montre que certains biens (ἀγαθά) peuvent devenir pernicieux dans certaines situations et pour certains individus qui les demandent dans leurs prières en croyant qu'ils vont leur apporter du bonheur et en ignorant le tort qu'ils vont subir à cause d'eux. Comme Platon, Aristote réduit l'ἀδικία à la πλεονεξία et se sert de ces notions pour montrer que, par cupidité, les hommes formulent des prières insensées en ignorant quels sont les biens qu'ils devraient demander. Au contraire, explique Aristote, les hommes devraient demander seulement ces biens extérieurs (τὰ ἐκτὸς ἀγαθά) qui sont en accord avec leur constitution intérieure, ce qui renvoie au contenu de la prière de Socrate à Pan[98].

τινὶ δ᾿ οὐκ ἀεί. οἱ δ᾿ ἄνθρωποι ταῦτα εὔχονται καὶ διώκουσιν· δεῖ δ᾿ οὔ, ἀλλ᾿ εὔχεσθαι μὲν τὰ ἁπλῶς ἀγαθὰ καὶ αὐτοῖς ἀγαθὰ εἶναι, αἱρεῖσθαι δὲ τὰ αὐτοῖς ἀγαθά.

97. *Ibid.*, I, 1099 a 32-b 3 et 7-9 : φαίνεται δ᾿ ὅμως καὶ τῶν ἐκτὸς ἀγαθῶν προσδεομένη [εὐδαιμονία], καθάπερ εἴπομεν· ἀδύνατον γὰρ ἢ οὐ ῥάδιον τὰ καλὰ πράττειν ἀχορήγητον ὄντα. πολλὰ μὲν γὰρ πράττεται, καθάπερ δι᾿ ὀργάνων, διὰ φίλων καὶ πλούτου καὶ πολιτικῆς δυνάμεως· ἐνίων δὲ τητώμενοι ῥυπαίνουσι τὸ μακάριον, οἷον εὐγενείας εὐτεκνίας κάλλους. [...] καθάπερ οὖν εἴπομεν, ἔοικε προσδεῖσθαι καὶ τῆς τοιαύτης εὐημερίας· ὅθεν εἰς ταὐτὸ τάττουσιν ἔνιοι τὴν εὐτυχίαν τῇ εὐδαιμονίᾳ, ἕτεροι δὲ τὴν ἀρετήν. Cf. ARISTOTE, *Les Politiques* VII, 12, 1331 b 21 ; *Éthique à Eudème* VIII, 2, 1246 b, 37-1249 b 23.

98. À comparer également avec la prière d'Ischomaque rapportée par XÉNOPHON dans l'*Économique* XI, 8 : ἐπεὶ γὰρ καταμεμαθηκέναι δοκῶ ὅτι οἱ θεοὶ τοῖς ἀνθρώποις ἄνευ μὲν τοῦ γιγνώσκειν τε ἃ δεῖ ποιεῖν καὶ ἐπιμελεῖσθαι ὅπως ταῦτα περαίνηται οὐ θεμιτὸν ἐποίησαν εὖ πράττειν, φρονίμοις δ᾿ οὖσι καὶ ἐπιμελέσι τοῖς μὲν διδόασιν εὐδαιμονεῖν, τοῖς δ᾿ οὔ, οὕτω δὴ ἐγὼ ἄρχομαι μὲν τοὺς θεοὺς θεραπεύων, πειρῶμαι δὲ ποιεῖν ὡς ἂν θέμις ᾖ μοι εὐχομένῳ καὶ ὑγιείας τυγχάνειν καὶ ῥώμης σώματος καὶ τιμῆς ἐν πόλει καὶ εὐνοίας ἐν φίλοις καὶ ἐν πολέμῳ καλῆς σωτηρίας καὶ πλούτου καλῶς αὐξομένου. « Je [*scil.* Ischomaque] crois avoir compris que les dieux n'ont pas permis aux hommes de réussir s'ils ne savent pas ce qu'ils doivent faire et s'ils ne s'efforcent pas de l'accomplir ; parmi ceux qui en ont conscience et qui s'y efforcent, aux uns ils donnent le succès, aux autres ils le refusent ; aussi je commence par honorer les dieux et je tâche d'obtenir d'eux autant qu'il m'est possible par mes prières, de rester en bonne santé, d'avoir le corps vigoureux, d'avoir l'estime de mes

Dans le second passage, Aristote explique que le bonheur (εὐδαιμονία) ne réside pas uniquement dans les biens de l'âme (c'est-à-dire dans l'ἀρετή), mais dans la conjonction entre ceux-ci et τὰ ἐκτὸς ἀγαθά qui relèvent de l'εὐτυχία (l'origine noble, les bons enfants, la beauté). Certains réduisent à tort l'εὐδαιμονία à l'ἀρετή seule, tandis que d'autres l'assimilent, également à tort, aux biens extérieurs. Entre les deux options, Aristote propose, comme Socrate dans sa prière à Pan, la voie moyenne.

Conclusions

La manière dont Platon envisage la prière comporte deux paliers en fonction du type de prière pris en considération. Le premier concerne une espèce particulière de prière qui soit n'a pas d'équivalent dans la tradition littéraire et religieuse, soit acquiert chez Platon une dimension considérablement plus large que celle que la tradition lui réservait. Tel est le cas des prières aux « dieux visibles » (θεοὶ ὁρατοί) ou au κόσμος dans son ensemble. Le caractère novateur de ce type de prière réside non seulement dans la place exceptionnelle que Platon lui assigne dans la vie religieuse de la cité, mais aussi en ce qu'elle est fondée sur un savoir d'ordre scientifique, en l'occurrence sur des connaissances astronomiques. Elle est ainsi l'expression d'une dévotion intellectuelle, apanage d'une élite capable de l'acquérir et d'en faire usage, se distinguant, à la fois par ses formes de manifestation et par son objet, de la piété commune. La cosmologie du *Timée* (40 a-e) établit en effet une prééminence subtile des « dieux visibles » sur les dieux traditionnels, au sujet desquels Platon s'en remet, avec une ironie à peine cachée, à ceux « qui, prétendent-ils, sont des rejetons des dieux, et qui savent exactement, j'imagine, à quoi s'en tenir du moins sur leurs ancêtres », faisant ainsi confiance « à des enfants des dieux, même s'ils tiennent des discours qui ne sont ni vraisemblables ni rigoureux »[99].

Parmi les « dieux visibles », le Soleil occupe une place à part – il est l'image sensible du Bien –, et, de ce fait, les prières qui lui sont adressées et la dévotion qu'on manifeste à son égard représentent sans doute l'expression la plus haute de la piété platonicienne. Les dieux, visibles ou invisibles, sont pourtant inférieurs aux formes intelligibles qui ne font pas, par définition, l'objet de

concitoyens, l'affection de mes amis, de me tirer d'affaire à la guerre avec honneur, d'accroître ma richesse honorablement » (trad. P. Chantraine).

99. PLATON, *Timée* 40 d-e (trad. L. Brisson).

la religion, mais de la philosophie, laquelle transcende et, jusqu'à un certain point, remplace les modes traditionnels de communication avec le divin. Cela explique, une fois de plus, pourquoi le *Timée* a pu être défini comme un hymne à caractère scientifique. Cet aspect, corroboré par l'idée d'une prière fondée sur le savoir mathématique, évoquée dans les *Lois* et développée dans l'*Épinomis*, sera approfondi, comme on le verra, dans le néoplatonisme tardif.

Le second palier de l'attitude de Platon à l'égard de la prière concerne à la fois les prières traditionnelles qui accompagnent les sacrifices du culte civique et une série de prières à caractère privé ou empruntées à la tradition littéraire. Le jugement porté sur cet ensemble de prières est marqué par une polarité qui caractérise l'ensemble de l'attitude de Platon à l'égard de la religion, attitude qui oscille en effet entre fidélité envers la tradition religieuse et souci de l'épurer de tout ce qui s'oppose aux exigences d'une « théologie rationnelle » dont il expose les principes dans la *République* et les *Lois*. La prière est ainsi prise en considération, d'une part, en tant que partie du culte public, et, d'autre part, en tant qu'objet d'une critique théologique qui vise à montrer le manque de fondement rationnel et l'impiété d'une catégorie de prières par lesquelles on prétend pouvoir contraindre la divinité à agir dans son intérêt.

Cette critique est développée dans l'exposé consacré, dans le livre X des *Lois*, à la loi contre l'impiété, qui comporte trois volets dont le dernier concerne spécifiquement la conception selon laquelle les dieux peuvent être fléchis par des prières et des sacrifices. Une telle conception rend les dieux coupables de tolérer, voire d'encourager l'injustice (ἀδικία) et la cupidité (πλεονεξία), qui ne sont que le reflet de l'amour de soi (φιλία ἑαυτοῦ), que Platon présente dans les *Lois* (VII, 731 d-e) comme la principale source de l'impiété. On comprend ainsi que ces prières sont doublement impies : elles le sont d'abord car elles attribuent aux dieux des actions contraires à leur nature ; elles le sont également parce qu'elles donnent priorité aux désirs individuels par rapport au bien commun de la cité. Il ne faut pas perdre de vue que la religion et la piété sont, en Grèce ancienne, éminemment civiques.

Les cibles principales des critiques de Platon sont les poètes éducateurs de la Grèce, notamment Homère, mais aussi Hésiode, en raison précisément de l'autorité dont ils jouissent et de leur rôle formateur dans la cité. Quand les ἀγύρται et les μάντεις qui prétendent pouvoir purifier par des ἐπῳδαί ceux ayant commis des injustices (*République* II, 364 b-c) s'autorisent précisément des passages d'Homère et d'Hésiode incriminés dans les *Lois*, il est évident que la critique platonicienne de leurs pratiques et de la conception sur laquelle elles se fondent se ramène à la critique générale, théologique et morale, de la poésie homérique formulée dans la *République* et continuée dans les *Lois*.

À cette critique, Platon ajoute dans les *Lois* une autre, qui renoue avec le thème de l'*Euthyphron* : elle vise les prêtres qui, ignorants sur la nature des dieux, professent à tort des opinions selon lesquelles ceux-ci seraient capables d'être fléchis par des sacrifices et des prières.

En ce qui concerne les prières du culte public, il est remarquable que Platon définisse, dans le livre IV des *Lois* (716 d-e), la conduite idéale de l'ἀγαθός comme l'accomplissement rigoureux des cultes de la cité. Cela en dit long sur l'importance de la religion traditionnelle dans la définition platonicienne de la piété. Cette dernière étant pourtant étroitement liée, chez Platon, à la justice (δικαιοσύνη) et à la tempérance (σωφροσύνη), ce n'est que l'exercice de ces vertus qui confère à la religiosité de l'ἀγαθός sens et utilité.

À cette catégorie de prières s'ajoutent celles attribuées à Socrate dans les dialogues dont le rapport à la tradition est, une fois de plus, ambivalent : Platon reste fidèle à la tradition littéraire et religieuse dans le choix des modèles de prières (la prière aux Muses, la prière au début du discours, la prière au moment de la mort), tout en réformant cet héritage à la fois par le contenu et par les fonctions qu'il lui attribue.

D'abord, en ce qui concerne les prières au début du discours, dont la prière aux Muses représente un cas particulier, l'imitation des modèles littéraires est loin d'être innocente, car Platon rivalise avec la poésie religieuse (notamment avec Hésiode) dans le *Timée* et le *Critias* par l'exposé d'une théogonie et d'une cosmogonie « scientifiques ». En faisant précéder la recherche philosophique par une prière, en particulier par une prière aux Muses, Platon laisse bien entendre, en effet, par la reprise d'un modèle poétique traditionnel, que la philosophie fait concurrence à la poésie dans la recherche de la vérité relative à l'origine des dieux et du monde.

En ce qui concerne les prières de Socrate dans le *Phédon* (117 c) et à la fin du *Phèdre* (279 b-c), elles représentent des modèles de prière à caractère philosophique qui permettent de préciser des éléments doctrinaux de la philosophie platonicienne. Il n'est sans doute pas innocent par ailleurs que la dernière est adressée à Pan, qui est le fils d'Hermès, le dieu du λόγος. Leur examen conjoint permet de montrer que Platon ne jugeait pas illégitime que le philosophe demande aux dieux que les choses qui ne dépendent pas de lui, mais des dieux et de la τύχη, ne soient pas un obstacle pour celles qui sont en son pouvoir. Une telle prière peut être formulée au moment de la mort, comme dans le *Phédon*, mais aussi tout au long de la vie, comme dans la prière à Pan, en demandant aux dieux que les biens extérieurs soient en accord avec l'âme et qu'ils n'empêchent pas la pratique de la vertu. L'étude d'un passage du livre IV des *Lois* (709 b-d) a permis de mieux comprendre à quel point il convient, aux yeux de Platon, de prier également pour que ce qui relève de l'εὐτυχία soit en accord avec ce qui dépend de notre τέχνη. La réflexion amorcée dans ce passage fut développée par Aristote, dans l'*Éthique à Nicomaque*, pour être ensuite reprise par Maxime de Tyr et, dans le stoïcisme impérial, par Marc Aurèle.

III. Le *Second Alcibiade*.
À la recherche de la prière idéale

On a pu voir à la fin du chapitre précédent comment la réflexion sur l'utilité et les fonctions de la prière dans les dialogues de Platon se prolonge dans l'œuvre d'Aristote. Le présent chapitre poursuit cette enquête par l'examen de l'évolution de la réflexion sur la prière au sein de l'Académie après la mort de son fondateur.

1. Le *Second Alcibiade* et la pensée religieuse à l'époque hellénistique

L'intérêt pour le thème de la prière dans l'Académie après la mort de Platon se reflète très clairement dans le *Second Alcibiade*, dialogue apocryphe qui porte, dans la tradition manuscrite, le sous-titre Περὶ προσευχῆς « Sur la prière »[1]. Comme le premier *Alcibiade*, il s'agit d'un dialogue entre Socrate et Alcibiade (*ca.* 450-404 av. J.-C.), l'homme politique et général athénien, contemporain de Socrate et du jeune Platon, considéré comme un des responsables de l'échec d'Athènes dans la guerre du Péloponnèse (qui s'achève en 404)[2]. Bien que dans l'Antiquité le dialogue ait pu passer pour une œuvre de Platon[3], son authenticité ne semble plus trouver de défenseurs aujourd'hui[4].

---

1. PLATON, *Œuvres complètes*, t. XIII, 2ᵉ partie, texte établi et traduit par J. SOUILHÉ, 2ᵉ tirage, Paris, 1962, p. 3-42. Pour la traduction, nous suivons la version récente *Écrits apocryphes attribués à Platon*, traduction et présentation par L. BRISSON, Paris, 2014 (les modifications apportées à cette version sont indiquées *ad locum*). Sur ce dialogue, les études les plus importantes sont H. BRÜNNECKE, *De Alcibiade II. qui fertur Platonis*, Dissertatio Inauguralis, Göttingen, 1912, et H. NEUHAUSEN, *Der Zweite Alkibiades. Untersuchungen zu einem pseudoplatonischen Dialog*, Berlin-New York, 2010. Sur la question de la prière en particulier, voir aussi D. ZELLER, « La prière dans le *Second Alcibiade* », *Kernos*, 15, 2002, p. 53-59 ; G. SCROFANI, « La preghiera del poeta nell'*Alcibiade Secondo* : un modello filosofico e cultuale », *Kernos*, 22, 2009, p. 159-167.
2. Sur la biographie d'Alcibiade, se reporter à l'ouvrage classique de J. HATZFELD, *Alcibiade. Étude sur l'histoire d'Athènes à la fin du Vᵉ siècle*, Paris, 1951.
3. Cf. DIOGÈNE LAËRCE III, 59.
4. Sur la question de l'authenticité du *Second Alcibiade*, voir l'état de la question dressé par L. BRISSON dans *Écrits apocryphes attribués à Platon*, p. 11-13.

En revanche, la datation du dialogue reste très problématique[5], en raison notamment de sa relation avec le premier *Alcibiade* dont l'authenticité fut, elle-même, souvent mise en doute[6].

Récurrent dans l'œuvre de Platon, le thème de la prière ne fait pourtant l'objet propre d'aucun dialogue, même si l'*Euthyphron*, qui traite de la piété, et les *Lois*, qui traitent aussi de la législation religieuse, renferment des considérations sur la prière. Cela suffit pour montrer que le thème préoccupait Platon et qu'il continua à préoccuper ses disciples. Aristote, lorsqu'il était encore dans l'Académie et composait des dialogues à la manière de son maître, aura écrit un dialogue Περὶ εὐχῆς (cf. DIOGÈNE LAËRCE VI, 18). Le *Second Alcibiade* n'est pas un cas isolé, il correspond bien à l'intérêt accru pour les thèmes religieux dans l'Académie dans les décennies qui ont suivi la mort de Platon.

Cependant, la préoccupation pour les thèmes religieux est loin d'être l'apanage de l'Académie. Elle caractérise à l'époque hellénistique la plupart des écoles philosophiques[7]. Le successeur d'Aristote, Théophraste, a écrit un traité sur la piété[8], et son successeur, Straton de Lampsaque, est l'auteur d'un ouvrage *Sur les dieux*[9] ; un disciple d'Épicure, Philodème, a écrit également un traité *Sur la piété*[10]. Cicéron est l'auteur d'un traité *De natura deorum*[11], où il discute les opinions des Stoïciens et des Épicuriens sur la religion. Les exemples peuvent continuer.

Le dialogue entre Socrate et Alcibiade représente en soi un sous-genre littéraire. Mis à part les deux dialogues attribués à Platon, une série de dialogues similaires, aujourd'hui perdus ou préservés sous forme de fragments, ont été

5.   Voir *ibid.*, p. 15-16 et 21. J. SOUILHÉ penchait pour une date de rédaction « vers la fin du IVᵉ siècle ou dans le courant du IIIᵉ » (PLATON, *Œuvres complètes*, t. XIII/2, p. 18), proposition adoptée également par D. ZELLER, « La prière dans le *Second Alcibiade* », p. 53. H. NEUHAUSEN (*Der* Zweite Alkibiades..., p. 7) plaide pour une rédaction au temps de Polémon d'Athènes, scolarque à la tête de l'Académie entre 314/313-270/269 av. J.-C.

6.   Pour l'histoire du problème se reporter en dernier lieu à l'introduction de J.-F. Pradeau, dans PLATON, *Alcibiade*, traduction inédite par Ch. Marboeuf et J.-F. Pradeau, introduction, notes, bibliographie et index par J.-F. PRADEAU, 2ᵉ éd. corrigée, Paris, 2000, p. 24-29.

7.   L'intérêt pour les thèmes religieux à l'époque hellénistique a été depuis longtemps souligné. Voir D. BABUT, *La religion des philosophes grecs*, en particulier p. 137-139.

8.   THEOPHRASTOS, Περὶ εὐσεβείας. *Griechischer Text*, herausgegeben, übersetzt und eingleitet von W. PÖTSCHER, Leyde, 1964.

9.   Les fragments de Straton de Lampsaque ont été réunis par F. WEHRLI, *Straton von Lampsakos*, dans *Die Schule des Aristoteles*, vol. 5, 2ᵉ édition, Basel, 1969, p. 12-42.

10.   PHILODEM, *Über Frommigkeit*, edidit Th. GOMPERZ, Leipzig, 1866 ; PHILODEMUS, *On piety*, Part 1. Critical Text with Commentary edited by D. OBBINK, Oxford, 1996.

11.   Voir la récente traduction de C. Auvray-Assayas : CICÉRON, *La Nature des dieux*, Paris, 2002.

rédigés par des auteurs « socratiques » comme Antisthène ou Eschine. Ce thème était répandu non seulement en raison de la popularité de la figure d'Alcibiade, mais surtout parce que l'une des accusations portées contre Socrate était celle d'avoir corrompu les jeunes par les enseignements qu'il dispensait en public, et la figure principale visée dans ce contexte était précisément Alcibiade, le futur tyran dont la figure est restée associée au désastre de l'empire d'Athènes dans la guerre du Péloponnèse. Les disciples de Socrate ont essayé de répondre à cette accusation, et le plaidoyer le plus connu qui nous est parvenu est celui des *Mémorables* de Xénophon[12]. Xénophon tenta à montrer d'abord qu'en se dirigeant vers Socrate, Alcibiade avait été mené par ambition, non par le désir sincère de devenir meilleur, que le temps qu'il était resté à proximité de Socrate il était parvenu à tempérer les mauvaises inclinations auxquelles il cédera plus tard, et qu'Alcibiade avait eu, à part Socrate, d'autres guides, de sorte que Socrate ne saurait être jugé comme le seul responsable de sa future évolution. À son tour, Platon ou un de ses disciples tenta à réagir à sa façon à cette accusation dans le premier *Alcibiade*, dans le sillage duquel se place le *Second Alcibiade*.

2. La prière de l'insensé : demander un mal au lieu d'un bien

Le thème du *Second Alcibiade* se dégage clairement des premières lignes du dialogue. Sans autre préambule, sans la description des lieux et des personnages, la conversation est engagée *ex abrupto* entre Socrate et Alcibiade qui se prépare à prier la divinité (qui n'est pas davantage précisée). Il s'agit d'une démarche privée qui, comme on le verra, a pour objet une demande adressée à la divinité (138 b, 141 a-b), et qui est accompagnée d'un sacrifice (150 c), le contexte traditionnel où les prières étaient adressées aux dieux en Grèce ancienne.

Le contexte n'est pas sans rappeler le dialogue *Euthyphron*, qui présente Euthyphron se préparant à déposer une accusation contre son père, qui déclenche d'emblée la discussion sur la nature de la piété, tout comme la démarche d'Alcibiade entraîne le débat sur la nature de la prière. Qui plus est, autant l'*Euthyphron* que le *Second Alcibiade* s'achèvent par l'invitation adressée par Socrate à son interlocuteur respectif à s'abstenir d'un acte à

---

12. XÉNOPHON, *Mémorables* I, 2. Voir L. BRISSON, « Les accusations portées contre Socrate. Évanescence de la réalité et puissance du mythe », dans G. ROMEYER-DHERBEY, J.-B. GOURINAT (éd.), *Socrate et les Socratiques*, Paris, 2001, p. 71-94.

contenu religieux dont il ignore la signification[13]. Ce dernier élément rattache le *Second Alcibiade* également au premier *Alcibiade*, avec lequel il partage du reste d'autres traits, et qui s'achève aussi par l'invitation adressée à Alcibiade à se mettre à l'école de Socrate pour se connaître soi-même avant de pouvoir se prétendre capable de conduire les destins de la cité[14].

Dans le *Second Alcibiade*, alors qu'Alcibiade n'a pas encore prononcé sa prière, Socrate lui pose une question qui détermine tout le contenu du dialogue : Alcibiade a-t-il réfléchi sur la manière dont il faut prier ? A-t-il pensé au fait que sa demande, une fois écoutée et accomplie, peut lui être nuisible, en lui apportant plutôt le mal que le bien ?

> Socrate : Te voilà, Alcibiade, en route pour aller prier le dieu (πρὸς τὸν θεὸν προσευξόμενος) ?
> Alcibiade : C'est bien cela, Socrate.
> Socrate : Tu as l'air bien sombre et tu regardes à terre, comme si tu étais préoccupé par quelque chose.
> Alcibiade : Et quel pourrait être l'objet de cette préoccupation, Socrate ?
> Socrate : Il s'agit d'une préoccupation particulièrement importante, me semble-t-il. Eh bien, dis-moi, ne penses-tu pas que ce que nous demandons dans nos prières en privé ou en public, les dieux parfois les exaucent parfois non, et que, parmi ceux qui prient, certains sont exaucés, d'autres non ?
> Alcibiade : Oui, bien sûr.
> Socrate : N'est-tu pas d'avis qu'il faut faire preuve de beaucoup de prévoyance pour éviter dans ses prières de demander à son insu de grands maux, en pensant demander des biens, dès lors que les dieux sont disposés à accorder à chacun ce qu'il demande dans ses prières[15].

L'idée selon laquelle les prières formulées sans discernement peuvent apporter des maux au lieu des biens à ceux qui prient est un thème platonicien qu'on retrouve brièvement, mais clairement formulé dans le VIIe livre des *Lois* : « il faut que les poètes sachent que les prières sont des demandes adressées aux dieux, et bien sûr qu'ils soient extrêmement attentifs à ne pas

---

13. PLATON, *Euthyphron* 15 d-e ; [PLATON], *Alcibiade II*, 150 c-d.
14. PLATON, *Alcibiade* 135 d-e.
15. [PLATON], *Alcibiade II*, 138 a-b : {ΣΩ.} Ὦ Ἀλκιβιάδη, ἆρά γε πρὸς τὸν θεὸν προσευξόμενος πορεύῃ ; {ΑΛ.} Πάνυ μὲν οὖν, ὦ Σώκρατες. {ΣΩ.} Φαίνῃ γέ τοι ἐσκυθρωπακέναι τε καὶ εἰς γῆν βλέπειν, ὥς τι συννοούμενος. {ΑΛ.} Καὶ τί ἄν τις συννοοῖτο, ὦ Σώκρατες ; {ΣΩ.} Τὴν μεγίστην, ὦ Ἀλκιβιάδη, σύννοιαν, ὥς γ' ἐμοὶ δοκεῖ. ἐπεὶ φέρε πρὸς Διός, οὐκ οἴει τοὺς θεούς, ἃ τυγχάνομεν εὐχόμενοι καὶ ἰδίᾳ καὶ δημοσίᾳ, ἐνίοτε τούτων τὰ μὲν διδόναι, τὰ δ' οὔ, καὶ ἔστιν οἷς μὲν αὐτῶν, ἔστι δ' οἷς οὔ ; {ΑΛ.} Πάνυ μὲν οὖν. {ΣΩ.} Οὐκοῦν δοκεῖ σοι πολλῆς προμηθείας γε προσδεῖσθαι, ὅπως μὴ λήσεται αὐτὸν εὐχόμενος μεγάλα κακά, δοκῶν δ' ἀγαθά, οἱ δὲ θεοὶ τύχωσιν ἐν ταύτῃ ὄντες τῇ ἕξει, ἐν ᾗ διδόασιν αὐτοὶ ἅ τις εὐχόμενος τυγχάνει ;

demander, à leur insu, un mal au lieu d'un bien, car faire pareille prière serait, j'imagine, quelque chose de ridicule »[16]. Cette conception est fondée sur l'idée, chère à Platon, que les poètes ignorent où se trouvent le bien et le mal, raison pour laquelle il propose dans les *Lois* la création d'un canon liturgique en sélectant et en censurant, à l'appui d'une commission spéciale désignée à cette fin par les gardiens des lois, les compositions musicales (hymnes et éloges comportant des prières), nouvelles ou anciennes, qui seront chantées à l'occasion des fêtes religieuses :

> [...] les poètes ne sont pas vraiment en mesure de discerner en toute clarté où se trouvent le bien et le mal. Lors donc qu'un poète aura donné corps à cette erreur en un poème destiné à être récité ou à être chanté, en adressant aux dieux des prières qui ne conviennent pas, il amènera nos concitoyens à demander dans les occasions les plus graves le contraire de ce qu'il faudrait[17].

Dans le *Second Alcibiade*, l'idée d'une telle prière est illustrée par l'exemple d'Œdipe que Socrate évoque pour montrer que les prières des mortels peuvent être, en effet, source de maux que ceux-ci ignorent lorsqu'ils prononcent la prière :

> Par exemple, Œdipe, raconte-t-on, pria les dieux de laisser ses fils trancher par l'airain la question de l'héritage paternel. Alors qu'il lui était possible de demander dans ses prières que de lui fussent détournés les maux qui alors l'accablaient, il en ajouta d'autres aux précédents. Et quand ces derniers se furent abattus sur lui, ils en entraînèrent d'autres encore, nombreux et terribles[18].

Cet exemple soulève une question qui n'est pas abordée par l'auteur du dialogue, mais que, comme on le verra, Maxime de Tyr soulèvera quelques siècles plus tard : comment peut-on concilier l'idée qu'une prière exaucée peut être nuisible avec le principe que la divinité ne peut être à l'origine du mal ?

---

16. PLATON, *Lois* VII, 801 a-b (trad. L. Brisson, J.-F. Pradeau) : γνόντας δεῖ τοὺς ποιητὰς ὡς εὐχαὶ παρὰ θεῶν αἰτήσεις εἰσίν, δεῖ δὴ τὸν νοῦν αὐτοὺς σφόδρα προσέχειν μή ποτε λάθωσιν κακὸν ὡς ἀγαθὸν αἰτούμενοι· γελοῖον γὰρ δὴ τὸ πάθος οἶμαι τοῦτ' ἂν γίγνοιτο. Le thème sera repris également dans la littérature chrétienne ; voir CLÉMENT D'ALEXANDRIE, *Stromate* VII, 7, 39, 2.

17. *Ibid.*, VII, 801 b-c : τὸ τῶν ποιητῶν γένος οὐ πᾶν ἱκανόν ἐστι γιγνώσκειν σφόδρα τά τε ἀγαθὰ καὶ μή ; ποιήσας οὖν δήπου τις ποιητὴς ῥήμασιν ἢ καὶ κατὰ μέλος τοῦτο ἡμαρτημένον, εὐχὰς οὐκ ὀρθάς, ἡμῖν τοὺς πολίτας περὶ τῶν μεγίστων εὔχεσθαι τἀναντία ποιήσει. Le poète ne doit composer rien d'autre que ce qui est admis comme bon et beau par les législateurs dans le domaine des Muses désignés par les gardiens des lois (*ibid.* VII, 801 c-d ; cf. *supra*, p. 22).

18. [PLATON], *Alcibiade II*, 138 b-c : ὥσπερ τὸν Οἰδίπουν αὐτίκα φασὶν εὔξασθαι χαλκῷ διελέσθαι τὰ πατρῷα τοὺς υἱεῖς· ἐξὸν αὐτῷ τῶν παρόντων αὐτῷ κακῶν ἀποτροπήν τινα εὔξασθαι, ἕτερα πρὸς τοῖς ὑπάρχουσιν κατηρᾶτο· τοιγαροῦν ταῦτά τε ἐξετελέσθη, καὶ ἐκ τούτων ἄλλα πολλὰ καὶ δεινά.

Pour Alcibiade, l'exemple choisi par Socrate n'est pas pertinent pour une raison différente, à savoir le caractère exceptionnel du personnage. Œdipe n'est pas un homme comme les autres, mais un fou (μαινόμενον ἄνθρωπον)[19] ; un homme raisonnable (φρόνιμος) n'aurait jamais adressé de telles demandes aux dieux. Socrate amène pas à pas Alcibiade à admettre qu'on ne peut pas considérer que la folie (τὸ μαίνεσθαι) est le contraire du bon sens (τὸ φρονεῖν) car cela conduirait à considérer que la plupart des hommes sont des fous (138 d-139 c)[20]. Il fallait essayer de mieux cerner ce que le φρόνιμος est véritablement. On convient alors que φρόνιμος est celui qui sait ce qu'il doit dire et faire (πράττειν καὶ λέγειν) en tout moment, alors que celui qui l'ignore est ἄφρων « insensé », à l'image d'Œdipe[21]. À ce moment-là, Socrate se demande s'il n'y a, en effet, beaucoup de gens qui ressemblent à Œdipe en ignorant les maux qu'ils s'attirent par leurs prières et si, précisément, Alcibiade n'en fait pas partie.

Pour illustrer ce propos, l'auteur du dialogue prête à Socrate un discours similaire à celui que le même Socrate tient à Alcibiade dans le premier *Alcibiade* (105 a-e). Dans les deux cas, le jeune homme politique se voit offrir pas à pas le pouvoir sur la cité d'Athènes, sur la Grèce et sur l'Europe (et sur les Perses dans le premier *Alcibiade*) sans qu'il s'aperçoive des dangers que ces dons – qui représentent, en fait, ses désirs inavoués – peuvent cacher :

> Socrate : En tout cas, Alcibiade, c'est au nombre de ces gens-là que je comptais Œdipe. Mais aujourd'hui encore, tu trouveras beaucoup de gens qui, sans être comme lui emportés par la passion, s'imaginent dans leurs prières demander non pas des maux, mais des biens. Lui, il ne demandait pas des biens, et il ne s'imaginait pas non plus en demander ; mais il y en a d'autres qui voient se réaliser le contraire de ce qu'ils demandent. Prenons d'abord ton cas, et imaginons que le dieu auprès duquel tu te rends vienne à t'apparaître, et que, avant même que tu ne lui aies adressé une prière, il te demande si tu serais satisfait de devenir tyran d'Athènes ; supposons que, au cas où tu estimerais que ce soit là peu de chose et non pas un avantage important, il ajoute « et de toute la Grèce » ; supposons de plus que, s'apercevant que tu crois encore avoir trop peu, il renchérisse en disant « et de toute l'Europe » ; supposons enfin qu'il te fasse seulement cette promesse qui réponde

---

19. *Ibid.*, 138 c : Ἀλλὰ σὺ μέν, ὦ Σώκρατες, μαινόμενον ἄνθρωπον εἴρηκας. « Mais, Socrate, c'est d'un fou que tu viens de parler ».

20. Cf. PLATON, *Timée* 86 b. On trouve chez XÉNOPHON (*Mémorables* III, 9, 6) un passage similaire qui aborde la question de savoir si la folie et le contraire du savoir sont, ou non, identiques.

21. [PLATON], *Alcibiade II*, 140 e.

à ton souhait : « À partir de ce jour, tout le monde saura qu'Alcibiade, le fils de Clinias, est un tyran », tu repartiras, j'imagine, tout joyeux, convaincu d'avoir obtenu les biens les plus grands.

Alcibiade : Mais Socrate, j'imagine, pour ma part, qu'il en irait de même pour n'importe qui si pareille aubaine lui était octroyée.

Socrate : Il n'en reste pas moins vrai que tu ne consentirais pas à donner ta vie pour posséder le territoire des Grecs et des Barbares et de devenir leur tyran.

Alcibiade : Non sans doute. À quoi bon, en effet, si je ne devais pas en profiter ?

Socrate : Et si tu devais en faire un usage mauvais qui soit dommageable, tu n'accepterais pas non plus ?

Alcibade : Non, bien sûr.

Socrate : Tu vois donc qu'il est imprudent d'accepter inconsidérément ce qu'on vous offre, et de prier (εὔχεσθαι) pour que cela se réalise, si l'on s'expose à en subir un dommage, ou même tout bonnement à perdre la vie[22].

Certains commentateurs du dialogue ont interprété ce passage comme une allusion à la figure d'Alexandre le Grand, qui avait en effet consulté le dieu Ammon et avait reçu des promesses semblables à celles que Socrate attribue à Alcibiade[23]. La figure d'Alcibiade, dont l'actualité était passée dans la

---

22. *Ibid.*, 140 e-141 c : {ΣΩ.} Τούτων μέντοι ἔλεγον, ὦ Ἀλκιβιάδη, καὶ τὸν Οἰδίπουν εἶναι τῶν ἀνθρώπων· εὑρήσεις δ' ἔτι καὶ τῶν νῦν πολλοὺς οὐκ ὀργῇ κεχρημένους, ὥσπερ ἐκεῖνον, οὐδ' οἰομένους κακά σφισιν εὔχεσθαι, ἀλλ' ἀγαθά. ἐκεῖνος μὲν ὥσπερ οὐδ' ηὔχετο, οὐδ' ᾤετο· ἕτεροι δέ τινές εἰσιν οἳ τἀναντία τούτων πεπόνθασιν. ἐγὼ μὲν γὰρ οἶμαί σε πρῶτον, εἴ σοι ἐμφανὴς γενόμενος ὁ θεὸς πρὸς ὃν τυγχάνεις πορευόμενος, ἐρωτήσειεν, πρὶν ὁτιοῦν εὔξασθαί σε, εἰ ἐξαρκέσει σοι τύραννον γενέσθαι τῆς Ἀθηναίων πόλεως· εἰ δὲ τοῦτο φαῦλον ἡγήσαιο καὶ μὴ μέγα τι, προσθείη καὶ πάντων τῶν Ἑλλήνων· εἰ δέ σε ὁρῷη ἔτι ἔλαττον δοκοῦντα ἔχειν, εἰ μὴ καὶ πάσης Εὐρώπης, ὑποσταίη σοι καὶ τοῦτο, <καὶ τοῦτο> μὴ μόνον ὑποσταίη, <ἀλλ'> αὐθημερόν σου βουλομένου ὡς πάντας αἰσθήσεσθαι ὅτι Ἀλκιβιάδης ὁ Κλεινίου τύραννός ἐστιν· αὐτὸν οἶμαι ἂν σε ἀπιέναι περιχαρῆ γενόμενον, ὡς τῶν μεγίστων ἀγαθῶν κεκυρηκότα. {ΑΛ.} Ἐγὼ μὲν οἶμαι, ὦ Σώκρατες, κἂν ἄλλον ὁντινοῦν, εἴπερ τοιαῦτα συμβαίη αὐτῷ. {ΣΩ.} Ἀλλὰ μέντοι ἀντί γε τῆς σῆς ψυχῆς οὐδ' ἂν τὴν πάντων Ἑλλήνων τε καὶ βαρβάρων χώραν τε καὶ τυραννίδα βουληθείης σοι γενέσθαι. {ΑΛ.} Οὐκ οἶμαι ἔγωγε. πῶς γὰρ ἄν, μηθέν γέ τι μέλλων αὐτοῖς χρήσεσθαι; {ΣΩ.} Τί δ' εἰ μέλλοις κακῶς τε καὶ βλαβερῶς χρῆσθαι; οὐδ' ἂν οὕτως; {ΑΛ.} Οὐ δῆτα. {ΣΩ.} Ὁρᾷς οὖν ὡς οὐκ ἀσφαλὲς οὔτε τὰ διδόμενα εἰκῇ δέχεσθαί τε οὔτε αὐτὸν εὔχεσθαι γενέσθαι, εἴ γέ τις βλάπτεσθαι μέλλοι διὰ ταῦτα ἢ τὸ παράπαν τοῦ βίου ἀπαλλαγῆναι. Cf. Platon, *Alcibiade* 105 a-e.

23. H. BRÜNNECKE, *De Alcibiade II...*, p. 179-182. J. SOUILHÉ semble avoir également admis la possibilité d'une telle interprétation : « Il n'est pas impossible que l'auteur du dialogue ait eu à l'esprit le cas du jeune souverain de Macédoine enivré de succès jusqu'à perdre la notion de la sagesse et de la mesure. Si le nom d'Alexandre n'est pas prononcé, c'est peut-être que les événements sont encore trop proches, mais le souvenir de Macédoine est rappelé dans ce même passage par le récit de la mort tragique d'Archélaos (141 d, e) » (PLATON, *Œuvres complètes*, t. XIII, 2ᵉ partie, p. 17).

seconde moitié du IVe siècle, peut, en effet, être interprétée comme un modèle littéraire utilisé pour décrire les ambitions du futur conquérant devenu roi de Macédoine en 336 a. J.-C., neuf ans seulement après la mort de Platon. Le lien entre les deux figures a pu être opéré par les lecteurs du dialogue à l'époque hellénistique, mais cela ne suffit pas pour accepter que l'auteur du *Second Alcibiade* y ait pensé nécessairement. D'une part, le poids de la tradition littéraire des dialogues entre Socrate et Alcibiade suffit à lui seul pour expliquer le choix du sujet ; d'autre part, l'absence de toute information relative à l'auteur du dialogue et à sa date de composition invite à la prudence en la matière. De surcroît, l'ancrage du dialogue dans des réalités qui sont celles de la seconde moitié du Ve siècle – la discussion est censée avoir eu lieu avant 429 av. J.-C., date de la mort de Périclès – n'est pas fait pour appuyer cette hypothèse. L'allusion aux vengeances politiques qui ne sont pas une exception à Athènes entre les guerres médiques et la guerre du Péloponnèse permet, en effet, à Socrate de montrer au jeune Alcibiade que les désirs ayant poussé certains contemporains à exercer pendant la guerre de hautes charges militaires ont fini par la suite à retourner contre eux et à les amener à regretter les prières qu'ils avaient formulées à cet égard :

> Tu vois bien aussi que, parmi nos concitoyens – car ces faits, ce n'est pas par ouï-dire que nous les connaissons, mais pour en avoir été les témoins –, tous ceux qui, dans le passé, ont aspiré à devenir stratèges et y sont parvenus ont, pour les uns, dû partir en exil où ils sont encore aujourd'hui, tandis que les autres ont perdu la vie. Et quant à ceux dont les réalisations passent pour avoir été les meilleures, ils ont eu à affronter des dangers et des périls sans nombre non seulement au cours des campagnes militaires qu'ils ont menées, mais même après leur retour à Athènes, où, attaqués par les sycophantes, ils durent soutenir un siège en règle, qui ne le cédait en rien à ceux mis en œuvre par l'ennemi, de sorte que quelques-uns eussent demandé dans leur prière n'avoir jamais exercé le charge de stratège plutôt que le contraire. Si du moins ces dangers et ces périls apportaient quelque avantage, ils auraient une raison d'être ; mais en réalité c'est tout le contraire.
>
> Tu découvriras qu'il en va de même pour ce qui est des enfants. Dans un premier temps, les gens font des prières pour en avoir, et lorsqu'ils en ont eu, ces mêmes gens se trouvent confrontés à ce qu'il y a de pire en fait de calamités et de malheurs. Car les uns, parce que leurs enfants se plaisent dans la méchanceté, passent leur existence dans le chagrin, tandis que les autres, qui ont eu de bons enfants, mais s'en sont trouvés privés par quelque mal, n'ont pas eu plus de chance que les précédents et auraient préféré que ces enfants ne fussent jamais nés. Et pourtant, en dépit de l'évidence frappante de ces exemples et de bien d'autres du même genre, il est rare de trouver quelqu'un

qui écarte de lui ces dons ou qui s'abstienne d'en demander l'obtention en ses prières[24].

La morale que Socrate tire de ces histoires, selon laquelle les gens formulent souvent des prières insensées, en demandant des biens apparents qui leur attirent par la suite du malheur – car ils ne savent pas, en effet, ce que l'avenir leur réserve –, n'est pas sans rappeler les passages de l'*Éthique à Nicomaque* examinés à la fin du chapitre précédent. Dans ces passages est exprimée l'idée selon laquelle l'on ne devrait pas prier pour les biens qui dépendent d'εὐτυχία – bien que, selon Aristote, ils soient nécessaires pour être heureux –, pour qu'elles ne nous apportent pas le malheur au lieu du bonheur. Le thème semble avoir été développé également par les Cyniques[25]. Pour Aristote, le bonheur réside, en effet, dans la conjonction entre ἀρετή et εὐτυχία, même si entre ces deux-là, c'est la première qui prévaut. La même conception se dégage d'un passage des *Mémorables* de Xénophon, où Socrate explique à Euthydème que la beauté, la force, la richesse, la renommée et le pouvoir ont souvent causé la perte de ceux qui les ont détenus[26]. Comme

---

24. [PLATON], *Alcibiade II*, 141 e-142 c : ὁρᾷς δὴ καὶ τῶν ἡμετέρων πολιτῶν – ταῦτα γὰρ οὐκ ἄλλων ἀκηκόαμεν, ἀλλ᾽ αὐτοὶ παρόντες οἴδαμεν – ὅσοι στρατηγίας ἐπιθυμήσαντες ἤδη καὶ τυχόντες αὐτῆς οἱ μὲν ἔτι καὶ νῦν φυγάδες τῆσδε τῆς πόλεώς εἰσιν, οἱ δὲ τὸν βίον ἐτελεύτησαν· οἱ δὲ ἄριστα δοκοῦντες αὐτῶν πράττειν διὰ πολλῶν κινδύνων ἐλθόντες καὶ φόβων οὐ μόνον ἐν ταύτῃ τῇ στρατηγίᾳ, ἀλλ᾽ ἐπεὶ εἰς τὴν ἑαυτῶν κατῆλθον, ὑπὸ τῶν συκοφαντῶν πολιορκούμενοι πολιορκίαν οὐδὲν ἐλάττω τῆς ὑπὸ τῶν πολεμίων διετέλεσαν, ὥστε ἐνίους αὐτῶν εὔχεσθαι ἀστρατηγήτους εἶναι μᾶλλον ἢ ἐστρατηγηκέναι. εἰ μὲν οὖν ἦσαν οἱ κίνδυνοί τε καὶ πόνοι φέροντες εἰς ὠφέλειαν, εἶχεν ἄν τινα λόγον· νῦν δὲ καὶ πολὺ τοὐναντίον. εὑρήσεις δὲ καὶ περὶ τέκνων τὸν αὐτὸν τρόπον, εὐξαμένους τινὰς ἤδη γενέσθαι καὶ γενομένων εἰς συμφοράς τε καὶ λύπας τὰς μεγίστας καταστάντας. οἱ μὲν γὰρ μοχθηρῶν διὰ τέλους ὄντων τῶν τέκνων ὅλον τὸν βίον λυπούμενοι διήγαγον· τοὺς δὲ χρηστῶν μὲν γενομένων, συμφοραῖς δὲ χρησαμένων ὥστε στερηθῆναι, καὶ τούτους οὐδὲν εἰς ἐλάττονας δυστυχίας καθεστηκότας ἤπερ ἐκείνους καὶ βουλομένους ἂν ἀγένητα μᾶλλον εἶναι ἢ γενέσθαι. ἀλλ᾽ ὅμως τούτων τε καὶ ἑτέρων πολλῶν ὁμοιοτρόπων τούτοις οὕτω σφόδρα καταδήλων ὄντων, σπάνιον εὑρεῖν ὅστις ἂν ἢ διδομένων ἀπόσχοιτο ἢ μέλλων δι᾽ εὐχῆς τεύξεσθαι παύσαιτο ἂν εὐχόμενος.

25. Si l'on accepte la correction de Casaubon, lequel avait proposé de lire εὐχῆς au lieu de τύχης qui est la leçon des manuscrits, on peut créditer Diogène le Cynique de ce reproche qu'il adressait aux hommes « à propos de leurs prières (περὶ τῆς εὐχῆς), disant qu'ils réclament les biens qui leur paraissent à eux-mêmes des biens, non ceux qui le sont en vérité (αἰτεῖσθαι λέγων αὐτοὺς ἀγαθὰ τὰ αὑτοῖς δοκοῦντα καὶ οὐ τὰ κατ᾽ ἀλήθειαν) » (DIOGÈNE LAËRCE, VI, 42 ; cf. DIOGÈNE LAËRCE, *Vies et doctrines des philosophes illustres*, traduction française sous la direction de M.-O. Goulet-Cazé, 2ᵉ éd., Paris, 1999, p. 719 n. 4). Sur l'attitude des Cyniques en matière de religion, voir M.-O. GOULET-CAZÉ, « Les premiers cyniques et la religion », dans M.-O. GOULET-CAZÉ, R. GOULET (éd.), *Le Cynisme ancien et ses prolongements*, Paris, 1993, p. 117-158, en particulier p. 145-151.

26. XÉNOPHON, *Mémorables* IV, 2, 35 : Νὴ Δί, ἔφη, προσθήσομεν ἄρα, ἐξ ὧν πολλὰ καὶ χαλεπὰ συμβαίνει τοῖς ἀνθρώποις· πολλοὶ μὲν γὰρ διὰ τὸ κάλλος ὑπὸ τῶν ἐπὶ τοῖς ὡραίοις παρακεκινηκότων

Alcibiade, Euthydème sera amené à admettre qu'il ne sait pas ce qu'il faut demander aux dieux[27].

3. La prière idéale du poète anonyme

Ignorant sur le bien véritable, quel sorte de prière pourrait encore Alcibiade adresser aux dieux ? Puisqu'il ne sait pas si les choses qu'il désire lui apporteront le bien ou le mal, il conviendrait, affirme Socrate, qu'Alcibiade s'abstienne à formuler des demandes dans sa prière et se contente ainsi d'une prière simple par laquelle il réclame ce qui lui est utile et qu'il soit épargné de ce que pourrait lui être nuisible :

> En tout cas, Alcibiade, il a bien l'air, me semble-t-il, d'un homme réfléchi (φρόνιμος), le poète qui a eu affaire à des amis dépourvus de bon sens, qu'il voyait dans leurs prières faire et demander des choses qui ne représentaient pas le meilleur parti, même s'ils le croyaient, et qui, pour eux tous ensemble, composa une prière (εὐχή), dont voici à peu près le teneur :
>
> *Zeus roi, dit-elle, les biens (ἐσθλά) que nous demandons dans nos prières ou que nous dédaignons (εὐχόμενοι καὶ ἀνεύκτοι)*
> *Donne-les-nous ; les maux (δειλά) écarte-les, même si nous les demandons dans nos prières*[28].

διαφθείρονται, πολλοὶ δὲ διὰ τὴν ἰσχὺν μείζοσιν ἔργοις ἐπιχειροῦντες οὐ μικροῖς κακοῖς περιπίπτουσι, πολλοὶ δὲ διὰ τὸν πλοῦτον διαθρυπτόμενοί τε καὶ ἐπιβουλευόμενοι ἀπόλλυνται, πολλοὶ δὲ διὰ δόξαν καὶ πολιτικὴν δύναμιν μεγάλα κακὰ πεπόνθασιν. « Par Zeus, répondit-il [*scil.* Socrate], nous ajouterons donc ce qui est la source pour les hommes d'épreuves nombreuses. Beaucoup d'hommes, en effet, sont à cause de leur beauté corrompus par ceux que de jolis corps jettent dans le trouble ; beaucoup s'attirent des malheurs considérables parce que leur force leur fait entreprendre des tâches excessives ; beaucoup sont pervertis par leur richesse et périssent victimes de complots ; beaucoup ont souffert de grands malheurs à cause de leur renommée et de leur pouvoir politique » (trad. L.-A. Dorion).

27. *Ibid.*, IV, 2, 36 : Ἀλλὰ μήν, ἔφη, εἴ γε μηδὲ τὸ εὐδαιμονεῖν ἐπαινῶν ὀρθῶς λέγω, ὁμολογῶ μηδ' ὅ τι πρὸς τοὺς θεοὺς εὔχεσθαι χρὴ εἰδέναι. « Mais alors, dit-il [*scil.* Euthydème], si j'ai tort même en louant le bonheur, je reconnais que je ne sais même pas ce qu'il faut demander aux dieux ».

28. [PLATON], *Alcibiade II*, 142 e-143 a : κινδυνεύει γοῦν, ὦ Ἀλκιβιάδη, φρόνιμός τις εἶναι ἐκεῖνος ὁ ποιητής, ὃς δοκεῖ μοι φίλοις ἀνοήτοις τισὶ χρησάμενος, ὁρῶν αὐτοὺς καὶ πράττοντας καὶ εὐχομένους ἅπερ οὐ βέλτιον ἦν, ἐκείνοις δὲ ἐδόκει, κοινῇ ὑπὲρ ἁπάντων αὐτῶν εὐχὴν ποιήσασθαι· λέγει δέ πως ὡδί – Ζεῦ βασιλεῦ, τὰ μὲν ἐσθλά, φησί, καὶ εὐχομένοις καὶ ἀνεύκτοις / ἄμμι δίδου, τὰ δὲ δειλὰ καὶ εὐχομένοις ἀπαλέξειν. Sur cette prière, voir aussi D. ZELLER, « La prière dans le *Second Alcibiade* », p. 56-57 ; G. SCROFANI, « La preghiera del poeta... ».

La prière du poète anonyme évoquée par Socrate – transmise également, avec une légère variation, par un poète inconnu dans l'*Anthologie grecque*[29], et par le grammairien Orion (Ve siècle)[30] – recoupe d'autres prières littéraires à caractère philosophique[31] : celle de la fin du *Phèdre*, et surtout celles attribuées à Socrate, selon Xénophon, et à Pythagore, selon Diodore de Sicile. Selon Xénophon, Socrate adressait souvent aux dieux cette prière par laquelle il leur « demandait simplement de lui accorder les biens (τἀγαθά), persuadé que ce sont les dieux qui savent le mieux quels sont les biens »[32]. Selon Diodore de Sicile, Pythagore, « prétendait », également, « que les hommes ne devraient prier pour rien d'autre dans leurs prières que pour les bonnes choses (τἀγαθά), sans les spécifier, par exemple, le pouvoir, la force, la beauté, la richesse et d'autres biens de ce genre : la plupart du temps chacun de ces biens ruinent les hommes dont les prières ont été écoutées »[33]. Pythagore aurait aussi déclaré « que les hommes qui se guident d'après la raison devraient prier les dieux pour les biens (τὰ ἀγαθά) des hommes dépourvus de raison. Puisque la plupart ignore, en effet, ce qui dans la vie constitue le vrai bien »[34].

29. *Anthologie grecque* X, 108 : Ζεῦ βασιλεῦ, τὰ μὲν ἐσθλὰ καὶ εὐχομένοις καὶ ἀνεύκτοις ἄμμι δίδου· τὰ δὲ λυγρὰ καὶ εὐχομένων ἀπερύκοις.

30. ORION, *Anthologion* V, 17 SCHNEIDEWIN : Ζεῦ Κρονίδη, τὰ μὲν ἐσθλὰ καὶ εὐχομένοις καὶ ἀνεύκτοις ἄμμι δίδου· τὰ δὲ λυγρὰ καὶ εὐχομένοις ἀπερύκοις. Voir aussi PROCLUS, *in Remp.*, I, p. 188, 6-8 DIEHL.

31. Au contraire, G. SCROFANI (« La preghiera del poeta... ») minimise la dimension philosophique de la prière du poète anonyme et considère que celle-ci « si presenta come un insegnamento di carattere generale che nasce come risposta pratica ad una necessita cultuale » (p. 167). Dans cette perspective, qui ne peut pas être la nôtre pour des raisons qui se dégagent de l'analyse entreprise ici, « il bene richiesto a Zeus no ha carattere 'metafisico' : si tratta sempicemente di cio che e utile per l'uomo » (*loc. cit.*).

32. XÉNOPHON, *Mémorables* I, 3, 2 (trad. L.-A. Dorion) : καὶ ηὔχετο δὲ πρὸς τοὺς θεοὺς ἁπλῶς τἀγαθὰ διδόναι, ὡς τοὺς θεοὺς κάλλιστα εἰδότας ὁποῖα ἀγαθά ἐστι. La parenté entre la formule rapportée par Xénophon et celle attribuée au poète anonyme a pu donner naissance, dans l'Antiquité, à la supposition que le *Second Alcibiade* serait l'œuvre de Xénophon (cf. ATHÉNÉE XI, 506 c, qui cite, en faveur de cette attribution, le témoignage de Nicias de Nicée, un auteur du Ier siècle av. J.-C). Sur les parallèles entre le pseudépigraphe platonicien et l'œuvre de Xénophon, voir notamment H. NEUHAUSEN, *Der* Zweite Alkibiades..., p. 105-112 et 152-177.

33. DIODORE DE SICILE X, fr. 22, p. 196 COHEN-SKALLI (trad. A. Cohen-Skalli) : Ὅτι ὁ αὐτὸς ἔφασκε δεῖν ἐν ταῖς εὐχαῖς ἁπλῶς εὔχεσθαι τἀγαθά, καὶ μὴ κατὰ μέρος ὀνομάζειν, οἷον ἐξουσίαν, κάλλος, πλοῦτον, τἆλλα τὰ τούτοις ὅμοια. πολλάκις γὰρ τούτων ἕκαστον τοὺς κατ' ἐπι θυμίαν αὐτῶν τυχόντας τοῖς ὅλοις ἀνατρέπει.

34. *Ibid.*, X, fr. 21, p. 196 : Ὅτι ὁ αὐτὸς ἀπεφαίνετο τοῖς θεοῖς εὔχεσθαι δεῖν τὰ ἀγαθὰ τοὺς φρονίμους ὑπὲρ τῶν ἀφρόνων· τοὺς γὰρ ἀσυνέτους ἀγνοεῖν, τί ποτέ ἐστιν ἐν τῷ βίῳ κατὰ ἀλήθειαν ἀγαθόν. Un prècepte analogue est également attribué à Pythagore par DIOGÈNE LAËRCE VIII, 9 : οὐκ ἐᾷ εὔχεσθαι ὑπὲρ αὑτῶν διὰ τὸ μὴ εἰδέναι τὸ συμφέρον « [Pythagore] interdit de prier pour

Il est difficile à dire si la tradition pythagoricienne de la prière philosophique dont Diodore témoigne – et dont on ignore d'ailleurs l'ancienneté
– a pu influencer la tradition socratique et platonicienne similaire dont témoignent, dans le sillage de la prière à Pan, Xénophon et l'auteur du *Second
Alcibiade*[35]. Ce qui est certain est que dans la période postérieure à la mort de
Platon se cristallisa, sur le fond d'une préoccupation générale de codification
des idées religieuses du fondateur de l'Académie, la conception d'une prière
philosophique par laquelle on demande à la divinité, d'une manière prudente
et concise, les biens (τὰ ἀγαθά ou τὰ ἐσθλά) que celle-ci serait seule en mesure
de choisir à offrir en sachant, mieux que nous, quelles sont véritablement les
choses qui nous profitent et quelles sont celles qui nous nuisent. Mais le choix
de l'auteur du *Second Alcibiade* d'attribuer une telle prière à un poète et de la
mettre en hexamètres – en pastichant le style homérique[36] – se place dans le
sillage du projet platonicien de censure de la poésie religieuse traditionnelle
dont témoignent la *République* et les *Lois*.

La σωφροσύνη qui caractérise la prière du poète évoquée par Socrate
conduit l'auteur du *Second Alcibiade* à mettre en évidence, en disciple de
Platon, les vertus d'une ignorance (ἄγνοια) assumée, qui est une condition préliminaire de la vraie connaissance, à la différence de la fausse connaissance qui
n'est qu'une mauvaise opinion qui empêche l'acquisition des connaissances
véritables. Ce qui est pernicieux dans la plupart des prières, selon l'auteur du
Second Alcibiade, est, en effet, l'ignorance sur ce qui est véritablement bon et
utile. Dès lors, l'ignorance, bien que condamnable en soi, serait néanmoins
préférable à une mauvaise connaissance, une idée qu'on retrouve déjà dans le
premier *Alcibiade*[37]. Lorsqu'on imagine que l'on sait ce qui est bon et utile

---

soi-même, du fait que nous ignorons ce qui nous est utile ». Cf. JAMBLIQUE, *Vie de Pythagore*
[28] 145 : ἀποπλέοντι γὰρ αὐτῷ καὶ χωριζομένῳ διά τινα περίστασιν περιέστησαν οἱ ἑταῖροι
ἀσπαζόμενοί τε καὶ προπεμπτικῶς ἀποτασσόμενοι. καί τις ἤδη ἐπιβάντι τοῦ πλοίου εἶπεν· ΄ὅσα
βούλει, παρὰ τῶν θεῶν, ὦ Θυμαρίδα.΄ καὶ ὃς ΄εὐφημεῖν΄ ἔφη, ΄ἀλλὰ βουλοίμην μᾶλλον, ὅσ' ἄν μοι παρὰ
τῶν θεῶν γένηται. « Comme il [*scil.* le pythagoricien Thymaridas de Tarente] devait prendre la
mer pour s'en aller à cause d'une certaine circonstance, ses compagnons l'entouraient pour lui
dire adieu et l'accompagner à son départ. Et l'un d'entre eux, alors qu'il était déjà monté sur le
bateau, lui dit : 'Que les dieux t'envoient tout ce que tu veux, Thymaridas'. Et lui, de répartir :
'Silence ; j'aimerais mieux vouloir tout ce qui me vient de la part des dieux » (trad. L. Brisson,
A.-Ph. Segonds).

35.   H. BRÜNNECKE (*De Alcibiade II...*, p. 37-39) plaidait, en se fondant sur les témoignages
d'Orion et de Diodore, en faveur de l'influence pythagoricienne.

36.   Voir G. SCROFANI, « La preghiera del poeta... », p. 162.

37.   PLATON, *Alcibiade* 117 d-118 a.

sans le savoir en réalité, cette connaissance trompeuse est plus pernicieuse qu'une ignorance avouée :

> Alcibiade : [...] une chose me vient à l'esprit : c'est que, pour les hommes, l'ignorance est cause de bien de maux, puisque, selon toute vraisemblance, c'est à cause d'elle que nous ne nous rendons pas compte que nous agissons mal et que, comble de malheur, nous demandons dans nos prières, les pires des maux. Voilà ce dont personne ne se rend compte, car chacun se croit, dans ses prières, capable de demander pour soi ce qu'il y a de mieux et non ce qu'il y a de pire. Car en vérité une demande de ce genre ressemble plus à une imprécation qu'à une prière.
> Socrate : Mais, excellent ami, il est probable que quelqu'un de plus savant que toi et moi dirait que nous ne parlons pas correctement, en jetant ainsi le blâme sans réfléchir sur l'ignorance (ἄγνοια), à moins de préciser en disant sur quoi porte l'ignorance, et pour quelles personnes c'est, dans certain cas, un bien, tandis que pour d'autres c'est un mal[38].

Il est intéressant que l'auteur du *Second Alcibiade* extrapole cette conclusion du domaine de l'éthique à l'épistémologie, en affirmant qu'une connaissance scientifique, si large qu'elle soit, mais dépourvue de la connaissance véritable est plus dangereuse que l'ignorance : « l'acquisition des autres sciences (ἐπιστημῶν), si elle n'est pas accompagnée de celle de ce qui vaut le mieux, risque rarement d'être utile ; bien au contraire, elle risque le plus souvent d'être nuisible pour qui la possède »[39]. Cette critique de la πολυμαθία poussa certains exégètes à affirmer que la cible de cette critique est l'école d'Aristote, en référence aux polémiques qui existaient à l'époque hellénistique entre l'Académie et les Péripatéticiens qui accordaient une grande importance aux recherches scientifiques, notamment dans le domaine des sciences de la nature[40]. La critique de l'auteur viserait ainsi l'érudition aristotélicienne exprimée par un platonicien préoccupé par les problèmes religieux. L'hypothèse n'est pourtant

---

38. [PLATON], *Alcibiade II*, 143 a-c : ἐκεῖνο δ' οὖν ἐννοῶ, ὅσων κακῶν αἰτία ἡ ἄγνοια τοῖς ἀνθρώποις, ὁπότε, ὡς ἔοικε, λελήθαμεν ἡμᾶς αὐτοὺς διὰ ταύτην καὶ πράττοντες καὶ τό γε ἔσχατον εὐχόμενοι ἡμῖν αὐτοῖς τὰ κάκιστα. ὅπερ οὖν οὐδεὶς ἂν οἰηθείη, ἀλλὰ τοῦτό γε πᾶς ἂν οἴοιτο ἱκανὸς εἶναι, αὐτὸς αὑτῷ τὰ βέλτιστα εὔξασθαι, ἀλλ' οὐ τὰ κάκιστα. τοῦτο μὲν γὰρ ὡς ἀληθῶς κατάρᾳ τινὶ ἀλλ' οὐκ εὐχῇ ὅμοιον ἂν εἴη. {ΣΩ.} Ἀλλ' ἴσως, ὦ βέλτιστε, φαίη ἂν τις ἀνήρ, ὃς ἐμοῦ τε καὶ σοῦ σοφώτερος ὢν τυγχάνει, οὐκ ὀρθῶς ἡμᾶς λέγειν, οὕτως εἰκῇ ψέγοντας ἄγνοιαν, εἴ γε μὴ προσθείημεν τὴν ἔστιν ὧν τε ἄγνοιαν καὶ ἔστιν οἷς καὶ ἔχουσί πως ἀγαθόν, ὥσπερ ἐκείνοις κακόν.
39. *Ibid.*, 144 d : Ὅτι, ὡς ἔπος εἰπεῖν, κινδυνεύει τό γε τῶν ἄλλων ἐπιστημῶν κτῆμα, ἐάν τις ἄνευ τοῦ βελτίστου κεκτημένος ᾖ, ὀλιγάκις μὲν ὠφελεῖν, βλάπτειν δὲ τὰ πλείω τὸν ἔχοντα αὐτό.
40. H. BRÜNNECKE, *De Alcibiade II...*, p. 96-98 et 180-182. La faiblesse de cette hypothèse, reprise et développée récemment par H. NEUHAUSEN (*Der Zweite Alkibiades...*, p. 117-127), a été relevée par J. SOUILHÉ (PLATON, *Œuvres complètes*, t. XIII, 2ᵉ partie, p. 18).

pas nécessaire, car l'idée défendue par l'auteur du *Second Alcibiade* se retrouve déjà dans les dialogues de Platon. L'Étranger d'Athènes, dans les *Lois* (VII, 811 a), blâme les poètes qui chargent inutilement la mémoire des enfants en s'imaginant à tort que la quantité des connaissances est identique avec la vertu et la sagesse. Comme Socrate, dans le *Second Alcibiade*, l'Étranger d'Athènes (*Lois* VII, 819 a) juge l'ignorance préférable à des connaissances inutiles et nuisibles.

4. La prière des Athéniens et la prière des Spartiates

Dans la dernière section du dialogue, Socrate illustre sa conception sur la prière par un bref récit sur une confrontation qui aurait opposé les Athéniens et les Spartiates – allusion transparente à la guerre du Péloponnèse – qui met en contraste la manière de sacrifier et de prier des Athéniens et celle des habitants de Sparte[41]. Le récit est censé souligner, comme la prière du poète anonyme, la simplicité qu'il convient, par prudence et par piété, de montrer dans les prières. Les Athéniens se seraient ainsi imaginé à tort que leurs sacrifices abondants fléchiront les dieux auxquels ils adressent des prières insensées, en ignorant que les dieux sont sensibles au caractère du sacrifiant plus qu'aux dons qui leur sont apportés. Voici, d'abord, quelle était, selon ce récit, la manière de prier des Spartiates :

> À vrai dire, Alcibiade, que ce soit, pour rivaliser avec ce poète ou par expérience personnelle, les Lacédémoniens adoptent dans leurs prières, privées ou publiques, une attitude analogue. Ils invitent les dieux à adjoindre, aux biens (τὰ καλά) qu'ils leur accordent, ce qui est convenable, et personne ne les entendrait jamais demander plus dans leurs prières. Et il est évident que, jusqu'ici, ils ne sont pas moins favorisés que d'autres en fonction de ce qu'ils demandent dans leurs prières. Et s'il leur arrive de ne pas être favorisés en tout, ce n'est pas à cause de leur prière, mais parce qu'il dépend des dieux, j'imagine, d'accorder aussi bien ce qu'on demande dans une prière et son contraire[42].

---

41. Sur l'idéalisation des Spartiates dans l'Antiquité, voir notamment F. OLLIER, *Le Mirage spartiate. Étude sur l'idéalisation de Sparte dans l'Antiquité grecque, de l'origine jusqu'aux cyniques*, t. I-II, Paris, 1933, 1943. Voir aussi les références réunies par H. BRÜNNECKE, *De Alcibiade II...*, p. 56-57.
42. [PLATON], *Alcibiade II*, 148 c : Τοῦτον μὲν τοίνυν, ὦ Ἀλκιβιάδη, καὶ Λακεδαιμόνιοι τὸν ποιητὴν ἐζηλωκότες, εἴτε καὶ αὐτοὶ οὕτως ἐπεσκεμμένοι, καὶ ἰδίᾳ καὶ δημοσίᾳ ἑκάστοτε παραπλησίαν εὐχὴν εὔχονται, τὰ καλὰ ἐπὶ τοῖς ἀγαθοῖς τοὺς θεοὺς διδόναι κελεύοντες αὖ σφίσιν αὐτοῖς· πλείω

Les prières des Spartiates reproduisent, en fait, la prière du poète anonyme que Socrate venait de proposer comme modèle, bien que les καλά demandés par les Spartiates ne soient, lexicalement, ni les ἐσθλά de la prière du poète anonyme, ni encore les ἀγαθά des prières de Pythagore et de Xénophon, mais bien les καλά de la prière à Pan dont l'explication de Socrate résume par ailleurs la doctrine. En plus de ces καλά, le Socrate du *Phèdre*, comme les Spartiates du *Second Alcibiade* ne demandent que ce qui convient et est en accord avec celui qui prie, sans formuler des demandes spécifiques. Tout le reste dépend des dieux de le donner et, si les Spartiates, comme tous les hommes en général, ne sont pas toujours comblés de bonheur et de succès, c'est parce que l'εὐδαιμονία, comme l'affirmait Aristote, ne dépend seulement de l'ἀρετή, mais aussi d'εὐτυχία.

La manière de prier des Spartiates s'oppose à celle des Athéniens. Durant le combat qui les opposait aux Spartiates, à un moment où les Athéniens étaient en train de céder le pas sur celui de ses adversaires, ces derniers se seraient demandés quoi faire et auraient décidé d'envoyer un émissaire à Ammon – dieu égyptien que les Grecs identifiaient à Zeus – pour qu'il demande au dieu la raison pour laquelle la victoire revenait aux Spartiates, alors que les Athéniens apportaient aux dieux, parmi tous les Grecs, les offrandes les plus belles et les plus riches, leurs temples étaient les plus chargés de dons et leurs processions les plus somptueuses. Au contraire, les Spartiates ne se souciaient en rien de tout cela, bien que leur cité ne fût moins riche que celle d'Athènes[43].

δ' οὐδεὶς ἂν ἐκείνων εὐξαμένων ἀκούσειεν. τοιγαροῦν εἰς τὸ παρῆκον τοῦ χρόνου οὐδένων ἧττον εὐτυχεῖς εἰσιν ἄνθρωποι· εἰ δ' ἄρα καὶ συμβέβηκεν αὐτοῖς ὥστε μὴ πάντα εὐτυχεῖν, ἀλλ' οὖν <οὐ> διὰ τὴν ἐκείνων εὐχήν, ἐπὶ τοῖς θεοῖς δ' ἐστὶν ὥστε οἶμαι καὶ διδόναι ἅττ' ἄν τις εὐχόμενος τυγχάνη καὶ τἀναντία τούτων.

43.   L'attitude des Spartiates est similaire à celle que Xénophon attribue à Socrate ; voir XÉNOPHON, *Mémorables* I, 3, 3 : θυσίας δὲ θύων μικρὰς ἀπὸ μικρῶν οὐδὲν ἡγεῖτο μειοῦσθαι τῶν ἀπὸ πολλῶν καὶ μεγάλων πολλὰ καὶ μεγάλα θυόντων. οὔτε γὰρ τοῖς θεοῖς ἔφη καλῶς ἔχειν, εἰ ταῖς μεγάλαις θυσίαις μᾶλλον ἢ ταῖς μικραῖς ἔχαιρον· πολλάκις γὰρ ἂν αὐτοῖς τὰ παρὰ τῶν πονηρῶν μᾶλλον ἢ τὰ παρὰ τῶν χρηστῶν εἶναι κεχαρισμένα· οὔτ' ἂν τοῖς ἀνθρώποις ἄξιον εἶναι ζῆν, εἰ τὰ παρὰ τῶν πονηρῶν μᾶλλον ἦν κεχαρισμένα τοῖς θεοῖς ἢ τὰ παρὰ τῶν χρηστῶν· ἀλλ' ἐνόμιζε τοὺς θεοὺς ταῖς παρὰ τῶν εὐσεβεστάτων τιμαῖς μάλιστα χαίρειν. « Il [*scil*. Socrate] pensait qu'en offrant de modestes sacrifices à partir de ses modestes moyens il n'était en rien inférieur à ceux qui, riches d'une fortune considérable, offrent des sacrifices nombreux et imposants. Il affirmait en effet qu'il serait indigne des dieux de prendre plus de plaisir aux grands sacrifices qu'aux petits (car les sacrifices que leur offrent les méchants leur plairaient souvent davantage que ceux qui leur sont offerts par les honnêtes hommes), et qu'il ne vaudrait plus la peine pour les hommes de vivre, si les sacrifices des méchants plaisaient davantage aux dieux que les sacrifices des honnêtes hommes. Il croyait plutôt que les dieux se réjouissent surtout des hommages que leur témoignent les hommes les plus pieux ».

Après avoir posé cette question au dieu en lui demandant ce que les Athéniens devaient faire dans cette situation, l'émissaire aurait reçu de l'interprète du dieu la réponse suivante : « les propos respectueux (εὐφημίαν) des Lacédémoniens lui agréent davantage que tous les sacrifices des Grecs »[44]. Socrate tire de ce récit la morale suivante :

> Par « propos respectueux » (εὐφημία), le dieu, semble-t-il, veut parler de la façon de prier des Lacédémoniens. Les autres Grecs, en effet, les uns en offrant des bœufs aux cornes dorées, les autres en consacrant aux dieux des offrandes votives, demandent dans leurs prières tout ce qu'il leur passe par la tête, bien ou mal. Et les dieux, prêtant l'oreille à leurs propos blasphématoires (βλασφημούντων), n'agréent ni ces processions ni ces sacrifices somptueux. Au contraire, il faut, à mon avis, prêter une grande attention et donner beaucoup de soin à ce qu'il convient de dire et de ne pas dire[45].

L'εὐφημία des Spartiates correspond à leur manière prudente et austère de prier, en tout point différente de celle des Athéniens, qui demandaient inconsidérément des choses insensées dans leurs prières[46]. Ce qui définit l'εὐφημία des Spartiates est la σωφροσύνη qu'ils manifestent dans leur attitude à l'égard de la divinité, caractérisée par la retenue de leur conduite et la prudence dans la formulation des prières, prudence qui relève de l'εὐσέβεια, car elle est l'expression de la conscience des limites de la condition humaine. Au contraire, les Athéniens se croient en mesure de savoir ce qu'ils sont en droit de solliciter et de recevoir et se jugent eux-mêmes pieux en raison de l'abondance des sacrifices et du culte somptueux qu'ils vouent aux dieux. Ils font ainsi preuve d'ἀφροσύνη et, par là même, d'ἀσέβεια ; dès lors, leurs prières ne peuvent être que des βλασφημίαι.

L'opposition que l'auteur du *Second Alcibiade* établit dans ce contexte entre εὐφημεῖν (« louer, célébrer ») et βλασφημεῖν (« blasphémer ») remonte aux normes de conduite en matière religieuse prescrites dans les *Lois* de Platon : « c'est bien là, je le déclare à cette heure, Mégille et Clinias, ce dont

---

44. [PLATON], *Alcibiade II*, 149 b : φησὶν ἂν βούλεσθαι αὐτῷ τὴν Λακεδαιμονίων εὐφημίαν εἶναι μᾶλλον ἢ τὰ σύμπαντα τῶν Ἑλλήνων ἱερά.

45. *Ibid.*, 149 b-c : τήν γ' οὖν εὐφημίαν οὐκ ἄλλην τινά μοι δοκεῖ λέγειν ὁ θεὸς ἢ τὴν εὐχὴν αὐτῶν· ἔστι γὰρ τῷ ὄντι πολὺ διαφέρουσα τῶν ἄλλων. οἱ μὲν γὰρ ἄλλοι Ἕλληνες οἱ μὲν χρυσόκερως βοῦς παραστησάμενοι, ἕτεροι δ' ἀναθήμασι δωρούμενοι τοὺς θεούς, εὔχονται ἅττ' ἂν τύχῃ ταῦτα, ἄντε ἀγαθὰ ἄντε κακά· βλασφημούντων οὖν αὐτῶν ἀκούοντες οἱ θεοὶ οὐκ ἀποδέχονται τὰς πολυτελεῖς ταυτασὶ πομπάς τε καὶ θυσίας. ἀλλὰ δοκεῖ μοι πολλῆς φυλακῆς δεῖσθαι καὶ σκέψεως ὅτι ποτὲ ῥητέον ἐστὶ καὶ μή.

46. Sur εὐφημία dans la religion, voir S. PULLEYN, *Prayer in Greek Religion*, p. 184 ; D. AUBRIOT-SÉVIN, *Prière et conceptions religieuses...*, p. 152-155.

doivent être instruits nos citoyens comme nos jeunes gens quant aux dieux du ciel ; il faut qu'ils aient une connaissance qui porte sur toutes ces choses et qui aille assez loin pour les empêcher de blasphémer (μὴ βλασφημεῖν) à l'endroit de ces dieux et pour qu'ils ne prononcent sur leur compte que des paroles de bon augure (εὐφημεῖν), chaque fois qu'ils offrent un sacrifice ou que dans leurs prières (ἐν εὐχαῖς) ils les implorent avec piété (εὐσεβῶς) » [47].

Pour commenter la réponse de l'oracle d'Ammon, l'auteur du *Second Alcibiade* reprend ensuite deux thèmes platoniciens : l'idée selon laquelle les dieux ne sauraient se laisser fléchir (par des prières ou par des sacrifices) – thème qui entraîne, comme dans les dialogues authentiques, une critique morale de la poésie homérique –, et le thème de la pratique de la vertu conçue comme le culte véritable des dieux :

> Et tu trouveras chez Homère des exemples similaires. Les Troyens, raconte en effet le poète, en établissant leur camp
> Sacrifiaient aux immortels de parfaites hécatombes
> *Et l'odeur des victimes s'élevaient de la plaine, portée par les vents vers le ciel, odeur*
> *suave, mais au festin les dieux ne prirent pas part.*
> *Ils refusèrent, tant ils abominaient la ville sainte d'Ilios*
> *Et Priam et le peuple de Priam à la vibrante lance.* [*Il.* VIII, 548-552]
> Dès lors, leur sacrifice (θύειν) était inutile et leurs offrandes (δῶρα) vaines, puisqu'ils déplaisaient aux dieux. Je ne crois pas en effet qu'il soit dans la nature des dieux de se laisser séduire par des présents, comme le ferait un méchant prêteur à gages. Bien plutôt, nous aussi, Athéniens, c'est un langage imbécile que nous tenons en nous estimant supérieurs en ce domaine aux Lacédémoniens.
> Ce serait en effet une chose terrible si, pour juger de la piété et de la justice (ὅσιος καὶ δίκαιος) de quelqu'un, le regard des dieux se portait sur leurs offrandes et les sacrifices que nous leur faisons, plutôt que sur notre âme. Oui, j'imagine, c'est bien vers l'âme que va leur regard, beaucoup plus que vers les processions et les sacrifices somptueux qu'un particulier ou une cité peut offrir chaque année, et dont la multitude des fautes commises contre les dieux et contre les hommes n'empêche pas la célébration. Mais eux, étant donné qu'ils ne sont pas vénaux (οὐ δωροδόκοι), n'ont que mépris pour tout cela, comme le déclarent le dieu et l'interprète des dieux.

---

47. PLATON, *Lois* VII, 821 c-d (trad. L. Brisson, J.-F. Pradeau) : Ταῦτ᾽ ἔστι τοίνυν, ὦ Μέγιλλέ τε καὶ Κλεινία, νῦν ἃ δή φημι δεῖν περὶ θεῶν τῶν κατ᾽ οὐρανὸν τούς γε ἡμετέρους πολίτας τε καὶ τοὺς νέους τὸ μέχρι τοσούτου μαθεῖν περὶ ἁπάντων τούτων, μέχρι τοῦ μὴ βλασφημεῖν περὶ αὐτά, εὐφημεῖν δὲ ἀεὶ θύοντάς τε καὶ ἐν εὐχαῖς εὐχομένους εὐσεβῶς. Cf. *ibid.*, VII, 800 c-d (sur βλασφημεῖν) et 800 e-801 a (sur εὐφημεῖν).

Ce qui du moins est sûr, c'est que, chez les dieux et chez les hommes qui sont des gens réfléchis, la justice (δικαιοσύνη) et la prudence (φρόνησις) ont toutes les chances d'être honorées par-dessus tout. Or, les gens réfléchis (φρόνιμοι) et justes (δίκαιοι) ne sont autres que ceux qui savent ce qu'il faut faire et dire (πράττειν καὶ λέγειν) en présence des dieux et des hommes[48].

Les thèmes abordés dans ce contexte par l'auteur du *Second Alcibiade* sont des thèmes platoniciens traditionnels : en premier lieu l'idée selon laquelle les dieux ne sont pas vénaux (οὐ δωροδόκοι) et ne sauraient commettre des injustices en se laissant acheter par des prières et par des sacrifices, qui est un leitmotiv du projet de réforme de la poésie et des pratiques religieuses dans la *République* (II, 364 d, etc.) et dans les *Lois* (X, 885 b, 888 b-c, etc.). Dès lors, dans la perspective du *Second Alcibiade*, qui ne diffère pas sur ce point de celle de Platon, l'ὁσιότης ne saurait se fonder sur la qualité des offrandes et des sacrifices, mais sur les vertus de l'âme : la justice (δικαιοσύνη) et la (σωφροσύνη accompagnée de la) prudence (φρόνησις)[49]. L'exercice de ces vertus rend les prières appropriées à la nature de la divinité, c'est pourquoi les φρόνιμοι et les δίκαιοι savent en toute occasion « ce qu'il faut faire et dire ».

---

48. [PLATON], *Alcibiade II*, 149 d-150 b (traduction légèrement modifiée) : Εὑρήσεις δὲ καὶ παρ᾽ Ὁμήρῳ ἕτερα παραπλήσια τούτοις εἰρημένα. φησὶν γὰρ τοὺς Τρῶας ἔπαυλιν ποιουμένους ἔρδειν ἀθανάτοισι τεληέσσας ἑκατόμβας· τὴν δὲ κνῖσαν ἐκ τοῦ πεδίου τοὺς ἀνέμους φέρειν οὐρανὸν εἴσω ἡδεῖαν· τῆς δ᾽ οὔ τι θεοὺς μάκαρας δατέεσθαι, οὐδ᾽ ἐθέλειν· μάλα γάρ σφιν ἀπήχθετο Ἴλιος ἱρὴ καὶ Πρίαμος καὶ λαὸς ἐυμμελίω Πριάμοιο· ὥστε οὐδὲν αὐτοῖς ἦν προύργου θύειν τε καὶ δῶρα τελεῖν μάτην, θεοῖς ἀπηχθημένους. οὐ γὰρ οἶμαι τοιοῦτόν ἐστι τὸ τῶν θεῶν ὥστε ὑπὸ δώρων παράγεσθαι οἷον κακὸν τοκιστήν· ἀλλὰ καὶ ἡμεῖς εὐήθη λόγον λέγομεν, ἀξιοῦντες Λακεδαιμονίων ταύτῃ περιεῖναι. καὶ γὰρ ἂν δεινὸν εἴη εἰ πρὸς τὰ δῶρα καὶ τὰς θυσίας ἀποβλέπουσιν ἡμῶν οἱ θεοὶ ἀλλὰ μὴ πρὸς τὴν ψυχήν, ἄν τις ὅσιος καὶ δίκαιος ὢν τυγχάνῃ. πολλῷ γε μᾶλλον οἶμαι ἢ πρὸς τὰς πολυτελεῖς ταύτας πομπάς τε καὶ θυσίας, ἃς οὐδὲν κωλύει πολλὰ μὲν εἰς θεούς, πολλὰ δ᾽ εἰς ἀνθρώπους ἡμαρτηκότας καὶ ἰδιώτην καὶ πόλιν ἔχειν ἀν᾽ ἕκαστον ἔτος τελεῖν· οἱ δέ, ἅτε οὐ δωροδόκοι ὄντες, καταφρονοῦσιν ἁπάντων τούτων, ὥς φησιν ὁ θεὸς καὶ θεῶν προφήτης. κινδυνεύει γοῦν καὶ παρὰ θεοῖς καὶ παρ᾽ ἀνθρώποις τοῖς νοῦν ἔχουσι δικαιοσύνη τε καὶ φρόνησις διαφερόντως τετιμῆσθαι· φρόνιμοι δὲ καὶ δίκαιοι οὐκ ἄλλοι τινές εἰσιν [ἢ] τῶν εἰδότων ἃ δεῖ πράττειν καὶ λέγειν καὶ πρὸς θεοὺς καὶ πρὸς ἀνθρώπους.

49. Voir *supra*, p. 25-26. Cf. JAMBLIQUE, *Vie de Pythagore* [11] 54, 2-6 : καθάπερ ἑτέρου μέλλοντος ὑπὲρ αὐτῶν ποιεῖσθαι τὰς εὐχὰς βούλοιντ᾽ ἂν ἐκεῖνον εἶναι καλὸν κἀγαθόν, ὡς τῶν θεῶν τούτοις προσεχόντων, οὕτως αὐτὰς περὶ πλείστου ποιεῖσθαι τὴν ἐπιείκειαν, ἵν᾽ ἑτοίμους ἔχωσι τοὺς ταῖς εὐχαῖς ὑπακουσομένους. « De même que, si quelqu'un voulait faire des prières en notre faveur, on voudrait que cette personne fût moralement irréprochable, dans la pensée que les dieux prêtent attention à des gens de cette sorte, de même aussi devraient-elles faire le plus cas de leur vertu, de façon que les dieux fussent bien disposés à écouter leurs prières » (trad. L. Brisson, A.-Ph. Segonds). Voir aussi DIODORE DE SICILE XII, 20, 2.

L'échec d'une définition de l'ὁσιότης qui serait fondée sur une ἐπιστήμη concernant les sacrifices et les prières à adresser aux dieux avait déjà été mis en évidence par Platon dans l'*Euthyphron*, en montrant sans trop de difficulté qu'une telle conception conduisait à réduire l'ὁσιότης à une espèce de « technique commerciale » (ἐμπορικὴ τέχνη) entre les dieux et les hommes :

> [Socrate :] D'après ce que tu dis, la piété (ὁσιότης) serait donc la connaissance de la demande et du don adressés aux dieux (ἐπιστήμη... αἰτήσεως καὶ δόσεως θεοῖς).
> [Euthyphron :] Tu as très bien saisi, Socrate, ce que j'ai voulu dire.
> [Socrate :] C'est que je suis avide de ton savoir, mon cher, et j'y applique mon esprit, si bien que tes paroles ne tombent pas dans l'oreille d'un sourd. Mais dis-moi, de quelle manière est ce service (ὑπηρεσία) des dieux ? Tu affirmes qu'il consiste à leur demander (αἰτεῖν) et à leur donner ?
> [Euthyphron :] Oui.
> [Socrate :] En ce cas, demander correctement ne serait-il pas leur demander les choses dont nous avons besoin de leur part ?
> [Euthyphron :] Quoi d'autre ?
> [Socrate :] Et, en sens inverse, donner correctement ne serait-il pas leur donner en échange les choses dont ils se trouvent avoir besoin de notre part ? Car il ne serait sans doute pas bien malin, de part de celui qui donne, d'apporter comme présents à quelqu'un des choses dont il n'a aucun besoin.
> [Euthyphron :] Tu dis vrai, Socrate.
> [Socrate :] La piété (ὁσιότης) consisterait donc, Euthyphron, en une espèce de troc (ἐμπορικὴ τέχνη) que les dieux et les hommes feraient les uns avec les autres[50].

S'il est évident que la piété ne saurait se réduire à une telle ἐμπορικὴ τέχνη, dans l'*Euthyphron* la question de la définition de la piété reste ouverte. Au contraire, dans le *Second Alcibiade*, qui se place ainsi dans le sillage des *Lois*, Socrate explique à Alcibiade que l'ὁσιότης n'est pas à concevoir sans la δικαιοσύνη et la φρόνησις[51].

---

50. PLATON, *Euthyphron* 14 d-e (trad. L.-A. Dorion) : {ΣΩ.} Ἐπιστήμη ἄρα αἰτήσεως καὶ δόσεως θεοῖς ὁσιότης ἂν εἴη ἐκ τούτου τοῦ λόγου. {ΕΥΘ.} Πάνυ καλῶς, ὦ Σώκρατες, συνῆκας ὃ εἶπον. {ΣΩ.} προσέχω τὸν νοῦν αὐτῇ, ὥστε οὐ χαμαὶ πεσεῖται ὅτι ἂν εἴπῃς. ἀλλά μοι λέξον τίς αὕτη ἡ ὑπηρεσία ἐστὶ τοῖς θεοῖς; αἰτεῖν τε φῂς αὐτοὺς καὶ διδόναι ἐκείνοις; {ΕΥΘ.} Ἔγωγε. {ΣΩ.} Ἆρ' οὖν οὐ τό γε ὀρθῶς αἰτεῖν ἂν εἴη ὧν δεόμεθα παρ' ἐκείνων, ταῦτα αὐτοὺς αἰτεῖν; {ΕΥΘ.} Ἀλλὰ τί; {ΣΩ.} Καὶ αὖ τὸ διδόναι ὀρθῶς, ὧν ἐκεῖνοι τυγχάνουσιν δεόμενοι παρ' ἡμῶν, ταῦτα ἐκείνοις αὖ ἀντιδωρεῖσθαι; οὐ γάρ που τεχνικόν γ' ἂν εἴη δωροφορεῖν διδόντα τῳ ταῦτα ὧν οὐδὲν δεῖται. {ΕΥΘ.} Ἀληθῆ λέγεις, ὦ Σώκρατες. {ΣΩ.} Ἐμπορικὴ ἄρα τις ἂν εἴη, ὦ Εὐθύφρων, τέχνη ἡ ὁσιότης θεοῖς καὶ ἀνθρώποις παρ' ἀλλήλων.
51. G. VAN RIEL cherche à montrer, dans son étude « Le 'service des dieux' chez Platon... », qu'en reliant, dans les *Lois*, la piété non seulement à la δικαιοσύνη, mais aussi à la σωφροσύνη,

La fin du dialogue met en scène un Alcibiade confondu : il pensait, comme Euthyphron, savoir comment prier et sacrifier aux dieux, et Socrate vient de lui montrer qu'il ignore, en fait, ce qu'il faudrait demander aux dieux. La conclusion qui se dégage de la dernière partie du dialogue (150 b-151 c) est qu'Alcibiade, ignorant sur la manière dont il faut s'adresser aux dieux, ferait mieux s'abstenir de leur adresser des prières, car celles-ci, une fois accomplies, pourraient lui nuire :

> Tu vois donc à quel point il est dangereux d'aller prier le dieu, car il est à craindre que, t'entendant proférer des propos blasphématoires, il ne repousse le sacrifice que tu vas lui offrir ; et tu risques même d'attirer sur toi tout autre chose. À mon avis, tu ferais mieux de rester tranquille. Car l'exaltation de ton âme' (μεγαλοψυχία) – c'est là le plus beau des noms qui puisse désigner le manque de réflexion (ἀφροσύνη) – t'empêchera, j'imagine, d'avoir recours à la prière des Lacédémoniens. Il te faut donc attendre que quelqu'un t'enseigne quelle disposition il convient d'adopter à l'égard des dieux et des hommes[52].

L'Étranger d'Athènes, dans les *Lois*, ne disait pas autre chose : « il est risqué d'avoir recours à la prière, quand on manque d'intelligence, et c'est le contraire de ce que l'on souhaite que l'on obtient »[53]. Dépourvu de φρόνησις – et faisant preuve d'ἀφροσύνη –, Alcibiade doit se mettre ainsi à l'école de celui qui sera capable de le rendre meilleur et, au fur et à mesure qu'il apprendra à se maîtriser soi-même et à acquérir la vertu, il saura également comment s'adresser aux dieux et ce qu'il faut leur demander (150 d-e). Ce maître est, bien sûr, Socrate lui-même. L'auteur du *Second Alcibiade* renoue ainsi avec le dialogue homonyme de Platon où Socrate, à la fin du dialogue, amène Alcibiade à comprendre que, pour se connaître soi-même, il devrait devenir son disciple (*Alcibiade*, 135 d-e).

Platon aurait en effet donné « la réponse ultime au dilemme de l'*Euthyphron* : l'action d'Euthyphron n'est pas pieuse non parce qu'elle ne serait pas religieuse, ni parce qu'elle serait injuste, mais parce qu'elle s'avère être immodérée » (p. 21).

52. [PLATON], *Alcibiade II*, 150 c-d : Ὁρᾷς οὖν ὡς οὐκ ἀσφαλές σοί ἐστιν ἐλθεῖν πρὸς τὸν θεὸν εὐξομένῳ, ἵνα μηδ' ἂν οὕτω τύχῃ, βλασφημοῦντός σου ἀκούων οὐθὲν ἀποδέξηται τῆς θυσίας ταύτης, τυχὸν δὲ καὶ ἕτερόν τι προσαπολαύσῃς. ἐμοὶ μὲν οὖν δοκεῖ βέλτιστον εἶναι ἡσυχίαν ἔχειν· τῇ μὲν γὰρ Λακεδαιμονίων εὐχῇ διὰ τὴν μεγαλοψυχίαν – τοῦτο γὰρ κάλλιστον τῶν ἐν ἀφροσύνῃ γε ὀνομάτων – οὐκ ἂν οἶμαί σε ἐθέλειν χρῆσθαι. ἀναγκαῖον οὖν ἐστι περιμένειν ἕως ἂν τις μάθῃ ὡς δεῖ πρὸς θεοὺς καὶ πρὸς ἀνθρώπους διακεῖσθαι.

53.   PLATON, *Lois* III, 688 b (trad. L. Brisson, J.-F. Pradeau) : εὐχῇ χρῆσθαι σφαλερὸν εἶναι νοῦν μὴ κεκτημένον, ἀλλὰ τἀναντία ταῖς βουλήσεσίν οἱ γίγνεσθαι.

Conclusions

Avec le *Second Alcibiade*, on peut suivre l'évolution de la réflexion sur la prière dans l'Académie après la mort de Platon, une réflexion qui reste largement fidèle à l'enseignement du fondateur de l'Académie. L'idée centrale du dialogue, selon laquelle les prières insensées par lesquelles on demande des biens apparents attirent par la suite des malheurs à ceux qui les ont formulées, représente, en effet, un thème platonicien qu'on retrouve dans le VIIᵉ livre des *Lois* (801 a-b). Il s'agit cependant d'un lieu commun dans la pensée religieuse de l'époque, puisqu'on le retrouve, sous des formes différentes, à la fois chez Aristote, dans l'*Éthique à Nicomaque*, chez Xénophon, ainsi que chez Diogène le Cynique.

L'héritage platonicien est délibérément assumé. Le contexte du dialogue, Socrate rencontrant Alcibiade, qui se prépare à apporter un sacrifice et à prier la divinité, et la discussion qui s'engage rapidement sur la prière, évoquent le dialogue *Euthyphron*, qui traite de la piété, alors qu'un certain nombre de traits le lient aussi au premier *Alcibiade*. Dans les deux dialogues, le jeune homme politique nourrit le désir d'acquérir le pouvoir sur toute l'Europe sans se rendre compte des dangers que son désir encourt et sans connaître quels sont les biens véritables qu'il devrait poursuivre. Dans son état d'ignorance, nulle autre prière ne serait plus appropriée que celle par laquelle on réclame de la divinité ce qui est utile et que l'on soit épargné de ce qui est nuisible, prière que Socrate attribue à un poète anonyme. Ici encore, l'auteur du *Second Alcibiade* semble reprendre un lieu commun, puisqu'une prière similaire se retrouve chez Xénophon.

Le récit sur la confrontation qui aurait opposé les Athéniens et les Spartiates est censé appuyer, par le recours à un exemple historique, l'idée de la simplicité et de la prudence qu'il convient de manifester dans les prières. Dans le sillage de Platon, l'auteur du *Second Alcibiade* entend montrer de cette manière que l'ὁσιότης est indissociable de la φρόνησις. Pour acquérir cette φρόνησις, en absence de laquelle il vaut mieux s'abstenir de prier, Alcibiade est tacitement invité à la fin du dialogue à se mettre à l'école de Socrate. Comme Platon, son continuateur juge que la connaissance de soi et la pratique de la vertu sont les conditions préalables d'une prière appropriée à la nature de la divinité.

IV. Maxime de Tyr. Prière traditionnelle et prière du philosophe

Plus de cinq siècles séparent l'époque de Maxime de Tyr de celle de l'auteur du *Second Alcibiade*. L'Académie n'existe plus depuis déjà deux siècles et les philosophes qui se revendiquent de l'héritage de Platon – réunis aujourd'hui sous le nom conventionnel de « médio-platoniciens »[1] – vivent et dispensent leur enseignement dans différents coins de l'Empire romain souvent sans être liés autrement que par l'adhésion intellectuelle à l'œuvre du fondateur de l'Académie, adhésion qui prend pourtant des formes d'expression très différentes et qui n'exclut pas la fréquentation intellectuelle d'autres écoles philosophiques.

Maxime de Tyr, dont on ignore largement la biographie[2], est un rhéteur et philosophe qui aura donné des conférences à Rome au temps de l'empereur Commode (entre 180 et 192), et dont nous sont parvenus, grâce à l'intérêt que les lettrés byzantins y portaient encore au IXe siècle, quarante-et-un discours (διαλέξεις) sur des thèmes qui touchent, en général, des questions relevant de l'éthique et de la religion. À part Homère, Platon est l'auteur qu'il cite le plus et auquel il emprunte les principes de sa représentation du monde, fondée sur le *Timée*[3], dans un cadre théorique général marqué par « l'absence complète du langage de la confrontation sectaire »[4]. Des thèmes comme la prière

---

1.   Sur le « médio-platonisme », voir les travaux de synthèse de J. DILLON, *The Middle Platonists*, Londres, 1977 ; J. GLUCKER, *Antiochus and the Late Academy*, Göttingen, 1978 ; P. DONINI, *Le scuole, l'anima, l'impero : la filosofia antica da Antioco a Plotino*, Turin, 1982 ; J. WHITTAKER, « Platonic Philosophy in the Early Centuries of the Empire », dans ANRW, II, t. 36/1, Berlin-New York, 1987, p. 81-123 ; H. DÖRRIE (et M. BALTES), *Der Platonismus in der Antike* t. I-VI, Stuttgart-Bad Cannstatt, 1987-2002.

2.   Sur les sommaires témoignages concernant la vie de Maxime, voir MAXIMUS TYRIUS, *Dissertationes*, edidit M. B. TRAPP, Stuttgart-Leipzig, 1994, p. LV-LVIII ; MAXIMUS OF TYRE, *The Philosophical Orations*, translated, with an introduction and notes by M. B. TRAPP, Oxford, 1997, p. XI-XII ; J. CAMPOS DAROCA, J. L. LÓPEZ CRUCES, « Maxime de Tyr », dans DPhA, t. IV, Paris, 2005, p. 324-348, notamment p. 324-327.

3.   Sur le platonisme de Maxime, voir J. CAMPOS DAROCA, J. L. LÓPEZ CRUCES, « Maxime de Tyr », p. 340-342.

4.   M. B. TRAPP, « Philosophical Sermons : The 'Dialexeis' of Maximus of Tyre », dans ANRW, II, 34/3, Berlin-New York, 1997, p. 1949 : « [...] 'Dialexeis' are remarkable for the

ou le *daimôn* de Socrate témoignent du poids de la référence platonicienne dans les διαλέξεις, une référence marquée néanmoins par l'empreinte que les continuateurs de Platon ont laissée sur ces thèmes. Nous avons examiné ailleurs les discours de Maxime sur le *daimôn* de Socrate (VIII et IX)[5] ; il nous revient maintenant la tâche d'examiner son discours sur la prière (le V[c], εἰ δεῖ εὔχεσθαι)[6], en relevant son rapport à la tradition platonicienne et son dialogue avec la philosophie de son temps. Le discours sur la prière de Maxime s'éclaire, en effet, par la comparaison non seulement avec les textes de Platon relatifs à la prière et le *Second Alcibiade*, mais aussi avec la réflexion stoïcienne sur la prière[7], et avec les doctrines de la prière élaborées par les auteurs chrétiens, notamment Clément d'Alexandrie[8] et Origène[9].

complete absence of the language of sectarian confrontation and exclusion (either when Plato is involved or at any other point). Plato's ideas are never directly contrasted with those of any other philosophers; the words Πλατωνικός, Στωικός, Ἀκαδημαικός, Περιπατητικός, ἡμέτεροι and ἐκεῖνοι are never used ». Cf. MAXIMUS OF TYRE, *The Philosophical Orations...*, p. xxii-xxx; J. CAMPOS DAROCA, J. L. LÓPEZ CRUCES, « Maxime de Tyr », p. 343-344.

5.   Voir A. TIMOTIN, *La démonologie platonicienne*, en particulier p. 204-208 et 283-284.

6.   MAXIME DE TYR, *Dissertatio* V, p. 37-45 TRAPP. Sauf indication contraire, les traductions des passages cités de ce discours nous appartiennent. Nous avons parfois utilisé la version récente de B. PÉREZ-JEAN : MAXIME DE TYR, *Choix de conférences. Religion et philosophie*, introduction, traduction et notes, Paris, 2014. Ce discours a été analysé par G. SOURY, *Aperçus de philosophie religieuse...*, p. 15-38, P. W. VAN DER HORST, « Maximus of Tyre on Prayer » et C. S. O'BRIEN, « Prayer in Maximus of Tyre », dans J. DILLON, A. TIMOTIN (éd.), *Platonic Theories of Prayer*, p. 58-72. Cf. aussi M. SZARMACH, *Maximos von Tyros. Eine literarische Monographie*, Toruń, 1985, p. 52-56. Une première version des analyses exposées dans ce chapitre a été présentée en 2013 et publiée récemment : « Le discours de Maxime de Tyr sur la prière (*Dissertatio* 5) dans la tradition platonicienne », dans F. FAUQUIER, B. PÉREZ-JEAN (éd.), *Maxime de Tyr, entre rhétorique et philosophie au II*[e] *siècle de notre ère*, Marseille, 2016, p. 163-181.

7.   Il n'existe pas d'étude de synthèse sur la doctrine stoïcienne de la prière. Voir pourtant H. SCHMIDT, *Veteres philosophi...*, p. 30-38 (inventaire utile de textes); É. DES PLACES, « La prière des philosophes grecs », p. 259-268; C. MERCKEL, « Prière philosophique... » ; J. PIÀ COMELLA, *Une piété de la raison*, p. 77-87, 129-141 et 339-358.

8.   CLÉMENT D'ALEXANDRIE, *Stromate* VII, 7, 35-49 LE BOULLUEC. Sur la conception de Clément sur la prière, voir A. LE BOULLUEC, « Les réflexions de Clément sur la prière et le traité d'Origène », dans L. PERRONE (éd.), *Origeniana Octava. Origen and the Alexandrian Tradition*, Louvain, 2003, p. 387-407.

9.   ORIGÈNE, *Sur la prière*, p. 295-403 KOETSCHAU. Ce texte a été étudié par W. GESSEL, *Die Theologie des Gebetes nach 'De Oratione' von Origenes*, Munich-Paderborn-Vienne, 1975 et par L. PERRONE dans de nombreuses études (notamment dans *La preghiera secondo Origene*). Voir aussi F. COCCHINI (éd.), *Il dono e la sua ombra. Ricerche sul Περὶ εὐχῆς di Origene*, Atti del I Convegno del Gruppo Italiano di Ricerca su *Origene e la Tradizione Alessandrina*, Rome, 1997.

*

La structure du discours sur la prière de Maxime de Tyr est assez transparente. Les deux premières parties présentent, à travers deux légendes très connues – concernant les rois Midas et Crésus –, les défauts des prières insensées que le commun des mortels adressent aux dieux. La troisième partie sert en quelque sorte de passage entre les récits mythologiques et la section philosophique, en ce qu'elle tire la conclusion des deux légendes – la prière pétitionnaire traditionnelle est caractérisée par une vision fautive sur la nature de la divinité –, et prépare la critique philosophique de la prière conçue sous la forme d'un échange commercial entre les hommes et les dieux. Dans les quatre parties suivantes (les chapitres 4 à 7), Maxime cherche à montrer que, quel que soit le facteur censé conditionner les affaires humaines (providence, destin, fortune ou art humain), la prière s'avère finalement inutile dans chacun des cas pris en considération. Enfin, dans la dernière partie du discours, l'auteur montre que l'impasse à laquelle conduit cette critique est due à la notion de prière prise en compte, fondée sur l'idée de demande, et que sa définition doit être corrigée pour que la prière garde son sens et son utilité. La « prière du philosophe » que Maxime cherche à définir à la fin du discours est le propre de ceux qui pratiquent la vertu, et elle ne consiste pas à demander des choses aux dieux, mais à converser avec eux.

La stratégie argumentative de Maxime se dégage ainsi avec clarté de la structure du discours et elle peut être représentée de la manière suivante :

§ 1-2   Exposés mythologiques sur les défauts de la prière traditionnelle
§ 3   Interprétation philosophique des exposés précédents
§ 4-7   Critique philosophique des prières traditionnelles
§ 8   Définition d'une prière philosophique

1. La critique de la prière traditionnelle

L'illustration mythologique des prières insensées

Le couple formé par l'illustration mythologique des prières déraisonnables et la critique philosophique de la prière pétitionnaire se retrouve également, on s'en souvient, dans le *Second Alcibiade*, qui évoque l'exemple d'Œdipe à l'appui de l'idée que les prières des mortels peuvent être la source de grands maux, pour développer ensuite la thèse selon laquelle il faudrait d'abord savoir quel est le bien véritable avant d'adresser des prières aux dieux car celles-ci peuvent se retourner contre celui qui prie. À la place d'Œdipe,

Maxime choisit deux autres légendes célèbres ayant pour héros les rois Midas et Crésus.

Midas, roi de Phrygie, qui aimait beaucoup l'or, aurait attrapé un jour le satyre Silène (ὁ Σάτυρος) en jetant du vin dans la source où celui-ci venait boire quand il avait soif. Le roi insensé prie Silène que toute la terre de son royaume se convertisse en or, les arbres, les prés et les fleurs. Le dieu lui accorde ce qu'il demande et tout le royaume est bientôt en proie à la famine. Le roi prie en vain les dieux et les déesses de lui rendre son ancienne pauvreté et d'envoyer son or à ses ennemis.

De cette histoire[10], à laquelle il prête une vérité allégorique[11], Maxime tire un double enseignement : d'une part, l'histoire montre, à l'instar du récit d'Œdipe dans le *Second Alcibiade*, que le commun des mortels ignore ce qu'il faut demander aux dieux et que leurs prières, une fois exaucées, leur apportent souvent du malheur ; d'autre part, elle montre que les malheurs, autant que les biens apparents que les hommes peuvent obtenir, n'ont pas pour cause la divinité, qui n'est jamais à l'origine du mal[12], mais bien la fortune (τύχη). Maxime répond ainsi à une objection que l'auteur du *Second Alcibiade* avait manqué de soulever. À ce titre il n'est peut-être pas anodin que Maxime qualifie le satyre de δαίμων[13], le lien entre δαίμονες et τύχη étant monnaie courante à l'époque classique, par exemple chez Euripide qui semble souvent confondre les deux notions[14]. Plutarque, dans la *Vie d'Alcibiade*, présente son héros attribuant ses malheurs à un δαίμων envieux (φθονερός) et à une τύχη méchante[15].

10.   Pour la légende de Midas, voir par exemple XÉNOPHON, *Anabasis* I, 2, 13 ; OVIDE, *Métamorphoses* XI, 85-179 ; PHILOSTRATE, *Vie d'Apollonios* VI, 27.

11.   L'usage du verbe αἰνίττομαι (MAXIME DE TYR, *Dissertatio* V, 1, ligne 17, p. 38 TRAPP = ligne 17, p. 53 KONIARIS), terme technique de l'exégèse allégorique, est très significatif dans ce contexte, comme le fait remarquer à juste titre G. SOURY, *Aperçus de philosophie religieuse...*, p. 17.

12.   L'innocence de la divinité est un lieu commun platonicien (cf. PLATON, *République* II, 380 b ; *Timée* 30 a, 42 d ; *Lois* X, 900 d-e, etc.), qui revient souvent chez Maxime ; cf. MAXIME DE TYR, *Dissertatio* V, 1, ligne 23, p. 38 TRAPP = ligne 22, p. 53 KONIARIS : οὐδὲν γὰρ τῶν μὴ καλῶν δίδωσιν θεός « car le dieu ne dispense rien qui ne soit pas bon » ; *ibid.* V, 3, lignes 59-60, p. 39 TRAPP = lignes 56-57, p. 55 KONIARIS : τὸ δὲ θεῖον ἔξω πονηρίας « car le divin est en dehors de toute méchanceté ».

13.   *Ibid.* V, 1, ligne 2, p. 37 TRAPP = ligne 5, p. 52 KONIARIS.

14.   EURIPIDE, *Iphigénie à Aulis* 1136 ; *Cyclope* 606-607 ; fr. 1073, 1-4 NAUCK. Sur cette question, voir A. TIMOTIN, *La démonologie platonicienne*, p. 24-26.

15.   PLUTARQUE, *Vie d'Alcibiade* XXXIII, 2. En raison de leur caractère φθονερός, les δαίμονες peuvent, en effet, se substituer aux dieux et nous inciter à leur adresser des prières vouées aux dieux, mais cette conception n'est pas attestée dans la tradition platonicienne avant PORPHYRE (*De l'abstinence* II, 40, 2). Cf. A. TIMOTIN, *La démonologie platonicienne*, p. 213.

Maxime raconte ensuite une autre histoire dont il tire également un enseignement philosophique concernant la prière : celle de la bataille contre les Perses menée par le roi lydien Crésus[16]. Le roi aurait prié Apollon de l'aider à conquérir l'empire perse en cherchant à force d'or à se concilier le dieu « tel un souverain qui se laisserait corrompre par des présents ». Le roi aurait reçu de Delphes un message selon lequel s'il franchissait la rivière Halys, il détruirait un grand empire. Prenant cela pour un présage favorable, il part donc à la guerre, mais l'empire qui tombera n'est pas celui des Perses, mais le sien. Si l'histoire a pu servir d'exemple dans l'Antiquité pour mettre en évidence l'ambiguïté des oracles[17], Maxime l'évoque pour montrer, d'une part, que les humains ne savent pas prier et qu'ils adressent aux dieux des demandes insensées, et, d'autre part, que par ces demandes ils offensent les dieux qu'ils imaginent, à leur propre image, cupides et vénaux au point de pouvoir être achetés par les présents qu'ils leur offrent en échange des faveurs sollicitées. Ces prières ne sauraient attirer que le châtiment divin sur ceux qui les adressent.

Cette dernière idée est, comme la première, authentiquement platonicienne. On a déjà vu que Platon s'opposait nettement, dans la *République* et les *Lois*, à cette forme d'impiété qui consiste à considérer que la justice divine peut être fléchie par des dons, et il évoquait déjà l'exemple, repris ici par Maxime, du roi qui se laisse corrompre par des présents. Il est remarquable qu'en réfutant l'idée que les dieux peuvent se laisser influencer par les demandes insensées que les humains leur adressent, Maxime cite le même vers homérique – στρεπτοὶ δέ τε καὶ θεοὶ αὐτοί « les dieux mêmes se laissent fléchir » (*Il.* IX, 497) – que les ἀγύρται évoqués dans le IIe livre de la *République* (364 d) étaient censés invoquer à l'appui de leurs propos pour persuader les gens riches qu'ils ont un certain pouvoir sur les dieux qu'ils s'estiment capables de fléchir par des sacrifices et par des incantations. Si Maxime essaie en général de réconcilier Homère et Platon[18], il prend cette fois-ci le parti de Platon pour montrer que les poètes ne sont pas toujours les meilleurs guides pour les questions théologiques et la pratique religieuse[19]. Ce faisant, Maxime poursuit néanmoins un objectif différent de celui de Platon : il ne se soucie pas

---

16.   L'histoire est racontée par HÉRODOTE I, 53.

17.   Cf. par exemple CICÉRON, *De diuinatione* II, 56.

18.   Voir J. CAMPOS DAROCA, J. L. LÓPEZ CRUCES, « Maxime de Tyr et la voix du philosophe », *Philosophie antique* 6, 2006, p. 81-105. Cf. J. F. KINDSTRAND, *Homer in der zweiten Sophistik. Studien zu der Homerlektüre und dem Homerbild bei Dion von Prusa, Maximus von Tyros und Ailios Aristides*, Uppsala, 1973, p. 187-189 ; M. SZARMACH, *Maximos von Tyros...*, p. 45-51.

19.   Cf. PLATON, *Lois* VII, 801 a ; voir *supra*, p. 29-30.

de la piété et de la moralité des citoyens que les poètes, en mauvais pédago-
gues, pourraient facilement ébranler, mais il cherche à montrer que les arrêts
des dieux ne sauraient être influencés par les prières qui leur sont adressées.
L'accent porte ainsi moins sur la piété des hommes, que sur l'inflexibilité des
dieux, comme il ressort clairement du passage qui fait suite au vers homérique :

> Qu'est-ce à dire, ô toi le meilleur des poètes ? Le divin est-il friand et avide de
> présents, n'est-il pas différent de la majorité des humains, et admettrons-nous
> ce vers de toi, *les dieux mêmes se laissent détourner* ? Ou bien, au contraire, le
> divin est-il impossible à détourner, ferme et inexorable ? Il ne convient pas,
> en effet, à un dieu de changer d'avis et de revenir sur une décision, pas même
> à un homme de bien[20].

Si le divin est « ferme et inexorable », s'il ne revient jamais sur ses décisions, il est évident que l'utilité de la prière est remise en question. Maxime
ne tardera pas à l'affirmer nettement, en tirant des conclusions qui vont finalement à l'encontre du point de vue platonicien en la matière :

> Ou bien, en effet, celui qui prie est digne d'obtenir ce pourquoi il a prié, ou
> bien il n'en est pas digne. S'il en est digne, il l'obtiendra sans même l'avoir
> demandé. S'il n'en est pas digne, il ne l'obtiendra pas, même s'il l'a deman-
> dé. Car ni celui qui en est digne et qui néglige de prier ne devient indigne
> parce qu'il n'a pas prié, ni celui qui est indigne d'obtenir, mais qui prie pour
> recevoir, n'en devient digne en raison de ses prières. Au contraire, celui qui
> est digne de recevoir, s'il ne trouble pas la divinité, est plus digne d'obtenir,
> tandis que celui qui en est indigne, il l'est davantage encore s'il trouble la
> divinité[21].

L'idée de l'inutilité de la prière liée au caractère inflexible des décisions
de la divinité n'a pas de point d'appui ferme dans les textes de Platon. Chez
Platon, le σώφρων, du fait même de son opinion juste à l'égard des dieux, est
censé observer les rites religieux et adresser aux dieux les prières qui leur sont

---

20. MAXIME DE TYR, *Dissertatio* V, 3, lignes 50-56, p. 39 TRAPP = lignes 48-54, p. 54-55
KONIARIS (trad. B. Pérez-Jean) : Τί ταῦτα, ὦ ποιητῶν ἄριστε ; λίχνον καὶ δωροδόκον τὸ θεῖον
καὶ μηδὲν διαφέρον τῶν πολλῶν ἀνθρώπων, καί σου τὸ ἔπος τοῦτο ἀποδεξόμεθα, στρεπτοὶ δέ τε καὶ
θεοὶ αὐτοί ; ἢ τοὐναντίον ἄστρεπτον τὸ θεῖον καὶ ἀτενὲς καὶ ἀπαραίτητον ; μετατίθεσθαι γὰρ καὶ
μεταγινώσκειν προσήκει μὴ ὅτι θεῷ, ἀλλ᾽ οὐδὲ ἀνδρὶ ἀγαθῷ.
21. *Ibid.*, V, 3, lignes 60-67, p. 39-40 TRAPP = lignes 48-54, p. 55 KONIARIS : καὶ γὰρ ἤτοι ὁ
εὐχόμενος ἄξιος τυχεῖν ὧν ηὔξατο ἢ οὐκ ἄξιος. εἰ μὲν οὖν ἄξιος, τεύξεται καὶ μὴ εὐξάμενος· εἰ δὲ οὐκ
ἄξιος, οὐ τεύξεται οὐδὲ εὐξάμενος. οὔτε γὰρ ὁ ἄξιος μέν, παραλείπων δὲ τὴν εὐχήν, διὰ τοῦτο οὐκ
ἄξιος, ὅτι οὐκ εὔξατο· οὔτε ὁ μὴ ἄξιος μὲν τυχεῖν, λαβεῖν δὲ εὐχόμενος, διὰ τοῦτο ἄξιος, ὅτι εὔξατο·
ἀλλὰ αὐτὸ τοὐναντίον, ὁ μὲν ἄξιος λαβεῖν μὴ ἐνοχλῶν τυχεῖν ἀξιώτερος· ὁ δὲ οὐκ ἄξιος ἐνοχλῶν καὶ
διὰ τοῦτο οὐκ ἄξιος.

dues selon les lois de chaque pays. Cet aspect est très bien mis en évidence dans le IVᵉ livre des *Lois* (716 d-e). La conception défendue par Maxime, selon laquelle la prière traditionnelle serait inutile en raison de la rigueur des résolutions divines est, en effet, étrangère à la pensée de Platon et contrevient à son caractère conservateur en matière religieuse. En revanche, cette idée a de notables affinités avec des points de vue stoïciens[22], et on verra que la conception stoïcienne de la prière n'est pas très différente de la réponse finale que Maxime donne à cette question dans la dernière partie de son discours. Avant de passer à l'analyse de cette dernière partie, examinons pour l'instant la critique systématique de la prière traditionnelle développée par Maxime dans les chapitres suivants.

La critique de la prière selon les quatre causes

Dans les chapitres 4 à 7 de son discours, Maxime analyse l'ensemble des causes qui dirigent les affaires humaines, pour en conclure que la prière est inutile dans tous les cas pris en considération :

> Parmi les choses que les hommes demandent dans leurs prières (εὔχονται), sur certaines c'est la providence (πρόνοια) qui veille, sur d'autres c'est le destin (εἱμαρμένη) qui exerce sa contrainte, d'autres c'est la fortune (τύχη) qui les transforme, d'autres encore c'est l'art (τέχνη) qui les administre. Or la providence est l'œuvre de Dieu (ἡ μὲν πρόνοια θεοῦ ἔργον), le destin celle de la nécessité (ἡ δὲ εἱμαρμένη ἀνάγκης), l'art celle de l'homme (ἡ δὲ τέχνη ἀνθρώπου), et la fortune celle du hasard (ἡ δὲ τύχη τοῦ αὐτομάτου). C'est à une de ces quatre [causes] que la matière de la vie a été allouée. Ce que l'on demande dans les prières (εὐχόμεθα) relève, donc, soit de la providence de Dieu, soit de la nécessité du destin, soit de l'art de l'homme, soit du cours de la fortune[23].

---

22. Voir, par exemple, SÉNÈQUE, *Lettres à Lucilius* LXXVII, 12 : '*Desine fata deum flecti sperare precando*' [VIRGILE, *Enéide* VI, 376]. *Rata e fixa sunt et magna atque aeterna necessitate ducuntur* « Cesse d'espérer que tes prières fléchiront les arrêts divins du destin. L'ordre des destins est fixé sans retour. Une puissante, une éternelle nécessité les mène » (trad. H. Noblot, P. Veyne) ; cf. *Questions naturelles* II, 35. L'utilité de la prière traditionnelle est remise en question d'une manière analogue par MARC AURÈLE V, 7. Voir A. MAGRIS, « A che serve pregare, se il destino è immutabile ? : un problema del pensiero antico », *Elenchos* 11, 1990, p. 51-76.

23. MAXIME DE TYR, *Dissertatio* V, 4, lignes 80-87, p. 40 TRAPP = lignes 74-80, p. 56 KONIARIS : Καὶ μὴν τῶν ὅσα οἱ ἄνθρωποι εὔχονται γενέσθαι σφίσι, τὰ μὲν ἡ πρόνοια ἐφορᾷ, τὰ δὲ εἱμαρμένη καταναγκάζει, τὰ δὲ μεταβάλλει ἡ τύχη, τὰ δὲ οἰκονομεῖ ἡ τέχνη. καὶ ἡ μὲν πρόνοια θεοῦ ἔργον, ἡ δὲ εἱμαρμένη ἀνάγκης, ἡ δὲ τέχνη ἀνθρώπου, ἡ δὲ τύχη τοῦ αὐτομάτου· διακεκλήρωνται δὲ τούτων ἑκάστῳ αἱ ὕλαι τοῦ βίου· ἃ τοίνυν εὐχόμεθα, ἢ εἰς πρόνοιαν συντελεῖ θεοῦ ἢ εἰς εἱμαρμένης ἀνάγκην ἢ εἰς ἀνθρώπου τέχνην ἢ εἰς τύχης φοράν.

Une scholie ancienne *ad locum* en marge d'un des manuscrits des *Discours* (Paris. gr. 1662) explicite ces relations dans un schéma qui mérite d'être reproduit pour sa clarté[24] :

τῶν ὅσα γενέσθαι ἄνθρωποι εὔχονται

τὰ μὲν πρόνοια	τὰ δὲ εἱμαρμένη	τὰ δὲ τύχη	τὰ δὲ τέχνη
ἐφορᾷ	καταναγκάζει	μεταβάλλει	οἰκονομεῖ
θεοῦ ἔργον	ἀνάγκης	αὐτομάτου	ἀνθρώπου

Cette classification des facteurs qui gouvernent les affaires humaines n'a pas de parallèle exact, mais des taxinomies analogues se retrouvent dans d'autres sources médio-platoniciennes dont la source d'inspiration est le IVᵉ livre des *Lois* de Platon, où les affaires humaines sont censées être gouvernées par Dieu (θεός), par la fortune et l'occasion (τύχη καὶ καιρός), et par l'art (τέχνη)[25]. Ce passage des *Lois*, mis en relation avec d'autres textes de Platon (en particulier avec *Phèdre* 248 c, qui mentionne l'εἱμαρμένη comme cause universelle) et d'Aristote[26], a inspiré chez les médio-platoniciens des classifications similaires dont les plus proches du texte de Maxime sont celles du traité *De fato* attribué à Plutarque, d'Apulée et de Calcidius[27]. L'auteur du *De fato* retient, en effet, parmi les causes qui gouvernent les affaires humaines

24. La scholie est reproduite dans l'*appendix* de l'édition de M. B. Trapp (Maximus Tyrius, *Dissertationes...*, p. 340), et aussi dans celle, plus ancienne, de H. Hobein (Maximus Tyrius, *Philosophumena*, Lipsiae, 1910, p. 57).

25. Platon, *Lois* IV, 709 b : Ὡς θεὸς μὲν πάντα, καὶ μετὰ θεοῦ τύχη καὶ καιρός, τἀνθρώπινα διακυβερνῶσι σύμπαντα. ἡμερώτερον μὴν τρίτον συγχωρῆσαι τούτοις δεῖν ἕπεσθαι τέχνην. « Que c'est un dieu, et de concert avec ce dieu le hasard et l'occasion qui gouvernent toutes les affaires humaines, sans exception. Il faut pourtant bien convenir que s'ajoute à cette liste un troisième élément, plus policé : la technique » (trad. L. Brisson et J.-F. Pradeau). Cf. *ibid.*, X, 888 e : Λέγουσί πού τινες ὡς πάντα ἐστὶ τὰ πράγματα γιγνόμενα καὶ γενόμενα καὶ γενησόμενα τὰ μὲν φύσει, τὰ δὲ τέχνη, τὰ δὲ διὰ τύχην. « il y a des gens qui prétendent que toutes les choses naissent, sont nées ou naîtront en vertu soit de la nature, soit de la technique, soit du hasard ».

26. Voir par exemple Aristote, *Physique* II, 1-7 ; *Éthique à Nicomaque* III 3, 1112 a 32-34, VI 4, 1140 a 14-19.

27. Le passage de Calcidius est repéré par P. W. van der Horst (*loc. cit.*), et les passages d'Apulée et du *De fato* par M. B. Trapp dans Maximus of Tyre, *The Philosophical Orations*, p. 45 n. 18. Il est curieux cependant que d'autres commentateurs modernes du discours de Maxime renvoient, pour des taxinomies comparables, à *De placitis philosophorum* I, 29 (où sont évoquées ἀνάγκη, εἱμαρμένη, προαίρεσις, τύχη et αὐτόματον dans une classification qui est d'ailleurs attribuée non à Platon, mais à Anaxagore et aux Stoïciens), et à Diogène Laërce III, 96-97 (qui fait état d'une série qui comprend νόμος, φύσις, τέχνη et τύχη) ; voir G. Soury, *Aperçus de philosophie religieuse...*, p. 23 ; P. W. van der Horst, « Maximus of Tyre on Prayer... », p. 330.

la πρόνοια, l'εἱμαρμένη, la τύχη, « ce qui dépend de nous » (τὸ ἐφ' ἡμῖν) et le contingent (τὸ ἐνδεχόμενον)[28]. Dans son exposé de la doctrine de Platon, Apulée énumère, dans une taxinomie qui décalque pratiquement celle de Maxime, la *prouidentia* (de premier, deuxième et troisième rang), le *fatum*, la *fortuna* et « ce qui est en notre pouvoir »[29]. Dans son *Commentaire au Timée*, Calcidius reprend cette taxinomie qu'il ne modifie que pour ajouter un facteur supplémentaire, le hasard (*casus*)[30]. Il est néanmoins important de souligner qu'aucune de ces sources ne met en relation ces classifications avec le thème de la prière. Le lien entre la providence (et le ἐφ' ἡμῖν) et la prière apparaît, en revanche, dans le stoïcisme tardif, notamment chez Marc Aurèle[31] et chez Epictète[32], où il est pourtant question de prières d'action de grâces (εὐχαριστία). On reviendra sur ces passages.

28. [PLUTARQUE], *De fato* 570 B. Sur ce passage et sur l'usage de la notion de ἐφ' ἡμῖν dans le *De fato*, voir E. ELIASSON, *The Notion of That Which Depends on Us in Plotinus and Its Background*, Leyde-Boston, 2008, p. 149-153. Une version abrégée de cette classification se retrouve dans les *Propos de table* (740 C), où les trois causes envisagées sont l'εἱμαρμένη, la τύχη et τὸ ἐφ' ἡμῖν.

29. APULÉE, *De Platone et eius dogmate* XII, 205-206 : *Sed omnia quae naturaliter et propterea recte feruntur prouidentiae custodia gubernantur nec ullius mali causa deo poterit adscribi. Quare nec omnia ad fati sortem arbitratur esse referenda.* [...] *sed esse aliquid in nobis et in fortuna esse non nihil* « Cependant tout ce qui se produit naturellement et, pour cette raison, normalement est gouverné par l'action vigilante de la providence, et l'on ne pourra assigner à Dieu la cause d'aucun mal. Il ne faut donc pas non plus, pense Platon, tout rapporter aux attributions du destin. [...] une certaine part dépend de nous et une part non négligeable de la fortune » (trad. J. Beaujeu).

30. CALCIDIUS, *Commentaire au Timée* 145: *Sed Platoni placet neque omnia ex prouidentia fore, neque enim uniformem naturam esse rerum quae dispensantur ; ita quaedam ex prouidentia tantum, quaedam ex decreto, non nulla ex uoluntate nostra, non nulla etiam ex uarietate fortunae, pleraque casu quae ut libet accidunt.* « Mais, selon Platon, tout ne vient pas de la Providence, car l'origine des choses qui nous arrivent n'est pas toujours la même ; ainsi, certaines choses ne viennent que de la Providence, certaines de la destinée, quelques-unes de notre volonté, quelques-unes encore des vicissitudes de la fortune, et la plupart d'entre elles comme il plaît au hasard » (trad. B. Bakhouche).

31. MARC AURÈLE VI, 44 : εἰ δ' ἄρα περὶ μηδενὸς βουλεύονται (πιστεύειν μὲν οὐχ ὅσιον ἢ μηδὲ θύωμεν μηδὲ εὐχώμεθα μηδὲ ὀμνύωμεν μηδὲ τὰ ἄλλα πράσσωμεν ἃ παρ' ἕκαστα ὡς πρὸς παρόντας καὶ συμβιοῦντας τοὺς θεοὺς πράσσομεν) « Mais si les dieux ne délibèrent sur rien (et le croire est une impiété – ne faisons plus alors des sacrifices, cessons de prier, de jurer par serment et de faire tout ce que nous faisons en pensant que chaque acte que nous accomplissons se rapporte à des dieux présents et vivant près de nous) » (trad. A. Trannoy). Sur le lien entre prière et τὸ ἐφ' ἡμῖν, voir aussi *ibid.* IX, 40, passage sur lequel on reviendra un peu plus loin.

32. ÉPICTÈTE, *Entretiens*, I, 16, 6-7 : νῦν δ' ἡμεῖς ἀφέντες ἐπὶ τούτοις εὐχαριστεῖν, ὅτι μὴ καὶ αὐτῶν τὴν ἴσην ἐπιμέλειαν ἐπιμελούμεθα, ἐφ' αὑτοῖς ἐγκαλοῦμεν τῷ θεῷ. καίτοι νὴ τὸν Δία καὶ τοὺς θεοὺς ἓν τῶν γεγονότων ἀπήρκει πρὸς τὸ αἰσθέσθαι τῆς προνοίας τῷ γε αἰδήμονι καὶ εὐχαρίστῳ

Maxime examine, une par une, chacune des quatre causes. Il montre d'abord que la πρόνοια, qui est comparée à un médecin[33], rend la prière inutile ; deux possibilités sont envisagées : ou la providence prend en compte le tout et néglige les détails[34], ou la providence s'intéresse également à ces derniers. Dans le premier cas, il n'est d'aucune utilité d'adresser des prières à la divinité, car celle-ci ne se laissera pas fléchir par une prière qui est contraire à l'intérêt de l'ensemble ; elle négligera cette prière pour se soucier du tout[35]. Dans le second cas, il ne faut prier non plus car la divinité sait d'avance ce dont chaque individu a besoin. Si ce qu'on demande est nuisible, elle n'exaucera pas nos prières ; si cela nous est utile, nous l'obtiendrons sans le demander[36]. Cet argument remonte au fondateur de l'école cyrénaïque, Aristippe, selon lequel la prière était inutile précisément pour cette raison[37].

« Nous pourtant, au lieu de rendre grâces pour cet ordre de choses, pour n'avoir pas à veiller sur les animaux comme sur nous-mêmes, nous nous plaignons à Dieu de notre propre sort ; alors que, par Zeus et par tous les dieux, un seul de ces faits suffirait à rendre sensible la Providence, du moins à un homme respectueux et reconnaissant » (trad. J. Souilhé). Cf. *Corpus de prières...*, p. 184-185.

33. La comparaison était courante dans l'Antiquité (cf. PHILON, *De prouidentia* I, 57), comme le signalait déjà G. SOURY, *Aperçus de philosophie religieuse...*, p. 26 n. 1.

34. L'idée selon laquelle la providence divine ne s'intéresse pas aux individus est un lieu commun à l'époque. Elle se retrouve, par exemple, chez PHILON, *De prouidentia* II, 102, [PLUTARQUE], *De fato* 569 d-570 a, et CICÉRON, *De natura deorum* I, 2 ; III, 36, 86. Porphyre l'évoque également en relation précisément avec la question de l'utilité de la prière, dans un passage de son commentaire sur le *Timée* transmis par Proclus ; voir *infra*, p. 135-137. Sur la providence à l'époque impériale, voir M. DRAGONA-MONACHOU, « Divine Providence in the Philosophy of the Empire », dans ANRW, II, 36.7, Berlin-New York, 1994, p. 4417-4490 ; G. J. REYDAMS-SCHILS, *Demiurge and Providence: Stoic and Platonist Readings of Plato's 'Timaeus'*, Turnhout, 1999.

35. MAXIME DE TYR, *Dissertatio* V, 4, lignes 92-95, p. 41 TRAPP = lignes 84-86, p. 56 KONIARIS : Βούλει τοῦ ὅλου προνοεῖν τὸν θεόν ; οὐκ ἐνοχλητέον ἄρα τῷ θεῷ· οὐ γὰρ πείσεται, ἤν τι παρὰ τὴν σωτηρίαν αἰτῆς τοῦ ὅλου. « Veux-tu que le dieu exerce sa providence sur le tout ? Il ne faut donc pas importuner le dieu ; en effet, il n'obéira pas si l'on demande quelque chose contraire à la conservation du tout » (trad. B. Pérez-Jean).

36. *Ibid.*, V, 4, lignes 105-110, p. 41 TRAPP = lignes 95-99, p. 57 KONIARIS : ἀλλὰ καὶ τῶν κατὰ μέρος προνοεῖ ὁ θεός. οὐδὲ ἐνταῦθα τοίνυν εὐκτέον, ὅμοιον ὡς εἰ καὶ ἰατρὸν ἥτει ὁ κάμνων φάρμακον ἢ σιτίον· τοῦτο γὰρ εἰ μὲν ἀνύτει, καὶ μὴ αἰτοῦντι δώσει, εἰ δὲ ἐπισφαλές, οὐδὲ αἰτοῦντι δώσει. τῶν μὲν δὴ κατὰ τὴν πρόνοιαν οὐδὲν οὔτε αἰτητέον οὔτε εὐκτέον. « Mais en réalité, le dieu exerce aussi sa providence sur les parties. Eh bien, là non plus, il ne faut pas prier ; c'est comme si le malade demandait à un médecin un remède ou une nourriture : si c'est efficace, il les lui donnera, même sans qu'il le demande, mais si c'est dangereux, il ne les lui donnera pas, même s'il le demande ».

37. ARISTIPPE DE CYRÈNE, fr. IV-A 132 GIANNANTONI : ὁ αὐτὸς [*scil.* Aristippe] καθόλου τὸ εὔχεσθαι τὰ ἀγαθὰ καὶ ἀπαιτεῖν τι παρὰ τοῦ θεοῦ ἔφη γελοῖον εἶναι· οὐ γὰρ τοὺς ἰατροὺς ὅταν ἄρρωστος, αἰτῆ τι βρωτὸν ἢ ποτόν, τότε διδόναι, ἀλλ' ὅταν αὐτοῖς δοκήσῃ συμφέρειν. « Selon

Tous les contemporains de Maxime n'étaient pourtant pas d'accord sur ce point. L'idée d'une providence particulière qui touche chaque individu a pu, en effet, être évoquée à l'appui de l'opinion selon laquelle les prières sont utiles précisément parce que la divinité intervient dans les affaires humaines. C'était, par exemple, le sens de l'interrogation d'Apulée, dans le *De deo Socratis* : « Aucun dieu, dis-tu, n'intervient dans les affaires humaines : à qui donc adresser mes prières (*preces*) ? À qui faire un vœu ? À qui sacrifier une victime ? »[38].

À son tour, Origène, dans son traité sur la prière, cherche à montrer précisément que la providence et la prescience divines ne vident pas de contenu les prières :

> [Question :] Voici les arguments de ceux qui rejettent les prières tout en reconnaissant que Dieu est le maître de l'univers et qu'il y a une providence (πρόνοια) [...] Premièrement, si Dieu prévoit l'avenir et celui-ci se produit de manière nécessaire, la prière est vaine (ματαία ἡ προσευχή). Deuxièmement, si tout se produit selon la volonté de Dieu et si ses décisions sont immuables et ne peuvent subir de changement, la prière est également vaine[39].
>
> [Réponse :] Si, par conséquent, tous nos actes libres (τὸ ἑκάστου ἐφ' ἡμῖν) lui sont connus, il a disposé en vertu de cette prescience, selon sa providence, ce qui convient à chacun selon ses mérites et il a compris d'avance ce que l'homme de foi demande dans sa prière et avec quelle disposition d'esprit et quel est son désir. Il a ainsi tout disposé en bon ordre selon sa prescience : « j'écouterai cet homme en raison de sa prière, parce qu'il a prié avec intelligence[40] ; je n'écouterai pas tel autre, parce qu'il n'est pas digne d'être écouté ou parce que la prière porte sur des choses qui ne sont ni profitables à celui qui prie, ni convenables pour moi de les procurer »[41].

Aristippe, en parlant de manière générale, prier pour obtenir des biens et les réclamer de Dieu est ridicule ; ce n'est pas quand le malade demande de la nourriture ou du boisson que les médecins le lui accorde, mais quand ils pensent que cela lui sera utile ».

38. APULÉE, *De deo Socratis* V, 130 (trad. J. Beaujeu) : *Nullus, inquis, deus humanis rebus interuenit : cui igitur preces allegabo ? Cui uotum nuncupabo ? Cui uictimam caedam ?*

39. ORIGÈNE, *Sur la prière* V, 2 et 6, p. 308, 23-24 et 311, 9-13 KOETSCHAU : εἶεν δ' ἂν οἱ λόγοι τῶν ἀθετούντων τὰς εὐχὰς οὗτοι δηλονότι θεὸν ἐφιστάντων τοῖς ὅλοις καὶ πρόνοιαν εἶναι λεγόντων [...] πρῶτον· εἰ προγνώστης ἐστὶν ὁ θεὸς τῶν μελλόντων, καὶ δεῖ αὐτὰ γίνεσθαι, ματαία ἡ προσευχή. δεύτερον· εἰ πάντα κατὰ βούλησιν θεοῦ γίνεται, καὶ ἀραρότα αὐτοῦ ἐστι τὰ βουλεύματα, καὶ οὐδὲν τραπῆναι ὧν βούλεται δύναται, ματαία ἡ προσευχή.

40. Συνετῶς dans le manuscrit, mais συνεχῶς « sans interruption » est une leçon également envisageable (cf. *1 Thess* 5, 17) ; voir l'appareil critique de l'édition Koetschau. Cf. aussi *infra*, p. 184 et n. 42.

41. *Ibid.*, VI, 4, p. 313, 16-314, 3 : εἰ τοίνυν τὸ ἑκάστου ἐφ' ἡμῖν αὐτῷ ἔγνωσται, καὶ διὰ τοῦτο προεωραμένον αὐτῷ διατάττεσθαι ἀπὸ τῆς προνοίας τὸ κατ' ἀξίαν παντί τῳ εὔλογον καὶ τὸ τί

Le sens de l'argument d'Origène est que la providence et la prescience divines englobent aussi le libre arbitre de l'homme et ses choix, le ἐφ᾽ ἡμῖν. De ce fait, les prières qu'on adresse à la divinité sont intégrées à l'avance dans son plan providentiel. L'intérêt que la divinité porte à chaque individu inclut, en effet, cette disposition d'esprit qu'elle prend en compte à côté d'autres traits individuels, comme la volonté et la foi, au sein de l'ordre général du monde.

La compatibilité entre la providence, « universelle » ou « individuelle », et la prière est au IIe et au IIIe siècle un problème largement débattu qui transgresse non seulement les différentes écoles philosophiques mais aussi, comme on vient de le voir, le domaine de la religion gréco-romaine. Dans ce débat, la position de Maxime contraste avec celles de Marc Aurèle, d'Apulée ou d'Origène, mais ce désaccord n'est que partiel, car la position définitive de Maxime ne sera exprimée qu'à la fin du discours.

La deuxième cause prise en considération par Maxime est l'εἱμαρμένη. Si le monde est gouverné par le destin, la prière serait encore plus ridicule que s'il était dirigé par la providence, car « on a encore moins de chance de persuader un tyran qu'un roi, or le destin est tyrannique, sans maître et rigide »[42]. Cette position était celle de certains stoïciens, comme Sénèque, qui défendait la conception selon laquelle l'εἱμαρμένη est incompatible avec les prières : « Mais alors, si les destins sont immuables, à quoi servent les rites d'expiation et de procuration ? – Permets-moi de soutenir la doctrine rigide de ceux qui accueillent ces pratiques avec un sourire et n'y voient qu'un moyen de rassurer une âme malade. Les destins font prévaloir leur autorité autrement qu'on ne croit. Aucune prière ne peut les toucher »[43]. Lucien, dans son *Zeus réfuté*, prête la même position à un certain Cyniscos, qui fait avouer à Zeus son impuissance devant les Moires et en déduit l'inutilité des prières :

εὔξηται <καὶ> ποίαν διάθεσιν ἔχων ὁ δεῖνα οὕτως πιστεύων καὶ τί βουλόμενος αὐτῷ γενέσθαι προκατειλῆφθαι· οὐ προκαταληφθέντος, καὶ τοιοῦτόν τι ἀκολούθως ἐν τῇ διατάξει τετάξεται, ὅτι τοῦδε μὲν ἐπακούσομαι συνετῶς εὐξομένου δι᾽ αὐτὴν τὴν εὐχήν, ἣν εὔξηται, τοῦδε δὲ οὐκ ἐπακούσομαι ἤτοι διὰ τὸ ἀνάξιον αὐτὸν ἔσεσθαι τοῦ ἐπακουσθήσεσθαι ἢ διὰ τὸ ταῦτα αὐτὸν εὔξασθαι, ἃ μήτε τῷ εὐχομένῳ λυσιτελεῖ λαβεῖν μήτε ἐμοὶ πρέπον παρασχεῖν. Ce passage est commenté par L. PERRONE, *La preghiera secondo Origene*, p. 116-121.

42. MAXIME DE TYR, *Dissertatio* V, 5, lignes 111-114, p. 41-42 TRAPP = lignes 101-102, p. 57 KONIARIS : θᾶττον γὰρ ἂν τις βασιλέα ἔπεισεν ἢ τύραννον, τυραννικὸν δὲ ἡ εἱμαρμένη καὶ ἀδέσποτον καὶ ἀμετάστρεπτον.

43. SÉNÈQUE, *Questions naturelles* II, 35 (trad. P. Oltramare) : *Quid ergo ? Expiationes procurationesque quo pertinent, si immutabilia sunt fata ? – Permitte mihi illam rigidam sectam tueri eorum qui <risu> excipiunt ista et nihil esse aliud quam aegrae mentis solacia existimant. Fata aliter ius suum peragunt nec ulla commouentur prece*; cf. *Lettres à Lucilius* LXXVII, 12 (voir *supra*, p. 187 n. 22).

Car s'il en est ainsi, si les Moires gouvernent tout et si rien ne peut plus être changé par personne une fois leur décision prise, quelle raison avons-nous, nous les hommes, de vous offrir des sacrifices et de vous conduire des hécatombes, en vous priant de nous accorder vos bienfaits (εὐχόμενοι γενέσθαι ἡμῖν παρ' ὑμῶν τἀγαθά) ? Je ne vois pas le profit que nous retirerions de ces attentions, si nous ne pouvons pas par nos prières (ἐκ τῶν εὐχῶν) trouver le moyen d'écarter les malheurs, ni obtenir quelque avantage de la faveur des dieux[44].

Un peu plus loin dans le dialogue de Lucien, cette conception – qui prend le contre-pied de la prière philosophique de Socrate (Xénophon, le *Second Alcibiade*) par laquelle on demandait aux dieux précisément τἀγαθά – est attribuée vaguement aux « sophistes » : « Je [*scil.* Zeus] sais où tu as pris ces questions spécieuses : chez les maudits sophistes qui prétendent que nous n'exerçons même pas la providence à l'égard des hommes. En tout cas ces gens-là posent ce type de questions par impiété et essaient de dissuader aussi les autres de sacrifier et de prier, comme d'un acte inconsidéré car nous ne veillerions pas sur ce qui se fait chez vous et nous n'aurions absolument aucun pouvoir sur les affaires terrestres »[45]. Le même argument revient, en relation avec le fatalisme astral, chez des auteurs chrétiens comme Eusèbe de Césarée[46] ou Némésius[47], qui ne font que reprendre, à l'instar de Lucien, la plupart des objections que la Nouvelle Académie avait rassemblées contre l'omnipotence de l'εἱμαρμένη[48].

Quant à la troisième cause universelle prise en compte, la τύχη, elle serait encore moins apte, selon Maxime, à faire l'objet d'une prière : « quelle prière

---

44. Lucien, *Zeus réfuté*, 5 : εἰ γὰρ οὕτως ἔχει ταῦτα καὶ πάντων αἱ Μοῖραι κρατοῦσι καὶ οὐδὲν ἂν ὑπ' οὐδενὸς ἔτι ἀλλαγείη τῶν ἅπαξ δοξάντων αὐταῖς, τίνος ἕνεκα ὑμῖν οἱ ἄνθρωποι θύομεν καὶ ἑκατόμβας προσάγομεν εὐχόμενοι γενέσθαι ἡμῖν παρ' ὑμῶν τἀγαθά; οὐχ ὁρῶ γὰρ ὅ τι ἂν ἀπολαύσαιμεν τῆς ἐπιμελείας ταύτης, εἰ μήτε τῶν φαύλων ἀποτροπὰς εὑρέσθαι δυνατὸν ἡμῖν ἐκ τῶν εὐχῶν μήτε ἀγαθοῦ τινος θεοσδότου ἐπιτυχεῖν (trad. J. Bompaire).

45. *Ibid.*, 6 : Οἶδα ὅθεν σοι τὰ κομψὰ ταῦτα ἐρωτήματά ἐστιν, παρὰ τῶν καταράτων σοφιστῶν, οἳ μηδὲ προνοεῖν ἡμᾶς τῶν ἀνθρώπων φασίν· ἐκεῖνοι γοῦν τὰ τοιαῦτα ἐρωτῶσιν ὑπ' ἀσεβείας, ἀποτρέποντες καὶ τοὺς ἄλλους θύειν καὶ εὔχεσθαι ὡς εἰκαῖον ὄν· ἡμᾶς γὰρ οὔτ' ἐπιμελεῖσθαι τῶν πραττομένων παρ' ὑμῖν οὔθ' ὅλως τι δύνασθαι πρὸς τὰ ἐν τῇ γῇ πράγματα.

46. Eusèbe de Césarée, *Préparation évangélique*, VI, προοίμιον, 2-3 et VI, 2, 2, p. 112-115 et 118-119 Des Places.

47. Némésius, *De natura hominis*, 35 Morani.

48. La filiation entre cette argumentation et les objections formulées par les Néo-Académiciens et, en particulier, par Carnéade fait l'objet du livre classique de D. Amand, qui cite et analyse les passages de Lucien, de Némésius et d'Eusèbe de Césarée (*Fatalisme et liberté dans l'Antiquité grecque*, Louvain, 1945, p. 112-113, 362-363 et 568-569).

pourrait-on, en effet, adresser à quelque chose d'aussi instable, d'aussi insensée, d'aussi inconstante, d'aussi farouche ? »[49]. Sur ce point, l'accord semble unanime, même si, on s'en souvient, Aristote avait envisagé la possibilité d'invoquer les dieux pour qu'ils nous dispensent, à côté des biens spirituels, l'εὐτυχία, la bonne fortune qui s'ajoute à l'ἀρετή pour concourir à la réalisation du bonheur.

Enfin, les choses qui relèvent de la τέχνη (du ἐφ᾽ ἡμῖν) ne seraient pas plus appropriées à cet égard car personne, estime Maxime, ne prierait pour ce qui est en son pouvoir : « Quel artisan priera pour la beauté d'une charrue, s'il a l'art ? Quel tisserand pour celle d'un manteau, s'il a l'art ? Quel forgeron pour celle d'un bouclier, s'il a l'art ? Quel héros priera pour le courage, s'il a la virilité ? Quel homme de bien pour le bonheur, s'il possède la vertu ? »[50]. Cette idée est celle que professait Épicure, selon lequel « il est vain de demander aux dieux ce que l'on est soi-même capable de se procurer »[51] ; et Sénèque a pu également l'adopter dans une de ses lettres à Lucilius : « tu fais une chose excellente et qui te sera salutaire, si, comme tu me l'écris, tu t'achemines avec persévérance vers cette sagesse qu'il serait déraisonnable d'appeler par des vœux, alors que tu peux l'obtenir de toi-même »[52]. Platon, au contraire, comme on l'a vu, ne jugeait pas incompatibles la prière et la τέχνη, et cela est encore la doctrine d'un stoïcien comme Marc Aurèle, selon lequel on peut prier également pour ce qui est en notre pouvoir (pour le ἐφ᾽ ἡμῖν) :

> Mais peut-être diras-tu : les dieux ont mis cela en mon pouvoir ; alors ne vaut-il pas mieux user de ton pouvoir en conservant ton indépendance que de t'évertuer à atteindre, dans l'esclavage et l'avilissement, ce qui excède ton

---

49.   MAXIME DE TYR, *Dissertatio* V, 6, lignes 142-144, p. 43 TRAPP = lignes 127-128, p. 59 KONIARIS : τί ἂν οὖν τις εὔξαιτο ἀστάτῳ χρήματι καὶ ἀνοήτῳ καὶ ἀσταθμήτῳ καὶ ἀμίκτῳ ;

50.   *Ibid.*, V, 6, lignes 145-150, p. 43 TRAPP = lignes 129-133, p. 59 KONIARIS : καὶ τίς τέκτων εὔξεται περὶ κάλλους ἀρότρου, τὴν τέχνην ἔχων ; ἢ τίς ὑφάντης περὶ κάλλους χλανίδος, τὴν τέχνην ἔχων ; ἢ τίς χαλκεὺς περὶ κάλλους ἀσπίδος, τὴν τέχνην ἔχων ; ἢ τίς ἀριστεὺς περὶ εὐτολμίας, τὴν ἀνδρείαν ἔχων ; ἢ τίς ἀγαθὸς περὶ εὐδαιμονίας, τὴν ἀρετὴν ἔχων ;

51.   ÉPICURE, *Sentences vaticanes* 65 : Μάταιόν ἐστι παρὰ θεῶν αἰτεῖσθαι ἅ τις ἑαυτῷ χορηγῆσαι ἱκανός ἐστι. Pour une raison différente, l'inutilité de la prière est affirmée aussi par LUCRÈCE, *De la nature* V, 1198-1203. Selon PLUTARQUE, la doctrine épicurienne rendait en effet les prières inutiles (*On ne peut vivre heureux selon la doctrine d'Épicure* 1102 B ; *Contre Colotes* 1112 C). On sait néanmoins qu'Épicure ne négligeait pas le culte civique, en particulier les prières, et qu'il enjoignait à ses disciples la même attitude pieuse à l'égard des dieux ; voir PHILODÈME, *Sur la piété* 26, 730-751, p. 156 et 48, 1368-1390, p. 200 OBBINK (et le commentaire, p. 381-391). Cf. G. D. HADZSITS, « Significance of Worship... ».

52.   SÉNÈQUE, *Lettres à Lucilius* XLI, 1 (trad. H. Noblot, P. Veyne) : *Facis rem optimam et tibi salutarem si, ut scribis, perseueras ire ad bonam mentem, quam stultum estoptare cum possis a te impetrare.*

pouvoir ? Mais qui t'a dit que les dieux ne nous aident pas aussi pour ce qui dépend de nous ? Commence donc par les en prier et tu verras[53].

La position finale de Maxime ne sera d'ailleurs pas loin de cette conception platonico-stoïcienne, mais cela requérira, comme on le verra, une redéfinition de la notion de prière. En ce qui concerne la prière traditionnelle de demande (αἴτησις), Maxime, à l'instar de Sénèque et d'Épicure, la juge inutile étant donné qu'il n'y a pas d'objet qu'elle puisse solliciter de manière légitime et dont elle serait capable d'influencer la réalisation.

2. La définition d'une « prière du philosophe »

Dans la dernière partie du discours, Maxime cherche à définir une espèce de prière non pétitionnaire qui échappe aux critiques formulées dans les chapitres précedents. Le point de départ de cette tentative est, et ce n'est pas une surprise, le portrait platonicien de Socrate. Maxime ne pouvait ignorer que Socrate, le modèle par excellence de vie philosophique à son époque[54], adressait souvent des prières aux dieux dans les dialogues de Platon, et il évoque, en effet, dans le préambule de la dernière section de son discours, le passage du début de la *République* (I, 327 a), qui présente Socrate descendant au Pirée prier la déesse Bendis (déesse thrace assimilée à Artémis) :

> Et cependant Socrate descendait au Pirée pour y faire ses prières à la déesse et il y conviait également ses concitoyens ; la vie de Socrate, en effet, était pleine de prière. Mais Pythagore aussi priait et Platon, et tous ceux qui s'entretiennent avec les dieux. Mais tu estimes que la prière du philosophe (τοῦ φιλοσόφου εὐχή) est une demande (αἴτησις) de choses qui sont absentes (τῶν οὐ παρόντων). Quant à moi, je considère que c'est un commerce familier et une conversation avec les dieux (ὁμιλία καὶ διάλεκτος πρὸς τοὺς θεοὺς) sur les choses déjà présentes (περὶ τῶν παρόντων) et une preuve de vertu (ἐπίδειξις τῆς ἀρετῆς)[55].

---

53. MARC AURÈLE IX, 40 (trad. A. Trannoy modifiée) : ἀλλὰ ἴσως ἐρεῖς ὅτι· ἐπ' ἐμοὶ αὐτὰ οἱ θεοὶ ἐποίησαν. εἶτα οὐ κρεῖσσον χρῆσθαι τοῖς ἐπὶ σοὶ μετ' ἐλευθερίας ἢ διαφέρεσθαι πρὸς τὰ μὴ ἐπὶ σοὶ μετὰ δουλείας καὶ ταπεινότητος ; τίς δέ σοι εἶπεν ὅτι οὐχὶ καὶ εἰς τὰ ἐφ' ἡμῖν οἱ θεοὶ συλλαμβάνουσιν ; ἄρξαι γοῦν περὶ τούτων εὔχεσθαι καὶ ὄψει. H. HOBEIN (*ad loc.*) et G. SOURY (*Aperçus de philosophie religieuse...*, p. 37) se réfèrent à ce texte non en relation avec le passage sur la τέχνη, mais à propos de la « prière du philosophe ».

54. Voir K. DÖRING, *Exemplum Socratis. Studien zur Sokratesnachwirkung in der kynisch-stoischen Popularphilosophie der frühen Kaiserzeit und im frühen Christentum*, Wiesbaden, 1979.

55. MAXIME DE TYR, *Dissertatio* V, 8, lignes 184-190, p. 44-45 TRAPP = lignes 161-167, p. 61-62 KONIARIS : Ἀλλὰ Σωκράτης εἰς Πειραιᾶ κατῄει προσευξόμενος τῇ θεῷ καὶ τοὺς ἄλλους

Le passage est remarquable à plusieurs titres. En premier lieu, il associe à la figure de Socrate celle de Pythagore, ce qui n'est pas étonnant étant donnée la pythagorisation de la figure de Socrate à l'époque impériale[56]. Grâce au *Second Alcibiade* et à Xénophon, Socrate était aussi devenu l'auteur par excellence d'une formule philosophique de prière, formule qu'une tradition, dont Diodore de Sicile fait état, attribua également à Pythagore[57]. En deuxième lieu, Maxime affirme expressément l'existence d'une « prière du philosophe » (εὐχή τοῦ φιλοσόφου) qui, à la différence de la prière de demande (αἴτησις), ne sollicite rien dont celui qui prie serait dépourvu ; cette prière n'est pas la marque d'un besoin. En troisième lieu, après avoir caractérisé cette prière par ce qu'elle n'est pas, Maxime affirme ce qu'elle est en propre : « un commerce familier et une conversation avec les dieux (ὁμιλία καὶ διάλεκτος πρὸς τοὺς θεούς) sur les choses déjà présentes (περὶ τῶν παρόντων) et une preuve de vertu (ἐπίδειξις τῆς ἀρετῆς)[58] ».

La prière sur les biens présents

Le deuxième et le troisième aspect de cette définition de la prière appellent plusieurs remarques. L'idée d'une εὐχή τοῦ φιλοσόφου n'est pas étrangère à l'univers platonicien de pensée, même si elle n'est jamais désignée comme telle par Platon, mais les prières à caractère philosophique dans les dialogues platoniciens (notamment celle de la fin du *Phèdre*) sont toujours des αἰτήσεις[59], elles formulent des demandes qui sont à la fois d'ordre spirituel et matériel. Adresser une prière aux dieux, c'est leur demander quelque chose dont on

---

προετρέπετο, καὶ ἦν ὁ βίος Σωκράτει μεστὸς εὐχῆς. καὶ γὰρ Πυθαγόρας ηὔξατο καὶ Πλάτων καὶ ὅστις ἄλλος θεοῖς προσήγορος· ἀλλὰ σὺ μὲν ἡγεῖ τὴν τοῦ φιλοσόφου εὐχὴν αἴτησιν εἶναι τῶν οὐ παρόντων, ἐγὼ δὲ ὁμιλίαν καὶ διάλεκτον πρὸς τοὺς θεοὺς περὶ τῶν παρόντων καὶ ἐπίδειξιν τῆς ἀρετῆς.

56.   Voir notamment P. DONINI, « Socrate 'pitagorico' et medioplatonico », *Elenchos* 24, p. 333-359 ; IDEM, « Sokrates und sein Dämon im Platonismus des 1. und 2. Jahrhunderts n.Chr. », dans APULEIUS, *De deo Socratis / Über den Gott des Sokrates*, herausgegeben von M. BALTES *et alii*, Darmstadt, 2004, p. 142-161.

57.   Voir *supra*, p. 69.

58.   Sur le sens de la formule ἐπίδειξις τῆς ἀρετῆς qui, sauf erreur de notre part, n'a pas de parallèle dans la philosophie de l'époque impériale, voir par exemple PLUTARQUE, *Thémistocle* XXVIII, 4 : νῦν ἀπόχρησαι ταῖς ἐμαῖς τύχαις πρὸς ἐπίδειξιν ἀρετῆς μᾶλλον ἢ πρὸς ἀποπλήρωσιν ὀργῆς « Que mon infortune actuelle soit pour toi une occasion de faire preuve de ta vertu plutôt que d'assouvir ta colère ».

59.   Cf. PLATON, *Lois* VII, 801 a : γνόντας δεῖ τοὺς ποιητὰς ὡς εὐχαὶ παρὰ θεῶν αἰτήσεις εἰσίν [...] « il faut que les poètes sachent que les prières sont des demandes adressées aux dieux ».

est dépourvu ou, selon la formule d'Euthyphron, « leur demander les choses dont nous avons besoin de leur part »[60]. La prière, comme l'ἐπιθυμία que Platon définit dans le *Banquet*[61], porte sur les choses qui sont absentes et qu'on désire posséder.

Cette définition de la prière est réfutée par Maxime dans ce passage où il met dans la bouche de son interlocuteur fictif l'idée, qu'il ne tardera pas à contester, selon laquelle « la prière du philosophe (εὐχή τοῦ φιλοσόφου) est une demande (αἴτησις) des choses qui sont absentes (τῶν οὐ παρόντων) ». L'idée qu'il prête à son interlocuteur n'est, en effet, rien d'autre que la conception commune sur la prière. À cette conception, Maxime oppose l'idée selon laquelle la prière porte précisément sur les biens déjà présents (τὰ παρόντα). Cette idée a une résonance stoïcienne qui, à notre connaissance, n'a pas été jusqu'à présent mise en évidence[62]. Une des règles de conduite du sage stoïcien est, en effet, de se soucier seulement de ce qui est présent, sans s'intéresser à ce qui n'est pas encore ou qui a déjà été. Marc Aurèle exprime de manière à la fois claire et concise ce précepte : « rappelle-toi ensuite que ce n'est ni le futur, ni le passé qui te sont à charge, mais toujours le présent (τὸ παρόν) »[63]. Selon Épictète également, le bonheur et le désir des choses absentes sont

---

60. PLATON, *Euthyphron* 14 d : Ἆρ' οὖν οὐ τό γε ὀρθῶς αἰτεῖν ἂν εἴη ὧν δεόμεθα παρ' ἐκείνων, ταῦτα αὐτοὺς αἰτεῖν ; « En ce cas, demander correctement ne serait-il pas leur demander les choses dont nous avons besoin de leur part ? ».

61. PLATON, *Banquet* 200 e : Καὶ οὗτος ἄρα καὶ ἄλλος πᾶς ὁ ἐπιθυμῶν τοῦ μὴ ἑτοίμου ἐπιθυμεῖ καὶ τοῦ μὴ παρόντος, καὶ ὃ μὴ ἔχει καὶ ὃ μὴ ἔστιν αὐτὸς καὶ οὗ ἐνδεής ἐστι, τοιαῦτ' ἄττα ἐστὶν ὧν ἡ ἐπιθυμία τε καὶ ὁ ἔρως ἐστίν ; « Aussi l'homme qui est dans ce cas, et quiconque éprouve le désir de quelque chose, désire ce dont il ne dispose pas et ce qui n'est pas présent ; et ce qu'il n'a pas, ce qu'il n'est pas lui-même, ce dont il manque, tel est le genre de choses vers quoi vont son désir et son amour ».

62. A. MÉHAT proposa de faire remonter la définition de Maxime au Περὶ εὐχῆς d'Aristote, mais rien dans l'œuvre conservée d'Aristote ne semble autoriser cette hypothèse ; voir « Sur deux définitions de la prière », dans G. DORIVAL, A. LE BOULLUEC (éd.), *Origeniana Sexta. Origène et la Bible*, Actes du Colloquium Origenianum Sextum (Chantilly, 30 août – 3 septembre 1993), Louvain, 1995, p. 119.

63. MARC AURÈLE VIII, 36 (trad. A. Trannoy) : ἔπειτα ἀναμίμνησκε σεαυτὸν ὅτι οὔτε τὸ μέλλον οὔτε τὸ παρῳχηκὸς βαρεῖ σε, ἀλλ' ἀεὶ τὸ παρόν. Cf. *ibid.* VII, 27 : Μὴ τὰ ἀπόντα ἐννοεῖν ὡς ἤδη ὄντα, ἀλλὰ τῶν παρόντων τὰ δεξιώτατα ἐκλογίζεσθαι καὶ τούτων χάριν ὑπομιμνήσκεσθαι πῶς ἂν ἐπεζητεῖτο, εἰ μὴ παρῆν. ἅμα μέντοι φυλάσσου, μὴ διὰ τοῦ οὕτως ἀσμενίζειν αὐτοῖς ἐθίσῃς ἐκτιμᾶν αὐτά, ὥστε, ἐάν ποτε μὴ παρῇ, ταραχθήσεσθαι « N'envisage pas comme toujours présentes les choses absentes, mais évalue, entre les choses présentes, celles qui sont les plus favorables, et rappelle-toi avec quel zèle tu les rechercherais, si elles n'étaient point présentes » ; VII, 8 : Τὰ μέλλοντα μὴ ταρασσέτω· ἥξεις γὰρ ἐπ' αὐτά, ἐὰν δεήσῃ, φέρων τὸν αὐτὸν λόγον ᾧ νῦν πρὸς τὰ παρόντα χρᾷ « Que les choses à venir ne te tourmentent point. Tu les affronteras, s'il le faut, muni de la même raison dont maintenant tu te sers dans les choses présentes (τὰ παρόντα) ».

incompatibles : « il est impossible d'associer le bonheur et le regret (πόθος) des choses absentes (τῶν οὐ παρόντων). Car l'être heureux doit recevoir tout ce qu'il désire »[64]. Tant qu'on persévère à désirer ce qu'on n'a pas (ἐπιθυμία τῶν οὐ παρόντων), on ne peut être ni heureux ni libre ; on peut l'être seulement si l'on se contente des biens déjà présents qui dépendent de nous[65].

D'une manière analogue, selon Maxime, la prière philosophique est « un commerce familier et une conversation avec les dieux (ὁμιλία καὶ διάλεκτος πρὸς τοὺς θεοὺς) *sur les choses déjà présentes* (περὶ τῶν παρόντων) ». Ce qui est déjà présent, ce sont, bien sûr, les biens spirituels qui dépendent de nous : « [Socrate] priait les dieux et il obtenait de par lui-même, avec l'assentiment des dieux, la vertu de son âme, la tranquillité de son existence, une vie irréprochable et le bel espoir de la mort, ces dons merveilleux, ceux que peuvent donner les dieux »[66]. Contrairement à ce qu'il avait affirmé antérieurement, Maxime semble maintenant juger que la prière et le ἐφ' ἡμῖν ne sont pas inconciliables. Marc Aurèle, on s'en souvient, ne pensait pas différemment. Comme la prière de l'Antonin, celle que Maxime attribue à Socrate est une exhortation à soi-même par lequel on abolit progressivement le désir des choses qu'on ne possède pas en faisant place à la vertu et à la sérénité qui résulte de

---

64. Épictète, *Entretiens* III, 24, 17 (trad. J. Souilhé) : οὐδέποτε δ' ἐστὶν οἷόν τ' εἰς τὸ αὐτὸ ἐλθεῖν εὐδαιμονίαν καὶ πόθον τῶν οὐ παρόντων· τὸ γὰρ εὐδαιμονοῦν ἀπέχειν δεῖ πάντα ἃ θέλει.

65. *Ibid.*, IV, 1, 174-175 : ἔργῳ γὰρ εἴσῃ, ὅτι ἀληθῆ ἐστι καὶ τούτων τῶν θαυμαζομένων καὶ σπουδαζομένων ὄφελος οὐδέν ἐστι τοῖς τυχοῦσι·τοῖς δὲ μηδέπω τετευχόσι φαντασία γίνεται, ὅτι παραγενομένων αὐτῶν ἅπαντα παρέσται αὐτοῖς τὰ ἀγαθά·εἶθ' ὅταν παραγένηται, τὸ καῦμα ἴσον, ὁ ῥιπτασμὸς ὁ αὐτός, ἡ ἄσῃ, <ἡ> τῶν οὐ παρόντων ἐπιθυμία. οὐ γὰρ ἐκπληρώσει τῶν ἐπιθυμουμένων ἐλευθερία παρασκευ άζεται, ἀλλὰ ἀνασκευῇ τῆς ἐπιθυμίας. « Car tu apprendras, par l'expérience, que tout cela est vrai et que toutes ces choses que l'on admire et pour lesquelles on s'empresse ne servent de rien à ceux qui les ont obtenues. Ceux, au contraire, qui ne les ont pas encore obtenues s'imaginent que les avoir leur procurera tous les biens. Puis, quand on les a, aussi lourde est la chaleur, aussi grande l'agitation, le dégoût, le désir de ce qu'on n'a pas (τῶν οὐ παρόντων ἐπιθυμία). Car ce n'est pas par la satisfaction des désirs (ἐκπληρώσει τῶν ἐπιθυμουμένων) que s'acquiert la liberté, mais par la destruction du désir (ἀνασκευῇ τῆς ἐπιθυμίας) ». Cf. *ibid.* IV, 1, 84 : ἐπιθυμήσεις δὲ τίνος ἔτι ; τῶν μὲν γὰρ προαιρετικῶν ἅτε καλῶν ὄντων καὶ παρόντων σύμμετρον ἔχεις καὶ καθισταμένην τὴν ὄρεξιν, τῶν δ' ἀπροαιρέτων οὐδενὸς ὀρέγῃ, ἵνα καὶ τόπον σχῇ τὸ ἄλογον ἐκεῖνο καὶ ὠστικὸν καὶ παρὰ τὰ μέτρα ἠπειγμένον ; « Et que désireras-tu désormais ? Des objets qui dépendent de ta personne morale, parce qu'ils sont tiens et présents, tu as, en effet, un désir mesuré et bien réglé : de ceux qui n'en dépendent pas, tu n'as aucun désir qui puisse faire une place en toi à cet élément opposé à la raison, à cet élément violent et impétueux au-delà de toute mesure ».

66. Maxime de Tyr, *Dissertatio* V, 8, lignes 192-195, p. 45 Trapp = lignes 169-172, p. 62 Koniaris (trad. B. Pérez-Jean) : ἀλλ' εὔχετο μὲν τοῖς θεοῖς, ἐλάμβανεν δὲ παρ' ἑαυτοῦ συνεπινευόντων ἐκείνων ἀρετὴν ψυχῆς καὶ ἡσυχίαν βίου καὶ ζωὴν ἄμεμπτον καὶ εὔελπιν θάνατον, τὰ θαυμαστὰ δῶρα, τὰ θεοῖς δοτά.

l'acceptation du caractère divin de l'ordre du monde[67]. Sans entrer ici dans les détails de la théologie stoïcienne qui sont à l'arrière-plan de la prière de Marc Aurèle, et qui sont étrangers à la formule de Maxime, il est néanmoins important de souligner la parenté incontestable entre les deux attitudes spirituelles.

La prière comme ὁμιλία avec les dieux

Cette prière qui a pour objet les παρόντα et le ἐφ' ἡμῖν est également qualifiée par Maxime d'ὁμιλία et de διάλεκτος avec les dieux. La formule ὁμιλία καὶ διάλεκτος remonte au *Banquet* de Platon[68], où elle ne sert pourtant pas à désigner spécifiquement la prière, mais, de manière générale – comme la προσομιλία évoquée dans le livre IV des *Lois* (716 d) –, les formes traditionnelles de communication entre les hommes et les dieux, dont, en premier lieu, la divination[69]. Mais ici encore le parallèle avec le stoïcisme n'est pas à exclure : Épictète évoque, à son tour, l'ὁμιλία avec les dieux comme un privilège du sage stoïcien, dans un passage où, il est vrai, le terme est associé à titre premier, à l'instar du *Banquet*, aux pratiques divinatoires[70].

La définition de la prière comme ὁμιλία avec les dieux excède néanmoins, au IIe siècle de notre ère, le cercle des écoles philosophiques. On la retrouve, en effet, chez les auteurs chrétiens et dans la tradition hermétique. Selon Clément

---

67. Cet aspect est très bien mis en évidence dans l'étude des *Lettres à Lucilius* de Sénèque entreprise par C. MERCKEL, « Prière philosophique... », notamment p. 142-150.

68. La parenté entre les deux textes n'a pas échappé à la sagacité de G. SOURY (*Aperçus de philosophie religieuse...*, p. 35-36).

69. PLATON, *Banquet* 203 a : « c'est par l'intermédiaire de celui-là [*scil.* du δαίμων], que de toutes les manières possibles les dieux entrent en rapport avec les hommes et communiquent avec eux (ἡ ὁμιλία καὶ ἡ διάλεκτος θεοῖς πρὸς ἀνθρώπους), à l'état de veille et dans le sommeil (ἐγρηγορόσι καὶ καθεύδουσι) » (trad. L. Brisson). La formule ἐγρηγορόσι καὶ καθεύδουσι semble désigner, en effet, deux formes complémentaires de divination, onirique et à l'état de veille. Néanmoins, dans le même passage, les δαίμονες sont chargés également d'élever les prières vers les dieux et d'amener ici-bas les dons octroyés par eux : [...] ἑρμηνεῦον καὶ διαπορθμεῦον θεοῖς τὰ παρ' ἀνθρώπων καὶ ἀνθρώποις τὰ παρὰ θεῶν, τῶν μὲν τὰς δεήσεις καὶ θυσίας, τῶν δὲ τὰς ἐπιτάξεις τε καὶ ἀμοιβὰς τῶν θυσιῶν. « il [*scil.* le δαίμων] interprète et il communique aux dieux ce qui vient des hommes, et aux hommes ce qui vient des dieux : d'un côté les prières et les sacrifices, et de l'autre les prescriptions et les faveurs que les sacrifices permettent d'obtenir en échange » (202 e-203 a).

70. ÉPICTÈTE, *Entretiens* III, 22, 22 : φυγή; καὶ ποῦ δύναταί τις ἐκβαλεῖν; ἔξω τοῦ κόσμου οὐ δύναται. ὅπου δ' ἂν ἀπέλθω, ἐκεῖ ἥλιος, ἐκεῖ σελήνη, ἐκεῖ ἄστρα, ἐνύπνια, οἰωνοί, ἡ πρὸς θεοὺς ὁμιλία. « L'exil ? Et où peut-on m'expulser ? Hors du monde, on ne le peut. Mais, partout où j'irai, il y aura le soleil, la lune, les astres, les songes, les présages, le commerce avec les dieux » (trad. J. Souilhé modifiée).

d'Alexandrie, qui consacre toute une section du *Stromate* VII au thème de la prière, « la prière (εὐχή) est [...] une ὁμιλία πρὸς τὸν θεὸν »[71], mais, dans ce cas, il s'agit d'un entretien qui se passe de la voix et qui a lieu au niveau de l'intellect[72]. Clément reprend aussi un autre élément de la définition de Maxime, la prière sur les biens présents (παρόντα) qu'il oppose, selon un modèle que l'on retrouve à la fois chez Maxime et chez les Stoïciens de l'époque impériale, aux demandes adressées aux dieux par le commun des mortels, lesquelles portent indûment sur les choses absentes dont ils sont dépourvus :

> Ils prient (εὔχονται), en effet, pour acquérir ce qu'ils n'ont pas, et demandent les biens apparents, non les biens réels. Le gnostique, lui, demandera de conserver ce qu'il possède, et d'être adapté à ceux vers lesquels il doit monter. [...] Il prie pour la possession et le maintien des biens réels, ceux de l'âme. Ainsi n'a-t-il même pas le désir des choses absentes, mais se contente de ce qui est présent (ἀρκούμενος τοῖς παροῦσιν)[73].

Ce passage ne prouve qu'une fois de plus que le platonisme adopté par Maxime et par le christianisme alexandrin s'était déjà approprié au début du IIIᵉ siècle certains éléments stoïciens qui ont été intégrés par la suite dans des systèmes de pensée différents[74]. Clément a sans doute influencé Origène, lequel reprend le thème de la prière comme ὁμιλία dans son traité *Sur la prière*[75]. Selon Origène, les « yeux

---

71.   CLÉMENT D'ALEXANDRIE, *Stromate* VII, 7, 39, 6, p. 140 LE BOULLUEC : ἔστιν [...] ὁμιλία πρὸς τὸν θεὸν ἡ εὐχή ; cf. *ibid.* VII, 7, 42, 1 et 49, 1. La définition de Clément ne remonte pourtant pas uniquement à des sources grecques car, comme le rappelle A. LE BOULLUEC, « la Bible donne de nombreux exemples d'entretiens de l'homme avec Dieu, et Clément applique le terme ὁμιλία à celui de Moïse (*Strom.* VI, 12, 104, 1) » (*ibid.*, p. 140 n. 3). Voir aussi A. MÉHAT, « Sur deux définitions de la prière ».

72.   Cf. CLÉMENT D'ALEXANDRIE, *Stromate* VII, 7, 43, 5, p. 150 et 37, 2-5, p. 134-136 LE BOULLUEC. Cf. A. LE BOULLUEC, « Les réflexions de Clément... », p. 400-401.

73.   CLÉMENT D'ALEXANDRIE, *Stromate* VII, 7, 44, 2-4, p. 152 LE BOULLUEC (trad. A. Le Boulluec) : οἱ μὲν γὰρ ἃ οὐκ ἔχουσιν εὔχονται κτήσασθαι, καὶ τὰ δοκοῦντα ἀγαθά, οὐ τὰ ὄντα, αἰτοῦνται. ὁ γνωστικὸς δὲ ὢν μὲν κέκτηται παραμονήν, ἐπιτηδειότητα δὲ εἰς ἃ μέλλει ὑπερβαίνειν, καὶ ἀιδιότητα ὧν οὐ λήψεται, αἰτήσεται. τὰ δὲ ὄντως ἀγαθὰ τὰ περὶ ψυχὴν εὔχεται εἶναί τε αὐτῷ καὶ παραμεῖναι. ταύτῃ οὐδὲ ὀρέγεταί τινος τῶν ἀπόντων, ἀρκούμενος τοῖς παροῦσιν.

74.   Sur Maxime, voir à ce sujet les remarques de M. B. TRAPP dans MAXIMUS OF TYRE, *Philosophical Orations...*, p. XXVI. Concernant le christianisme alexandrin et Clément en particulier, voir M. SPANNEUT, *Le stoïcisme des Pères de l'Église, de Clément de Rome à Clément d'Alexandrie*, Paris, 1957.

75.   Sur l'influence de Clément sur Origène, voir A. LE BOULLUEC, « Les réflexions de Clément... » ; L. PERRONE, *La preghiera secondo Origene*, p. 530-545.

de la faculté intellective », cessant de s'occuper des choses matérielles et s'élevant vers Dieu, le contemplent et s'entretiennent (ὁμιλεῖν) avec lui :

> Car les yeux de la faculté intellective (οἱ ὀφθαλμοὶ τοῦ διανοητικοῦ) qui se lèvent en cessant de s'occuper des choses terrestres et de se remplir de la représentation qui vient des choses matérielles et qui montent à une hauteur telle qu'ils passent au-delà des choses engendrées et s'occupent exclusivement à penser à Dieu (ἐννοεῖν τὸν θεὸν) et à converser (ὁμιλεῖν) avec lui[76].

Comme chez Clément, l'ὁμιλία – notion dont Origène, à la différence de Clément, ne se sert pas de manière spécifique pour désigner la prière, qui reste essentiellement une αἴτησις[77] – a dans ce contexte un caractère purement intellectuel et désigne la contemplation de Dieu par l'âme qui remonte vers lui en abandonnant le monde matériel.

Des échos de cette définition se retrouvent également dans la tradition hermétique. Dans un texte qui n'est pas, à son tour, sans rapport avec le passage du *Banquet*, l'homme est caractérisé comme le seul vivant avec lequel Dieu s'entretient (ὁμιλεῖ) : « tout vivant est immortel par l'intellect. Mais le plus immortel de tous est l'homme, parce qu'il est capable de recevoir Dieu et d'entrer en contact avec Dieu (τῷ θεῷ συνουσιαστικός). C'est avec ce seul vivant en effet que Dieu communique (ὁμιλεῖ), la nuit au moyen de songes, le jour au moyen de présages, et il lui prédit l'avenir par toutes sortes de voies, par

---

76. ORIGÈNE, *Sur la prière* IX, 2, p. 318, 26-31 KOETSCHAU : ἐπαιρόμενοι γὰρ οἱ ὀφθαλμοὶ τοῦ διανοητικοῦ ἀπὸ τοῦ προσδιατρίβειν τοῖς γηΐνοις καὶ πληροῦσθαι φαντασίας τῆς ἀπὸ τῶν ὑλικωτέρων καὶ ἐπὶ τοσοῦτον ὑψούμενοι, ὥστε καὶ ὑπερκύπτειν τὰ γεννητὰ καὶ πρὸς μόνῳ τῷ ἐννοεῖν τὸν θεὸν [...] ὁμιλεῖν γίνεσθαι. La traduction appartient à A. LE BOULLUEC, « Les réflexions de Clément... », p. 403. Sur ce passage et ses sources bibliques, voir L. PERRONE, *La preghiera secondo Origene*, p. 34-35, 44-45, 189-193 et 454-458.

77. Sur la place de la notion de ὁμιλία dans *De oratione* et dans d'autres écrits d'Origène, voir L. PERRONE, « Le dinamiche dell'atto orante secondo Origene : la preghiera come ascesa, colloquio e conoscenza di Dio », dans L. F. PIZZOLATO, M. RIZZI (éd.), *Origene, maestro di vita spirituale/Origen : Master of Spiritual Life (Milano, 13-15 Settembre 1999)*, Milan, 2001, p. 123-139 ; IDEM, *La preghiera secondo Origene*, p. 20 n. 40 et p. 294 n. 879. La définition de la prière comme ὁμιλία se retrouve également chez ÉVAGRE (*De oratione* 3 et 34) et GRÉGOIRE DE NYSSE (*De oratione dominica* 1). Sur la conception de la prière chez Évagre et ses rapports avec celle d'Origène, voir D. BERTRAND, « L'implication du νοῦς dans la prière chez Origène et Évagre le Pontique », dans W. A. BIENERT, U. KÜHNEWEG (éd.), *Origeniana septima. Origenes in den Auseinandersetzung des 4. Jahrhunderts*, Louvain, 1999, p. 355-363 ; B. BITTON-ASHKELONY, « The Limit of the Mind (νοῦς) : Pure Prayer according to Evagrius Ponticus and Isaac of Niniveh », *Zeitschrift für Antikes Christentum* 15, 2011, surtout p. 296-308 ; L. PERRONE, *La preghiera secondo Origene*, p. 564-587, notamment p. 569 et n. 1832.

les oiseaux, par les entrailles des victimes, par l'inspiration, par le chêne »[78]. La communication dont il est question dans ce passage ne se rapporte pourtant pas à la prière, mais, comme dans le *Banquet* et chez Épictète, aux différentes espèces de pratiques divinatoires (l'ornithomancie, l'hiéroscopie, les oracles, etc.). Cela ne doit pas nous étonner car la formule προσομιλεῖν (ou ὁμιλεῖν) θεῷ relève à titre premier du langage de la divination, en particulier de la pratique de l'incubation où l'on jouissait de la conversation du dieu[79]. On peut se demander si en l'utilisant pour définir la prière philosophique, Maxime ne pense pas, en effet, à cette espèce particulière de communication avec le divin illustrée par le δαίμων de Socrate dont il donne, sur les traces de Xénophon, une interprétation divinatoire dans les deux discours qu'il consacre à ce thème fort prisé à son époque[80].

Quoi qu'il en soit, ce qui rend possible cette communication avec la divinité est, selon Maxime – qui suit sur ce point Platon (*Lois* IV, 716 d-e) –, la pratique de l'ἀρετή, la vie vertueuse assimilée à la philosophie dans une définition qui, sans trahir la pensée de Platon, englobe, ici encore, des éléments stoïciens : « et la philosophie elle-même, que pensons-nous qu'elle soit, sinon la pleine science des choses divines et humaines, laquelle nous conduit à la vertu, à la justesse du raisonnement, à une vie bien réglée, et aux bonnes mœurs ? »[81]. De ce fait, selon Maxime, la prière véritable ne peut être que le lot exclusif du philosophe. Son discours sur la prière aboutit, en effet, à un éloge de la philosophie, entendue à la fois comme art de penser et comme art

---

78. *Corpus Hermeticum*, XII, 19, p. 181-182 NOCK : πᾶν ἄρα ζῷον ἀθάνατον δι' αὐτόν· πάντων δὲ μᾶλλον ὁ ἄνθρωπος, ὁ καὶ τοῦ θεοῦ δεκτικὸς καὶ τῷ θεῷ συνουσιαστικός. τούτῳ γὰρ μόνῳ τῷ ζῴῳ ὁ θεὸς ὁμιλεῖ, νυκτὸς μὲν δι' ὀνείρων, ἡμέρας δὲ διὰ συμβόλων, καὶ διὰ πάντων αὐτῷ προλέγει τὰ μέλλοντα, διὰ ὀρνέων, διὰ σπλάγχνων, διὰ πνεύματος, διὰ δρυός. (trad. A.-J. Festugière légèrement modifiée). Cf. aussi A.-J. FESTUGIÈRE, *La Révélation d'Hermès...*, t. IV, p. 258 [p. 1684].

79. Comme l'a montré A.-J. FESTUGIÈRE (*L'idéal religieux ...*, p. 77 n. 1 et 116 n. 2), en examinant la fortune de la formule notamment dans les textes magiques et hermétiques.

80. MAXIME DE TYR, *Dissertatio* VIII, 6. Sur l'interprétation du *daimôn* de Socrate chez Maxime, voir Ph. HOFFMANN, « Le sage et son démon. La figure de Socrate dans la tradition philosophique et littéraire (III) », *Annuaire de l'EPHE*, Ve Section 96, 1987/1988, p. 273 ; A. TIMOTIN, *La démonologie platonicienne*, p. 279-284.

81. MAXIME DE TYR, *Dissertatio* XXVI, 1, lignes 27-30, p. 216 TRAPP (trad. B. Pérez-Jean) : τοῦτο δὲ τί ἂν εἴη ἄλλο ἢ φιλοσοφία ; ταύτην δὲ τί ἄλλο ὑποληψόμεθα ἢ ἐπιστήμην ἀκριβῆ θείων τε πέρι <καὶ> ἀνθρωπίνων, χορηγὸν ἀρετῆς καὶ λογισμῶν καλῶν καὶ ἁρμονίας βίου καὶ ἐπιτηδευμάτων δεξιῶν ; Voir les remarques de M. B. TRAPP dans MAXIMUS OF TYRE, *Philosophical Orations...*, p. XXVI, et de M. SZARMACH, « Über Begriff und Bedeutung der 'Philosophia' bei Maximos Tyrios », dans P. OLIVA, A. FROLÍKOVÀ (éd.), *Concilium Eirene XVI. Proceedings of the 16th International Eirene Conference (Prague, 31.08-04.09.1982)*, t. I, Prague, 1983, p. 223-227.

de vivre[82], destiné à un public cultivé mais qui n'est pas celui des traités philosophiques d'école. Cela explique pourquoi en abordant un thème religieux traditionnel, Maxime, comme d'autres rhéteurs philosophes de son temps[83], finit par faire l'apologie de sa profession, en faisant valoir son utilité à la fois pratique et spirituelle.

Conclusions

Le discours sur la prière de Maxime de Tyr nous permet de saisir la continuité de la réflexion sur ce thème entre l'Ancienne Académie et les auteurs réunis sous la dénomination de « médio-platonisme ». Il témoigne en même temps de l'empreinte dont le stoïcisme a marqué cette réflexion et de sa diffusion au-delà des limites des écoles philosophiques, dans le christianisme alexandrin.

Les deux premières parties du discours présentent sous une forme mythologique rappelant le *Second Alcibiade*, les malheurs que les prières déraisonnables attirent sur ceux qui les formulent. La légende d'Œdipe est ici remplacée par celles des rois Midas et Crésus. La morale qu'en tire Maxime réitère la conclusion de l'auteur du *Second Alcibiade*, selon laquelle ce type de prières trahit l'ignorance sur la nature de la divinité et sur le contenu approprié des prières qu'il convient de lui adresser.

Cet exposé introductif prépare dans le discours de Maxime la critique de la prière envisagée comme une transaction entre les hommes et les dieux dans une perspective qui évoque l'*Euthyphron* et, de nouveau, le *Second Alcibiade*. Cette critique, qui examine méthodiquement l'utilité ou l'inutilité de la prière en fonction des différents facteurs gouvernant les affaires humaines (providence, destin, fortune ou art humain), n'est pourtant pas d'inspiration

---

82.   Sur la φιλοσοφία comme « art de vivre » (τέχνη περὶ βίον) dans les premiers siècles de notre ère, voir A.-M. MALINGREY, « *Philosophia* ». *Étude d'un groupe de mots dans la littérature grecque des Présocratiques au IV⁰ siècle après J.C.*, Paris, 1961, p. 100-103, sur l'usage de la notion chez Musonius, Dion Chrysostome, Épictète et Plutarque.

83.   En traitant également un thème religieux traditionnel, le « démon » de Socrate, Apulée vise à persuader son public de l'éminence de la philosophie et du pofit que l'on peut en tirer ; voir APULÉE, *De deo Socratis*, XXII, 170 ; cf. A. TIMOTIN, *La démonologie platonicienne*, p. 278-279. CICÉRON a rédigé également un éloge de la philosophie sous la forme d'un hymne en prose (*Tusculanes* V, 5) ; voir H. HOMMEL, *Cicero Gebetshymnus an die Philosophie. Tusculanen V 5*, « Sitzungsberichte der Heidelberger Akademie der Wissenschaften », 3, Heidelberg, 1968 ; *Corpus de prières...*, p. 126-127.

platonicienne. Des classifications similaires se retrouvent dans d'autres textes « médio-platoniciens », mais dans aucune de ces sources cette taxinomie n'est mise en relation avec le thème de la prière. En revanche, le lien de la prière avec la providence et avec ce qui dépend de nous (τὸ ἐφ᾽ ἡμῖν) apparaît dans le stoïcisme tardif, chez Epictète et Marc Aurèle.

Dans la dernière partie du discours, Maxime cherche à montrer que les difficultés auxquelles mène cet examen sont dues à la notion de prière prise en compte, fondée sur l'idée de demande (αἴτησις). Pour que la prière préserve son utilité, il faut ajuster cette notion et définir une prière philosophique (εὐχή τοῦ φιλοσόφου) qui ne soit plus une αἴτησις adressée aux dieux. Les points de départ de cette réflexion sont les figures de Socrate et de Pythagore auxquels on avait prêté une formule philosophique de prière qui servira de point de repère pour toutes les recherches ultérieures sur ce thème. Malgré les précédents platoniciens indéniables de cette recherche d'une forme philosophique de prière, il nous a paru légitime d'insister sur le fait que « la prière du philosophe » cherchée par Maxime a un caractère hétérodoxe par rapport à Platon et cela pour plusieurs raisons.

En premier lieu, les prières de Socrate dans les dialogues platoniciens restent toujours des αἰτήσεις ; selon une définition traditionnelle reprise dans les *Lois* VII, 801 a, elles formulent des demandes qui peuvent être à la fois d'ordre spirituel et matériel.

En deuxième lieu, l'idée selon laquelle une telle prière a pour objet les choses déjà présentes (περὶ τῶν παρόντων), par opposition à celles dont nous sommes dépourvus, n'a pas de précédent notable dans les dialogues de Platon, alors qu'elle se retrouve plus d'une fois dans la tradition stoïcienne, notamment chez Épictète et Marc Aurèle. Comme la prière de l'Antonin, celle que Maxime attribue à Socrate représente une exhortation qu'on s'adresse à soi-même par laquelle on réduit le désir naturel des choses dont on est dépourvu en reconnaissant le caractère divin de l'ordre du monde et en adhérant à lui. Sans minimiser leurs différences théologiques, il nous a paru opportun de souligner l'affinité profonde qui lie ces deux attitudes spirituelles.

En troisième lieu, la définition de la prière philosophique comme commerce familier et conversation (ὁμιλία καὶ διάλεκτος) avec les dieux emprunte la formule du *Banquet* en lui modifiant cependant le contenu. L'ὁμιλία et la προσομιλία avec les dieux désignent chez Platon l'ensemble des modes traditionnelles de communication avec les dieux et notamment la divination, comme c'est le cas aussi chez Épictète et dans les textes hermétiques. Il n'est pas impossible, en effet, que Maxime ait pensé, à son tour, à une pratique divinatoire du type du δαίμων de Socrate dont la communication avec le philosophe représente, chez Maxime, une des marques distinctives de ce dernier.

Il est remarquable que la définition de la prière comme ὁμιλία se retrouve aussi chez des auteurs chrétiens, comme Clément d'Alexandrie et Origène, dans un contexte différent, où elle est associée à la contemplation intellectuelle. Cet usage de la notion sera développé dans le néoplatonisme. Mais les points de convergence avec le christianisme ne se limitent pas à cet aspect, car on retrouve chez Clément également la prière sur les biens présents, qui est l'élément principal de la définition de la prière chez Maxime.

V. Plotin. Prière « magique » et prière du νοῦς

Malgré l'esprit religieux qui caractérise l'ensemble de son œuvre, Plotin manifeste un intérêt plutôt limité pour la religion traditionnelle[1]. Ce paradoxe est souligné par la comparaison avec les platoniciens de son époque, à la différence desquels il se montre peu préoccupé par la critique ou l'interprétation des pratiques religieuses. Le système théologique néoplatonicien, qui postule l'existence d'une réalité supérieure à l'Intellect divin (Νοῦς) et *a fortiori* aux dieux traditionnels, en est en partie responsable, puisque l'Un n'a pas de culte et ne peut pas être atteint par les modes traditionnels de communication avec le divin. Cela est vrai, mais, d'une part, tous les néoplatoniciens ne partagent pas ce désintérêt pour la religion traditionnelle et, d'autre part, le cas de Platon lui-même montre que le postulat d'une entité supérieure aux dieux du panthéon (les formes intelligibles) n'est pas incompatible avec le respect scrupuleux des dieux et des rites traditionnels.

Dans ces conditions, la place que le thème de la prière occupe dans la pensée de Plotin mérite toute l'attention[2]. L'objectif de ce chapitre est d'essayer de la préciser en mettant en évidence le poids de la tradition platonicienne dans la manière dont Plotin aborde ce thème et notamment les éléments d'innovation qu'il introduit par rapport à cette tradition. Un tel examen permet en effet de constater que, dans son approche du thème de la prière, Plotin est tributaire de la tradition antérieure sous au moins trois aspects : 1) en premier lieu, Plotin est, comme Maxime de Tyr, préoccupé par le problème de l'utilité de la prière dans le contexte plus général de la relation entre prière, providence et responsabilité individuelle ; 2) en deuxième lieu, on retrouve chez Plotin un type d'argumentation que les dialogues de Platon nous ont

---

1. Qu'il ne méprise nullement pour autant, comme en témoigne, par exemple, un passage du traité 33 (II, 9), où Plotin s'oppose nettement à l'attitude arrogante des gnostiques envers les dieux et les cultes traditionnels ; voir PLOTIN 33 (II, 9), 9, 53-60. En général sur l'attitude de Plotin envers les cultes traditionnels, voir R. M. VAN DEN BERG, « Plotinus' Attitude to Traditional Cult : A Note on Porphyry VP 10 », *Ancient Philosophy*, 19, 1999, p. 345-360.

2. Les études sur ce thème ne sont pas nombreuses ; voir J. M. RIST, *Plotinus*, p. 199-212 ; H. P. ESSER, *Untersuchungen...*, p. 11-34 ; J. LAURENT, « La prière selon Plotin » ; M. WAKOFF, « Awaiting the Sun : A Plotinian Form of Contemplative Prayer », dans J. DILLON, A. TIMOTIN (éd.), *Platonic Theories of Prayer*, p. 73-87.

déjà rendu familier, par lequel on combat l'idée commune selon laquelle les dieux peuvent être fléchis par les prières ; 3) enfin, comme ses prédécesseurs, Plotin définit, par opposition à la prière pétitionnaire traditionnelle, une forme philosophique de prière. Chacun de ces trois aspects sera approfondi dans les pages suivantes.

1. Prière, providence et responsabilité individuelle

Dans les traités 47 (III, 2) et 48 (III, 3), Plotin présente sa vision définitive sur la question de la providence, un thème qu'il avait déjà abordé dans d'autres traités[3]. Dans un contexte polémique où il s'oppose à la fois aux épicuriens, aux péripatéticiens et aux gnostiques, Plotin tente de montrer que la providence existe, qu'elle n'est pas limitée au monde sublunaire et que le monde est un produit beau et parfait. Dans ce monde existent pourtant de nombreuses injustices et des maux de tout sorte ; Plotin argumente que ni l'univers ni la providence n'en sont responsables, mais les âmes humaines qui sont dotées du libre arbitre[4]. Les hommes commettent des maux de manière nécessaire et naturelle en raison de leur nature imparfaite, de leur rang intermédiaire entre les bêtes et les dieux, mais ces actions ne sont pas contraires à la providence, car les hommes en sont pleinement responsables et seront punis – ils le sont déjà par leur nature malheureuse qui les pousse à de telles actions, et ils le seront aussi plus tard dans d'autres vies car « les châtiments ne cessent pas quand on meurt »[5]. L'homme est donc libre de choisir de commettre le bien ou le mal,

---

3.   Cf. PLOTIN 27 (IV, 3), 15-16 ; 28 (IV, 4), 39 ; 39 (VI, 8), 17. Sur le thème de la providence chez Plotin et sur sa relation avec le thème de la prière, voir L. S. WESTRA, « Freedom and Providence in Plotinus », dans M. F. WAGNER (éd.), *Neoplatonism and Nature. Studies in Plotinus' Enneads*, New York, 2002, p. 125-148.

4.   PLOTIN 47 (III, 2), 7, 15-20 : Ὅσα μὲν οὖν ἔργα ψυχῶν, ἃ δὴ ἐν αὐταῖς ἵσταται ταῖς ἐργαζομέναις τὰ χείρω, οἷον ὅσα κακαὶ ψυχαὶ ἄλλας ἔβλαψαν καὶ ὅσα ἀλλήλας αἱ κακαί, εἰ μὴ καὶ τοῦ κακὰς ὅλως αὐτὰς εἶναι τὸ προνοοῦν αἰτιῷτο, ἀπαιτεῖν λόγον οὐδὲ εὐθύνας προσήκει « αἰτία ἑλομένου » διδόντας· « Considérons donc toutes les actions des âmes, celles notamment qui ont leur fondement dans les âmes qui font le mal : prenons, par exemple, tout le mal que les âmes mauvaises font aux âmes bonnes et celui qu'elles se font les unes aux autres. À moins de penser que la providence est aussi responsable du fait que les âmes sont en définitive mauvaises, il ne convient pas de lui demander des explications ou des comptes, puisque nous admettons que la 'responsabilité appartient à celui qui choisit' [PLATON, *République* X, 617 e] » (trad. R. Dufour).

5.   *Ibid.*, 8, 28-31 : οὐ γὰρ ἔστη ἐνταῦθα κακοῖς γενομένοις ἀποθανεῖν, ἀλλὰ τοῖς ἀεὶ προτέροις ἕπεται ὅσα κατὰ λόγον καὶ φύσιν, χείρω τοῖς χείροσι, τοῖς δὲ ἀμείνοσι τὰ ἀμείνω. « Car pour

mais ce choix dépend toujours de l'effort qu'il investit pour devenir meilleur. Dans ce contexte, Plotin affirme, dans une argumentation qui n'est pas sans rappeler celle de Maxime de Tyr, qu'il est dès lors inutile de prier pour des choses qui ne dépendent que de nous. La providence divine existe, mais elle n'annule ni le libre arbitre, ni la responsabilité et l'effort individuels :

> Dès lors, ce n'est pas à dieu de se battre à la place de ceux qui refusent le combat. Car la loi décrète que ce sont les hommes courageux qui survivent à la guerre et non ceux qui prient. En effet, on récolte des fruits non pas en priant (οὐκ εὐχομένους), mais en cultivant la terre, et, si on ne prend pas soin de sa santé, on ne sera pas bien portant. Et il ne faut pas s'indigner si les méchants récoltent plus de fruits ou si, dans l'ensemble, les choses vont mieux pour eux, parce qu'ils cultivent mieux la terre[6].

Le fond de cet argument est authentiquement platonicien : les dieux ne sauraient écouter et exaucer des prières qui sont contraires à la justice et qui leur sont adressées par des gens qui se conduisent mal et ne font pas d'effort pour s'améliorer.

> De plus, il serait ridicule, alors qu'on n'en fait qu'à sa tête, et même si ce que l'on fait ne plaît pas aux dieux, de chercher à trouver son salut auprès des dieux, alors qu'on n'a rien fait de ce que les dieux ordonnent de faire pour être sauvé[7].

Une telle prétention serait à la fois impie et injuste : impie car elle demande aux dieux de commettre des actions contraires à la nature de la divinité ; injuste car elle demande aux dieux d'agir à notre place comme si tout ne dépendait que d'eux. Une telle position est prêtée par Plotin à ceux qui prétendent que la providence s'étend sur les menus détails de notre existence – très probablement les stoïciens et les astrologues – et qui ruinent de cette manière à la fois la responsabilité humaine et la justice divine :

ceux qui ont été méchants ici-bas, les châtiments ne cessent pas quand on meurt : les actions antérieures entraînent toujours des conséquences conformes à la raison et à la nature, mauvaises pour les actions mauvaises, meilleures pour les actions meilleures » (trad. L. Brisson, J.-F. Pradeau).

6.   *Ibid.*, 8, 36-42 (trad. L. Brisson, J.-F. Pradeau) : Ἔνθα οὐ θεὸν ἔδει ὑπὲρ τῶν ἀπολέμων αὐτὸν μάχεσθαι· σώ{ζεσθαι γὰρ ἐκ πολέμων φησὶ δεῖν ὁ νόμος ἀνδριζομένους, ἀλλ' οὐκ εὐχομένους· οὐδὲ γὰρ κομί{ζεσθαι καρποὺς εὐχομένους ἀλλὰ γῆς ἐπιμελουμένους, οὐδέ γε ὑγιαίνειν μὴ ὑγείας ἐπιμελουμένους· οὐδ' ἀγανακτεῖν δέ, εἰ τοῖς φαύλοις πλείους γίνοιντο καρποὶ ἢ ὅλως αὐτοῖς γεωργοῦσιν εἴη ἄμεινον.

7.   *Ibid.*, 8, 43-46 :Ἔπειτα γελοῖον τὰ μὲν ἄλλα πάν τα τὰ κατὰ τὸν βίον γνώμῃ τῇ ἑαυτῶν πράττειν, κἂν μὴ ταύτῃ πράττωσιν, ἢ θεοῖς φίλα, σώ{ζεσθαι δὲ μόνον παρὰ θεῶν οὐδὲ ταῦτα ποιήσαντας, δι' ὧν κελεύουσιν αὐτοὺς οἱ θεοὶ σώ{ζεσθαι.

Il n'est pas permis à ceux qui sont devenus méchants, même s'ils en font la demande dans leurs prières, d'exiger des autres qu'ils les sauvent et qu'ils s'oublient eux-mêmes. Ils ne peuvent donc pas non plus demander aux dieux de diriger leur existence dans les moindres détails en laissant de côté la vie qui est la leur, ni aux hommes de bien, qui vivent une vie différente et meilleure que celle qui consiste à gouverner les hommes, d'être leurs chefs[8].

Autrement dit, exaucer des demandes venant de la part des hommes méchants serait injuste d'abord pour les hommes de bien et à plus forte raison pour les dieux qui se discréditeraient en accomplissant des actes contraires à leur nature. Le défaut principal de la position que combat Plotin est, à ses yeux, qu'elle conteste, de manière implicite, un des axiomes de la pensée platonicienne selon lequel la divinité est, par excellence, bonne et parfaite. Plotin sera amené à réitérer ce postulat en abordant de nouveau le problème de l'utilité de la prière à propos de la question de l'influence que les astres sont censés exercer sur le monde d'ici-bas.

2. Les prières peuvent-elles contraindre les astres ?

La question de savoir si les astres exercent une influence sur le monde d'ici-bas est une question d'intérêt général à l'époque de Plotin, sur laquelle toutes les écoles philosophiques avaient pris position, soit en la rejetant (les sceptiques et les épicuriens), soit en l'acceptant (notamment les stoïciens et les platoniciens, mais sans qu'il y ait unanimité)[9]. Cette question soulevait des difficultés essentielles pour un platonicien : a) en premier lieu, le déterminisme astral enlève la liberté et la responsabilité individuelles ; b) en deuxième lieu, les influences bénignes et malignes que les astres étaient censés exercer dans le monde d'ici-bas sont incompatibles avec la nature divine des astres qui ne peuvent, par définition, produire rien de nuisible ; c) enfin, si ces influences peuvent être la réponse à des demandes qui leur avaient été adressées

---

8.   *Ibid.*, 9, 10-15 : Κακοὺς δὲ γενομένους ἀξιοῦν ἄλλους αὐτῶν σωτῆρας εἶναι ἑαυτοὺς προεμένους οὐ θεμιτὸν εὐχὴν ποιουμένων· οὐ τοίνυν οὐδὲ θεοὺς αὐτῶν ἄρχειν τὰ καθέκαστα ἀφέντας τὸν ἑαυτῶν βίον οὐδέ γε τοὺς ἄνδρας τοὺς ἀγαθούς, ἄλλον βίον ζῶντας τὸν ἀρχῆς ἀνθρωπίνης ἀμείνω, τούτους αὐτῶν ἄρχοντας εἶναι.

9.   Sur les attitudes à l'égard de l'astrologie dans les différentes écoles philosophiques de l'Antiquité, voir A. BOUCHÉ-LECLERCQ, *L'Astrologie grecque*, Paris, 1899, p. 593-609 ; E. PFEIFFER, *Studien zum antiken Sternglauben*, Leipzig, 1916, p. 45-80 ; T. BARTON, *Ancient Astrology*, Londres-New York, 1994, p. 102-113 ; B. BAKHOUCHE, *L'Astrologie à Rome*, Louvain, 2002, p. 107-134.

préalablement, ces demandes ne sont pas, à leur tour, en désaccord avec la nature divine des astres ? Aussi n'est-il pas très surprenant que Plotin, à en croire Porphyre, attachait à l'astrologie un intérêt particulier[10].

Les deux premières difficultés sont abordées par Plotin dès le traité 3 (III, 1), intitulé *Sur le destin*[11]. À la différence des sceptiques et des épicuriens, Plotin ne nie pas l'existence d'un lien entre les astres et le monde d'ici-bas, mais il lui conteste le caractère causal qui ruinait la liberté individuelle et mettait en danger la bonté et la perfection des astres. Selon Plotin, les astres ne sont pas des causes, mais des signes ; ils ne produisent (ποιεῖν) pas les événements, mais les signifient (σημαίνειν)[12]. Dans le traité 28 (IV, 4), il approfondit cette conception, en lui ajoutant deux idées essentielles qui seront reprises et développées dans les traités 48 (III, 3) et 52 (II, 3) : celle de la « sympathie » (συμπάθεια) entre les parties de l'univers[13], et celle selon laquelle les influences

10. PORPHYRE, *Vie de Plotin* 15, 21-26 : Προσεῖχε δὲ τοῖς μὲν περὶ τῶν ἀστέρων κανόσιν οὐ πάνυ τι μαθηματικῶς, τοῖς δὲ τῶν γενεθλιαλόγων ἀποτελεσμα τικοῖς ἀκριβέστερον. Καὶ φωράσας τῆς ἐπαγγελίας τὸ ἀνεχέγγυον ἐλέγχειν πολλαχοῦ κατ' αὐτῶν ἐν τοῖς συγγράμμασιν οὐκ ὤκνησε « Il s'intéressait aux tables relatives aux astres, non pas à vrai dire en mathématicien ; en revanche il regardait de plus près les prédictions des tireurs d'horoscopes, et, quand il les eut surpris à s'engager sans garantie, il n'hésita pas à réfuter nombre de leurs doctrines » (traduction reprise de PORPHYRE, *La Vie de Plotin*, t. II, p. 157 *sq*.). Sur la critique plotinienne de l'astrologie, voir J. DILLON, « Plotinus on whether the Stars are Causes », *Res Orientales*, 12, 1999 [= R. GYSELEN RIKA (éd.), *Science des cieux. Sages, mages, astrologues*], p. 87-92 ; E. SPINELLI, « La semiologia del cielo. Astrologia e anti-astrologia in Sesto Empirico e Plotino », dans A. PÉREZ JIMÉNEZ, R. CABALLERO (éd.), *Homo mathematicus*, Actas dal Congreso internacional sobre astrólogos griegos y romanos (Benalmádena, 8-10 de octubre de 2001), Málaga, 2002, p. 275-300 ; P. ADAMSON, « Plotinus on Astrology », *Oxford Studies in Ancient Philosophy*, 35, 2008, p. 265-291.

11. PLOTIN 3 (III, 1), 4, 20-26 et 5, 15-24 (affirmation du libre arbitre et de la responsabilité individuelle contre l'opinion des astrologues) ; 6, 10-18 (affirmation, dans le même contexte polémique, de l'innocence des dieux astres).

12. PLOTIN 52 (II, 3), 1, 1-4 : Ὅτι ἡ τῶν ἄστρων φορὰ σημαίνει περὶ ἕκαστον τὰ ἐσόμενα, ἀλλ' οὐκ αὐτὴ πάντα ποιεῖ, ὡς τοῖς πολλοῖς δοξάζεται, εἴρηται μὲν πρότερον ἐν ἄλλοις, καὶ πίστεις τινὰς παρείχετο ὁ λόγος. « Que le cours des astres signifie les événements futurs au sujet de chaque chose, mais qu'il ne produise pas toutes choses, comme la foule le croit, a déjà été dit en plusieurs endroits et des preuves ont été fournies à l'appui » (trad. R. Dufour) ; cf. 3 (III, 1), 6, 19-23. Selon A. BOUCHÉ-LECLERCQ (*L'Astrologie grecque*, p. 600 n. 1), la théorie des astres-signes remonte à PHILON (*De opificio mundi* 19). Sur la distinction entre ποιεῖν et σημαίνειν dans les textes astrologiques et philosophiques, voir E. PFEIFFER, *Studien zum antiken Sternglauben*, p. 68-76 et 84-93 ; D. AMAND, *Fatalisme et liberté...*, p. 160 n. 3.

13. PLOTIN 28 (IV, 4), 32-33 ; cf. 48 (III, 3), 6 ; 52 (II, 3), 7. Sur la notion de συμπάθεια chez Plotin, voir G. M. GURTLER, « Sympathy in Plotinus », *International Philosophical Quarterly*, 24, 1984, p. 395-406 ; P. ADAMSON, « Plotinus on Astrology », p. 276-279.

qui viennent des astres n'affectent qu'une partie de nous-mêmes, le corps et la partie irrationnelle de l'âme[14].

Ces deux idées sur lesquelles repose la théorie plotinienne du fonctionnement de l'astrologie sont fondées sur une des thèses les plus controversées de la philosophie de Plotin, celle de l'âme non descendue[15]. Selon cette thèse, la partie supérieure (rationnelle) de l'âme reste toujours liée aux réalités supérieures et immuables, tandis que ce sont uniquement ses parties inférieures qui descendent dans le monde du devenir. L'influence des astres serait limitée aux parties inférieures par lesquelles l'âme reste liée et assujettie au κόσμος. À ce niveau de la réalité, l'astrologie est légitime et efficace : les événements sont associés les uns aux autres par la συμπάθεια ou la « symétrie » (ἀναλογία) qui les unit, et sont, de ce fait, prédictibles[16].

La thèse de l'âme non descendue permet également de montrer que l'influence que les astres sont censés exercer sur le monde d'ici-bas dérive uniquement de leur âme végétative, tandis que leur âme intellective n'en est pas consciente et reste impassible[17]. Cela explique l'innocence des astres qui

---

14. PLOTIN 28 (IV, 4), 34, 1-7.

15. PLOTIN 6 (IV, 8), 8 ; 10 (V, 1), 10. Sur cette thèse et sa fortune dans le néoplatonisme tardif, voir C. G. STEEL, *The Changing Self. A Study on the Soul in Later Neoplatonism : Iamblichus, Damascius, Priscianus*, Bruxelles, 1978, p. 45-51 ; J. DILLON, « Iamblichus' Criticism of Plotinus' Doctrine of the Undescended Soul », dans R. CHIARADONNA (éd.), *Studi sull'anima in Plotino*, Naples, 2005, p. 337-351 ; J. OPSOMER, « Proclus et le statut ontologique de l'âme plotinienne », *Études platoniciennes*, 3, 2006 [= *L'âme amphibie. Études sur l'âme chez Plotin*], p. 195-207 ; D. TAORMINA, « Iamblichus : The Two-Fold Nature of the Soul and the Causes of the Human Agency », dans E. AFONASIN, J. DILLON, J. FINAMORE (éd.), *Iamblichus and the Foundations of Late Platonism*, Leyde-Boston, 2012, p. 63-73.

16. PLOTIN 28 (IV, 4), 39, 1-2 et 17-22 : Συνταττομένων δὲ ἀεὶ πάντων καὶ εἰς ἓν συντελούν των πάντων, σημαίνεσθαι πάντα [...] Ἡ δὲ σημασία οὐ τούτου χάριν, ἵνα σημαίνῃ προηγουμένως, ἀλλ' οὕτω γιγνομένων σημαίνεται ἐξ ἄλλων ἄλλα· ὅτι γὰρ ἓν καὶ ἑνός, καὶ ἀπ' ἄλλου ἄλλο γινώσκοιτ' ἄν, καὶ ἀπὸ αἰτιατοῦ δὲ τὸ αἴτιον, καὶ τὸ ἑπόμενον ἐκ τοῦ προηγησαμένου, καὶ τὸ σύνθετον ἀπὸ θατέρου, ὅτι θάτερον καὶ θάτερον ὁμοῦ ποιῶν. « Mais comme toutes les choses sont toujours disposées ensemble en un tout et que toutes concourent à l'unité de l'ensemble, toutes sont signifiées. [...] La signification (σημασία) n'a pourtant pas pour but d'annoncer à l'avance ce qui va se passer, mais cela résulte du fait que les événements sont signifiés les uns à partir des autres. C'est parce que tout est un et appartient à l'un que l'on peut connaître une chose à partir d'une autre, la cause à partir de ce qui est causé, le conséquent à partir de l'antécédent, le composé à partir de l'un de ses éléments, parce que c'est ensemble qu'ils ont été produits » (trad. L. Brisson, J.-F. Pradeau). Cf. *ibid.* 34, 24-33, et 48 (III, 3), 6, 32-33.

17. PLOTIN 28 (IV, 4), 35, 37-43 : Εἰ δὴ δρᾷ τι ἥλιος καὶ τὰ ἄλλα ἄστρα εἰς τὰ τῇδε, χρὴ νομίζειν αὐτὸν μὲν ἄνω βλέποντα εἶναι – ἐφ' ἑνὸς γὰρ τὸν λόγον ποιητέον – ποιεῖσθαι δὲ παρ' αὐτοῦ, ὥσπερ τὸ θερμαίνεσθαι τοῖς ἐπὶ γῆς, οὕτω καὶ εἴ τι μετὰ τοῦτο, ψυχῆς διαδόσει, ὅσον ἐν αὐτῷ, φυτικῆς ψυχῆς πολλῆς οὔσης. « Si donc le soleil et les autres astres agissent sur les choses d'ici-bas, il faut

ne peuvent être tenus responsables des effets qu'ils produisent dans le monde d'ici-bas. L'influence exercée par les corps célestes est une action naturelle, irréfléchie, elle n'est pas le résultat d'un choix préalable, d'une προαίρεσις[18]. Cette influence n'est par ailleurs pas maligne et cela pour deux raisons : en premier lieu, les maux dont elle semble être la cause sont apparents car, replacés dans une perspective cosmique, ils n'apparaissent plus comme des maux[19], idée qui sera amplement développée dans le traité 47 (III, 2), 2-5, dans le cadre de la doctrine de la providence ; en second lieu, ce que l'on reçoit des astres n'est pas identique avec ce que l'on en subit. Nous sommes censés en effet apporter une contribution décisive aux choses qui nous arrivent par notre propre constitution qui déforme les influences venues du ciel[20].

Pour ce qui est de la troisième des difficultés mentionnées plus haut, concernant les prières adressées aux astres, c'est par la même conception de la συμπάθεια qui lie entre elles toutes les parties du κόσμος que Plotin explique la manière dont les astres peuvent prendre connaissance de nos prières[21].

---

considérer que le soleil – pour ne parler que de lui – regarde ce qui est en haut, et que ce qui est produit par lui, par exemple le réchauffement de ce qui est sur la terre, se produit de cette façon ; et s'il produit encore d'autres choses après celui-là, cela n'est que l'effet d'une transmission de l'âme, dans la mesure où le soleil est doté d'une âme végétative dont la nature est multiple » (trad. L. Brisson, J.-F. Pradeau).

18. *Ibid.*, 39, 23-25 : Εἰ δὴ ταῦτα ὀρθῶς λέγεται, λύοιντο ἂν ἤδη αἱ ἀπορίαι, ἥ τε πρὸς τὸ κακῶν δόσιν παρὰ θεῶν γίνεσθαι τῷ μήτε προαιρέσεις εἶναι τὰς ποιούσας, φυσικαῖς δὲ ἀνάγκαις γίνεσθαι ὅσα ἐκεῖθεν. « Si ce raisonnement est correct, les difficultés peuvent être résolues et, en particulier, celle concernant les maux qui viendraient des dieux ; les maux ne sont pas le résultat de choix préalables faits par les dieux, mais tout ce qui vient d'en haut dépend de nécessités naturelles ».

19. *Ibid.*, 39, 29-30 : τῷ μὴ ἕνεκα ἑκάστου ἀλλ' ἕνεκα τοῦ ὅλου τὴν ζωήν « la vie ne sert pas chaque individu, mais l'ensemble ».

20. *Ibid.*, 39, 27 et 30-32 : τῷ πολλὰ παρ' αὐτῶν τοῖς γινομένοις προστιθέναι [...] τὴν ὑποκειμένην δὲ φύσιν ἄλλο λαβοῦσαν ἄλλο πάσχειν καὶ μηδὲ δύνασθαι κρατῆσαι τοῦ δοθέντος « on ajoute beaucoup de soi-même aux choses qui adviennent [...], la manière dont le sujet reçoit est différente de celle dont il est affecté, il ne peut maîtriser en effet ce qui lui a été donné ». Cf. *ibid.*, 38, 10-25, et 48 (III, 3), 6, 33-37 : καὶ εἰ ποιεῖ δὲ ἐκεῖνα εἰς ταῦτα, οὕτω ποιεῖ, ὡς καὶ τὰ ἐν παντὶ ζῴῳ εἰς ἄλληλα [...] ὡς, ᾗ πέφυκεν ἕκαστον, οὕτω καὶ πάσχει τὸ πρόσφορον εἰς τὴν αὐτοῦ φύσιν « Et si les choses de là-bas agissent sur celles d'ici-bas, elles agissent comme les parties d'un être vivant les unes sur les autres [...] au sens où chacune, en accord avec sa nature, est affectée de la manière qui est appropriée à sa nature » (trad. R. Dufour).

21. PLOTIN 28 (IV, 4), 26, 1-3 : Τίνονται δὲ εὐχῶν γνώσεις κατὰ οἷον σύναψιν καὶ κατὰ τοιάνδε σχέσιν ἐναρμοζομένων, καὶ αἱ ποιήσεις οὕτως· « Les astres prennent connaissance de nos prières, dans la mesure où ils entretiennent avec nous un rapport harmonieux qui résulte d'une sorte de contact et d'une disposition déterminée ; il en va de même pour les effets qu'ils produisent » (trad. L. Brisson, J.-F. Pradeau).

Le thème de la prière est abordé dans le traité 28 également à propos de la question de savoir si le soleil et les astres peuvent être contraints par des prières à accomplir des actions bonnes ou mauvaises :

> Eh bien, maintenant que nous avons établi que la mémoire est inutile aux astres, même si nous leur avons accordé la sensation, l'ouïe et aussi la vue, et que nous avons dit qu'ils entendaient les prières (εὐχαί), celles que nous adressons au soleil (πρὸς ἥλιον) et forcément aussi celles que d'autres hommes adressent aux astres (πρὸς ἄστρα) ; et puisque est aussi établie la croyance suivant laquelle beaucoup de choses sont accomplies par leur intermédiaire en faveur de ceux qui s'adressent à eux et qu'ils sont assez accommodants pour nous assister, non seulement dans celles de nos entreprises qui sont justes mais également dans un grand nombre d'entreprises injustes, nous devons faire porter notre recherche sur ces questions qui surgissent[22].

La réponse à cette question ne peut être, bien sûr, que négative car il a déjà été montré que les astres ne peuvent exercer d'influences mauvaises. Le passage est cependant significatif car, d'une part, il montre que la croyance en la capacité des astres d'être contraints par des prières était suffisamment répandue pour qu'elle mérite d'être réfutée[23], et, d'autre part, il témoigne de la place de la dévotion envers le Soleil – dont on a déjà souligné l'arrière-plan platonicien – dans la piété plotinienne[24].

La même question est ensuite soulevée par Plotin à propos du κόσμος, et on ne peut ne pas penser à ce sujet au statut particulier des prières adressées au κόσμος dans les dialogues de Platon :

---

22. *Ibid.*, 30, 1-8 : Νῦν δ' ἐπειδὴ μνήμας μὲν ἐν τοῖς ἄστροις περιττὰς εἶναι ἐθέμεθα, αἰσθήσεις δὲ ἔδομεν καὶ ἀκούσεις πρὸς ταῖς ὁράσεσι καὶ εὐχῶν δὴ κλύοντας ἔφαμεν, ἃς πρὸς ἥλιον ποιούμεθα καὶ δὴ καὶ πρὸς ἄστρα ἄλλοι τινὲς ἄνθρωποι, καὶ πεπίστευται, ὡς δι' αὐτῶν αὐτοῖς πολλὰ καὶ τελεῖται καὶ δὴ καὶ οὕτω ῥᾷστα, ὡς μὴ μόνον πρὸς τὰ δίκαια τῶν ἔργων συλλήπτορας εἶναι, ἀλλὰ καὶ πρὸς τὰ πολλὰ τῶν ἀδίκων, τούτων τε πέρι παραπεπτωκότων ζητητέον.

23. Les prières censées contraindre les (dieux) astres – et, en particulier, Séléné (la Lune) – à descendre pour assister l'officiant sont bien attestées dans la documentation magique ; voir, par exemple, *PGM* III, 424-466 ; IV, 2241-2358, 2441-2621, 2708-2784, 2785-2890. Cf. R.G. EDMONDS, « At the Seizure of the Moon : The Absence of the Moon in the Mithras Liturgy », dans S.B. NOEGEL, J.T. WALKER, B.M. WHEELER (éd.), *Prayer, Magic and the Stars in the Ancient and Late Antique World*, University Park (Pa.), Pennsylvania, 2003, p. 223-239. Pour la documentation littéraire, voir, par exemple, les exemples réunis par A.-M. TUPET, *La Magie dans la poésie latine*, t. I, Paris, 1976, p. 92-103.

24. On peut mentionner à ce propos la fameuse prière au soleil levant d'Oenoanda, contemporaine à peu près de Plotin ; voir L. ROBERT, « Un oracle gravé à Oinoanda », *Comptes rendus de l'Académie des Inscriptions et Belles Lettres*, 1971, p. 597-619.

Et tout naturellement il faut aussi faire porter cette défense sur l'univers en son entier (παντὸς τοῦ κόσμου), si l'on en croit ceux qui disent qu'une responsabilité de ce genre doit également lui être attribuée et que le ciel dans sa totalité peut être soumis à des charmes (γοητεύεσθαι) manigancés par des hommes pourvus d'audace et de technique (ὑπὸ ἀνθρώπων τόλμης καὶ τέχνης)²⁵.

Qui pourraient bien être ces hommes pourvus de τόλμα et de τέχνη qui prétendent pouvoir exercer une contrainte de nature magique (γοητεύειν) sur le ciel ? Il s'agit très probablement des gnostiques, comme le suggère la comparaison avec un passage du traité 33 (II, 9), où Plotin réfute des gnostiques qui profèrent des incantations magiques (ἐπαοιδαί) à l'adresse des êtres supérieurs²⁶ :

> Lorsqu'ils [*scil.* les gnostiques] composent des incantations (ἐπαοιδαί) afin de les adresser à ces réalités (non seulement à l'âme, mais également aux réalités qui lui sont supérieures), qu'est-ce que cela signifie, sinon que ces réalités obéissent à la parole (λόγος) et suivent ceux qui prononcent des formules magiques (γοητεῖαι), des charmes (θέλξεις) et des prières d'apaisement (πείσεις), chaque fois que l'un de nous est suffisamment habile pour prononcer ce qu'il faut au bon moment (des chants, des sons, des aspirations, des intonations de la voix et toutes les autres choses qui ont, d'après leurs écrits, un pouvoir magique (μαγεύειν) sur les réalités de là-bas) ? À supposer que ce ne soit pas ce qu'ils veulent dire, comment donc les incorporels pourraient-ils être influencés par des sons (πῶς φωναῖς τὰ ἀσώματα)²⁷ ?

Ce texte montre que Plotin attribue aux gnostiques des pratiques, fondées sur des textes dont on ignore l'identité, comportant la profération des formules à caractère magique (ἐπαοιδαί, θέλξεις, πείσεις), dans un cadre rituel qui pouvait impliquer également des chants (μέλη), des sons (ἦχοι), des aspirations (προσπνεύσεις) et des intonations (σιγμοί) de la voix, par lesquels ceux-ci

---

25. PLOTIN 28 (IV, 4), 30, 26-30 : καὶ δὴ καὶ περὶ αὐτοῦ παντὸς τοῦ κόσμου – ὡς καὶ εἰς τοῦτον εἰσιν ἡ αἰτία ἡ τοιαύτη – εἰ πιστοὶ λέγοντες, οἳ καὶ αὐτόν φασι τὸν σύμπαντα οὐρανὸν γοητεύεσθαι ὑπὸ ἀνθρώπων τόλμης καὶ τέχνης.

26. Ce passage a été analysé récemment par L. BRISSON, « Plotinus and the Magical Rites Practiced by the Gnostics », dans K. CORRIGAN, T. RASIMUS (éd.), *Gnosticism, Platonism and the Late Ancient World. Essays in Honour of John D. Turner*, Leyde-Boston, 2013, p. 443-458, et par M. ZAGO, « Incantations magiques et thérapeutique (Plotin, traité 33, ch. 14) », dans M. TARDIEU, L. SOARES SANTOPRETE (éd.), *Plotin et les Gnostiques*, Paris, à paraître.

27. PLOTIN 33 (II, 9), 14, 2-9 (trad. R. Dufour) : Ὅταν γὰρ ἐπαοιδὰς γράφωσιν ὡς πρὸς ἐκεῖνα λέγοντες, οὐ μόνον πρὸς ψυχήν, ἀλλὰ καὶ τὰ ἐπάνω, τί ποιοῦσιν ἢ γοητείας καὶ θέλξεις καὶ πείσεις λέγουσι καὶ λόγῳ ὑπακούειν καὶ ἄγεσθαι, εἴ τις ἡμῶν τεχνικώτερος εἰπεῖν ταδὶ καὶ οὑτωσὶ μέλη καὶ ἤχους καὶ προσπνεύσεις καὶ σιγμοὺς τῆς φωνῆς καὶ τὰ ἄλλα, ὅσα ἐκεῖ μαγεύειν γέγραπται. Εἰ δὲ μὴ βούλονται τοῦτο λέγειν, ἀλλὰ πῶς φωναῖς τὰ ἀσώματα ;

prétendaient pouvoir influencer les êtres divins pour qu'ils agissent d'une certaine manière et pour qu'ils produisent certains effets[28]. Il est significatif pour la relation entre ce texte et l'argumentation du traité 28 que la réfutation des thèses gnostiques dans le traité 33 comporte également un volet anti-astrologique[29] – les astres, auxquels les gnostiques ont tort de se croire supérieurs[30], ne sauraient être la cause du mal qui existe dans le monde d'ici-bas[31] –, qui permet en effet de souligner la parenté entre les deux argumentations et de préciser l'allure gnostique des personnages « pourvus d'audace et de technique » évoqués dans le traité 28. Cela dit, il faut également prendre en compte l'arrière-plan platonicien du passage du traité 33, qui évoque la condamnation des ἀγύρται et des μάντεις qui prétendent influencer les dieux par des ἐπῳδαί dans le livre II de la *République* (364 b-c).

L'existence de cet arrière-plan platonicien montre deux choses: d'une part, elle met en évidence l'usage dans la polémique anti-gnostique de Plotin d'une stratégie rhétorique courante qui consiste à attribuer aux adversaires qu'on veut discréditer, des pratiques généralement réprouvées; d'autre part, elle permet de montrer que les « charmes » censés influencer le κόσμος évoqués dans le traité 28 ne doivent pas être compris uniquement comme une référence à des pratiques prétendument gnostiques, mais qu'ils renvoient, en même temps, à un contexte platonicien plus général, celui précisément dans lequel le texte de la *République*

---

28.   Sur les prières des gnostiques, voir E. SEGELBERG, « Prayer among the Gnostics? The Evidence of Some Nag Hammadi Documents », dans M. KRAUSE (éd.), *Gnosis and Gnosticism. Papers Read at the Seventh International Conference on Patristic Studies*, Leyde, 1977, p. 55-69; J.-M. SEVRIN, « La prière gnostique », dans H. LIMET, J. RIES (éd.), *L'Expérience de la prière dans les grandes religions*, Actes du colloque de Louvain-la-Neuve et Liège (22-23 novembre 1978), Louvain-la-Neuve, 1980, p. 367-374.

29.   Le lien entre la critique de l'astrologie et la polémique anti-gnostique dans les traités 33 et 52 a fait l'objet d'une communication, encore inédite, présentée à Paris en 2009 à un colloque en hommage à Pierre Hadot: A. TIMOTIN, « *Antiastrologica* et *antignostica* dans le traité 52 (II, 3) de Plotin », dans Ph. HOFFMANN, L. SOARES SANTOPRETE, A. VAN DEN KERCHOVE (éd.), *Plotin et les Gnostiques. Au-delà de la tétralogie anti-gnostique. Hommage à Pierre Hadot*, Paris, à paraître.

30.   Cf. PLOTIN 33 (II, 9), 5, 1-8: Ἀλλ' αὐτοὺς μὲν σῶμα ἔχοντας, οἷον ἔχουσιν ἄνθρωποι, καὶ ἐπιθυμίαν καὶ λύπας καὶ ὀργὰς τὴν παρ' αὐτοῖς δύναμιν μὴ ἀτιμάζειν, ἀλλ' ἐφάπτεσθαι τοῦ νοητοῦ λέγειν ἐξεῖναι, μὴ εἶναι δὲ ἐν ἡλίῳ ταύτης ἀπαθεστέραν ἐν τάξει μᾶλλον καὶ οὐκ ἐν ἀλλοιώσει μᾶλλον οὖσαν οὐδὲ φρόνησιν ἔχειν ἀμείνονα ἡμῶν « Mais ces gens en ayant un corps comme en ont tous les hommes, et qui éprouvent désirs, peines et colères, ne traitent pas avec mépris leur propre pouvoir et prétendent, de surcroît, pouvoir entrer en contact avec l'intelligible; mais, quant au soleil, ils nient qu'il posséderait une puissance plus impassible, plus ordonnée et moins altérable que la nôtre; il n'aurait même pas une intelligence supérieure à la nôtre » (trad. R. Dufour).

31.   Cf. *ibid.*, 13, 5-25.

s'inscrit, de la condamnation de toute prétention – exprimée dans la poésie (chez Homère et dans la tragédie) ou dans les pratiques religieuses (prières, incantations) – de pouvoir amener les dieux à commettre des actes injustes.

À ce titre il est remarquable que Plotin prête un intérêt spécial à une question qui n'est pas abordée dans les dialogues de Platon, celle de l'efficacité de ces pratiques. Une partie du traité 28 (chap. 40) est, en effet, consacrée précisément à cette question. Dans ce contexte, Plotin réunit la variété de ces pratiques dans une catégorie plus générale, celle de la « magie » (γοητεία), dont il explique le fonctionnement, à l'instar de l'astrologie, non par une qualité intrinsèque des formules proférées, mais par la συμπάθεια des parties de l'univers que ces formules mettent en contact[32] :

> – Mais comment expliquer [l'efficacité] des formules magiques (γοητεῖαι) ? – Par la sympathie (συμπαθεία), par le fait qu'il y a naturellement accord (συμφωνία) entre les choses semblables et opposition entre celles qui sont dissemblables, et enfin par la variété des puissances qui, même si elles sont multiples, contribuent à la perfection d'un seul et même être vivant[33].

Le texte continue par l'énumération des pratiques qui relèvent de la γοητεία : philtres et amulettes (l. 9-14), influences des astres (l. 14-20), incantations (ἐπῳδαί) (l. 20-27), prières (εὐχαί) (l. 31). Ces pratiques ont en commun la capacité de produire des effets dans le monde physique par l'usage des réseaux de similitudes et d'oppositions qui existent dans la nature. Cette affirmation est importante car le passage de la *République* (II, 364 b-c), que Plotin n'ignorait pas, contestait précisément la légitimité et, partant, l'efficacité des

---

32. Sur l'attitude de Plotin à l'égard de la magie, voir L. BRISSON, « Plotin et la magie. Le chapitre 10 de la *Vie de Plotin* par Porphyre », dans *Porphyre, La Vie de Plotin*, II. Études d'introduction, texte grec et traduction française, commentaire, notes complémentaires, bibliographie par L. BRISSON *et alii*, Paris, 1992, p. 465-475 ; IDEM, « The philosopher and the magician (Porphyry, *Vita Plotini* 10, 1-13). Magic and Sympathy », dans Ch. WALDE, U. DILL (éd.), *Antike Mythen : Medien, Transformationen und Konstruktionen, Fritz Graf zum 65. Geburtstag*, Berlin-New York, 2009, p. 189-202.

33. PLOTIN 28 (IV, 4), 40, 1-4 (traduction de L. Brisson et J.-F. Pradeau légèrement modifiée) : Τὰς δὲ γοητείας πῶς ; Ἡ τῇ συμπαθείᾳ, καὶ τῷ πεφυκέναι συμφωνίαν εἶναι ὁμοίων καὶ ἐναντίωσιν ἀνομοίων, καὶ τῇ τῶν δυνάμεων τῶν πολλῶν ποικιλίᾳ εἰς ἓν ζῷον συντελούντων. Cf. *ibid.* 26, 1-5 : Τίνονται δὲ εὐχῶν γνώσεις κατὰ οἷον σύναψιν καὶ κατὰ τοιάνδε σχέσιν ἐναρμοζομένων, καὶ αἱ ποιήσεις οὕτως· καὶ ἐν ταῖς μάγων τέχναις εἰς τὸ συναφὲς πᾶν· ταῦτα δὲ δυνάμεσιν ἐπομέναις συμπαθῶς. « Les astres prennent connaissance de nos prières, dans la mesure où ils entretiennent avec nous un rapport harmonieux qui résulte d'une sorte de contact et d'une disposition déterminée ; il en va de même pour les effets qu'ils produisent. Et lorsque les magiciens se livrent à leurs opérations, tout est orienté vers ce contact ; cela implique que la magie dépend de puissances qui agissent par sympathie ».

ἐπῳδαί. En revanche, dans la théorie physique exposée par Plotin, les ἐπῳδαί et les εὐχαί sont mises sur le même plan et leur efficacité est expliquée par une sorte de mécanique naturelle qui ne requiert pas l'intervention des dieux, qui sont ainsi absous de toute responsabilité relative aux effets que les prières peuvent produire dans le monde naturel.

Selon cette théorie, le mouvement que suscitent dans le monde physique les ἐπῳδαί et les εὐχαί a lieu uniquement au niveau de la partie irrationnelle de l'âme du monde (ἡ ἄλογος ψυχή), la seule qui est sujette à la γοητεία, tandis que sa partie supérieure, rationnelle reste impassible en conformité avec sa nature. Dès lors, elle ne saurait être affectée par les incantations et les prières qui produisent des effets au niveau du corps et de l'âme inférieure. Puisque seule l'âme rationnelle est de nature divine, cette théorie permet ainsi de préserver l'impassibilité et l'innocence du divin qui ne peut, par définition, être influencé par ce type de pratiques et, par conséquent, être tenu responsable de leurs résultats.

En ce qui concerne les ἐπῳδαί, qui comportent une rhétorique spécifique – des chants (μέλη) et des intonations (σιγμοί) spécifiques de la voix, ainsi que des positions (σχήματα) particulières du corps –, il est significatif que Plotin associe leur fonctionnement et l'effet qu'elles produisent à ceux des compositions musicales (μουσική) dont le charme est assimilable à une forme de γοητεία. Comme la musique, les ἐπῳδαί et les εὐχαί ne visent pas (et n'agissent pas sur) la προαίρεσις et le λόγος, mais l'âme irrationnelle, qui est « charmée » de cette manière en vertu d'un pouvoir de séduction qui trouve, par « sympathie », un écho spécifique dans sa nature, et auquel celui qui y cède consent tacitement sans solliciter sa raison :

> On trouve aussi une puissance d'attraction naturelle dans les incantations (ἐπῳδαί) qui font intervenir le chant (μέλος), dans l'intonation (ἠχή) particulière de celui qui s'y livre, et dans sa posture (σχῆμα), car des moyens de ce genre attirent, comme les font les postures et les intonations (σχήματα καὶ φθέγματα) qui suscitent la pitié. Le charme de la musique (μουσική) agit non pas sur le choix préalable (προαίρεσις) ou sur la raison (λόγος), mais sur l'âme irrationnelle (ἡ ἄλογος ψυχή) et une magie (γοητεία) de ce genre n'étonne pas. Bien plus, les gens aiment être enchantés, même si ce n'est pas vraiment ce qu'ils demandent à ceux qui font de la musique. Il ne faut pas non plus soutenir que les différentes prières (εὐχαί) sont exaucées à la suite d'un choix préalable, car ce n'est pas non plus ainsi que réagissent les gens qui sont sous le charme d'incantations (θελγόμενοι ταῖς ἐπῳδαῖς)[34].

---

34. *Ibid.*, 40, 20-28 : Πέφυκε δὲ καὶ ἐπῳδαῖς τῷ μέλει καὶ τῇ τοιᾷδε ἠχῇ καὶ τῷ σχήματι τοῦ δρῶντος· ἕλκει γὰρ τὰ τοιαῦτα, οἷον τὰ ἐλεεινὰ σχήματα καὶ φθέγματα. Οὐδὲ γὰρ ἡ προαίρεσις οὐδ' ὁ λόγος ὑπὸ μουσικῆς θέλγεται, ἀλλ' ἡ ἄλογος ψυχή, καὶ οὐ θαυμάζεται ἡ γοητεία ἡ τοιαύτη· καίτοι

Selon cette théorie qui n'a pas de précédent notable dans la tradition platonicienne, les incantations et les prières sont efficaces non par les contraintes qu'elles pourraient produire sur les êtres divins, mais en raison de la « sympathie » qui existe entre les différentes parties de l'univers – en l'occurrence, entre la nature de l'âme et une certaine structure mélodique, les inflexions de la voix, etc. – et que les incantations et les prières sont capables de mettre en mouvement.

Néanmoins, cette théorie n'exclut pas la possibilité que le destinataire des prières, en l'occurrence les astres, exerce une influence sur celui qui prie ou sur d'autres personnes, mais une telle influence, comme Plotin ne tardera pas à le préciser, n'a pas lieu comme effet de la prière et surtout elle est indépendante non seulement de l'âme rationnelle de l'orant, mais aussi de l'âme rationnelle des astres. Ces influences se produisent en effet de manière irrationnelle et sans προαίρεσις uniquement entre les parties inférieures, végétatives, des âmes (des astres, du monde ou individuelles) :

> – Pourtant, lorsqu'une prière lui est adressée, une influence vient de cet astre sur la personne qui prie ou sur une autre. – Le soleil et les autres astres n'en savent rien. Et ce pour quoi on prie se produit, parce qu'une partie de l'univers se trouve en sympathie avec une autre, comme dans une corde tendue. Car la corde mise en mouvement à partir du bas se trouve aussi en mouvement dans sa partie supérieure[35].
>
> Il s'ensuit que les astres n'ont besoin ni de mémoire – c'est pour en arriver à cette conclusion que les questions précédentes ont été traitées – ni de sensations remontant vers eux, et que ce n'est pas à la suite d'un choix préalable que sont exaucées les prières qu'on leur adresse, comme on le pense. Pourtant, il faut admettre ce qui suit : quelque chose vient des astres, qu'on leur adresse des prières ou non, car ce sont des parties et que ces parties appartiennent à un seul et même tout ; leurs puissances agissent dans beaucoup de cas indépendamment de tout choix préalable, par elles-mêmes, sans que personne n'intervienne et sans l'aide d'une technique, étant donné que ces puissances se trouvent dans un seul et même vivant[36].

φιλοῦσι κηλούμενοι, κἂν μὴ τοῦτο αἰτῶνται παρὰ τῶν τῇ μουσικῇ χρωμένων. Καὶ τὰς ἄλλας δὲ εὐχὰς οὐ τῆς προαιρέσεως ἀκουούσης οἰητέον· οὐδὲ γὰρ οἱ θελγόμενοι ταῖς ἐπῳδαῖς οὕτως.

35.   *Ibid.*, 40, 31-41, 4 : Ὅτι δ' ηὔξατο, ἦλθέ τι πρὸς αὐτὸν ἐξ ἐκείνου ἢ πρὸς ἄλλον. Ὁ δὲ ἥλιος ἢ ἄλλο ἄστρον οὐκ ἐπαίει. Καὶ γίνεται τὸ κατὰ τὴν εὐχὴν συμπαθοῦς μέρους μέρει γενομένου, ὥσπερ ἐν μιᾷ νευρᾷ τεταμένη· κινηθεῖσα γὰρ ἐκ τοῦ κάτω καὶ ἄνω ἔχει τὴν κίνησιν.

36.   *Ibid.*, 42, 1-7 : Ὥστε οὔτε μνήμης διὰ τοῦτο δεήσει τοῖς ἄστροις, οὗπερ χάριν καὶ ταῦτα πεπραγμάτευται, οὔτε αἰσθήσεων ἀναπεμπομένων· οὔτε ἐπινεύσεις τοῦτον τὸν τρόπον εὐχαῖς, ὡς οἴονταί τινες, προαιρετικάς τινας, ἀλλὰ καὶ μετ' εὐχῆς γίνεσθαί τι δοτέον καὶ εὐχῆς ἄνευ παρ' αὐτῶν,

La manière d'agir de ceux qui prononcent des incantations ou des prières ressemble non seulement à celle des musiciens, mais aussi à celle des médecins qui, par l'intermédiaire des remèdes qu'ils prescrivent, mettent en relation des éléments qui sont unis par une relation de « sympathie ». En fait, on peut affirmer qu'elle ressemble à tout procédé qui opère avec de similitudes et d'oppositions (tous les arts divinatoires, l'astrologie, l'alchimie, la poésie, etc.). Par ces procédés, certains éléments sont ainsi amenés à exercer une influence sur certains autres, mais de telles influences se produisent également de manière spontanée, sans qu'aucun procédé de ce genre n'intervienne, en vertu du réseau d'analogies qui existe dans la nature. Une prière ou une incantation ne ferait, en réalité, que multiplier des influences qui se sont déjà produites ou qui pourraient se produire indépendamment de l'intervention de celui qui prie ou qui prononce une incantation. De cette manière, même les méchants peuvent voir leurs prières exaucées, mais cela n'arrive que parce que, d'une part, les « sympathies » qu'elles mobilisent peuvent par elles-mêmes produire des effets avec ou sans prières, et, d'autre part, parce que celui qui prie est lui-même une partie d'un monde dont la structure interne rend d'emblée possible la réalisation des effets que ces prières visent :

> Enfin c'est par les techniques des médecins et des gens qui prononcent des incantations (τέχναι ἰατρῶν καὶ ἐπαοιδῶν) que telle chose est forcée de donner une partie de sa puissance à telle autre. Et dans la mesure où le monde dispense ses dons à ses parties, soit de sa propre initiative soit parce qu'un autre être attire cette influence sur une partie de lui, car il reste à la disposition de ses parties en vertu de sa nature, il s'ensuit qu'aucun de ceux qui lui adressent une prière (τοῦ αἰτοῦντος ὄντος) ne lui est étranger. S'il arrive que celui qui adresse une prière soit méchant, il ne faut pas s'en étonner. Les méchants puisent bien de l'eau aux fleuves, et le donateur ne sait pas à qui il donne ; il se borne à donner. De fait, le bénéficiaire fait lui aussi partie de l'ordonnancement du monde[37].

Cette théorie permet de préserver non seulement l'innocence des dieux auxquels les prières sont adressées, mais aussi celle du κόσμος et des astres.

ἢ μέρη καὶ ἑνός· καὶ ὅτι δυνάμεις καὶ χωρὶς προαιρέσεως πολλαὶ καὶ αὗται καὶ ἄνευ μηχανῆς καὶ μετὰ τέχνης, ὡς ἐν ζῴῳ ἑνί.

37. *Ibid.*, 42, 9-17 (traduction légèrement modifiée) : καὶ τέχναις ἰατρῶν καὶ ἐπαοιδῶν ἄλλο ἄλλῳ ἠναγκάσθη παρασχεῖν τι τῆς δυνάμεως τῆς αὑτοῦ. Καὶ τὸ πᾶν δὲ ὡσαύτως εἰς τὰ μέρη δίδωσι καὶ παρ' αὐτοῦ καὶ ἑλκύσαντος ἄλλου εἰς μέρος τι αὐτοῦ, κείμενον τοῖς αὑτοῦ μέρεσι τῷ αὑτοῦ φυσικῷ, ὡς μηδενὸς ἀλλοτρίου τοῦ αἰτοῦντος ὄντος. Εἰ δὲ κακὸς ὁ αἰτῶν, θαυμάζειν οὐ δεῖ· καὶ γὰρ ἐκ ποταμῶν ἀρύονται οἱ κακοί, καὶ τὸ διδὸν αὐτὸ οὐκ οἶδεν ᾧ δίδωσιν, ἀλλὰ δίδωσι μόνον· ἀλλ' ὅμως συντέτακται καὶ <ὃ> δέδοται τῇ φύσει τοῦ παντός·

En tant qu'êtres divins, ils ne sauraient être affectés par les prières en raison de l'impassibilité de la partie supérieure, divine et rationnelle, de leur âme. Pour autant que cette âme rationnelle reste tournée vers elle-même et ne se préoccupe pas de ce qui peut attirer les parties inférieures de l'âme, elle reste nécessairement insensible aux prières qui lui sont adressées. Les influences qui émanent des astres ne sont pas le résultat d'une délibération de leur âme rationnelle et se produisent indépendamment de celle-ci par l'intermédiaire de leur âme végétative. Êtres autonomes et parfaits, les astres restent corporellement et spirituellement intacts :

> Il faut donc se refuser à admettre que le monde (τὸ πᾶν) puisse subir une affection (πάσχειν). Ou plutôt il faut admettre que son principe directeur (τὸ ἡγεμονοῦν) est totalement impassible (ἀπαθές), et que, lorsque des affections surviennent dans certaines de ses parties, l'affection y vient bien, mais que, comme il n'y a rien en lui qui soit contre-nature (παρὰ φύσιν), le tout reste dépourvu d'affection pour autant qu'il reste tourné vers lui-même (ὡς πρὸς αὐτὸ εἶναι).
>
> En effet, dans la mesure où ce sont des parties (μέρη), les astres peuvent subir des affections ; pourtant, ils restent impassibles parce que leurs choix préalables (προαιρέσεις) qui sont aussi les leurs ne peuvent être affectés, et parce que leurs corps, c'est-à-dire leurs natures, restent exemptes de dommage (ἀβλαβεῖς) ; même si par l'intermédiaire de leur âme ils communiquent quelque chose d'eux-mêmes, leur âme n'en est pas amoindrie et leurs corps restent les mêmes[38].

Dans la dernière partie du traité 28 (chap. 43 et 44), Plotin tire les conséquences que cette théorie a sur la manière dont le sage (σπουδαῖος) peut ou non être affecté par tout ce qui relève de la γοητεία. Par la partie rationnelle de son âme (τὸ λογικόν), il reste impassible et immuable, alors que son âme irrationnelle est exposée nécessairement aux affections. Dans la mesure où il est qualifié de σπουδαῖος en raison précisément de l'exercice naturel de son âme rationnelle (la θεωρία), on peut affirmer que le σπουδαῖος ne peut être, par définition, affecté par la γοητεία[39]. En revanche, toute personne qui est engagée

---

38. *Ibid.*, 42, 19-28 : Οὔκουν δοτέον τὸ πᾶν πάσχειν· ἢ τὸ μὲν ἡγεμονοῦν αὐτοῦ ἀπαθὲς δοτέον πάντη εἶναι, γιγνομένων δὲ παθῶν ἐν μέρεσιν αὐτοῦ ἐκείνοις μὲν ἥκειν τὸ πάθος, παρὰ φύσιν δὲ μηδενὸς αὐτῷ ὄντος ἀπαθὲς [τὸ γενόμενον] ὡς πρὸς αὐτὸ εἶναι. Ἐπεὶ καὶ τοῖς ἄστροις, καθόσον μὲν μέρη, τὰ πάθη, ἀπαθῆ μέντοι αὐτὰ εἶναι τῷ τε τὰς προαιρέσεις καὶ αὐτοῖς ἀπαθεῖς εἶναι καὶ τὰ σώματα αὐτῶν καὶ τὰς φύσεις ἀβλαβεῖς ὑπάρχειν καὶ τῷ, καὶ εἰ διὰ τῆς ψυχῆς τι διδόασι, μὴ ἐλαττοῦσθαι αὐτοῖς τὴν ψυχὴν καὶ τὰ σώματα αὐτοῖς τὰ αὐτὰ μένειν.

39. Cela est bien illustré par un épisode fameux de la *Vie de Plotin* par PORPHYRE (10, 1-9), où il est question d'une opération de magie astrale à laquelle Plotin est soumis par envie par un de

dans la πρᾶξις et, de ce fait, volontairement assujettie au κόσμος, reste soumise à l'influence de la « magie » qu'exercent sur lui les choses avec lesquelles elle entre en contact :

> Comment le sage (σπουδαῖος) peut-il être affecté par la magie (γοητεία) et par les philtres (φάρμακα) ? – En son âme, il ne peut subir aucune affection sous l'influence de la magie : ce qui est en lui rationnel (τὸ λογικόν) ne subit pas d'affection. Il ne peut non plus changer d'opinion. Mais c'est en vertu de ce qui en lui appartient au monde et est irrationnel (ἄλογον) qu'il subit des affections ; il vaut mieux dire que c'est cela qui subit des affections[40]. [...] Toute chose qui se trouve en rapport avec autre chose peut subir l'influence magique (γοητεύεται) de cette autre chose, car ce avec quoi elle se trouve en rapport exerce sur elle une influence magique (γοητεύει) et l'entraîne. Seul ce qui n'a de rapport qu'avec soi-même échappe à toute influence magique (μόνον δὲ τὸ πρὸς αὑτὸ ἀγοήτευτον). Voilà pourquoi est susceptible de tomber sous l'influence de la magie (γεγοήτευται) toute activité pratique (πᾶσα πρᾶξις) et la vie toute entière de l'homme d'action[41].

On comprend de ce passage que le σπουδαῖος, à l'instar de tout être divin, ne saurait exaucer des demandes étrangères au mode de vie qui lui est propre, qui est la contemplation (θεωρία). Dès lors, il reste naturellement impassible à

---

ses confrères : Τῶν δὲ φιλοσοφεῖν προσποιουμένων Ὀλύμπιος Ἀλεξανδρεύς, Ἀμμωνίου ἐπ᾽ ὀλίγον μαθητὴς γενόμενος, καταφρονητικῶς πρὸς αὐτὸν ἔσχε διὰ φιλοπρωτίαν· ὃς καὶ οὕτως αὐτῷ ἐπέθετο, ὥστε καὶ ἀστροβολῆσαι αὐτὸν μαγεύσας ἐπεχείρησεν. Ἐπεὶ δὲ εἰς ἑαυτὸν στρεφομένην ᾔσθετο τὴν ἐπιχείρησιν, ἔλεγε πρὸς τοὺς συνήθεις μεγάλην εἶναι τὴν τῆς ψυχῆς τοῦ Πλωτίνου δύναμιν, ὡς ἀποκρούειν δύνασθαι τὰς εἰς ἑαυτὸν ἐπιφορὰς εἰς τοὺς κακοῦν αὐτὸν ἐπιχειροῦντας. « L'un de ceux qui voulaient passer pour philosophes, Olympius d'Alexandrie, qui fut un temps l'élève d'Ammonius, eut à l'égard de Plotin une attitude méprisante parce qu'il ambitionnait la première place ; il en vint même à l'attaquer, si vivement qu'il entreprit de précipiter sur lui, par des pratiques magiques, l'influence des astres. Mais, sentant que l'entreprise se retournait contre lui-même, il dit à ses familiers que si grande était la puissance de l'âme de Plotin qu'il pouvait détourner les attaques dirigées contre lui sur ceux qui entreprenaient de lui faire du mal ». Sur cet épisode, voir L. BRISSON, « Plotin et la magie... », p. 465-468.

40. PLOTIN 28 (IV 4), 43, 1-5 (traduction L. Brisson et J.-F. Pradeau légèrement modifiée) : Ὁ δὲ σπουδαῖος πῶς ὑπὸ γοητείας καὶ φαρμάκων ; Ἡ τῇ μὲν ψυχῇ ἀπαθὴς εἰς γοήτευσιν, καὶ οὐκ ἂν τὸ λογικὸν αὐτοῦ πάθοι, οὐδ᾽ ἂν μεταδοξάσειε· τὸ δὲ ὅσον τοῦ παντὸς ἐν αὐτῷ ἄλογον, κατὰ τοῦτο πάθοι ἄν, μᾶλλον δὲ τοῦτο πάθοι ἄν·

41. Ibid., 43, 16-19 : Πᾶν γὰρ τὸ πρὸς ἄλλο γοητεύεται ὑπ᾽ ἄλλου· πρὸς ὃ γάρ ἐστιν, ἐκεῖνο γοητεύει καὶ ἄγει αὐτό· μόνον δὲ τὸ πρὸς αὑτὸ ἀγοήτευτον. Διὸ καὶ πᾶσα πρᾶξις γεγοήτευται καὶ πᾶς ὁ τοῦ πρακτικοῦ βίος. Cf. ibid. 44, 1-3 : Μόνη δὲ λείπεται ἡ θεωρία ἀγοήτευτος εἶναι, ὅτι μηδεὶς πρὸς αὑτὸν γεγοήτευται· εἰς γάρ ἐστι, καὶ τὸ θεωρούμενον αὐτός ἐστι. « Seule la contemplation échappe aux influences magiques, parce que celui qui est tourné vers lui-même ne peut subir d'influences magiques. Car il reste un et ce qu'il contemple c'est lui-même ».

toute demande qui relève de la « vie pratique » qui lui est adressée. Si une telle demande s'accomplit pour autant, cela se produit nécessairement en vertu de la loi de la « sympathie » qui gouverne le monde d'ici-bas ; le σπουδαῖος, ainsi que les dieux n'en sont ni conscients, ni responsables.

Si le σπουδαῖος n'est pas sensible à ce genre de prières, il est évident qu'il ne saurait, à son tour, les adresser aux dieux. Dans ces conditions, est-ce qu'il a encore besoin de prier et, si c'est le cas, quelle espèce de prière pourrait-il adresser aux dieux ? Le sous-chapitre suivant porte sur cette question.

3. Prier et attendre Dieu

Plotin n'est certainement pas le premier philosophe platonicien à avoir cherché à définir, par opposition à la prière pétitionnaire traditionnelle – qui relève, selon sa conception, de la γοητεία –, une forme philosophique de prière. Une tradition qui commence avec Platon lui-même et qui va jusqu'à Maxime de Tyr, avait frayé le chemin d'une telle recherche. En poursuivant un objectif similaire, Plotin rompt cependant avec cette tradition, en formulant sa définition de la prière philosophique d'une manière radicalement différente par rapport à ses prédécesseurs. Il existe néanmoins dans les *Ennéades* des traces d'une forme de prière avec de notables précédents dans les dialogues platoniciens qui, sans relever de la γοητεία, a néanmoins un caractère assez traditionnel. C'est sur cette forme de prière qu'on s'arrêtera d'abord avant d'examiner ce que peut désigner la prière philosophique dans la conception plotinienne.

L'invocation sans paroles de l'Un

Dans le traité 10 (V, 1), Plotin clarifie pour la première fois la nature des relations qui lient les trois principes, l'Un, l'Intellect et l'Âme, en examinant la question relative à la manière dont les réalités procèdent, en ordre progressif, de l'Un, le premier principe de toutes choses. Avant de procéder à une enquête d'une telle difficulté, Plotin convie son lecteur à adresser une prière à ce premier principe dont on veut investiguer comment les autres réalités dérivent :

> Comment se fait-il que l'Un au contraire ne soit pas resté en lui-même et qu'une si grande multiplicité soit surgie de lui, cette multiplicité que l'on voit dans les choses qui sont et que nous avons raison, pensons-nous, de ramener à lui ? Abordons ces questions, en invoquant d'abord le dieu lui-même (θεὸν αὐτὸν ἐπικαλεσαμένοις), non pas en ayant recours au langage (οὐ λόγῳ γεγωνῷ), mais en sortant de nous-mêmes au moyen de notre âme pour lui

adresser une prière (εὐχή) ; c'est ainsi que nous pourrons le prier (εὔχεσθαι) seul à seul[42].

Invoquer le dieu avant de se lancer dans une entreprise et surtout avant de composer un discours était une chose habituelle en Grèce ancienne et Platon a hérité de cette tradition, comme on l'a vu, dans le *Timée* (27 c). Le contexte de l'invocation plotinienne est d'ailleurs comparable à l'invocation du *Timée* dans la mesure où dans les deux cas il s'agit d'une prière qui précède une cosmogonie philosophique. Si la prière du *Timée* a pu servir de modèle à l'invocation plotinienne, cette dernière s'en distingue pourtant par un trait essentiel : à la différence de la prière du *Timée*, la prière adressée à l'Un n'est pas une prière articulée. Elle est l'expression d'une tension de l'âme qui se tourne sans rêlache vers l'Un et est d'ordre purement intellectif[43].

On retrouve une telle conception de la prière également chez Clément d'Alexandrie[44], mais la conception d'un langage intellectif assimilé à la θεωρία est déjà attestée chez Philon et Plutarque. Chez Philon, elle apparaît dans l'interprétation théologique du culte sacrificiel du temple de Jérusalem[45], en relation avec l'importance du silence dans les rites accomplis dans le Saint des Saints par le grand prêtre :

---

42. PLOTIN 10 (V, 1), 6, 4-11 (trad. F. Fronterotta) : πῶς ἐξ ἑνὸς τοιούτου ὄντος, οἷον λέγομεν τὸ ἓν εἶναι, ὑπόστασιν ἔσχεν ὁτιοῦν εἴτε πλῆθος εἴτε δυὰς εἴτε ἀριθμός, ἀλλ᾽ οὐκ ἔμεινεν ἐκεῖνο ἐφ᾽ ἑαυτοῦ, τοσοῦτον δὲ πλῆθος ἐξερρύη, ὃ ὁρᾶται μὲν ἐν τοῖς οὖσιν, ἀνάγειν δὲ αὐτὸ πρὸς ἐκεῖνο ἀξιοῦμεν. Ὧδε οὖν λεγέσθω θεὸν αὐτὸν ἐπικαλεσαμένοις οὐ λόγῳ γεγωνῷ, ἀλλὰ τῇ ψυχῇ ἐκτείνασιν ἑαυτοὺς εἰς εὐχὴν πρὸς ἐκεῖνον, εὔχεσθαι τοῦτον τὸν τρόπον δυναμένους μόνους πρὸς μόνον. Pour d'autres exemples d'invocation de la divinité, voir 8 (IV, 9), 4, 6-7, où il est question de comprendre l'unité de l'Âme, et 45 (III, 7), 11, 6, où il s'agit d'examiner l'origine du temps.

43. En ce sens, toute la philosophie plotinienne peut être assimilée à une prière, comme le remarquait à juste titre A. H. ARMSTRONG à propos de ce passage, « the only explicit reference to genuine prayer in Plotinus (though his whole philosophy is prayer in this sense) » (note *ad locum* dans le t. 5 de la traduction Loeb).

44. CLÉMENT D'ALEXANDRIE, *Stromate* VII, 7, 43, 5, p. 150 et 37, 2-5, p. 134-136 LE BOULLUEC ; voir *supra*, p. 100. Cette idée sera reprise par Évagre, qui définit la prière comme ἀνάβασις vers Dieu, formule utilisée également, de manière sporadique, par ORIGÈNE (par exemple *Contre Celse* IV, 26 ; cf. L. PERRONE, *La preghiera secondo Origene*, p. 276-281). Sur la prière chez Évagre, voir B. BITTON-ASHKELONY, « The Limit of the Mind... », p. 296-308 ; D. SPERBER-HARTMANN, *Das Gebet als Aufstieg zu Gott. Untersuchungen zur Schrift* de ora-tione *des Evagrius Ponticus*, Frankfurt a.M. *et al.*, 2011 ; C. STEWART, « Imageless Prayer and the Theological Prayer in Evagrius », *Journal of Early Christian Studies* 9, 2001, p. 173-204.

45. Sur cette question, voir en général V. NIKIPROWETZSKY, « La spiritualisation des sacri-fices et le culte sacrificiel au temple de Jérusalem chez Philon d'Alexandrie », *Semitica*, 17, 1967, p. 97-116.

Tu vois bien que même le grand-prêtre, c'est-à-dire le Verbe, ne peut vivre et demeurer tout le temps au contact des saintes vérités, et qu'il n'a pas reçu la permission de s'approcher d'elles en toute occasion, mais tout juste une fois par an [cf. *Lév.* XVI, 2 and 34] ; car ce qui s'exprime à l'aide de la parole proférée n'est pas sûr, puisque c'est une dualité, mais la contemplation (θεωρεῖν) silencieuse (ἄνευ φωνῆς) de l'Être, par l'âme seule, est solidement établie, puisqu'elle repose sur l'unité indivisible[46].

Chez Plutarque, cette conception est formulée en relation avec la question de la manière dont Socrate communique avec son δαίμων :

Chez Socrate, au contraire, l'intellect (ὁ νοῦς), pur et exempt de passions, n'ayant guère de commerce avec le corps que pour les besoins indispensables, avait assez de sensibilité et de finesse pour réagir immédiatement à l'objet qui venait le frapper. Et cet objet n'était vraisemblablement pas un langage articulé (φθόγγος), mais la pensée (λόγος) d'un *daimōn* qui, sans le truchement d'une voix (ἄνευ φωνῆς), entrait directement en contact avec son intellect. En effet, le son de la voix ressemble à un coup (πληγή) qui, par l'organe de l'ouïe, fait passer jusqu'à l'âme les paroles que nous prononçons dans la conversation, la contraignant à les recevoir, mais l'intellect de l'être supérieur (ὁ τοῦ κρείττονος νοῦς) conduit une âme bien douée simplement en l'effleurant par la pensée qu'il a conçue, car cette âme n'a pas besoin d'un coup qui la frappe[47].

---

46. PHILON, *De gigantibus* 52 (trad. A. Mosès) : ὁρᾷς ὅτι οὐδὲ ὁ ἀρχιερεὺς λόγος ἐνδιατρίβειν ἀεὶ καὶ ἐνσχολάζειν τοῖς ἁγίοις δόγμασι δυνάμενος ἄδειαν ἔσχηκεν ἀνὰ πάντα καιρὸν πρὸς αὐτὰ φοιτᾶν, ἀλλ᾽ ἅπαξ δι᾽ ἐνιαυτοῦ μόλις ; τὸ μὲν γὰρ μετὰ λόγου τοῦ κατὰ προφορὰν οὐ βέβαιον, ὅτι δυάς, τὸ δ᾽ ἄνευ φωνῆς μόνῃ ψυχῇ τὸ ὂν θεωρεῖν ἐχυρώτατον, ὅτι κατὰ τὴν ἀδιαίρετον ἵσταται μονάδα. Cf. *De plantatione* 126. Sur le thème du silence chez Philon, voir O. CASEL, *De philosophorum graecorum silentio mystico*, Giessen, 1919, p. 72-86 ; K. SCHNEIDER, *Die schweigenden Götter. Eine studie zur Gottesvorstellung des religiösen Platonismus*, Hildesheim, 1966, p. 76-84. En général sur la prière silencieuse dans l'Antiquité, voir S. SUDHAUS, « Lautes und leises Beten », *Archiv für Religionswissenschaft* 9, 1906, p. 185-200 ; H. S. VERSNEL, « Religious mentality... », p. 26-37 ; P. W. VAN DER HORST, « Silent prayer in Antiquity », *Numen* 41, 1994, p. 1-25 ; B. BITTON-ASHKELONY, « 'More interior than the lips and the tongue' : John of Apamea and silent prayer in Late Antiquity », *Journal of Early Christian Studies* 20, 2012, p. 303-331. À Rome, la prière silencieuse était en général jugée comme suspecte, voire illicite (les *tacitae praeces* relèvent du domaine de la magie ; cf. APULÉE, *Apologie* 54, 7) ; voir G. FREYBURGER, « Prière et magie à Rome ». La prière romaine traditionnelle, même privée, se faisait à voix plus ou moins haute et était publique. C'est l'époque de Sénèque qui semble marquer un tournant dans la généralisation de la prière muette (voir J. CHAMPEUX, « La prière du Romain » ; G. FREYBURGER, « Prière silencieuse... »).

47. PLUTARQUE, *Sur le daimôn de Socrate* 588 D-E (trad. J. Hani) : Σωκράτει δ᾽ ὁ νοῦς καθαρὸς ὢν καὶ ἀπαθής, τῷ σώματι [μὴ] μικρὰ τῶν ἀναγκαίων χάριν καταμιγνὺς αὑτόν, εὐαφὴς ἦν καὶ λεπτὸς ὑπὸ τοῦ προσπεσόντος ὀξέως μεταβαλεῖν· τὸ δὲ προσπῖπτον οὐ φθόγγον ἀλλὰ λόγον ἄν τις εἰκάσειε

Dans ce passage, Plutarque opère une distinction entre la φωνή, associée
– selon une conception platonicienne à l'origine (*Timée* 67 b) mais qui fut
adoptée par le stoïcisme[48] – à un « coup » (πληγή) produit par l'air en mouvement, et une forme de langage intellectif par laquelle le νοῦς du δαίμων effleure
(ἐπιθιγγάνειν) et dirige le νοῦς de Socrate[49]. Cette forme de communication
peut se produire seulement dans les conditions où l'âme s'est préalablement
détachée de passions et de tout ce qui la lie au monde sensible, en devenant
ainsi capable de recevoir les messages envoyés par le δαίμων. À la différence de
Philon, Plutarque n'assimile pourtant pas cette espèce de langage intellectif
à la prière.

Les exemples de Philon et de Plutarque montrent que la conception d'un
langage intellectif non articulé était déjà développée au moment où Plotin
s'en sert pour définir cette espèce particulière de prière par laquelle la partie
supérieure de l'âme entre en contact avec l'Un.

L'invocation de l'Intellect

La prière à laquelle Plotin fait allusion dans le traité 10 a beau avoir pour
modèle la prière préalable du *Timée*, elle ne peut être cependant qualifiée de
« prière » que dans un registre métaphorique, pour désigner quelque chose
de très différent par rapport à ce que la notion d'εὐχή désigne couramment,
à savoir la contemplation, sans paroles, des réalités premières par l'âme rationnelle qui se tourne de toutes ses forces vers son principe. Cette nouvelle
définition de la prière aura une fortune considérable dans le néoplatonisme
post-plotinien.

On aurait tort cependant si l'on en déduisait que la prière plotinienne
serait, par définition, une prière qui excède le registre du langage et qui ne
peut, de ce fait, être qualifiée comme telle qu'à titre métaphorique. Le passage

---

δαίμονος ἄνευ φωνῆς ἐφαπτόμενον αὐτῷ τῷ δηλουμένῳ τοῦ νοοῦντος. πληγῇ γὰρ ἡ φωνὴ προσέοικε
τῆς ψυχῆς δι' ὤτων βίᾳ τὸν λόγον εἰσδεχομένης, ὅταν ἀλλήλοις ἐντυγχάνωμεν· ὁ δὲ τοῦ κρείττονος
νοῦς ἄγει τὴν εὐφυᾶ ψυχὴν ἐπιθιγγάνων τῷ νοηθέντι πληγῆς μὴ δεομένην. A. LE BOULLUEC (« Les
réflexions de Clément... », p. 400) estime que cette théorie est à la base de la conception de
Clément d'Alexandrie sur la prière comme entretien (ὁμιλία) intellectif avec Dieu.

48.   Voir J. MANSFELD, « 'Illuminating what is Thought'. A Middle Platonist *placitum* on
'Voice' in Context », *Mnemosyne* 58, 2005, p. 385-390.

49.   Sur cette distinction et la définition du langage démonique, voir A. TIMOTIN, *La démonologie platonicienne*, p. 245-249. Sur la fortune de cette définition dans le néoplatonisme,
voir notre étude « La voix des démons dans la tradition médio- et néoplatonicienne », dans
L. SOARES SANTOPRETE, Ph. HOFFMANN (éd.), *Langage des dieux, langage des démons, langage des hommes dans l'Antiquité*, RRR 26, Turnhout, 2017, p. 137-152.

du traité 10 n'est pas le seul texte plotinien qui fasse allusion à une invocation des premiers principes. Une telle invocation est également envisagée dans le traité 31 (V, 8), qui traite de la nature de l'Intellect et de l'Un, où elle fait partie d'un véritable « exercice spirituel » destiné à rendre perceptible à l'âme les réalités qui lui sont supérieures. Dans ce contexte, Plotin ne déclare pas que cette invocation se passe du langage et rien n'autorise, en fait, une telle hypothèse. Examinons de près ce texte remarquable à plusieurs titres :

> Ce monde donc, saisissons-le par la pensée discursive (διανοία), en chacune de ses parties (chacune restant ce qu'elle est sans se confondre avec les autres), en les prenant toutes ensemble pour les unifier autant que possible, de sorte que, dès que l'une apparaît, – par exemple la sphère qui se trouve à la périphérie du monde –, alors on se représente immédiatement le soleil, et avec lui les autres astres, et l'on voit la Terre, la mer et tous les vivants, comme dans une sphère transparente à travers laquelle il serait réellement possible de tout voir. Forme donc en ton âme la représentation lumineuse (φωτεινή τις φαντασία) d'une sphère qui contient toutes choses, aussi bien celles qui sont en mouvement que celles qui sont en repos, ou mieux les unes en mouvement et les autres en repos.
>
> Tout en conservant cette représentation, formes-en une autre en toi-même dont tu retrancheras la masse. Retranche également les lieux et la représentation que tu as formée en toi de la matière, sans essayer de prendre une sphère plus petite en masse que la précédente, mais en invoquant le dieu (θεὸν... καλέσας) qui a produit la sphère dont tu as la représentation et prie-le de venir (εὔξαι ἐλθεῖν). Et puisse-t-il venir en apportant le monde qui est le sien avec tous les dieux qui s'y trouvent, ce dieu qui est un et est tous les dieux à la fois (εἷς ὢν καὶ πάντες)[50].

Dans ce passage, Plotin présente à titre exceptionnel – il s'agit, en effet, d'un des rares textes de ce genre dans les *Ennéades* – le contenu d'une expérience spirituelle par laquelle l'âme se prépare à recevoir la révélation des réalités supérieures. Cet exercice débute par une représentation imagée de

---

50. PLOTIN 31 (V, 8), 9, 1-16 (traduction J. Laurent modifiée) : Τοῦτον τοίνυν τὸν κόσμον, ἑκάστου τῶν μερῶν μένοντος ὅ ἐστι καὶ μὴ συγχεομένου, λάβωμεν τῇ διανοίᾳ, εἰς ἓν ὁμοῦ πάντα, ὡς οἷόν τε, ὥστε ἑνὸς ὁτουοῦν προφαινομένου, οἷον τῆς ἔξω σφαίρας οὔσης, ἀκολουθεῖν εὐθὺς καὶ τὴν ἡλίου καὶ ὁμοῦ τῶν ἄλλων ἄστρων τὴν φαντασίαν, καὶ γῆν καὶ θάλασσαν καὶ πάντα τὰ ζῷα ὁρᾶσθαι, οἷον ἐπὶ σφαίρας διαφανοῦς καὶ ἔργῳ ἂν γένοιτο πάντα ἐνορᾶσθαι. Ἔστω οὖν ἐν τῇ ψυχῇ φωτεινή τις φαντασία σφαίρας ἔχουσα πάντα ἐν αὐτῇ, εἴτε κινούμενα εἴτε ἑστηκότα, ἢ τὰ μὲν κινούμενα, τὰ δ' ἑστηκότα. Φυλάττων δὲ ταύτην ἄλλην παρὰ σαυτῷ ἀφελὼν τὸν ὄγκον λάβε· ἄφελε δὲ καὶ τοὺς τόπους καὶ τὸ τῆς ὕλης ἐν σοὶ φάντασμα, καὶ μὴ πειρῶ αὐτῆς ἄλλην σμικροτέραν λαβεῖν τῷ ὄγκῳ, θεὸν δὲ καλέσας τὸν πεποιηκότα ἧς ἔχεις τὸ φάντασμα εὔξαι ἐλθεῖν. Ὁ δὲ ἥκοι τὸν αὐτοῦ κόσμον φέρων μετὰ πάντων τῶν ἐν αὐτῷ θεῶν εἷς ὢν καὶ πάντες.

l'ensemble du κόσμος avec ses différentes parties par la διανοία – ce mode de pensée qui permet de saisir les choses dans leur succession –, pour les unifier ensuite par l'intellect (νοῦς), dans une représentation globale où toutes choses sont maintenant saisies d'un seul coup. Cette représentation (φαντασία) prend la forme d'une sphère (σφαῖρα) transparente et lumineuse (φωτεινή) qui englobe tout et où toutes choses sont détachées de leur emplacement dans le temps. Cette représentation correspond à l'Être[51].

L'étape suivante de cet exercice mental consiste à retrancher la masse (ὄγκος), le lieu (τόπος) et la matière (ὕλη) de cette représentation qui est ainsi réduite à l'image d'un objet idéal sans déterminations, qui correspond à l'Intellect (Νοῦς). S'étant ainsi imprégnée de cette image mentale du Νοῦς divin, complètement détachée de tout élément sensible, l'âme rationnelle sera préparée à recevoir « le dieu (θεός) qui a produit la sphère », c'est-à-dire le Νοῦς, en le priant de venir (εὔξαι ἐλθεῖν). Le dieu qu'elle invoque est « un et tous les dieux à la fois » (εἷς ὢν καὶ πάντες), formule qui désigne l'unité de l'un et du multiple de la seconde hypothèse du *Parménide* (144 e), et qui correspond précisément au Νοῦς[52]. L'invocation dont il est question dans ce passage représente une prière verbalisée qui exprime ainsi une requête particulière, le désir de bénéficier d'une révélation de la divinité[53].

---

51.   Comme le montre bien un passage du traité 10 (V, 1), 8, 15-20, où l'Être qui « contient toute chose en son enveloppe » (πάντα ἔχει περιειλημμένα) est comparé à la « masse d'une sphère » (ὄγκῳ σφαίρας), expression que Plotin emprunte à PARMÉNIDE (DK 28 B 8, 43).

52.   Cf. PLOTIN 10 (V, 1), 8, 22-26 (trad. F. Fronterotta) : Ἓν δὲ λέγων ἐν τοῖς ἑαυτοῦ συγγράμμασιν [PARMÉNIDE DK 28 B 8, 6] αἰτίαν εἶχεν ὡς τοῦ ἑνὸς τούτου πολλὰ εὑρισκομένου. Ὁ δὲ παρὰ Πλάτωνι Παρμενίδης ἀκριβέστερον λέγων διαιρεῖ ἀπ' ἀλλήλων τὸ πρῶτον ἕν, ὃ κυριώτερον ἕν, καὶ δεύτερον ἓν πολλὰ λέγων [PLATON, *Parménide* 144 e], καὶ τρίτον ἓν καὶ πολλά [PLATON, *Parménide* 155 e]. « En l'appelant 'un' dans ses écrits, il [*scil.* Parménide] s'exposait à la critique, car cet un se révèle multiple. En revanche, le Parménide de Platon s'exprime de manière plus précise, car il distingue l'un de le premier Un, qui est un au sens propre, le deuxième, qu'il appelle 'un-plusieurs', et le troisième, qui est 'un et plusieurs' ». Sur ἕν ἐστι τὰ πάντα dans la philosophie et la religion anciennes, voir E. NORDEN, *Agnostos Theos. Untersuchungen zur Formengeschichte religiöser Rede*, Leipzig, 1913, p. 246-250 ; A.-J. FESTUGIÈRE, *La Révélation d'Hermès...*, t. IV, p. 66-70 [p. 1492-1496].

53.   Des invocations de ce type, où la divinité, après avoir été invoquée par ses attributs théologiques, est priée de « venir » (ἐλθεῖν), sont attestées dans la tradition hermétique ; voir A.-J. FESTUGIÈRE, *La Révélation d'Hermès...*, t. I, p. 312-316 [p. 296-300]. Cf. aussi C. AUSFELD, « De Graecorum precationibus questiones », *Jahrbuch für klassische Philologie*, Suppl. Bd. 28, 1903, p. 516-517 ; K. ZIEGLER, *De precationum...*, p. 38.

La révélation de l'Intellect et de l'Un

Le passage sur la prière du traité 10 a pu déjà suggérer que la révélation pour laquelle l'âme s'est préparée et dont elle invoque la présence survient sous la forme d'une lumière (φῶς) sans déterminations au moment où l'âme rationnelle, détachée du corps et du monde sensible, se retire sur soi-même. Un passage clé du traité 32 sur la manière dont l'Intellect se révèle au νοῦς individuel (à l'âme rationnelle donc) renforce cette impression et permet de la préciser[54]. La φῶς pure qui apparaît au νοῦς replié sur soi-même survient soudainement (ἐξαίφνης) de nulle part[55] ; elle ne vient, en effet, ni de l'extérieur (ἔξωθεν), ni de l'intérieur (ἔνδον), car elle est présente partout. C'est pourquoi elle ne doit pas être cherchée, mais attendue tranquillement après s'être préalablement préparé à la recevoir :

> Ainsi donc, l'intellect (νοῦς) aussi, lorsqu'il se cache à lui-même les autres choses, qu'il se replie vers l'intérieur (συναγαγὼν εἰς τὸ εἴσω) et qu'il ne voit rien sauf une lumière (φῶς) qui n'est ni différente de lui ni en autre chose, mais une lumière par soi, isolée, pure, qui apparaît soudainement de soi-même (ἐφ' αὑτοῦ ἐξαίφνης φανέν), de sorte que l'Intellect se demande d'où elle apparaît, si c'est de l'extérieur ou de l'intérieur (ἔξωθεν ἢ ἔνδον), et que, une fois que cette lumière a disparu, il déclare : 'elle à la fois était et n'était pas à l'intérieur ». Il ne faut donc pas chercher d'où elle vient, car elle n'a pas d'origine : elle ne vient ni ne va nulle part, mais apparaît et n'apparaît pas (φαίνεταί τε καὶ οὐ φαίνεται). C'est pourquoi il faut non pas la poursuivre (οὐ χρὴ διώκειν), mais rester tranquille (ἡσυχῇ μένειν) jusqu'à ce qu'elle apparaisse, après s'être soi-même préparé à la contempler, comme l'œil qui attend

---

54. D'autres passages qui présentent l'union de l'âme avec l'Intellect ont été étudiés par P. Hadot, « L'union de l'âme avec l'intellect divin dans l'expérience mystique plotinienne », dans G. Boss, G. Seel (éd.), *Proclus et son influence*. Actes du colloque de Neuchâtel (juin 1985), Zurich, 1987, p. 3-27. La pertinence de la notion de « mystique » en contexte plotinien a pourtant été remise en question par L. Brisson, « Peut-on parler d'union mystique chez Plotin ? », dans A. Dierkens, B. Beyer de Ryke (éd.), *Mystique : la passion de l'Un, de l'Antiquité à nos jours*, Bruxelles, 2005, p. 61-72, en soulignant, d'une part, le fait que les réalités ne sont pas séparées de la cause dont elles procèdent et, d'autre part, le caractère objectif de la remontée de l'âme vers l'Intellect et de là vers l'Un.

55. L'ἐξαίφνης de cette expérience rappelle celui de l'illumination dans le *Banquet* 210 e et la *Lettre VII* 341 d. La soudaineté marque le caractère exceptionnel de cette expérience à laquelle l'âme ne peut avoir accès que de manière exceptionnelle et intermittente dans la mesure où elle actualise une virtualité qui lui est propre. Les modalités de cette actualisation sont très clairement exposées par P. Hadot, « L'union de l'âme... », p. 25-27 ; cf. Plotin, *Traité 38 (VI, 7)*, introduction, traduction, commentaire et notes par P. Hadot, Paris, 1988, p. 58-66.

le lever du soleil. Le soleil qui s'élève au-dessus de l'horizon – hors de l'océan, disent les poètes [*Il.* VII, 421][56] –, s'offre au regard pour être contemplé[57].

Il est remarquable que l'expérience décrite par Plotin dans ce passage soit associée à la contemplation du lever du soleil, expérience dont on a déjà souligné la coloration platonicienne[58].

La suite du passage du traité 32 expose, après la révélation de l'Intellect, l'apparition indicible de l'Un :

> – Mais celui que le soleil imite, d'où s'élèvera-t-il ? Au-dessus de quoi apparaîtra-t-il ? – Eh bien, il s'élève au-dessus de l'Intellect qui le contemple. Car l'Intellect (νοῦς) restera immobile dans sa contemplation, puisqu'il ne regarde vers rien d'autre que le Beau, qu'il se tourne tout entier vers là-bas et s'y donne tout entier. Puisqu'il reste immobile et qu'il se remplit, pour ainsi dire, de force, il constate d'abord qu'il devient lui-même plus beau et qu'il brille, car il s'est approché du Beau. Mais le Beau ne vient pas à la manière de quelqu'un qu'on attend : il est venu comme s'il ne venait pas (ἦλθεν ὡς οὐκ ἐλθών). Car il est vu comme n'étant pas venu, parce qu'il est présent avant toutes choses, avant même que l'Intellect ne vienne. C'est en effet l'Intellect qui vient, et c'est aussi l'Intellect qui s'en va, parce qu'il ne sait pas où il doit rester et où le Beau se trouve, car ce dernier n'est en rien[59].

---

56. Sur cette citation d'Homère par Plotin, voir V. Cilento, « Mito e poesia nelle Enneadi di Plotino », dans *Les Sources de Plotin*, Entretiens sur l'Antiquité classique, 5, Vandoeuvres-Genève, 1957, p. 286.

57. Plotin 32 (V, 5), 7, 31-38, 7 (traduction R. Dufour légèrement modifiée) : Οὕτω δὴ καὶ νοῦς αὑτὸν ἀπὸ τῶν ἄλλων καλύψας καὶ συναγαγὼν εἰς τὸ εἴσω μηδὲν ὁρῶν θεάσεται οὐκ ἄλλο ἐν ἄλλῳ φῶς, ἀλλ᾽ αὐτὸ καθ᾽ ἑαυτὸ μόνον καθαρὸν ἐφ᾽ αὑτοῦ ἐξαίφνης φανέν, ὥστε ἀπορεῖν ὅθεν ἐφάνη, ἔξωθεν ἢ ἔνδον, καὶ ἀπελθόντος εἰπεῖν « ἔνδον ἄρα ἦν καὶ οὐκ ἔνδον αὖ ». Ἡ οὐ δεῖ ζητεῖν πόθεν· οὐ γάρ ἐστι τὸ πόθεν· οὔτε γὰρ ἔρχεται οὔτε ἄπεισιν οὐδαμοῦ, ἀλλὰ φαίνεταί τε καὶ οὐ φαίνεται· διὸ οὐ χρὴ διώκειν, ἀλλ᾽ ἡσυχῇ μένειν, ἕως ἂν φανῇ, παρασκευάσαντα ἑαυτὸν θεατὴν εἶναι, ὥσπερ ὀφθαλμὸς ἀνατολὰς ἡλίου περιμένει· ὁ δὲ ὑπερφανεὶς τοῦ ὁρίζοντος – ἐξ ὠκεανοῦ φασιν οἱ ποιηταί – ἔδωκεν ἑαυτὸν θεάσασθαι τοῖς ὄμμασιν.

58. Cf. *supra*, p. 40 et l'étude de M. Wakoff, « Awaiting the Sun ». Voir aussi, à propos des Esséniens, Porphyre, *De l'abstinence* IV, 12, 1 : πρὶν γὰρ ἀνασχεῖν τὸν ἥλιον οὐδὲν φθέγγονται τῶν βεβήλων, πατρίους δέ τινας εἰς αὐτὸν εὐχάς, ὥσπερ ἱκετεύοντες ἀνατεῖλαι. « Avant le lever du soleil ils ne prononcent aucune parole profane, mais ils lui adressent certaines prières ancestrales, comme pour le supplier de se lever ».

59. Plotin 32 (V, 5), 8, 7-18 (traduction R. Dufour modifiée) : Οὑτοσὶ δέ, ὃν μιμεῖται ὁ ἥλιος, ὑπερσχήσει πόθεν; Καὶ τί ὑπερβαλὼν φανήσεται; Ἢ αὐτὸν ὑπερσχὼν τὸν νοῦν τὸν θεώμενον· ἑστήξεται μὲν γὰρ ὁ νοῦς πρὸς τὴν θέαν εἰς οὐδὲν ἄλλο ἢ πρὸς τὸ καλὸν βλέπων, ἐκεῖ ἑαυτὸν πᾶς τρέπων καὶ διδούς, στὰς δὲ καὶ οἷον πληρωθεὶς μένους εἶδε μὲν τὰ πρῶτα καλλίω γενόμενον ἑαυτὸν καὶ ἐπιστίλβοντα, ὡς ἐγγὺς ὄντος αὐτοῦ. Ὁ δὲ οὐκ ᾔει, ὥς τις προσεδόκα, ἀλλ᾽ ἦλθεν ὡς οὐκ ἐλθών· ὤφθη γὰρ ὡς οὐκ ἐλθών, ἀλλὰ πρὸ ἁπάντων παρών, πρὶν καὶ τὸν νοῦν ἐλθεῖν. Εἶναι δὲ τὸν νοῦν τὸν

Ce texte remarquable montre que la lumière (φῶς) dont l'apparition est évoquée dans le passage précédent provient de l'Un, et que c'est en effet l'Un qui est impossible à placer dans l'espace, à l'intérieur ou à l'extérieur du νοῦς, car Il se trouve partout et est partout présent[60]. C'est plutôt le νοῦς qui s'éloigne ainsi de lui et, en s'éloignant, perd la conscience de sa présence ; à ce moment-là, le νοῦς doit se préparer de nouveau pour redevenir apte à saisir sa présence.

Ces deux passages du traité 32 nous permettent également de comprendre un passage difficile de la *Vie de Plotin* (chap. 10, 36-37), où Plotin, invité par Amélius de l'accompagner dans le tour des sanctuaires qu'il envisageait faire lors de la nouvelle lune, lui aurait répondu que « c'est aux dieux de venir vers moi, non à moi d'aller vers eux » (ἐκείνους δεῖ πρὸς ἐμὲ ἔρχεσθαι, οὐκ ἐμὲ πρὸς ἐκείνους)[61]. La réponse de Plotin s'explique, en effet, par son attitude religieuse fondamentale qui consiste en la préparation intérieure et l'attente silencieuse d'une révélation des réalités intelligibles (le Νοῦς et l'Un) qui ne peut être ni cherchée, ni provoquée par la fréquentation assidue des sanctuaires.

Il est notable que cette révélation a pu être exprimée, dans le traité 32, à l'aide d'une métaphore politique, par laquelle l'ensemble de la hiérarchie divine est représentée sous la forme d'une procession royale où la divinité suprême est assimilée, selon un modèle qui remonte au *De mundo* pseudo-aristotélicien[62], au μεγάς βασιλεύς devant lequel les sujets se prosternent et auquel ils adressent des prières de louange :

> Mais quant au premier dieu, il doit y avoir une « beauté extraordinaire » qui s'avance devant lui, comme on le voit dans les processions : en tête du cortège devant le Grand Roi défilent les rangs inférieurs, puis les rangs supérieurs et plus nobles, toujours après eux ; les rangs plus royaux sont déjà plus près du roi ; puis ceux qui, juste après le roi, ont les plus grands honneurs. Après eux tous, le Grand Roi apparaît soudain en personne, et le peuple lui adresse des

ἐλθόντα καὶ τοῦτον εἶναι καὶ τὸν ἀπιόντα, ὅτι μὴ οἶδε ποῦ δεῖ μένειν καὶ ποῦ ἐκεῖνος μένει, ὅτι ἐν οὐδενί.

60. Cf. PLOTIN 22 (VI, 4), 7, sur la capacité des réalités intelligibles d'être présentes partout sans se trouver dans un lieu déterminé et sans se morceler. Ici encore la présence des réalités intelligibles est assimilée à une épiphanie lumineuse.

61. Sur cet épisode, voir R. M. VAN DEN BERG, « Plotinus' Attitude to Traditional Cult... » ; L. BRISSON, « Plotin et la magie... », p. 472-475.

62. Ps.-ARISTOTE, *De mundo* 398 a 18-23. L'analogie se retrouve à plusieurs reprises chez PHILON (*De specialibus legibus* I, 13-19 ; *De decalogo* 61 ; *De Abrahamo* 115 ; *De vita Mosis* I, 166), en relation avec l'assimilation des anges aux serviteurs du Grand Roi.

prières et se prosterne (εὔχονται καὶ προσκυνοῦσιν), tous ceux du moins que ne sont pas déjà partis, satisfaits par ce qu'ils ont vu avant l'arrivée du roi[63].

Ce texte significatif établit un rapport d'analogie entre la célébration intellectuelle de l'Un et le culte hellénistique du souverain selon le modèle du cérémonial de la cour perse où les sujets prient et se prosternent devant le Grand Roi. La hiérarchie théologique néoplatonicienne décalque ainsi la hiérarchie politique des hauts dignitaires, disposés dans la procession en accord avec leur rang. La prosternation, dont s'accompagnent les prières de louange adressées au Grand Roi, n'était pas couramment pratiquée dans l'Antiquité, l'abaissement ou l'agenouillement caractérisant en général un caractère superstitieux ou effeminé, ou bien une attitude exprimant une soumission extrême ou une adulation démésurée, pourtant adaptée à la posture du suppliant (ἱκέτης)[64]. Il n'est pas sans intérêt que ce passage a pu servir, comme on le verra, dans le néoplatonisme tardif pour décrire les rapports entre l'homme et la divinité dans la prière.

Conclusions

Plotin représente incontestablement un tournant dans l'histoire des conceptions platoniciennes de la prière. Héritier d'une tradition exégétique à laquelle il emprunte des thèmes et des problèmes qui structurent sa réflexion sur la prière, il n'hésite pourtant pas à innover, sur ce point comme sur d'autres, en proposant une approche différente de la notion – envisagée non en relation avec le langage discursif, mais avec la contemplation intellectuelle –, approche qui marquera toute la réflexion néoplatonicienne ultérieure sur la prière.

Une des théories les plus audacieuses et les plus controversées de la philosophie plotinienne, celle de l'âme non descendue, ne pouvait rester sans

---

63.   PLOTIN 32 (V, 5), 3, 8-15 (trad. R. Dufour) : [...] ἀλλ' εἶναι αὐτῷ κάλλος ἀμήχανον πρὸ αὐτοῦ προϊόν, οἷον πρὸ μεγάλου βασιλέως πρόεισι μὲν πρῶτα ἐν ταῖς προόδοις τὰ ἐλάττω, ἀεὶ δὲ τὰ μείζω καὶ τὰ σεμνότερα ἐπ' αὐτοῖς, καὶ τὰ περὶ βασιλέα ἤδη μᾶλλον βασιλικώτερα, εἶτα τὰ μετ' αὐτὸν τίμια· ἐφ' ἅπασι δὲ τούτοις βασιλεὺς προφαίνεται ἐξαίφνης αὐτὸς ὁ μέγας, οἱ δ' εὔχονται καὶ προσκυνοῦσιν, ὅσοι μὴ προαπῆλθον ἀρκεσθέντες τοῖς πρὸ τοῦ βασιλέως ὀφθεῖσιν.

64.   Cf. par exemple, *Il.* I, 500-516 ; *Odyss.* V, 445-450. Sur la prosternation dans l'Antiquité et ses rapports avec la supplication, voir A. DELATTE, « Le baiser, l'agenouillement et le prosternement de l'adoration (προσκύνησις) chez les Grecs », *Académie royale de Belgique, Bulletin de la Classe des Lettres et des Sciences morales et politiques*, 5ᵉ série, 37, 1951, p. 423-450 ; H. W. PLEKET, « Religious History as the History of Mentality : the 'Believer' as Servant of the Deity in the Greek World », dans H. S. VERSNEL (éd.), *Faith, Hope and Worship*, p. 156-157 ; C. FÉVRIER, *Supplicare deis*, p. 71-74.

conséquences sur la manière de penser et de pratiquer la religion. Elle nous permet, en effet, de comprendre le désintérêt de Plotin pour ses formes traditionnelles. Celles-ci relèvent de l'âme irrationnelle et sont, de ce fait, inutiles aux philosophes, c'est-à-dire à cette espèce particulière d'hommes qui se laissent guider par la partie divine et intellectuelle de leur âme. Cette partie n'étant pas descendue du monde intelligible, elle se trouve sur le même plan que les dieux et, par conséquent, n'a pas besoin de religion pour entrer en contact avec eux. La religion n'est utile que pour ceux qui vivent en accord avec la partie irrationnelle de leur âme et n'ont pas un accès immédiat au monde intelligible.

Cette théorie repose sur une hiérarchie anthropologique implicite : d'une part, οἱ πολλοί, engagés dans la vie pratique et dont le rapport avec le monde divin est réglé par la religion traditionnelle et, d'autre part, les φιλόσοφοι, qui mènent une vie contemplative et sont en contact permanent avec le divin. La religion et les prières de ces derniers ne sont rien d'autre que la contemplation de l'Un par l'âme intellectuelle, ce qui est, en même temps, une expression de l'« assimilation à dieu », l'idéal platonicien par excellence. Cette espèce de prière excède le langage discursif, inutile à ce niveau, et se manifeste en silence sous la forme d'une communication noétique, non articulée, qui permet à l'âme de rester en contact avec le principe premier de la réalité. Il est remarquable que cette expérience puisse être décrite à l'aide d'une terminologie religieuse, par un transfert à la description du monde intelligible des termes qualifiant les rites traditionnels. L'univers intelligible « étant aussi en nous » (10 (V, 1), 10, 6), Plotin peut définir une espèce intérieure de ritualité qui a peu des choses en commun avec la religion traditionnelle. L'intériorisation de la prière est une conséquence directe de l'intériorisation du monde divin, en vertu de laquelle le contact extérieur avec les dieux ne peut être que dévalorisé.

Malgré cette approche novatrice de la religion, Plotin se révèle tributaire de la réflexion antérieure sur la prière en ce qui concerne des problèmes comme la compatibilité entre prière et providence ou entre prière et responsabilité individuelle, deux questions amplement traitées par Maxime de Tyr et par les Stoïciens. Il développe également une question corrélative à cette problématique, la compatibilité entre prière et le déterminisme astral, qu'il traite de manière originale sur un arrière-plan doctrinal authentiquement platonicien, notamment le principe théologique selon lequel la divinité – pour un platonicien, on s'en souvient, les astres et le κόσμος sont des êtres divins –, ne peut être cause du mal. Cette question, d'intérêt général à l'époque, est soulevée, par exemple, dans le traité 28, où Plotin s'emploie à montrer que le

Soleil et les astres ne sauraient être contraints par des prières. La comparaison avec le traité 33 permet de montrer que ceux visés par cette démonstration, qui s'inscrit par ailleurs fidèlement dans une voie doctrinale déjà tracée dans la *République* et les *Lois*, sont les gnostiques, censés faire usage d'incantations magiques (ἐπαοιδαί) à l'adresse des êtres supérieurs.

Il est remarquable, dans ce contexte, que Plotin ne met en question l'effi-cacité ni de la magie (γοητεία), ni de l'astrologie, dont le fonctionnement est expliqué par la συμπάθεια des parties de l'univers que ces pratiques mettent en contact de manière quasi-mécanique, sans que l'âme rationnelle ne soit ni touchée, ni responsable de ces actions. Selon cette théorie, l'efficacité de la prière pétitionnaire traditionnelle est expliquée et réduite à une « magie » du langage analogue à la magie de la musique et de la poésie, à une rhétorique propre (une certaine mélodie, infléxions de la voix, gestes et attitudes cor-porelles, etc.) capable de « charmer » son destinataire sans toucher la partie rationnelle de son âme, ou plutôt dans la mesure où il ne se laisse pas guider par celle-ci. Les dieux et le sage (σπουδαῖος) restent, pour cette même raison, insensibles aux « charmes » de la prière (de demande) et, en général, de toute espèce de γοητεία.

Par une voie différente, Plotin rejoint ainsi la conclusion de Maxime de Tyr selon laquelle la prière traditionnelle fondée sur l'αἴτησις est inutile au philosophe, dont l'âme rationnelle est naturellement supérieure au degré de la réalité où ce type de prières peut agir. Comme son prédécesseur, Plotin tente de forger une notion philosophique de prière adaptée à la nature particulière du sage platonicien. Il adopte néanmoins une stratégie différente, en accord avec son propre univers doctrinal. La prière du sage plotinien ne saurait être, en effet, qu'un acte de l'âme rationnelle, la seule qui régit la vie du σπουδαῖος, or l'acte propre de l'âme intellective est la contemplation (θεωρία) des réa-lités supérieures, l'Intellect et l'Un. Sa prière et, par extension, sa pratique religieuse coïncident avec ce mouvement anagogique de l'âme qui s'élance de manière naturelle vers les réalités intelligibles qui lui sont supérieures. Cette *religio mentis* n'est pas cependant une religion personnelle, car l'intériorité plotinienne relève de l'universel et correspond précisément à un processus de dépersonnalisation de l'âme, laquelle, dans sa conversion vers l'Un, perd ses traits individuels et sa réflexivité. Dans son intimité la plus profonde, l'âme découvre, en effet, la réalité la plus générale qui englobe et unifie toutes les autres.

VI. Porphyre. Hiérarchie des êtres divins, hiérarchie des prières

À la différence de Plotin, Porphyre est préoccupé d'expliquer et d'interpréter les faits religieux, un trait caractéristique par ailleurs du néoplatonisme post-plotinien[1]. À la prière il attache un intérêt tout particulier. Il en traite, en effet, dans plusieurs ouvrages dont *De l'abstinence* et la *Lettre à Anébon*, mais aussi le *Commentaire sur le Timée*, la *Lettre à Marcella* et le traité *Sur le retour de l'âme*. Porphyre examine la prière en relation étroite avec la question de la nature et de la légitimité des sacrifices, renouant ainsi avec une tradition religieuse qui se reflète également dans les *Lois* de Platon et dans le *Second Alcibiade*[2].

1. La défense de la prière dans le *Commentaire sur le Timée*

La classification des adversaires de la prière

Dans un fragment de son *Commentaire sur le Timée* transmis par Proclus, Porphyre fait état d'un débat sur l'utilité de la prière qui évoque le discours sur la prière de Maxime de Tyr. Dans ce fragment, Porphyre divise ceux qui contestent l'utilité de la prière en trois classes : la première est celle des athées,

---

1. Voir A.-J. FESTUGIÈRE, « Proclus et la religion traditionnelle » ; H. DÖRRIE, « Die Religiosität des Platonismus... » ; J. DILLON, « The Religion of the Last Hellenes ».
2. Sur la prière et le sacrifice chez Porphyre, voir H. SCHMIDT, *Veteres philosophi...*, p. 46-48 ; H. P. ESSER, *Untersuchungen...*, p. 35-54 ; J. BOUFFARTIGUE, M. PATILLON, *Porphyre, De l'abstinence*, édition, traduction et notes, Paris, 1979, t. II, p. LXI-LXVIII ; G. SFAMENI GASPARRO, « Critica del sacrificio cruento..., II » ; W. A. LÖHR, « Argumente gegen und für das Gebet. Konturen einer antiken Debate (im Anschluß an Origens und Porphyrios) », dans E. CAMPI *et al.* (éd.), *Oratio. Das Gebet in patristischer und reformatorischer Sicht*, Göttingen, 1999, p. 87-95 ; S. TOULOUSE, « La théosophie de Porphyre et sa conception du sacrifice intérieur », dans S. GEORGOUDI, R. KOCH PIETTRE, F. SCHMIDT (éd.), *La cuisine et l'autel. Les sacrifices en questions dans les cités de la Méditerranée ancienne*. Turnhout, 2005, p. 329-341 ; A. CAMPLANI, M. ZAMBON, « Il sacrificio come problema... », p. 62-74 ; A. BUSINE, « Porphyry and the Debate over Traditional Religious Practices », dans P. VASSILOPOULOU, S. R. L. CLARK (éd.), *Late Antique Epistemology. Other Ways to Truth*, Basingstoke-New York, 2009, p. 21-29 ; A. TIMOTIN, « Porphyry on prayer... ».

qui rejettent l'existence même des dieux ; la deuxième est celle des critiques de
la providence, qui acceptent l'existence des dieux, mais nient leur intervention dans les affaires humaines ; enfin, la troisième réunit ceux qui admettent
à la fois l'existence des dieux et leur providence, mais affirment qu'ils sont
dépourvus de libre arbitre et que leurs actions sont soumises à la nécessité (la
providence est dans ce cas assimilée au destin) :

> Or donc le philosophe Porphyre fait une distinction entre ceux des anciens
> qui ont admis la prière (εὐχή) et ceux qui l'ont refusée, et ainsi il nous a fait
> faire le tour des opinions diverses sur ce point. Voici, en résumé, ce qu'il dit.
> Ni ceux qui ont été atteints de la première sorte d'athéisme ne se procurent
> les avantages qui résultent de la prière, dès lors qu'ils ne reconnaissent même
> pas l'existence des dieux, ni ceux qui ont été atteints de la deuxième sorte
> (d'athéisme), puisque, tout en concédant que les dieux existent, ils ren-
> versent absolument la providence (πρόνοια), ni ceux qui, tout en accordant
> et l'existence des dieux et leur providence, veulent que tout ce qui vient des
> dieux se produise nécessairement (ἐξ ἀνάγκης) : car, comme il n'y a pas de
> choses contingentes, l'utilité de la prière est supprimée[3].

Si l'on laisse de côté ceux qui refusent l'existence des dieux, la deuxième et
la troisième catégorie de la classification de Porphyre correspondent aux deux
premiers arguments contre l'utilité de la prière du discours de Maxime, selon
lesquels la prière serait inutile si l'univers est gouverné par la πρόνοια ou par
l'εἱμαρμένη (les événements se produisant dans ce dernier cas selon l'ἀνάγκη).
En revanche, dans la classification de Porphyre, ceux qui acceptent l'existence
des choses contingentes, qui dépendent de nous (τὰ ἐφ' ἡμῖν), admettent également l'utilité de la prière : « ceux en revanche qui disent que les dieux existent
et qu'ils sont providentiels, et que, parmi les événements qui se produisent, il
y en a un grand nombre de contingents, ceux-là, comme il faut s'y attendre,
admettent aussi les prières, et confessent qu'elles redressent notre vie »[4]. On

---

3.   PORPHYRE, *Commentaire sur le Timée*, fr. 28, p. 18, 1-11 SODANO [= PROCLUS,
Commentaire sur le Timée, II, 207, 23-208, 3] (trad. A.-J. Festugière modifiée) : ὁ μὲν γὰρ
φιλόσοφος Πορφύριος διοριζόμενος, τίνες μὲν τῶν παλαιῶν προσήκαντο τὴν εὐχήν, τίνες δὲ οὔ,
περιήγαγεν ἡμᾶς ἐπ' ἄλλας καὶ ἄλλας δόξας λέγων, ὡς συλλήβδην εἰπεῖν, ὡς οὔτε οἱ τὴν πρώτην
ἀθεότητα νοσήσαντες προσποιοῦνται τὴν ἀπὸ τῆς εὐχῆς ὠφέλειαν, οἵ γε μηδὲ εἶναι λέγοντες θεούς,
οὔτε οἱ τὴν δευτέραν, ὅσοι τὴν πρόνοιαν ἄρδην ἀνατρέπουσι θεοὺς εἶναι διδόντες, οὔθ' οἱ καὶ εἶναι καὶ
προνοεῖν αὐτοὺς συγχωροῦντες, ἅπαντα δὲ ἀπ' αὐτῶν ἐξ ἀνάγκης γίνεσθαι· τῶν γὰρ ἐνδεχομένων
καὶ ἄλλως γίνεσθαι μὴ ὄντων ἀναιρεῖται τὸ τῆς εὐχῆς ὄφελος.
4.   *Ibid.*, fr. 28, p. 18, 11-14 [= PROCLUS, *Commentaire sur le Timée*, II, p. 208, 3-6] : ὅσοι δὲ
καὶ εἶναι καὶ προνοεῖν φασιν αὐτοὺς καὶ πολλὰ τῶν γιγνομένων ἐνδέχεσθαι καὶ ἄλλως ἔχειν, οὗτοι
καὶ τὰς εὐχὰς εἰκότως παραδέχονται καὶ τὸν βίον ἡμῶν ἀνορθοῦν ὁμολογοῦσι.

se souvient que Maxime considérait, au contraire, que la prière traditionnelle est inutile si l'on admet l'existence des choses contingentes (qui dépendent de la τύχη ou de la τέχνη), mais cette idée allait à l'encontre de la conception platonicienne traditionnelle que l'on trouve illustrée, par exemple, dans la prière à Pan à la fin du *Phèdre*, et qui fut reprise et développée par Aristote et par les Stoïciens. Porphyre, qui juge la prière et τὰ ἐφ' ἡμῖν compatibles, se rattache à ce courant traditionnel de pensée.

Au-delà de cette comparaison avec l'argumentation de Maxime, qui met en lumière le caractère platonicien de la classification de Porphyre, il est aussi important de souligner que cette dernière est largement inspirée par la loi contre l'impiété du livre X des *Lois* (885 b, 888 b-c) dont elle reprend les deux premiers volets: la critique de l'athéisme et celle des adversaires de la providence. La classification platonicienne de l'impiété en trois classes est ainsi transformée en une classification des adversaires de la prière, la catégorie de ceux qui partagent l'opinion selon laquelle les dieux peuvent être fléchis par des sacrifices et des prières étant remplacée dans le texte de Porphyre par ceux qui refusent l'existence des choses contingentes.

Porphyre et Origène sur la prière

Néanmoins, Porphyre n'est pas le premier auteur à avoir utilisé la classification des trois types d'impiété dans l'argumentation en faveur de la prière. Deux générations avant lui, Origène a avancé une classification similaire dans son traité Περὶ εὐχῆς[5]. Selon un modèle qui sera repris par Porphyre, Origène distingue parmi les adversaires de la prière deux formes d'athéisme – une forme radicale, qui n'admet pas l'existence des dieux, et une forme modérée, qui concède leur existence, mais rejette le caractère providentiel de leur administration du monde –, et une troisième catégorie qui concède l'existence de la providence, mais rejette la prière comme inutile sur la base non seulement du caractère nécessaire de la providence, comme chez Porphyre, mais aussi de la prescience divine:

> Il me faut à présent passer en revue tout d'abord, comme vous me l'avez demandé, les arguments de ceux qui pensent que les prières ne servent à rien,

---

5.   ORIGÈNE, *Sur la prière* V, 1-3, p. 308-309 KOETSCHAU. Sur l'argumentation d'Origène, voir W. GESSEL, *Die Theologie des Gebetes nach 'De Oratione' von Origenes*, Munich, 1975, p. 149-171; W. A. LÖHR, « Argumente gegen und für das Gebet... » ; L. PERRONE, *La preghiera secondo Origene*, p. 79-121. Sur les rapports du traité d'Origène avec la réflexion néoplatonicienne sur la prière, voir G. BENDINELLI, « Περὶ εὐχῆς di Origene e la tradizione neoplatonica », dans F. COCCHINI (éd.), *Il dono e la sua ombra...*, p. 33-52.

et qui prétendent par conséquent qu'il est inutile de prier (περισσὸν εἶναι τὸ εὔχεσθαι) ; je n'hésiterai pas à le faire aussi dans la mesure de mes possibilités. Notez que j'utiliserai désormais le mot *prière* (εὐχή) dans son acception la plus simple et la plus courante... [lacune dans le texte]

1) Cette opinion a peu de faveur, ses défenseurs sont inexistants au point que, parmi les hommes qui reconnaissent une providence et un Dieu qui gouverne l'univers, à peine pourrait-on en trouver un seul pour rejeter la prière.

2) Pareille opinion ne convient qu'à ceux qui sont entièrement athées et nient l'existence de Dieu, ou qui admettent le nom de Dieu, sans reconnaître sa providence. Seule l'action de l'Adversaire, en voulant attribuer des doctrines impies au nom du Christ et à l'enseignement du Fils de Dieu, a pu persuader quelques-uns que la prière était inutile. Les tenants de cette opinion rejettent absolument le sensible, ne recourent ni au baptême ni à l'eucharistie, et font violence aux Écritures, en affirmant qu'elles n'entendent pas le mot prière dans son sens ordinaire mais dans un sens tout à fait différent[6].

3a) Voici les arguments de ceux qui rejettent les prières, tout en reconnaissant que Dieu est le maître de l'univers et qu'il y a une providence (nous omettons pour le moment de réfuter ceux qui nient Dieu et sa providence) : Dieu, disent-ils, connaît toutes choses avant qu'elles n'existent [cf. Suz. 42] : rien de ce qui arrive ne vient à sa connaissance, sans lui avoir été connu auparavant. À quoi bon adresser une prière à celui qui sait, avant que nous ne priions, quels sont nos besoins ? *Car votre Père sait de quoi nous avons besoin, avant même que nous ne le lui demandions* [cf. Matth. 6, 8]. [...]

3b) Si *les pécheurs se sont dévoyés dès le sein maternel* [Ps. 57, 4], si le juste a été choisi par Dieu *dès le sein de sa mère* [Gal. 1, 15], si *avant leur naissance, quand ils n'avaient fait ni bien ni mal, pour que demeurât le dessein de Dieu par l'élection, non par les œuvres, mais par celui qui appelle, il est dit « l'aîné servira le cadet »* [Rom. 9, 11-12], c'est donc en vain que nous demandons la

---

6.   Origène, *Sur la prière* V, 1, p. 308, 13-22 Koetschau (trad. A. Hamman modifiée) :
Εἰ χρὴ τοίνυν μετὰ ταῦτα, ὥσπερ ἐκελεύσατε, ἐκθέσθαι τὰ πιθανὰ πρῶτον τῶν οἰομένων μηδὲν ἀπὸ τῶν εὐχῶν ἀνύεσθαι καὶ διὰ τοῦτο φασκόντων περισσὸν εἶναι τὸ εὔχεσθαι, οὐκ ὀκνήσομεν κατὰ δύναμιν καὶ τοῦτο ποιῆσαι, κοινότερον νῦν καὶ ἁπλούστερον τοῦ τῆς εὐχῆς ὀνόματος ἡμῖν λεγομένου [...] οὕτω δὴ ὁ λόγος ἐστὶν ἄδοξος καὶ μὴ τυχὼν ἐπισήμων τῶν προϊσταμένων αὐτοῦ, ὥστε μηδὲ πάνυ εὑρίσκεσθαι, ὅστις ποτὲ τῶν πρόνοιαν παραδεξαμένων καὶ θεὸν ἐπιστησάντων τοῖς ὅλοις εὐχὴν μὴ προσίεται. ἔστι γὰρ τὸ δόγμα ἤτοι τῶν πάντη ἀθέων καὶ τὴν οὐσίαν τοῦ θεοῦ ἀρνουμένων ἢ τῶν μέχρις ὀνόματος τιθέντων θεὸν τὴν πρόνοιαν δὲ αὐτοῦ ἀποστερούντων. ἤδη μέντοι γε ἡ ἀντικειμένη ἐνέργεια, τὰ ἀσεβέστατα τῶν δογμάτων περιτιθέναι θέλουσα τῷ ὀνόματι τοῦ Χριστοῦ καὶ τῇ διδασκαλίᾳ τοῦ υἱοῦ τοῦ θεοῦ, καὶ περὶ τοῦ μὴ δεῖν εὔχεσθαι δεδύνηται πεῖσαί τινας· ἧς γνώμης προΐστανται οἱ τὰ αἰσθητὰ πάντη ἀναιροῦντες καὶ μήτε βαπτίσματι μήτε εὐχαριστίᾳ χρώμενοι, συκοφαντοῦντες τὰς γραφάς, ὡς καὶ τὸ εὔχεσθαι τοῦτο οὐ βουλομένας ἀλλ' ἕτερόν τι σημαινόμενον παρὰ τοῦτο διδασκούσας.

rémission des péchés et de recevoir la force de l'Esprit afin de *(pouvoir) tout dans le Christ qui nous fortifie* [cf. Phil. 4, 13] [...].

Puisque Dieu est immuable, qu'il détermine tout à l'avance et qu'il est iné-branlable dans ses desseins, il est donc absurde de prier en pensant qu'il chan-gera son dessein à cause de notre prière, comme s'il n'avait pas tout réglé d'avance et attendait la prière de chacun, pour disposer à cause de la prière les choses à la convenance de celui qui prie, en décidant alors ce qui lui semble juste, sans y avoir pensé auparavant[7].

Structurée par la même classification tripartite qui remonte au livre X des *Lois*, la classification d'Origène s'inscrit dans une polémique engagée à l'inté-rieur de la communauté chrétienne et marquée par des références abondantes aux Écritures où les deux camps puisent des citations pour appuyer leurs posi-tions respectives. La deuxième classe, qui admet l'existence de Dieu mais rejette sa providence est ainsi formellement identifiée à une secte gnostique qui refuse le baptême et l'eucharistie et « fait violence aux Écritures », en prêtant à la notion de « prière » un sens hétérodoxe. Cette identification n'est pas dé-pourvue d'intérêt car une secte gnostique qui refusait la prière est mentionnée également par Clément d'Alexandrie, qui l'associe à un certain Prodicos, per-sonnage inconnu par ailleurs, et fait remonter sa doctrine à l'école cyrénaïque :

> Parvenu à ce point, je me suis souvenu des doctrines introduites par certains hétérodoxes, les gens de la secte de Prodicos, d'après lesquels il ne faut pas prier. Ils ne doivent pas s'enorgueillir de cette sagesse athée comme représen-tant une école de pensée nouvelle : qu'ils apprennent, en effet, qu'ils ont été devancés par les philosophes appelés cyrénaïques[8].

7. *Ibid.*, V, 2 et 4-5, p. 308, 23-309, 4 ; p. 309, 25-310, 1, et p. 311, 1-7 : εἶεν δ᾽ ἂν οἱ λόγοι τῶν ἀθετούντων τὰς εὐχὰς οὗτοι (δηλονότι θεὸν ἐφιστάντων τοῖς ὅλοις καὶ πρόνοιαν εἶναι λεγόντων· οὐ γὰρ πρόκειται νῦν ἐξετάζειν τὰ λεγόμενα ὑπὸ τῶν πάντη ἀναιρούντων θεὸν ἢ πρόνοιαν)· ὁ θεὸς οἶδε τὰ πάντα πρὸ γενέσεως αὐτῶν, καὶ οὐδὲν ἐκ τοῦ ἐνεστηκέναι ὅτε ἐνέστηκε πρῶτον αὐτῷ γινώσκεται ὡς πρὸ τούτου μὴ γνωσθέν· τίς οὖν χρεία ἀναπέμπεσθαι εὐχὴν τῷ καὶ πρὶν εὔξασθαι ἐπισταμένῳ ὧν χρῄζομεν ; οἶδε γὰρ ὁ πατὴρ ὁ οὐράνιος ὧν χρείαν ἔχομεν πρὸ τοῦ ἡμᾶς αἰτῆσαι αὐτόν. [...] εἰ δὲ καὶ ἠλλοτριώθησαν ἁμαρτωλοὶ ἀπὸ μήτρας, καὶ ἀφώρισται ὁ δίκαιος ἐκ κοιλίας μήτρας, <καὶ> μήπω μήτε γεννηθέντων μήτε πραξάντων τι ἀγαθὸν ἢ φαῦλον, ἵνα ἡ κατ᾽ ἐκλογὴν πρόθεσις τοῦ θεοῦ μένῃ, οὐκ ἐξ ἔργων ἀλλ᾽ ἐκ τοῦ καλοῦντος, λέγεται· ὁ μείζων δουλεύσει τῷ ἐλάττονι, μάτην περὶ ἀφέσεως ἁμαρτημάτων ἀξιοῦμεν ἢ περὶ τοῦ πνεῦμα ἰσχύος λαβεῖν, ἵνα πάντα ἰσχύσωμεν ἐνδυναμοῦντος ἡμᾶς Χριστοῦ. [...] αὐτόθεν δὲ ἀπεμφαίνει, ἀτρέπτου ὄντος τοῦ θεοῦ καὶ τὰ ὅλα προκατειληφότος μένοντός τε ἐν τοῖς προδιατεταγμένοις, εὔχεσθαι, οἰόμενον μετατρέψειν διὰ τῆς εὐχῆς αὐτοῦ τὴν πρόθεσιν ἢ ὡς μὴ προδιαταξαμένῳ ἀλλὰ περιμένοντι τὴν ἑκάστου εὐχὴν ἐντυγχάνειν, ἵνα διὰ τὴν εὐχὴν διατάξηται τὸ πρέπον τῷ εὐχομένῳ, τότε τάσσων τὸ δοκιμαζόμενον εἶναι εὔλογον οὐ πρότερον αὐτῷ τεθεωρημένον.

8. CLÉMENT D'ALEXANDRIE, *Stromate* VII 7, 41, 1-6, p. 144 LE BOULLUEC (trad. A. Le Boulluec) : Ἐνταῦθα γενόμενος ὑπεμνήσθην τῶν περὶ τοῦ μὴ δεῖν εὔχεσθαι πρός τινας ἑτεροδόξων,

Clément utilise une stratégie hérésiologique courante qui consiste à faire remonter la doctrine que l'on veut discréditer à des auteurs, notamment des philosophes qui jouissent en général d'une mauvaise réputation[9]. Aristippe (*ca.* 400 av. J.-C.), le fondateur de l'école cyrénaïque, est loin en effet d'avoir bonne presse parmi les philosophes grecs et c'est effectivement un des premiers philosophes à avoir rejeté l'utilité de la prière[10]. Rien ne nous autorise à penser que la communauté gnostique qui professait la conception que lui attribue Clément ait pu connaître la doctrine d'Aristippe et s'en inspirer, cela d'autant moins que nous ne savons rien de l'existence de ce Prodicos.

En même temps, il semble évident que la polémique menée par Origène ne se réduit pas à la confrontation avec une communauté gnostique, car aucune mention semblable n'est faite à propos de la première et de la troisième des classes qui contestent l'utilité de la prière. La quantité de références aux Écritures rassemblées par ceux qui admettent la providence divine, mais refusent pourtant de prier semble indiquer, au contraire, une polémique théologique à l'intérieur d'une communauté chrétienne orthodoxe sans relation nécessaire avec les gnostiques.

Malgré leurs affinités de structure, les deux polémiques menées, à un demi-siècle de distance, respectivement par Origène et par Porphyre ont peu de choses en commun. Les adversaires combattus par Origène et par Porphyre très probablement ne se connaissaient pas ou, s'ils se connaissaient, leurs doctrines n'ont pas interféré.

τουτέστιν τῶν ἀμφὶ τὴν Προδίκου αἵρεσιν, παρεισαγομένων δογμάτων. ἵνα οὖν μηδὲ ἐπὶ ταύτῃ αὐτῶν τῇ ἀθέῳ σοφίᾳ ὡς ξένῃ ὀγκύλλωνται αἱρέσει, μαθέτωσαν προειλῆφθαι μὲν ὑπὸ τῶν Κυρηναϊκῶν λεγομένων φιλοσόφων. Selon CLÉMENT, ces « gens de la secte de Prodicos » se désignaient eux-mêmes comme « gnostiques » (*ibid.*, III, 4, 30), et utilisaient les écrits apocryphes de Zoroastre (*ibid.*, III, 4, 29-32). L'affirmation de Clément semble confirmée par les recherches d'E. SEGELBERG (« Prayer among the Gnostics »), qui a réuni un certain nombre de témoignages sur l'attitude négative envers la prière dans les textes gnostiques. Voir aussi W. GESSEL, *Die Theologie des Gebetes...*, p. 151-152 (avec des références à l'*Evangile de Philippe* 7 et à l'*Evangile de Thomas* 14) ; L. PERRONE, *La preghiera secondo Origene*, p. 92 et n. 262.

9.   Voir sur le sujet le livre classique d'A. LE BOULLUEC, *La notion d'hérésie dans la littérature grecque, 2ᵉ-3ᵉ siècles*, t. I-II, Paris, 1985. On peut se reporter, par exemple, au t. II, p. 469-471 (« De la philosophie à l'hérésie »), à propos de la démarche hérésiologique d'Origène.

10.   ARISTIPPE DE CYRÈNE, fr. IV-A 132 Giannantoni (cité *supra*, p. 90 n. 37). Ce passage a été mis en relation avec le texte de Clément par J. PÉPIN, « Prière et providence au 2ᵉ siècle (Justin, *dial.* I 4) », dans F. BOSSIER *et al.* (éd.), *Images of Man in Ancient and Medieval Thought. Studia Gerardo Verbeke ab amicis et collegis dicata*, Louvain, 1976, p. 124-125.

Qui sont les adversaires de Porphyre ?

Mais d'abord qui étaient les adversaires de Porphyre ? Si l'on laisse de côté les athées, qui n'ont jamais été très nombreux dans l'Antiquité[11], on peut conjecturer raisonnablement que ceux qui admettaient la providence, mais lui attribuaient un caractère nécessaire étaient les stoïciens. Ils sont visés également dans une classification comparable ébauchée par Cicéron dans *La nature des dieux*, où, après avoir mentionné à son tour la position athée qu'il attribue formellement à Diagoras de Mélos et à Théodore de Cyrène (deux figures fameuses dans l'Antiquité en raison de leur athéisme)[12], Cicéron oppose ceux qui professent l'opinion selon laquelle les dieux ne gouvernent pas le monde d'ici-bas et n'interviennent pas dans les affaires humaines à ceux qui pensent qu'il existe une providence réglant toute chose jusque dans les moindres détails :

> C'est ainsi que sur cette question la plupart des philosophes ont affirmé l'existence des dieux – ce qui est la thèse la plus vraisemblable, à laquelle nous nous rangeons presque tous, si nous suivons la nature – mais Protagoras se dit dans le doute, tandis que Diagoras de Mélos et Théodore de Cyrène la rejettent sans réserve. [...] La grande question, dans cette affaire, est de savoir si les dieux ne font rien, ne s'occupent de rien et sont exempts de toute charge dans le gouvernement du monde, ou si au contraire, ce sont eux qui, dès l'origine, ont fait et établi toutes choses et qui les dirigent et les font se mouvoir pour une durée illimitée. Tel est le principal et le grand désaccord[13].

Si la troisième position peut être attribuée raisonnablement aux stoïciens, la deuxième, qui admet l'existence des dieux, mais refuse la providence, et qui se retrouve, à son tour, dans la même position dans les classifications

---

11. Sur l'histoire de l'athéisme dans l'Antiquité, voir A. B. DRACHMANN, *Atheism in Pagan Antiquity*, Londres, 1922 ; W. FAHR, *Theous nomizein. Zum Problem der Anfänge des Atheismus bei den Griechen*, Hildesheim, 1969.

12. Sur Diagoras de Mélos, voir la notice de L. BRISSON, dans DPhA, t. II, Paris, 1994, p. 753-757. Sur l'athéisme de Théodore de Cyrène, voir DIOGÈNE LAËRCE II, 97.

13. CICÉRON, *La nature des dieux* I, 2 (trad. C. Auvray-Assayas modifiée) : *Velut in hac quaestione plerique (quod maxime ueri simile estet quo omnes sese duce natura uenimus) deos esse dixerunt, dubitare se Protagoras, nullos esse omnino Diagoras Melius et Theodorus Cyrenaicus putauerunt. [...] quod uero maxime rem causamque continet, utrum nihil agant, nihil moliantur, omni curatione et administratione rerum uacent, ancontra ab iis et a principio omnia facta et constituta sint et ad infinitum tempus regantur atque moueantur, in primis magna dissensio est.* Cf. *ibid.*, III, 93. LUCIEN, dans *Icaroménippe* 9, passe en revue, lui aussi, les différentes opinions sur la nature des dieux.

respectives de Cicéron et de Porphyre, peut être attribuée aux épicuriens[14], même si l'on ne doit pas oublier que cette position figure déjà dans la loi sur l'impiété du livre X des *Lois*. Le texte des *Lois* se trouve en effet à l'arrière-plan de toute cette tradition doxographique qui a pu être utilisée, à partir du IIIe siècle, par Origène et Porphyre dans la polémique contre l'inutilité de la prière.

Les arguments en faveur de la prière. Porphyre et Platon

Il est remarquable que Porphyre emprunte à Platon non seulement l'ossature générale de sa classification, mais aussi la plupart des arguments qu'il a réunis en faveur de la prière d'une manière peut-être plus systématique que celle dont ils sont condensés dans le résumé de Proclus.

En premier lieu, selon Porphyre, « la prière convient principalement aux vertueux (σπουδαίοις), pour deux raisons : elle est une union avec le divin, or le semblable aime s'unir avec son semblable, et le vertueux est celui qui ressemble le plus aux dieux ; comme ceux qui s'attachent à la vertu sont *en prison* (*Phéd.* 62 b) et enclos par le corps comme par un cachot, ils ont besoin de prier les dieux au sujet du passage hors d'ici-bas » [15]. La première explication renvoie directement à un passage du livre IV des *Lois* (716 c-717 a ; cf. *supra*, p. 35)[16], alors que la seconde évoque la prière pour le passage heureux dans l'au-delà que Socrate adresse aux dieux avant de boire la ciguë (*Phédon* 117 c).

En deuxième lieu, l'idée selon laquelle « ceux qui refusent de prier et de se tourner vers les dieux » sont « comme des êtres sans père ni mère » [17] a pu germer d'une affirmation que l'on trouve dans le préambule de la loi sur l'impiété (*Lois* X, 887 d), où la croyance en l'existence des dieux est ramenée

---

14. Cf. ÉPICURE, fr. 257 USENER ; LUCRÈCE, *De la nature* V, 156-180. Sur l'attitude épicurienne concernant la prière, voir *supra*, p. 94.

15. PORPHYRE, *Commentaire sur le Timée*, fr. 28, p. 18, 14-19, 2 SODANO [= PROCLUS, *Commentaire sur le Timée*, II, p. 208, 6-12 DIEHL] (trad. A.-J. Festugière) : τοῖς σπουδαίοις ἡ εὐχὴ μάλιστα προσήκει, διότι συναφὴ πρὸς τὸ θεῖόν ἐστι, τῷ δὲ ὁμοίῳ τὸ ὅμοιον συνάπτεσθαι φιλεῖ, τοῖς δὲ θεοῖς ὁ σπουδαῖος ὁμοιότατος, καὶ διότι ἐν φρουρᾷ ὄντες οἱ τῆς ἀρετῆς ἀντεχόμενοι καὶ ὑπὸ τοῦ σώματος ὡς δεσμωτηρίου συνειλημμένοι δεῖσθαι τῶν θεῶν ὀφείλουσι περὶ τῆς ἐντεῦθεν μεταστάσεως.

16. Un fragment de ce passage est d'ailleurs cité par PORPHYRE à ce propos dans *De l'abstinence* II, 61, 4.

17. PORPHYRE, *Commentaire sur le Timée*, fr. 28, p. 19, 4-5 SODANO [= PROCLUS, *Commentaire sur le Timée*, II, p. 208, 15-16 DIEHL] : ἀπάτορές τινες ἄρα καὶ ἀμήτορες ἐοίκασιν εἶναι οἱ μὴ ἀξιοῦντες εὔχεσθαι μηδὲ ἐπιστρέφειν εἰς τοὺς κρείττονας.

aux mythes que les petits enfants, « encore nourris au lait », entendent de la bouche de leurs parents[18]. Enfin, l'argument par *consensus omnium* qui déduit la nécessité de la prière et, en général, des cultes rendus à la divinité de leur universalité[19] se retrouve dans le même passage du livre X des *Lois*, où la diffusion des pratiques religieuses similaires (les prosternations au lever et au coucher du soleil) chez tous les Grecs et les Barbares est utilisée comme argument pour combattre l'athéisme[20].

La conception de Porphyre sur la prière, telle qu'elle se dégage du résumé qu'en fait Proclus, se présente ainsi comme une continuation de la tradition de défense de la prière qui a ses origines dans le livre X des *Lois*. Cette tradition associe, en général, la critique de la prière traditionnelle de demande et la mise en valeur d'une espèce épurée, non pétitionnaire de prière. Le résumé

18. PLATON, *Lois* X, 887 c-d : ἀνάγκη γὰρ δὴ χαλεπῶς φέρειν καὶ μισεῖν ἐκείνους οἳ τούτων ἡμῖν αἴτιοι τῶν λόγων γεγένηνται καὶ γίγνονται νῦν, οὐ πειθόμενοι τοῖς μύθοις οὓς ἐκ νέων παίδων ἔτι ἐν γάλαξι τρεφόμενοι τροφῶν τε ἤκουον καὶ μητέρων. « Le fait est certain, on ne saurait supporter facilement ni s'empêcher d'éprouver de la haine à l'encontre de ceux qui nous ont imposé et qui nous imposent encore aujourd'hui de mettre en œuvre ces démonstrations, parce qu'ils n'ont pas été persuadés par les mythes entendus de la bouche de leurs nourrices et de leurs mères alors qu'ils étaient de petits enfants, encore nourris au lait » (trad. L. Brisson, J.-F. Pradeau).

19. PORPHYRE, *Commentaire sur le Timée*, fr. 28, p. 19, 5-11 SODANO [= PROCLUS, *Commentaire sur le Timée*, I, p. 208, 17-23 DIEHL] (trad. A.-J. Festugière) : ἐν πᾶσι τοῖς ἔθνεσιν οἱ σοφίᾳ διενεγκόντες περὶ εὐχὰς ἐσπούδασαν, Ἰνδῶν μὲν Βραχμᾶνες, Μάγοι δὲ Περσῶν, Ἑλλήνων δὲ οἱ θεολογικώτατοι, οἳ καὶ τελετὰς κατεστήσαντο καὶ μυστήρια· Χαλδαῖοι δὲ καὶ τὸ ἄλλο θεῖον ἐθεράπευσαν καὶ αὐτὴν τὴν ἀρετὴν τῶν θεῶν θεὸν εἰπόντες ἐσέφθησαν, πολλοῦ δέοντες διὰ τὴν ἀρετὴν ὑπερφρονεῖν τῆς ἱερᾶς θρησκείας· « Dans tous les peuples, ceux qui l'ont emporté en sagesse ont été zélés à prier, chez les Indiens les Brahmanes, chez les Perses les Mages, chez les Grecs ceux qui ont été les meilleurs théologiens, qui aussi bien ont fondé les cultes d'initiations et de mystères ; quant aux Chaldéens, non seulement ils ont rendu un culte à la divinité en général, mais ils ont même adoré, la nommant déesse, la propre Vertu des Dieux, tant s'en faut qu'à cause de la vertu ils aient méprisé les rites sacrés ». Sur les prières des Brahmanes, en particulier, cf. aussi PORPHYRE, *De l'abstinence* IV, 17, 6.

20. PLATON, *Lois* X, 887 e : ἀνατέλλοντός τε ἡλίου καὶ σελήνης καὶ πρὸς δυσμὰς ἰόντων προκυλίσεις ἅμα καὶ προσκυνήσεις ἀκούοντές τε καὶ ὁρῶντες Ἑλλήνων τε καὶ βαρβάρων πάντων ἐν συμφοραῖς παντοίαις ἐχομένων καὶ ἐν εὐπραγίαις, οὐχ ὡς οὐκ ὄντων ἀλλ' ὡς ὅτι μάλιστα ὄντων καὶ οὐδαμῇ ὑποψίαν ἐνδιδόντων ὡς οὐκ εἰσὶν θεοί. « Enfin, quand le soleil et la lune se lèvent et quand ils vont vers leur couchant, nos interlocuteurs sont les témoins et ils entendent parler des prosternations et des agenouillements de tous les Grecs et de tous les Barbares, en quelques afflictions ou en quelques réjouissances qu'ils se trouvent, devant des êtres non pas inexistants mais dont l'existence est assurée au plus haut point, et d'une façon qui ne laisse aucunement concevoir que les dieux puissent ne pas exister » (trad. L. Brisson, J.-F. Pradeau). L'argument par *consensus omnium* est également utilisé par ARISTOTE (cf. *Éthique à Nicomaque* X, 2, 1173 a 1-2 ; *De caelo* I, 3, 270 b 5-8).

de Proclus ne permet pas de juger à quel point Porphyre perpétua cette association dans son *Commentaire sur le Timée*, mais cette préoccupation n'est pas absente d'autres de ses œuvres, comme *De l'abstinence* et surtout sa *Lettre à Anébon*.

2. La *Lettre à Anébon* : prier n'est ni contraindre, ni pâtir

L'intérêt de Porphyre pour la prière en tant qu'objet de réflexion philosophique transparaît clairement de la plus énigmatique de ses œuvres, la *Lettre à Anébon*[21]. Malheureusement préservée uniquement sous forme de fragments, elle représente une collection de ζητήματα aporétiques sur des sujets religieux adressés à un personnage fictif d'origine égyptienne, auquel Jamblique, qui s'est reconnu comme destinataire de la *Lettre*, a répondu par la suite dans la *Réponse du Maître Abamon à la Lettre de Porphyre à Anébon*, plus connue sous le titre de *De mysteriis Ægyptiorum* que lui a attribué Marsile Ficin.

La perspective adoptée par Porphyre dans la *Lettre à Anébon* contraste avec celle de son *Commentaire sur le Timée*. Dans ce recueil d'apories, Porphyre ne défend plus l'utilité de la prière contre ceux qui pourraient la contester, mais il met en question sa compatibilité avec la nature des êtres auxquels elle est destinée. Cette compatibilité est examinée en fonction de deux aspects : d'une part, la contrainte que la prière est censée exercer sur les dieux et, d'autre part, l'affectivité divine.

Prière et contrainte (ἀνάγκη)

Au sujet de la contrainte que la prière exerce sur les dieux, Porphyre exprime un point de vue qui était aussi celui de Plotin, lequel avait réfuté les gnostiques et leur prétention à pouvoir exercer une contrainte de nature magique (γοητεύειν) sur les êtres divins. En examinant les arguments mis en avant par Plotin, nous avons pu souligner l'arrière-plan platonicien de ce débat (cf. *République* II, 364 b-c), tout en insistant sur le fait que Plotin, à la différence de Platon, ne s'intéressait pas à la légitimité de ces pratiques (à savoir à leur caractère juste ou injuste), mais à leur efficacité, c'est-à-dire à la manière dont ces prières peuvent agir effectivement sur les êtres divins. Même

---

21.   PORPHYRE, *Lettre à Anébon*, texte établi, traduit et commenté par H. D. SAFFREY et A.-Ph. SEGONDS, Paris, 2012. Toutes les références sont à la pagination de cette édition.

si Porphyre n'élude pas la question de la légitimité des prières, il s'intéresse surtout à leur efficacité ; sur ce point, il suit son maître en s'opposant à la tradition littéraire et religieuse qui reconnaissait aux prières la capacité de persuader (πείθειν) et, par là même, d'exercer une forme de contrainte (ἀνάγκη) sur les dieux[22] :

> Voici ce qui me trouble profondément : comment [les dieux], invoqués comme des supérieurs (ὡς κρείττους παρακαλούμενοι), se soumettent-ils aux ordres (ἐπιτάττονται) comme des inférieurs et exigent de leur fidèle qu'il pratique la justice, tandis qu'eux-mêmes, s'ils en reçoivent l'ordre (κελευσθέντες), acceptent d'accomplir des actions injustes [...][23].

L'idée d'une contrainte (ἀνάγκη), en particulier d'une contrainte qui découle de la persuasion exercée par les prières (εὐχαί) est à maintes reprises évoquée dans la *Philosophie tirée des oracles*, où Porphyre reproduit de nombreux oracles, la plupart d'origine chaldaïque, qui font état de la croyance selon laquelle les dieux peuvent être persuadés (πειθοῖ) et contraints à se montrer (ἐπιφαίνειν) à ceux qui connaissent les formules sacrées, révélées par les dieux eux-mêmes, par lesquelles ils doivent être priés[24] :

> J'ai rapporté précédemment les oracles d'Hécate, où elle indique les moyens de la faire apparaître (ἐπιφαίνειν) : *Après l'aube aérienne, immense, remplie d'étoiles,/ J'ai quitté la grande maison, la maison toute pure de Dieu ;/ Et voici que j'accède à la terre nourricière, sur tes injonctions/ Et par la persuasion de paroles ineffables* (πειθοῖ τ' ἀρρήτων ἐπέων) *dont un mortel/ se plaît à charmer* (τέρπειν) *le cœur des immortels* [= *Orac. chald.*, fr. 219 DES PLACES]. Et encore : *Je suis venue, attentive à ta prière pleine d'astuce* (πολυφράδμονος εὐχή),/ *Que la nature des mortels a découverte d'après les préceptes des dieux* [= *Orac. chald.*, fr. 222 DES PLACES]. Et encore plus clairement : *Pour quel besoin enfin, de l'éther à la course incessante, m'as-tu ainsi,/ Moi la déesse Hécate, évoquée par des contraintes* (ἀνάγκαι) *qui domptent les dieux ?* [= *Orac. chald.*, fr. 221 DES PLACES][25].

---

22. Voir les analyses de D. AUBRIOT-SÉVIN, « Prière et rhétorique en Grèce ancienne » ; *Prière et conceptions religieuses...*, p. 197-291.

23. PORPHYRE, *Lettre à Anébon*, fr. 64, 1 [= EUSÈBE, *Préparation évangélique* V, 10, 1, p. 304 DES PLACES] (trad. H.D. Saffrey, A.-Ph. Segonds) : Πάνυ δέ με θράττει πῶς ὡς κρείττους παρακαλούμενοι ἐπιτάττονται ὡς χείρους καὶ δίκαιον εἶναι ἀξιοῦντες τὸν θεράποντα τὰ ἄδικα αὐτοὶ κελευσθέντες δρᾶν ὑπομένουσιν [...].

24. PORPHYRE, *La philosophie tirée des oracles* II, p. 154-161 WOLFF [= EUSÈBE, *Préparation évangélique* V, 8, p. 288-297 DES PLACES].

25. *Ibid.*, II, p. 155-156 [= EUSÈBE, *Préparation évangélique* V, 8, 4-6, p. 290-291 DES PLACES] (trad. É. des Places) : εἴρηται δ' ἐν τοῖς ἔμπροσθεν ἐκεῖνα τὰ τῆς Ἑκάτης, δι' ὧν φησιν ἐπιφαίνειν·

La contrainte et la persuasion exercées par la prière sont ainsi comparées à l'enchantement produit par la profération d'un charme (τέρπειν). D'autres oracles que rapporte Porphyre, attribués à Apollon, développent en effet l'analogie entre l'ἀνάγκη de la prière (et des formules qu'elle utilise) et le pouvoir de nature magique qu'elle exerce sur les dieux :

> Et ensuite, l'auteur [*scil.* Porphyre] dit encore : « Car ils [*scil.* les dieux] révèlent encore des oracles qui les contraignent eux-mêmes (ἐπανάγκους[26] ἑαυτῶν), comme le montrera celui dont Apollon a révélé qu'il le contraint lui-même (περὶ ἑαυτοῦ ἐπάναγκος). Voici ses paroles : *Ce terme de 'contrainte' est puissant et d'un grand poids (Οὔνομ' ἀναγκαίης τόδε καρτερὸν ἠδ' ἔτι βριθύ).* Et il a ajouté : *Viens avec l'impétuosité à l'appel de ce langage/ Que je fais monter de mon propre cœur,/ Feu pur/ Comprimé par des formules sacrées./ Voilà ce que la nature a osé révéler/ De ta race, ô Péan immortel.* Et à nouveau Apollon : *Les flots de la lumière de Phoibos se sont inclinés du haut du ciel/ Vers la terre, enveloppés dans le souffle mélodieux de l'air pur,/ Sous le charme des chants et des paroles ineffables (θελγόμενον μολπαῖσι καὶ ἀρρήτοις ἐπέεσσι)* [...] »[27].

L'autorité de ces oracles est complétée par le témoignage de Pythagore de Rhodes, auteur d'un ouvrage consacré aux évocations des dieux[28], qui aurait affirmé que les dieux ne se manifestent pas de leur propre gré, mais à la suite

---

Ἥριον, μεγαφεγγές, ἀπείριτον, ἀστεροπληθές,/ ἄχραντον, πολὺ δῶμα θεοῦ λίπον, ἠδ' ἐπιβαίνω/ γαίης ζωοτρόφοιο τεῆς ὑποθημοσύνῃσι/ πειθοῖ τ' ἀρρήτων ἐπέων, οἷς δὴ φρένα τέρπειν/ ἀθανάτων ἐδάη θνητὸς βροτός. καὶ πάλιν· ἤλυθον εἰσαΐουσα τεῆς πολυφράδμονος εὐχῆς/, ἣν θνητῶν φύσις εὗρε θεῶν ὑποθημοσύνῃσι. καὶ ἔτι σαφέστερον· τίπτε δ' ἀεὶ θείοντος ἀπ' αἰθέρος ὧδε χατίζων θεοδάμοις Ἑκάτην με θεὴν ἐκάλεσσας ἀνάγκαις ;

26. O. ZINK a noté à propos de ce mot que « le terme ἐπανάγκους fait difficulté, puisque la langue classique ne connaît que l'adjectif neutre ἐπάναγκες, venant de l'inusité *ἐπανάγκης. [...] La terminaison de l'accusatif masculin ἐπανάγκους fait alors supposer la création par la langue tardive d'un adjectif de la deuxième déclinaison, refait à partir du neutre ἐπάναγκες » (EUSÈBE DE CÉSARÉE, *Préparation évangélique*, Livres IV-V, introduction, traduction et annotation par O. ZINK, texte grec révisé par É. DES PLACES, SC 262, Paris, 1979, p. 293 n. 2).

27. PORPHYRE, *La philosophie tirée des oracles* II, p. 158-160 WOLFF [= EUSÈBE, *Préparation évangélique* V, 8, 8-11, p. 292-295 DES PLACES] (trad. É. des Places) : Ἐπεὶ καὶ ἐπανάγκους ἑαυτῶν ἐκδιδόασιν, ὡς δηλώσει ὁ ὑπὸ τοῦ Ἀπόλλωνος ἐκδοθεὶς περὶ ἑαυτοῦ ἐπάναγκος. λέγεται δὲ οὕτως· Οὔνομ' ἀναγκαίης τόδε καρτερὸν ἠδ' ἔτι βριθύ. καὶ ἐπήγαγε· Μόλε δ' ἐσσυμένως τοισίδε μύθοις/, οἵους ἀπ' ἐμῆς κραδίης ἀνάγω/, ἱεροῖσι τύποις συνθλιβομένου/ πυρὸς ἁγνοῦ. τολμᾷ δὲ φύσις ταῦτα προφαίνειν/ τῆς σῆς γενέθλης, ἄμβροτε Παιάν. καὶ πάλιν ὁ Ἀπόλλων· Ῥεῦμα τὸ Φοιβείης ἀπονεύμενον ὑψόθεν αἴγλης πνοιῇ ὑπὸ λιγυρῇ/ κεκαλυμμένον ἠέρος ἁγνοῦ/ θελγόμενον μολπαῖσι καὶ ἀρρήτοις ἐπέεσσι [...].

28. Voir la notice de R. GOULET, dans DPhA, t. V/2, Paris, 2012, p. 1773. Aucun ouvrage ne nous est parvenu de cet auteur ; à part Porphyre, il est également cité par Énée de Gaza dans le dialogue *Théophraste*.

d'une contrainte (δι' ἀνάγκην) par laquelle ils sont forcés d'obéir à ceux qui les invoquent :

> Voilà donc ce que dit le même auteur [*scil.* Porphyre] : « Le Rhodien Pythagore [*scil.* Pythagore de Rhodes] était dans le vrai en déclarant encore ceci : les dieux n'éprouvent aucun plaisir à être invoqués afin de manifester leur présence, mais s'ils surviennent, c'est contraints et forcés d'obéir (ἀνάγκη δέ τινι ἀκολουθίας συρόμενοι παραγίνονται), plus ou moins selon le cas. [...] Et en effet, après avoir lu cela chez Pythagore, j'ai observé, en examinant les oracles, la véracité de ses paroles : tous déclarent qu'ils sont venus par contrainte (δι' ἀνάγκην) ; et ce, non pas simplement, mais comme par la contrainte de la persuasion (πειθανάγκη), s'il faut s'exprimer ainsi »[29].

La persuasion (πειθώ) que la prière met en œuvre est ainsi apparentée à l'ἀνάγκη et il s'agit là d'une conception très ancienne. Aristote a pu distinguer, dans la conduite de l'action, πειθώ de βία et d'ἀνάγκη[30], mais les deux notions ne sont pas opposées chez Gorgias, selon lequel « un discours (λόγος) [...] lorsqu'il a persuadé (πείσας) l'âme qu'il a persuadée, l'a contrainte (ἠνάγκασε) à obéir (πιθέσθαι) à ce qui était dit et à consentir à ce qui était fait »[31]. Par ailleurs, chez Platon, dans le *Sophiste* (265 d), l'Étranger essaie de convaincre Théétète au moyen de l'ἀναγκαίη πειθώ[32]. Au Vᵉ

---

29. PORPHYRE, *La philosophie tirée des oracles* II, p. 154-155 WOLFF [= EUSÈBE, *Préparation évangélique* V, 8, 1 et 3, p. 288-289 DES PLACES] (trad. É. des Places) : Ὀρθῶς καὶ τοῦτο ὁ Ῥόδιος Πυθαγόρας ἀπεφήνατο, ὅτι οὐχ ἥδονται οἱ κληιζόμενοι ἐπὶ ταῖς θυσίαις θεοί, ἀνάγκῃ δέ τινι ἀκολουθίας συρόμενοι παραγίνονται· καὶ οἱ μὲν μᾶλλον, οἱ δὲ ἧττον. [...] τοῦ γὰρ Πυθαγόρου ταῦτα εἰρηκότος παρετήρησα ἐκ τῶν λογίων, ὡς ἀληθές ἐστι τὸ εἰρημένον. πάντες γὰρ δι' ἀνάγκην φασὶν ἀφῖχθαι, οὐχ ἁπλῶς δέ, ἀλλ' οἷον, ἢ χρὴ οὕτω φάναι, πειθανάγκῃ.

30. ARISTOTE, *Éthique à Eudème* II, 8, 1224 a 39 : ἡ δὲ πειθὼ τῇ βίᾳ καὶ ἀνάγκη ἀντιτίθεται. « La persuasion s'oppose à la force et à la nécessité ». Cf. PLATON, *Timée* 48 a. Sur l'opposition chez Platon entre le πείθειν associé à l'enseignement rationnel (διδάσκειν) et la βία, la force et la violence qui sapent les fondements de la cité, voir A. MOTTE, « Persuasion et violence chez Platon », *L'Antiquité classique* 50, 1981, p. 562-577.

31. GORGIAS, *Éloge d'Hélène* [DK B 11], 12 (trad. sous la direction de J.-F. Pradeau) : λόγος γὰρ ψυχὴν ὁ πείσας, ἣν ἔπεισεν, ἠνάγκασε καὶ πιθέσθαι τοῖς λεγομένοις καὶ συναινέσαι τοῖς ποιουμένοις.

32. PLATON, *Sophiste* 265 d : εἰ μέν γέ σε ἡγούμεθα τῶν εἰς τὸν ἔπειτ' <ἂν> χρόνον ἄλλως πως δοξαζόντων εἶναι, νῦν ἂν τῷ λόγῳ μετὰ πειθοῦς ἀναγκαίας ἐπεχειροῦμεν ποιεῖν ὁμολογεῖν. « Si nous pensons que tu puisses faire partie de ceux qui changeront d'avis dans le futur, le moment est venu d'essayer de te faire accorder avec notre raisonnement, mais cela désormais grâce à la force de la persuasion » (trad. N. L. Cordero). Sur l'évolution des rapports entre πειθώ et ἀνάγκη à l'époque classique, voir M.-P. NOËL, « La persuasion chez Gorgias », dans *La Rhétorique grecque*, textes rassemblés par J.-M. GALY et A. THIVEL, Nice, 1994, p. 89-105, notamment p. 101-102. Voir aussi les analyses d'É. BENVENISTE, *Vocabulaire...*, t. I, p. 115-121.

siècle av. J.-C., cette πειθώ ne désigne pas encore un procédé caractérisant le λόγος, son *modus operandi*, mais une force religieuse, « la puissance de la parole telle qu'elle s'exerce sur autrui, sa magie, sa séduction, telle qu'autrui la subit »[33]. Son action est décrite par le lexique qui désigne l'action magique, le charme et l'ensorcellement (γοητεύειν, θέλγειν, τέρπειν). Dans son *Éloge d'Hélène* (§ 14), Gorgias affirme, en effet, que « de même [...] que différents remèdes (φαρμάκων) expulsent du corps différentes humeurs, et mettent un terme, les uns à la maladie et les autres à la vie, de même aussi, parmi les discours (λόγων), les uns affligent, les autres égaient les auditeurs, les uns effraient et les autres rendent audacieux, les autres enfin droguent (ἐφαρμάκευσαν) l'âme et l'ensorcellent (ἐξεγοήτευσαν) par une persuasion malsaine (πειθοῖ κακῆι) »[34]. On a pu montrer aussi que le verbe θέλγειν « enchanter » est employé systématiquement dans la tragédie pour décrire l'action de Πειθώ[35], et qu'il est également, à côté de τέρπειν (cf. fr. 219 DES PLACES repris par Porphyre), associé à πείθειν dans l'*Éloge d'Hélène* de Gorgias.

Les ἐπῳδαί dont Πειθώ use et que l'on retrouve également dans les εὐχαί chaldaïques rapportées par Porphyre présentent une ressemblance frappante avec les ἐπῳδαί examinées par Plotin dans le traité 28 (§ 40). On se

---

33. M. DETIENNE, *Les maîtres de vérité...*, p. 62, et, en général, p. 60-66, sur Πειθώ comme puissance religieuse et son caractère ambivalent, positif et négatif. Sur Πειθώ et le processus de rationalisation de la notion, voir également V. PIRENNE-DELFORGE, « Le culte de la persuasion. Peithô en Grèce ancienne », *RHR* 208, 1991, p. 395-413 ; M.-P. NOËL, « La persuasion chez Gorgias », p. 94-102.

34. GORGIAS, *Éloge d'Hélène* [DK B 11], 14 (trad. sous la direction de J.-F. Pradeau) : ὥσπερ γὰρ τῶν φαρμάκων ἄλλους ἄλλα χυμοὺς ἐκ τοῦ σώματος ἐξάγει, καὶ τὰ μὲν νόσου τὰ δὲ βίου παύει, οὕτω καὶ τῶν λόγων οἱ μὲν ἐλύπησαν, οἱ δὲ ἔτερψαν, οἱ δὲ ἐφόβησαν, οἱ δὲ εἰς θάρσος κατέστησαν τοὺς ἀκούοντας, οἱ δὲ πειθοῖ τινι κακῆι τὴν ψυχὴν ἐφαρμάκευσαν καὶ ἐξεγοήτευσαν ; cf. *ibid.*, 13 : ὅτι δ' ἡ πειθὼ προσιοῦσα τῶι λόγωι καὶ τὴν ψυχὴν ἐτυπώσατο ὅπως ἐβούλετο, χρὴ μαθεῖν πρῶτον μὲν τοὺς τῶν μετεωρολόγων λόγους, οἵτινες δόξαν ἀντὶ δόξης τὴν μὲν ἀφελόμενοι τὴν δ' ἐνεργασάμενοι τὰ ἄπιστα καὶ ἄδηλα φαίνεσθαι τοῖς τῆς δόξης ὄμμασιν ἐποίησαν· δεύτερον δὲ τοὺς ἀναγκαίους διὰ λόγων ἀγῶνας, ἐν οἷς εἷς λόγος πολὺν ὄχλον ἔτερψε καὶ ἔπεισε τέχνηι γραφείς, οὐκ ἀληθείαι λεχθείς. « que l'éloquence persuasive, jointe au discours, ait aussi façonné l'âme comme elle le voulait, on doit s'en instruire d'abord auprès des discours des cosmologues qui, en supprimant une opinion et en produisant une autre à sa place, font apparaître aux yeux de l'opinion des choses incroyables et invisibles ; en second lieu, auprès des plaidoyers judiciaires, qui exercent leur contrainte par le discours, plaidoyers dans lesquels un seul discours charme et persuade une foule nombreuse, pourvu qu'il soit écrit avec art, même s'il ne dit pas la vérité ».

35. Voir M.-P. NOËL, « La persuasion chez Gorgias », p. 98 et n. 24. Sur θέλγειν et τέρπειν associés à Πειθώ, voir M. DETIENNE, *Les maîtres de vérité...*, p. 63.

souvient que les ἐπῳδαί et les εὐχαί étaient là mises sur le même plan, leur efficacité étant ramenée à une sorte de mécanique naturelle qui ne requérait pas l'action volontaire des dieux. On se souvient également que, dans le traité 33, Plotin attribuait aux gnostiques des pratiques comportant la profération de formules à caractère magique (ἐπαοιδαί, θέλξεις et πείσεις), dans un cadre rituel qui impliquait également des chants (μέλη), des pratiques analogues à celles évoquées par Porphyre dans la *Philosophie tirée des oracles*.

Je reviendrai sur la fonction que Porphyre, sur les traces de son maître, assigna à cette espèce de prières dans le traité *Sur le retour de l'âme*. Remarquons pour l'instant que Porphyre soulève dans sa *Lettre à Anébon* la question de savoir si une telle contrainte peut être compatible non seulement avec la justice divine, mais aussi et principalement avec la nature même des dieux, qui sont des « intellects purs » et, par conséquent, insensibles à la voix humaine qui profère la prière :

> En effet, après avoir dit que « les intellects purs sont encore plus inaccessibles à la séduction (ἀκλίτους) et sans mélange avec les sensibles », tu soulèves la difficulté de savoir « s'il faut leur adresser des prières » (εἰ δεῖ πρὸς αὐτοὺς εὔχεσθαι)[36] [...] ; et si tu trouves « incroyable que l'être incorporel entende une voix (πῶς φωνῆς ἀκούει τὸ ἀσώματον) et que ce que nous disons dans les prières réclame un organe sensoriel, voire des oreilles [...] »[37].

Les deux idées formulées dans ce passage sont redevables à l'héritage plotinien. En premier lieu, la conception selon laquelle le Νοῦς est ἄκλιτος et, par là même, insensible au pouvoir du πείθειν est exprimée par Plotin dans le traité 49, où la πειθώ est associée à l'âme inférieure et opposée à la θεωρία désignant la relation entre la partie supérieure de l'âme (le νοῦς) et l'Intellect divin[38]. En second lieu, en se demandant πῶς φωνῆς ἀκούει τὸ

---

36. PORPHYRE, *Lettre à Anébon*, fr. 17 [= JAMBLIQUE, *Réponse à Porphyre (De mysteriis)* I, 15, p. 35, 7-10] (trad. H.D. Saffrey, A.-Ph. Segonds) : Ἔτι γὰρ μᾶλλον ἀκλίτους καὶ ἀμιγεῖς αἰσθητοῖς εἰπὼν εἶναι τοὺς καθαροὺς νόας ἀπορεῖς, εἰ δεῖ πρὸς αὐτοὺς εὔχεσθαι.

37. *Ibid.*, fr. 18 [= JAMBLIQUE, *Réponse à Porphyre (De mysteriis)* I, 15, p. 35, 15-18] : Εἰ δέ σοι ἄπιστον εἶναι καταφαίνεται, πῶς φωνῆς ἀκούει τὸ ἀσώματον καὶ ὡς αἰσθήσεως προσδεήσεται καὶ δὴ ὤτων τὰ λεγόμενα ὑφ' ἡμῶν ἐν ταῖς εὐχαῖς [...]. L'idée que les dieux n'ont pas besoin d'oreilles pour entendre nos prières se retrouve déjà chez CICÉRON, *De diuinatione* I, 129 : *deorum animi sine oculis, sine auribus, sine lingua sentiunt inter se quid quisque sentiat* « les âmes des dieux, sans l'aide des yeux, des oreilles, de la langue, comprennent les unes les autres ce que chacun pense » (trad. J. Kany-Turpin).

38. PLOTIN 49 (V, 3), 6, 12-15 : Καὶ γὰρ καὶ ἕως ἦμεν ἄνω ἐν νοῦ φύσει, ἠρκούμεθα καὶ ἐνοοῦμεν καὶ εἰς ἓν πάντα συνάγοντες ἑωρῶμεν· νοῦς γὰρ ἦν ὁ νοῶν καὶ περὶ αὐτοῦ λέγων, ἡ δὲ ψυχὴ ἡσυχίαν

ἀσώματον, Porphyre reprend presque littéralement la question formulée par Plotin dans le traité 33 (πῶς φωναῖς τὰ ἀσώματα) à propos des opinions des gnostiques qui prétendaient pouvoir influencer les dieux par la profération des incantations magiques. Sans s'approprier la théorie de la συμπάθεια cosmique par laquelle Plotin expliquait l'efficacité des ἐπῳδαί, Porphyre soumet à son interlocuteur fictif la même question concernant l'inaptitude des êtres divins à être touchés et influencés par la voix humaine. Cette question, qui amènera Porphyre à définir, à l'instar de Plotin, une forme non langagière de prière, repose, comme la *Lettre à Anébon* le souligne, sur le postulat de l'impassibilité divine. C'est à cette question que le sous-chapitre suivant est consacré.

Prière et πάθος

Le lien entre la contrainte que les prières sont censées exercer et l'affectivité divine est clairement exprimé dans le passage suivant de la *Lettre à Anébon* (fr. 64), qui complète et éclaire celui cité plus haut (fr. 18) :

> Ayant dit cela, de nouveau il [*scil.* Porphyre] présente cette difficulté à l'Égyptien [= Anébon], en disant : « Si les uns [parmi les dieux] sont impassibles (ἀπαθεῖς), tandis que d'autres sont passibles (ἐμπαθεῖς) [...], vaines seront les invocations (κλήσεις) des dieux, les demandes de secours (προσκλήσεις[39]), les rites d'apaisement de la colère des dieux et les sacrifices expiatoires (ἐκθύσεις) et plus encore les prétendues contraintes exercées sur les dieux, car ce qui n'est pas sujet au pâtir (τὸ ἀπαθές) ne saurait être séduit, violenté ou forcé (ἀκήλητον... καὶ ἀβίαστον καὶ ἀκατανάγκαστον) »[40].

ἦγε συγχωροῦσα τῷ ἐνεργήματι τοῦ νοῦ. Ἐπεὶ δὲ ἐνταῦθα γεγενήμεθα πάλιν αὖ καὶ ἐν ψυχῇ, πειθώ τινα γενέσθαι ζητοῦμεν. « Quand nous étions en haut dans la réalité même de l'Intellect, nous n'avions besoin de rien d'autre et nous pensions, en ramenant toutes choses en une seule et nous contemplions. Car c'était l'Intellect lui-même qui pensait et qui parlait : l'âme était au repos, cédant la place à l'activité de l'Intellect. Mais une fois revenus ici-bas, nous cherchons à produire dans l'âme une persuasion » (trad. F. Fronterotta).

39.   Πρόσκλησις au sens d'« invocation » est un hapax, comme le relèvent H. D. Saffrey et A.-Ph. Segonds (dans Jamblique, *Réponse à Porphyre (De mysteriis)*, notes complémentaires *ad loc.*, p. 253), qui rejettent avec raison la conjecture de Thomas Gale πρόσκλισις, car le terme πρόσκλησις apparaît également dans la version parallèle donnée par Eusèbe de Césarée.

40.   Porphyre, *Lettre à Anébon*, fr. 64, 10 [= Eusèbe, *Préparation évangélique* V, 10, 10, p. 308 Des Places] (trad. H.D. Saffrey, A.-Ph. Segonds légèrement modifiée) : Ταῦτα εἰπὼν πάλιν ἀπορεῖ πρὸς τὸν Αἰγύπτιον λέγων. Εἰ δὲ οἱ μὲν ἀπαθεῖς, οἱ δὲ ἐμπαθεῖς [...] μάταιοι αἱ θεῶν κλήσεις ἔσονται, προσκλήσεις αὐτῶν ἐπαγγελλόμεναι καὶ μήνιδος ἐξιλάσεις καὶ ἐκθύσεις, καὶ ἔτι μᾶλλον αἱ λεγόμεναι ἀνάγκαι θεῶν. ἀκήλητον γὰρ καὶ ἀβίαστον καὶ ἀκατανάγκαστον τὸ ἀπαθές.

Malgré la manière indirecte dont les deux textes nous sont parvenus, le sens de l'objection de Porphyre est assez clair. Puisque les dieux sont des natures purement intellectives et impassibles, ils ne sauraient se laisser fléchir ni par des invocations (κλήσεις, προσκλήσεις), ni par des supplications (λιτανεῖαι), des prières empreintes d'émotion qui supposent leur capacité à pâtir (παθεῖν)[41]. Également inappropriés sont, pour la même raison, certains rites qui impliquent l'affectivité des dieux, comme les rites propitiatoires

Seulement un court fragment de cette section a été repris *verbatim* par Jamblique, qui semble avoir, de propos délibéré, disloqué et morcelé le passage : *ibid.*, fr. 13 [= JAMBLIQUE, *Réponse à Porphyre (De mysteriis)* I, 10, p. 25, 20-21 ; I, 11, p. 29, 14 et 19-20 ; I, 12, p. 30, 23 et 32, 3 ; I, 13, p. 32, 16 et 33, 7 ; I, 14, p. 33, 22 et 34, 8-9] : [...] τῇ τοῦ ἐμπαθοῦς καὶ ἀπαθοῦς διαφορᾷ χωρίζεις τῶν κρειττόνων τὰς οὐσίας. [...] τὴν μὲν τῶν φαλλῶν στάσιν [...] τὰς δ᾽ αἰσχρορρημοσύνας [...] αἱ κλήσεις [...] αἱ προσκλήσεις [...] αἱ τῆς μήνιδος ἐξιλάσεις [...] αἱ δ᾽ ἐκθύσεις [...] αἱ λεγόμεναι θεῶν ἀνάγκαι [...] ἀκήλητον καὶ ἀπαθὲς καὶ ἀβίαστον [...]. [Tu sépares les essences des êtres supérieurs par la différence entre] « ce qui est sujet au pâtir et ce qui est non-sujet au pâtir » [...], « l'érection de phallus » [...], « les propos obscènes » [...], « les invocations » [...], « les demandes de secours » [...], « les rites d'apaisement de la colère [des dieux] » [...], « les sacrifices expiatoires » [...], « les prétendues contraintes exercées sur les dieux » [...], « [le divin] est inaccessible à la séduction, au pâtir et à la violence ». [...].

41. Sur les λιτανεῖαι en particulier, voir *ibid.*, fr. 19 [= JAMBLIQUE, *Réponse à Porphyre (De mysteriis)* I, 15, p. 36, 5-7] : [...] αἱ λιτανεῖαι, ὡς φῄς, ἀλλότριαί εἰσι προσφέρεσθαι πρὸς τὴν τοῦ νοῦ καθαρότητα « les supplications, dis-tu [*scil.* Porphyre], ne sont pas faites pour être adressées à la pureté de l'intellect ». En manifestant sa réticence à l'égard des λιτανεῖαι, Porphyre adopte une attitude qui était aussi celle des Pythagoriciens qui rejetaient les λιτανεῖαι et les ἱκετεῖαι, en raison, entre autres, de leur forte dimension affective, comme des formes inférieures de prière « lâches et viles » ; cf. JAMBLIQUE, *Vie de Pythagore* 234, 1-5 : φησὶ γὰρ οὕτως ὁ Ἀριστόξενος· ᾽οἴκτων δὲ καὶ δακρύων καὶ πάντων τῶν τοιούτων εἴργεσθαι τοὺς ἄνδρας ἐκείνους ὡς ἐνδέχεται μάλιστα· ὁ αὐτὸς δὲ λόγος καὶ περὶ θωπείας καὶ δεήσεως καὶ λιτανείας καὶ πάντων τῶν τοιούτων᾽. « Aristoxène s'exprimait donc ainsi : 'ces gens-là [*scil.* les Pythagoriciens] se gardent des lamentations, des larmes et de toutes autres manifestations de ce genre le plus possible ; et il en va de même pour la flatterie, la prière et la supplication et pour tous les comportements de ce genre » (trad. L. Brisson, A.-Ph. Segonds) ; *ibid.*, 226, 5-8 : οἴκτων δὲ καὶ δακρύων καὶ πάντων τῶν τοιούτων εἴργεσθαι τοὺς ἄνδρας ἐκείνους φασί. ἀπείχοντο δὲ καὶ δεήσεων καὶ ἱκετειῶν καὶ πάσης τῆς τοιαύτης ἀνελευθέρου θωπείας ὡς ἀνάνδρου καὶ ταπεινῆς οὔσης. « Ces hommes-là, raconte-t-on, se gardaient de se lamenter, de pleurer et de manifester des émotions de ce genre. Ils s'abstenaient aussi d'adresser des prières, des supplications et toute sorte de flatterie servile du même genre, estimant qu'elles étaient lâches et viles ». Cf. aussi *ibid.*, 198, 1-4. Sur la présence des émotions dans les prières en Grèce ancienne, voir I. SALVO, « Sweet Revenge. Emotional Factors in 'Prayers for Justice' », dans A. CHANIOTIS (éd.), *Unveiling Emotions. Sources and Methods for the Study of Emotions in th Greek World*, Stuttgart, 2012, p. 235-266.

censés apaiser leur colère (μῆνις)[42], ou ceux où l'on fait usage de propos obscènes (αἰσχρολογία)[43].

Le lien que Porphyre établit entre les différentes espèces de prière et l'affectivité (le παθεῖν), celle des dieux et des orants à la fois, est le résultat d'une réflexion sur les émotions religieuses développée à partir de l'époque hellénistique[44]. Chez Platon on ne trouve pas de trace d'une telle réflexion, malgré l'existence d'une réflexion philosophique sur les émotions qui a pu, par exemple, reconnaître au θυμός un rôle formatif dans le façonnement de l'ἦθος

42. JAMBLIQUE explique, dans sa *Réponse à Porphyre*, que les dieux, qui sont ἀπαθεῖς, ne sauraient se mettre en colère. Sur son interprétation théologique de la μῆνις des dieux [*Réponse à Porphyre (De mysteriis)* I, 13, p. 32, 16-33, 6], voir A. TIMOTIN, *La démonologie platonicienne*, p. 218, et la note complémentaire *ad loc.* de l'édition SAFFREY-SEGONDS (p. 254). La colère des dieux peut passer, comme le suggèrent les éditeurs (*loc. cit.*), pour une allusion à la Bible et au peuple juif. Quoi qu'il en soit, l'interprétation de Jamblique présente des affinités notables avec celle avancée par Augustin, comme l'a montré J.-C. FREDOUILLE, « Sur la colère divine : Jamblique et Augustin », *Recherches augustiniennes* 5, 1968, p. 7-13. Ces affinités se prolongent dans le débat engagé entre Julien et Cyrille d'Alexandrie autour du thème du φθόνος θεῶν ; voir M.-O. BOULNOIS, « Dieu peut-il être envieux ou jaloux ? Un débat sur les attributs divins entre l'empereur Julien et Cyrille d'Alexandrie », dans D. AUGER, É. WOLFF (éd.), *Culture classique et christianisme. Mélanges offerts à Jean Bouffartigue*, Paris, 2008, p. 13-25. Ce débat remonte à Platon qui, en s'écartant de la tradition mythologique de la Grèce ancienne, affirmait que les dieux sont ἄφθονοι (*Phèdre* 244 a), tirant ainsi une conséquence logique du principe selon lequel la divinité ne peut commettre le mal (*République* III, 379 a-380 c, etc.). Sur cette question, voir L. BRISSON, « La notion de *phthónos* chez Platon », dans F. MONNEYRON (éd.), *La jalousie*, Colloque de Cerisy (1989), Paris, 1996, p. 13-34 [repris dans *Lectures de Platon*, Paris, 2000, p. 219-234].

43. Dans sa *Réponse à Porphyre* (I, 11, p. 29, 19-30, 22), JAMBLIQUE donne une interprétation théologique de l'αἰσχρολογία, inspirée par Aristote, qu'il oppose à l'interprétation démonologique de Porphyre, qui remonte à Xénocrate. Sur cette question, voir A. TIMOTIN, *La démonologie platonicienne*, p. 218-219.

44. Il y a un nombre important de publications récentes sur les émotions religieuses dans les cultures grecque et romaine. Voir surtout A. CHANIOTIS, « Rituals between Norms and Emotions : Rituals as Shared Experience and Memory », dans E. STAVRIANOPOULOU (éd.), *Ritual and Communication in the Graeco-Roman World*, Liège, 2006, p. 211-238 ; P. MARTZAVOU, « The Isis Aretalogies as a Source for the Study of Emotions », dans A. CHANIOTIS (éd.), *Unveiling Emotions*, p. 267-291 ; T. MORGAN, « Is *pistis/fides* experienced as an emotion in the Late Roman Republic, Early Principate, and Early Church ? », dans A. CHANIOTIS, P. DUCREY (éd.), *Unveiling Emotions II. Emotions in Greece and Rome : Texts, Images Material Culture*, Stuttgart, 2013, p. 191-214. Sur les émotions des dieux, voir Ph. BORGEAUD, A.-C. RENDU LOISEL (éd.), *Violentes émotions. Approches comparatistes*, Genève, 2009 ; *Les dieux en (ou sans) émotion. Perspective comparatiste*, éd. Ph. BORGEAUD, A.-C. RENDU LOISEL [= *Mythos* 4, 2010].

et dans le progrès vers la vertu[45]. Cette absence s'explique par le fait que la prière est envisagée par Platon essentiellement en tant qu'acte cultuel et non comme l'expression d'un sentiment, d'une émotion. Un des premiers témoins d'une telle réflexion est Plutarque. Dans De la superstition, la δεισιδαιμονία est, en effet, associée à la fois au πάθος, voire à un excès de sensibilité (πολυπάθεια), et à la profération fréquente de prières (εὐχαί) adressées aux dieux comme à des êtres en proie à la passion[46]. Les médio-platoniciens ultérieurs pourront juger que de telles prières, empreintes de πάθος, sont en réalité adressées non aux dieux, mais aux « démons »[47]. Et Porphyre hérite de cette tradition. Dans la Lettre à Anébon, il laisse entendre en effet que les actes cultuels qui relèvent du παθεῖν concernent non les dieux, mais les δαίμονες, qui participent à l'intellect divin, mais sont en même temps sujets aux passions[48]. Dans De l'abstinence,

---

45. Voir récemment O. RENAUT, *Platon et la médiation des émotions. L'éducation du thymos dans les dialogues*, Paris, 2014, notamment p. 245-274. Sur la réflexion philosophique sur les émotions dans d'autres écoles philosophiques, voir S. KNUUTTILA, *Emotions in Ancient and Medieval Philosophy*, Oxford, 2004 ; M. R. GRAVER, *Stoicism and Emotion*, Chicago-Londres, 2007 ; J. KRAJCZYNSKI, Ch. RAPP, « Emotionen in der antiken Philosophie. Definitionen und Kataloge », dans M. HARBSMEIER, S. MÖCKEL (éd.), *Pathos, Affekt, Emotion. Transformationen der Antike*, Frankfurt a. M., 2009, p. 47-78.

46. PLUTARQUE, *De la superstition* 167 E : ἡ δὲ δεισιδαιμονία πολυπάθεια κακὸν τὸ ἀγαθὸν ὑπονοοῦσα. φοβοῦνται τοὺς θεοὺς καὶ καταφεύγουσιν ἐπὶ τοὺς θεούς, κολακεύουσι καὶ λοιδοροῦσιν, εὔχονται καὶ καταμέμφονται. « La superstition [est] un excès de sensibilité avec l'idée latente que le bien est un mal. Les superstitieux craignent les dieux et se réfugient auprès des dieux, ils les flattent et les insultent, ils leur adressent prières et reproches » (trad. J. Defradas, J. Hani, R. Klaerr) ; cf. *ibid.*, 165 C ; *On ne peut vivre heureux selon la doctrine d'Épicure* 1101 D-E.

47. Cf. APULÉE, *De deo Socratis* XIII, 147 : *Sed et haec cuncta et id genus cetera daemonum mediocritati rite congruunt. Sunt enim inter nos ac deos ut loco regionis ita ingenio mentis intersiti, habentes communem cum superis immortalitatem, cum inferis passionem.* Nam proinde ut nos pati possunt omnia animorum placamenta uel incitamenta, *ut et ira incitentur et misericordia flectantur et donius inuitentur et* precibus leniantur *et contumeliis exasperantur et honiribus mulceantur aliisque omnibus ad similem nobis modum uarient.* « En revanche tous ces mouvements de l'âme et les autres du même genre s'accordent fort bien avec l'état intermédiaire des démons. En effet ils se trouvent à mi-chemin entre les dieux et nous, par la situation de leur domaine comme par la nature de leur esprit, ayant en commun avec l'espèce supérieure l'immortalité, avec l'espèce inférieure la passibilité. *Car ils sont au même titre que nous 'passibles' de tous les apaisements comme de tous les soulèvements de l'âme* : ainsi la colère les soulève, la pitié les fléchit, *les prières les attendrissent,* les outrages les irritent, les hommages les apaisent, et tout le reste les fait changer de la même manière que nous » (trad. J. Beaujeu ; c'est nous qui soulignons).

48. PORPHYRE, *Lettre à Anébon*, fr. 15 [= JAMBLIQUE, *Réponse à Porphyre (De mysteriis)* I, 12, p. 30, 23-31, 2] : αἱ κλήσεις, φησίν, ὡς πρὸς ἐμπαθεῖς τοὺς θεοὺς γίγνονται, ὥστε οὐχ οἱ δαίμονες μόνον εἰσὶν ἐμπαθεῖς, ἀλλὰ καὶ οἱ θεοί. « Les invocations (κλήσεις), est-il dit [*scil.* Porphyre], sont adressées aux dieux comme à des sujets de pâtir, de sorte que ce ne sont pas seulement les δαίμονες qui sont sujets au pâtir, mais aussi les dieux » (trad. H.D. Saffrey, A.-Ph. Segonds).

Porphyre affirme formellement que ce sont les mauvais δαίμονες qui nous incitent à adresser aux dieux des sacrifices (θυσίαι) et des supplications (λιτανεῖαι) « comme si ces derniers étaient courroucés (ὡς ὠργισμένων) »[49]. Porphyre partage ainsi avec le médio-platonisme l'intérêt pour un thème intensément débattu dans les premiers siècles de notre ère et qui transcende les frontières doctrinales et religieuses : l'affectivité divine[50].

En même temps, le lien entre prière et παθεῖν n'est pas l'apanage des débats philosophiques et religieux. Il est également thématisé, un siècle avant Porphyre (fin du IIe ou début du IIIe siècle apr. J.-C.), par un théoricien de la rhétorique comme Hermogène de Tarse, dont l'œuvre eut une influence considérable à la fin de l'Antiquité[51]. Dans son analyse des catégories stylistiques du discours (De ideis), Hermogène range en effet la prière (εὐχή) parmi les facteurs de sincérité qui définissent le λόγος ἐνδιάθετος, « venu du cœur » (ἔμψυχος λόγος)[52]. Or une des caractéristiques de ce type de discours est précisément qu'il exprime un πάθος, une émotion de l'âme (πάθος ψυχῆς), qui le garantit ou en renforce la crédibilité : « c'est la seule méthode pour un discours (λόγος) qui veut paraître vraiment venu du cœur (ἔμψυχος) ; au lieu d'avertir qu'on éprouve une émotion (πάθος) dans son âme, étonnement, crainte, colère, chagrin, pitié, assurance, défiance, indignation ou autre, on

---

49.   PORPHYRE, De l'abstinence II, 37, 5 ; II, 40, 2. Cf. infra, p. 159 n. 68.

50.   Sur l'histoire de cette question, voir M. POHLENZ, Vom Zorne Gottes. Eine Studie über den Einfluß der griechischen Philosophie auf das alte Christentum, Göttingen, 1909, notamment p. 57-156 ; H. FROHNHOFEN, Apatheia tou theou. Über die Affektlosigkeit Gottes in der griechischen Antike und bei den griechischsprachigen Kirchenvätern bis zu Gregorios Thaumaturgos, Frankfurt a.M.-New York, 1987.

51.   Les ouvrages qui nous sont parvenus sous son nom ont été édités et traduits en français par Michel Patillon dans la série « Corpus Rhetoricum » de la Collection des Universités de France.

52.   HERMOGÈNE, Les catégories stylistiques du discours (De ideis) II, 7, 5-6 PATILLON [dans Corpus Rhetoricum, t. IV, p. 171] : εἴτε γὰρ εὐχὰς ποιοίη τις εἴτε ἄλλο τι τοιοῦτον, οὐχ ἁπλῶς διὰ τῶν εὐχῶν ἢ διὰ τῶν ὁμοίων ταύταις ἐνδιάθετος ὁ λόγος γίνεται, ἀλλ' ἔστι ταῦτα μὲν ἁπλῶς κατὰ ἀφέλειαν ἠθικά, ἕτερα δὲ παρὰ ταῦτά ἐστιν οἶμαι τὰ ποιοῦντα οἶον ἔμψυχον εἶναι δοκεῖν τὸν λόγον. « En effet, si on fait une prière ou quelque autre chose de ce genre, le discours ne devient pas spontané du seul fait de la prière ou de ce qui lui ressemble, mais ces éléments sont simplement éthiques dans leur naïveté, et à côté d'eux il y en a d'autres, à mon avis, qui font que le discours paraisse être comme venu du cœur » (trad. M. Patillon). Pour illustrer cette idée, Hermogène cite deux exemples de prières de Démosthène (Or. XVIII, 1) et d'Aelius Aristide (Or. Sic. I, 40). La spontanéité (ou la sincérité) est prise en compte à la fois comme une catégorie stylistique à part entière ou comme une sous-catégorie de l'ἦθος ; voir HERMOGÈNE, Les catégories stylistiques du discours (De ideis) II, 7 [dans Corpus Rhetoricum, t. IV, textes établis et traduits par M. PATILLON, Paris, 2012, p. 170-182 et CIV-CVIII]. Cf. aussi M. PATILLON, La théorie du discours chez Hermogène le rhéteur, Paris, 2010, p. 261-267.

profère son discours sous le coup de l'émotion que réclament les circonstances »[53]. Le fond de cette analyse remonte à Aristote qui a rangé le πάθος, à côté du λόγος et de l'ἦθος (au sens de qualité morale du locuteur), parmi les facteurs de crédibilité du discours[54].

3. *De l'abstinence* : la place de la prière dans la théorie du sacrifice

Dans le livre II du *De l'abstinence* (II, 34), la section qui traite des sacrifices contient un passage sur la prière, les prières étant considérées comme une partie du rite sacrificiel et comme une espèce supérieure d'offrande[55]. L'examen de ce passage, mis en relation avec d'autres références à la nature et à la fonction des prières éparses dans le même livre et dans la *Lettre à Marcella*, permet

53. HERMOGÈNE, *Les catégories stylistiques du discours* (*De ideis*) II, 7, 12 PATILLON [dans *Corpus Rhetoricum*, t. IV, p. 173-174] (trad. M. Patillon) : αὕτη μία μέθοδος λόγου τοῦ μέλλοντος ὡς ἀληθῶς ἐμψύχου φανεῖσθαι, τὸ μὴ προλέγειν μέν, ὡς ἔχοι τι πάθος ἐν τῇ ψυχῇ, οἷον θαῦμα ἢ φόβον ἢ ὀργὴν ἢ λύπην ἢ ἔλεον ἢ πεποίθησιν ἢ ἀπιστίαν ἢ ἀγανάκτησιν ἤ τι τῶν τοιούτων, πεποιθότως γε μὴν προάγειν τὸν λόγον, ὡς ἂν ὁ καιρὸς ἀπαιτῇ.

54. ARISTOTE, *Rhétorique* III, 7, 1408 a 10-23 : Τὸ δὲ πρέπον ἕξει ἡ λέξις, ἐὰν ᾖ παθητική τε καὶ ἠθικὴ καὶ τοῖς ὑποκειμένοις πράγμασιν ἀνάλογον. [...] παθητικὴ δέ, ἐὰν μὲν ᾖ ὕβρις, ὀργιζομένου λέξις, ἐὰν δὲ ἀσεβῆ καὶ αἰσχρά, δυσχεραίνοντος καὶ εὐλαβουμένου καὶ λέγειν, ἐὰν δὲ ἐπαινετά, ἀγαμένως, ἐὰν δὲ ἐλεεινά, ταπεινῶς, καὶ ἐπὶ τῶν ἄλλων δὲ ὁμοίως. πιθανοῖ δὲ τὸ πρᾶγμα καὶ ἡ οἰκεία λέξις· παραλογίζεταί τε γὰρ ἡ ψυχὴ ὡς ἀληθῶς λέγοντος, ὅτι ἐπὶ τοῖς τοιούτοις οὕτως ἔχουσιν, ὥστ᾽ οἴονται, εἰ καὶ μὴ οὕτως ἔχει ὡς <λέγει> ὁ λέγων, τὰ πράγματα οὕτως ἔχειν, καὶ συνομοπαθεῖ ὁ ἀκούων ἀεὶ τῷ παθητικῶς λέγοντι, κἂν μηθὲν λέγῃ. « Le style aura de la convenance, s'il exprime passions et caractères non sans être proportionné aux affaires traitées. [...] Le style exprimera les passions si, quand il y a violence, c'est celui d'un homme en colère, et si, quand il s'agit d'impiété ou d'obscenité, c'est celui d'un homme outré et réticent ne serait-ce qu'à en parler, et si, quand il s'agit d'actions dignes d'éloges, on s'exprime avec admiration, quand il s'agit d'affaires pitoyables, on adopte un profil bas, et de même à l'avenant. L'expression adéquate contribue à persuader du fait. Par une fausse déduction, en effet, l'âme en conclut, l'orateur étant supposé véridique, que les choses sont comme il dit. On croit par conséquent, même si ce n'est pas le cas, que les faits sont tels que les présente l'orateur, et l'auditeur se laisse imanquablement gagner par l'émotion mise en œuvre par l'orateur, même si ce dernier parle pour ne rien dire » (trad. P. Chiron). Sur la parenté des deux théories et sur le rapport entre πάθος et ἦθος chez Hermogène, voir M. PATILLON, *La théorie du discours...*, p. 262 et 265-266. En ce qui concerne l'ἦθος dans ce passage d'Aristote, voir aussi E. GARVER, « Ἦθος and Argument : The ἦθος of the Speaker and the ἦθος of the Audience », dans L. CALBOLI MONTEFUSCO, *Papers on Rhetoric III*, Bologne, 2000, p. 113-126.

55. L'assimilation de la prière à une forme supérieure, sublimée, de sacrifice est également bien attestée dans le christianisme alexandrin, en particulier chez CLÉMENT (*Stromate* VII, 6, 31, 7-8). Cette conception est fondée sur des références bibliques dont notamment *Ps* 141, 2.

de mettre en évidence la place de la prière dans la théorie porphyrienne du sacrifice et, de manière plus générale, de la religion, et de contextualiser ainsi les objections concernant la prière soulevées dans la *Lettre à Anébon*.

Dans le passage en question, Porphyre établit une hiérarchie, inspirée probablement par le pythagorisme[56], entre les différents types d'offrande sacrificielle en fonction du type de divinité à laquelle elles sont destinées[57]. Selon cette conception, le seul sacrifice qui convient au dieu suprême est le « sacrifice intellectuel » (νοερὰ θυσία), la contemplation silencieuse du dieu suprême par un intellect délivré des passions[58]. Dieu est au-dessus du langage humain[59]. L'offrande de la parole, les prières et les hymnes prescrits par le culte, ne convient qu'à des êtres divins inférieurs, à savoir aux « dieux intelligibles » (νοητοὶ θεοί) :

> Nous ferons donc, nous aussi [*scil.* les philosophes], des sacrifices. Mais nous ferons, ainsi qu'il convient, des sacrifices (θυσίαι) différents dans la mesure où nous les offrirons à des puissances différentes.
>
> Au dieu suprême, comme l'a dit un sage [*scil.* Apollonios de Tyane, dans Περὶ θυσιῶν], nous n'offrirons rien de ce qui est sensible, ni en holocauste (μήτε

---

56.   L'idée selon laquelle les différents êtres divins doivent recevoir des sacrifices différents apparaît comme pythagoricienne chez DIOGÈNE LAËRCE VIII, 33. L'idée du culte silencieux a la même origine d'après FIRMICUS MATERNUS, *Mathesis* VII, 1, 1.

57.   Une hiérarchie différente des sacrifices, sans référence aux prières, se trouve dans la *Philosophie tirée des oracles* I, p. 111-121 WOLFF [= EUSÈBE, *Préparation évangélique* IV, 9, p. 126-133 DES PLACES]. Selon cette hiérarchie, des sacrifices différents doivent être offerts aux différentes espèces de dieux en fonction de leur disposition dans l'espace : aux dieux terrestres et souterrains des quadrupèdes égorgés respectivement sur des autels ou au-dessus des trous creusés dans le sol ; aux dieux marins et aux dieux qui vivent dans l'air des oiseaux sacrifiés respectivement en les lâchant dans les flots ou en les consumant par le feu et en jetant le sang autour des autels ; aux dieux du ciel et de l'éther les parties les plus légères des victimes (les extrémités), qui sont blanches, alors que les parties qui en restent sont destinées à être mangées. Sur cette hiérarchie, voir S. I. JOHNSTON, « Porphyry, Sacrifice, and the Orderly Cosmos : *On the Philosophy to be Derived from Oracles* Fr. 314 and 315 », *Kernos*, 23, 2010, p. 115-132. Sur la circonscription spatiale des êtres divins, voir PORPHYRE, *Lettre à Anébon*, fr. 9 [= JAMBLIQUE, *Réponse à Porphyre (De mysteriis)* I, 8, p. 23, 9-13].

58.   Sur le thème de la νοερὰ (ou λογικὴ) θυσία dans les différents courants philosophiques et religieux à l'époque impériale, voir A. CAMPLANI, M. ZAMBON, « Il sacrificio... », p. 74-83. Dans la littérature hermétique, la λογικὴ θυσία ne désigne pas la contemplation, mais le « sacrifice de la parole », à savoir la prière ; voir A. VAN DEN KERCHOVE, « Les hermétistes et les conceptions traditionnelles des sacrifices », dans N. BELAYCHE, J.-D. DUBOIS (éd.), *L'oiseau et le poisson. Cohabitations religieuses dans les mondes grec et romain*, Paris, 2011, p. 68 ; EADEM, *La voie d'Hermès*, p. 234.

59.   Sur le caractère indicible de l'Un, voir la belle étude de Ph. HOFFMANN, « L'expression de l'indicible dans le néoplatonisme grec de Plotin à Damascius », dans C. LÉVY, L. PERNOT (éd.), *Dire l'évidence (Philosophie et rhétorique antiques)*, Paris, 1997, p. 335-390.

θυμιῶντες), ni en parole (μήτ' ἐπονομάζοντες). En effet il n'y a rien de matériel qui, pour l'être immatériel, ne soit immédiatement impur. C'est pourquoi le langage (λόγος) de la voix (κατὰ φωνὴν) ne lui est pas non plus approprié, ni même le langage intérieur (ὁ ἔνδον λόγος) lorsqu'il est souillé par la passion de l'âme. Mais notre seul hommage est un silence pur (διὰ σιγῆς καθαρᾶς) et de pures pensées le concernant. Il faut donc nous unir à Dieu, nous rendre semblables à lui et lui offrir notre propre élévation (ἀναγωγή) comme un sacrifice sacré, car elle est à la fois notre hymne (ὕμνος) et notre salut. Or ce sacrifice s'accomplit dans l'impassibilité (ἀπαθεία) de l'âme et la contemplation (θεωρία) de Dieu.

Pour les rejetons du dieu suprême – les dieux intelligibles (νοητοὶ θεοί) – il faut ajouter l'hymne de la parole (ἐκ τοῦ λόγου ὑμνῳδία). Car le sacrifice est la consécration à chaque divinité d'une part de ses dons, de ce par quoi elle nourrit notre essence et la maintient dans l'être.

De même donc qu'un paysan consacre une part de ses épis et de ses fruits, de même nous consacrerons aux dieux les belles pensées que nous avons à leur sujet ; nous leur rendrons grâce pour les objets qu'ils ont accordés à notre contemplation, et nous les remercierons de nous dispenser la vraie nourriture en nous permettant de les contempler, eux qui sont avec nous, qui se manifestent et qui brillent pour notre salut[60].

Ce texte remarquable permet d'abord de mettre en évidence une filiation précise entre la définition porphyrienne d'une espèce intellectuelle de prière assimilée à la contemplation silencieuse de la divinité et la démarche analogue de Plotin, qui avait formulée dans le traité 10 l'idée d'une invocation purement intellectuelle, sans le truchement du λόγος, adressée à l'Un[61]. Selon

---

60. PORPHYRE, *De l'abstinence* II, 34, 1-5 (trad. J. Bouffartigue, M. Patillon modifiée) :
θύσωμεν τοίνυν καὶ ἡμεῖς· ἀλλὰ θύσωμεν, ὡς προσήκει, διαφόρους τὰς θυσίας ὡς ἂν διαφόροις δυνάμεσι προσάγοντες· θεῷ μὲν τῷ ἐπὶ πᾶσιν, ὥς τις ἀνὴρ σοφὸς ἔφη, μηδὲν τῶν αἰσθητῶν μήτε θυμιῶντες μήτ' ἐπονομάζοντες· οὐδὲν γὰρ ἔστιν ἔνυλον, ὃ μὴ τῷ αὔλῳ εὐθύς ἐστιν ἀκάθαρτον. Διὸ οὐδὲ λόγος τούτῳ ὁ κατὰ φωνὴν οἰκεῖος, οὐδ' ὁ ἔνδον, ὅταν πάθει ψυχῆς ᾖ μεμολυσμένος, διὰ δὲ σιγῆς καθαρᾶς καὶ τῶν περὶ αὐτοῦ καθαρῶν ἐννοιῶν θρησκεύομεν αὐτόν. Δεῖ ἄρα συναφθέντας καὶ ὁμοιωθέντας αὐτῷ τὴν αὐτῶν ἀναγωγὴν θυσίαν ἱερὰν προσάγειν τῷ θεῷ, τὴν αὐτὴν δὲ καὶ ὕμνον οὖσαν καὶ ἡμῶν σωτηρίαν. ἐν ἀπαθείᾳ ἄρα τῆς ψυχῆς, τοῦ δὲ θεοῦ θεωρίᾳ ἡ θυσία αὕτη τελεῖται. Τοῖς δὲ αὐτοῦ ἐκγόνοις, νοητοῖς δὲ θεοῖς ἤδη καὶ τὴν ἐκ τοῦ λόγου ὑμνῳδίαν προσθετέον. ἀπαρχὴ γὰρ ἑκάστῳ ὧν δέδωκεν ἡ θυσία, καὶ δι' ὧν ἡμῶν τρέφει καὶ εἰς τὸ εἶναι συνέχει τὴν οὐσίαν. ὡς οὖν γεωργὸς δραγμάτων ἀπάρχεται καὶ τῶν ἀκροδρύων, οὕτως ἡμεῖς ἀπαρξώμεθα αὐτοῖς ἐννοιῶν τῶν περὶ αὐτῶν καλῶν, εὐχαριστοῦντες ὧν ἡμῖν δεδώκασιν τὴν θεωρίαν, καὶ ὅτι ἡμᾶς διὰ τῆς αὐτῶν θέας ἀληθινῶς τρέφουσι, συνόντες καὶ φαινόμενοι καὶ τῇ ἡμετέρᾳ σωτηρίᾳ ἐπιλάμποντες.

61. L'idée selon laquelle la divinité suprême ne peut être célébrée qu'en silence, que l'on retrouve déjà chez PHILON (voir *supra*, p. 125), est attestée aussi dans le christianisme ancien ; voir A. PERROT, « Pratiques chrétiennes de silence et philosophie grecque. Le motif de l'adoration silencieuse dans l'argumentation des Pères », dans A. PERROT (éd.), *Les chrétiens et*

Porphyre, le dieu suprême ne doit pas, en effet, être honoré par l'intermédiaire du langage, proféré (κατὰ φωνὴν) ou intérieur (ὁ ἔνδον λόγος), dans la mesure où ce dernier est encore lié à la passion, mais seulement par la contemplation (θεωρία) silencieuse (διὰ σιγῆς) qui est l'œuvre d'une âme impassible[62]. Ce silence transcende aussi bien le discours intérieur (λόγος ἐνδιάθετος) que le discours articulé (λόγος προφορικός), distinction que Porphyre emprunte au stoïcisme et qu'il développe dans le livre III du traité De l'abstinence (§ 65-75)[63].

Dans la hiérarchie des formes d'offrande sacrificielle, Porphyre distingue d'abord entre l'offrande intellectuelle, qui consiste dans l'élévation (ἀναγωγή) de l'âme vers Dieu par la contemplation (θεωρία), et l'offrande de la parole, les hymnes (ὕμνοι) consacrés aux « dieux intelligibles » (νοητοὶ θεοί). Ces derniers ne sont pas adressés aux dieux parce qu'ils en auraient besoin, car

l'hellénisme, p. 149-159. Dans le néoplatonisme tardif, elle est liée essentiellement, comme on le verra (infra, p. 218), à la phraséologie mystérique. Un dossier important de textes, de Numénios à Damascius, a été rassemblé par O. CASEL, De philosophorum graecorum silentio mystico, p. 111-157. Voir aussi J. SOUILHÉ, « Le silence mystique », Revue d'ascétique et de mystique 4, 1923, p. 128-140 ; K. SCHNEIDER, Die schweigenden Götter, p. 84-99 (sur Plotin et Proclus).

62.   Cf. PORPHYRE, De l'abstinence, II, 45, 4 :'Ἀνδρὸς ἄρα θείου ἡ ἔσω καὶ ἡ ἐκτὸς ἁγνεία [...] ὁμοιουμένου ταῖς περὶ τοῦ θείου ὀρθαῖς διανοίας καὶ ἀνδρὸς ἱερωμένου τῇ νοερᾷ θυσίᾳ « La pureté rituelle, intérieure et extérieure, est donc le fait de l'homme divin [...] qui se rend semblable au divin grâce à des pensées droites au sujet du divin, d'un homme qui se sanctifie par le sacrifice intellectuel » (trad. J. Bouffartigue, M. Patillon) ; cf. Lettre à Marcella 19. Cette conception se retrouve également chez l'empereur Julien ; cf. JULIEN, Les actions de l'empereur ou de la royauté 32, 9-13 : [...] ἀγαπῶντες μὲν τὸν αἴτιον τῶν παρόντων σφίσι καθάπερ ἀγαθὸν δαίμονα, ὑμνοῦντες δὲ ἐπ' αὐτῷ τὸν θεὸν καὶ ἐπευχόμενοι, οὔτι πλαστῶς οὐδὲ ἀπὸ γλώττης, ἔνδοθεν δὲ ἀπ' αὐτῆς τῆς ψυχῆς αἰτοῦσιν αὐτῷ τὰ ἀγαθά. « [...] tous aimeront, comme un bon génie, l'auteur de tous leurs biens, béniront Dieu de le leur avoir donné, et leurs vœux sincères, partant non des lèvres, mais du fond de l'âme, appelleront sur lui toutes les prospérités » (trad. J. Bidez).

63.   Sur cette distinction et sa fortune dans l'Antiquité, voir C. PANACCIO, Le discours intérieur de Platon à Guillaume d'Ockham, Paris, 1999. En particulier sur son usage dans le stoïcisme, voir J.-L. LABARRIÈRE, « Logos endiathetos et logos prophorikos dans la polémique entre le Portique et la Nouvelle-Académie », dans B. CASSIN, J.-L. LABARRIÈRE (éd.), L'animal dans l'Antiquité, Paris, 1997, p. 259-279 [repris dans La condition animale. Études sur Aristote et les Stoïciens, Louvain-la-Neuve, 2005, p. 63-81] ; J.-B. GOURINAT, « Le discours intérieur de l'âme dans la philosophie stoïcienne », Chôra. Revue d'études anciennes et médiévales 11, 2013, p. 11-22. Dans la théorie rhétorique, chez Hermogène, le λόγος ἐνδιάθετος représente le discours spontané ou « sincère » (ἀληθής). Dans ce cas, la distinction entre « discours intérieur » et « discours proféré » n'est pas pertinente, car, comme l'explique M. PATILLON, « il s'agit des discours tels qu'ils sont produits et où la question posée est celle qui oppose expression immédiate et expression décalée. Cette dernière est due soit à la préméditation (on a là une sorte de discours intérieur présupposé), soit au métadiscours (le métadiscours est proféré) » (HERMOGÈNE, Les catégories stylistiques du discours (De ideis), dans Corpus Rhetoricum, t. IV, p. 170 n. 734).

les dieux n'ont besoin de rien[64], mais pour leur rendre grâce pour leurs bienfaits et « parce que [leur] majesté toute vénérable et bienheureuse invite à la
révérer »[65].

Cette hiérarchie des offrandes sacrificielles est complétée ensuite par sa
partie inférieure, représentée par les « sacrifices matériels » (ὑλικὴ θυσία), où
Porphyre distingue également deux catégories : les offrandes végétales, qui
conviennent aux dieux de la cité, honorés selon les règles et les dispositions
prévues par les lois de chaque pays[66], et les sacrifices sanglants, illégitimes à ses
yeux, qui ne peuvent convenir qu'à des δαίμονες mauvais[67]. C'est aux mêmes
δαίμονες que sont réservées aussi les supplications (λιτανεῖαι), des prières de
demande empreintes d'émotion, réprouvées pour cette raison dans la *Lettre
à Anébon*[68]. Cette hiérarchie peut être représentée comme dans le schéma
ci-dessous :

64. PLATON avait déjà exprimé l'idée selon laquelle les dieux n'ont pas besoin de sacrifices (*République* II, 365 c ; *Lois* X 885 b ; 906 b-c).
65. PORPHYRE, *Lettre à Marcella* 18, p. 116, 17-18 DES PLACES (trad. É. Des Places) : [...ἀλλ']
ἀπὸ τῆς ἐκείνου εὐλαβεστάτης καὶ μακαρίας σεμνότητος εἰς τὸ σέβας αὐτοῦ ἐκκαλούμενον.
66. Cf. PORPHYRE, *De l'abstinence*, II, 36, 5 : οἶδε δὲ ὁ τῆς εὐσεβείας φροντίζων ὡς θεοῖς μὲν
οὐ θύεται ἔμψυχον οὐδέν, δαίμοσι δὲ ἄλλοις ἤτοι ἀγαθοῖς ἢ καὶ φαύλοις. « Quiconque a souci de
la piété sait très bien qu'on ne sacrifie aucun être animé aux dieux, mais qu'on le fait pour les
autres, les δαίμονες, bons ou mauvais » ; *Lettre à Marcella* 18, p. 116, 14-15 DES PLACES : οὗτος
γὰρ μέγιστος καρπὸς εὐσεβείας τιμᾶν τὸ θεῖον κατὰ τὰ πάτρια. « Voici en effet le plus grand fruit
de la piété : honorer la divinité selon les traditions ancestrales » ; cf. *ibid.*, 23, p. 119, 20-22 ; *De
l'abstinence* II, 61, 1.
67. Cf. PORPHYRE, *De l'abstinence*, II, 42, 3 : οὗτοι οἱ χαίροντες λοιβῇ τε κνίσῃ τε, δι' ὧν αὐτῶν
τὸ πνευματικὸν καὶ σῶμα τικὸν πιαίνεται. « Ce sont eux [*scil.* δαίμονες] qui prennent plaisir 'aux
libations et à l'odeur des viandes' (*Il.* IX, 500), dont s'engraisse la partie pneumatique <et cor-
porelle> de leur être » (trad. J. Bouffartigue, M. Patillon). Cf. *ibid.* II, 58, 2 ; *Lettre à Anébon*,
fr. 20 [= JAMBLIQUE, *Réponse à Porphyre (De mysteriis)* I, 15, p. 36, 27-28] ; *Lettre à Marcella*
19, p. 117, 8-12 DES PLACES ; *La Philosophie tirée des oracles* II, p. 152-154 WOLFF [= EUSÈBE,
Préparation évangélique IV, 20, 1-2, p. 206-209 DES PLACES].
68. Cf. PORPHYRE, *De l'abstinence*, II, 40, 2 : τρέπουσίν τε μετὰ τοῦτο ἐπὶ λιτανείας ἡμᾶς καὶ
θυσίας τῶν ἀγαθοεργῶν θεῶν ὡς ὠργισμένων. « Ensuite, ils [*scil.* δαίμονες] nous poussent à adresser supplications et sacrifices aux dieux bienfaisants, comme si ces derniers étaient courroucés »
(trad. J. Bouffartigue, M. Patillon) ; *ibid.*, II, 37, 5 : καὶ πάλιν εὐεργετοῖεν ἂν τοὺς εὐχαῖς τε αὐτοὺς
καὶ λιτανείαις θυσίαις τε καὶ τοῖς ἀκολούθοις ἐξευμενιζομένους. « ils [*scil.* δαίμονες] peuvent se
montrer bienfaisants envers ceux qui sollicitent leurs faveurs par les prières, les supplications, les
sacrifices et toute ce qui va de pair avec cela ». Le refus des λιτανεῖαι est présenté par PORPHYRE
comme pythagoricien dans la *Vie de Pythagore* 59 : οἴκτων καὶ δακρύων <...> καὶ δεήσεως καὶ
λιτανείας καὶ πάν<των τῶν τοιούτων>. « Ces hommes [*scil.* Les Pythagoriciens] refusaient le plus
possible lamentations et larmes <...>, comme aussi prières, *supplications* et toute chose du même
genre » (trad. É. Des Places).

dieu suprême	dieux intelligibles	dieux de la cité	δαίμονες mauvais
νοερὰ θυσία	ὕμνος	ὑλικὴ θυσία	ὑλικὴ θυσία
θεωρία	(ἐκ τοῦ λόγου	κατὰ τὰ πάτρια	(sacrifices
(διὰ σιγῆς)	ὑμνῳδία)	(offrandes	sanglants)
		végétales)	λιτανεία, ἱκετεία

4. Prière du sage, prière des théurges

Le sage seul sait prier

Le texte que l'on vient d'analyser permet également de rattacher Porphyre à un courant de pensée illustré par Plutarque dans le prologue du traité *Sur Isis et Osiris*[69], qui assimile la pratique de la philosophie – dont le but est la contemplation et l'union à Dieu – à une forme supérieure de culte et qui fait du philosophe le vrai prêtre du dieu suprême :

> C'est donc avec raison que le philosophe, prêtre du dieu suprême, s'abstient de toute nourriture animale, car il s'efforce de parvenir seul à seul et de son propre fait auprès de Dieu, sans être gêné par aucune escorte. [...] Le prêtre de tel ou tel des <dieux> particuliers est expert dans l'art de lui élever des statues, ainsi que dans le domaine des mystères, des initiations, des purifications et autres rites semblables ; pareillement le prêtre du dieu suprême est expert dans l'art de faire de lui-même une statue et d'accomplir les purifications et les autres rites grâce auxquels il se met en contact avec Dieu[70].

---

69. PLUTARQUE, *Sur Isis et Osiris* 352 C : ἀλλ' Ἰσιακός ἐστιν ὡς ἀληθῶς ὁ τὰ δεικνύμενα καὶ δρώμενα περὶ τοὺς θεοὺς τούτους, ὅταν νόμῳ παραλάβῃ, λόγῳ ζητῶν καὶ φιλοσοφῶν περὶ τῆς ἐν αὐτοῖς ἀληθείας. « Le véritable Isiaque est celui qui, ayant reçu selon la tradition ce que l'on montre et accomplit dans le culte de ces divinités, cherche dans tous les cas, en faisant appel à la raison et à la philosophie, à dégager la Vérité dont ce rituel est porteur » (trad. J. Hani) ; cf. *ibid.*, 351 C-E. Sur ces deux passages et les échos de cette conception dans le néoplatonisme, voir A. TIMOTIN, *La démonologie platonicienne*, p. 180-183. Sur Porphyre en particulier, voir I. TANASEANU-DÖBLER, « Nur der Weise ist Priester. Rituale und Ritualkritik bei Porphyrios », dans I. TANASEANU-DÖBLER, U. BERNER (éd.), *Religion und Kritik in der Antike*, Münster, 2009, p. 109-155.

70. PORPHYRE, *De l'abstinence* II, 49, 1 et 3 (trad. J. Bouffartigue, M. Patillon légèrement modifiée) : εἰκότως ἄρα ὁ φιλόσοφος καὶ θεοῦ τοῦ ἐπὶ πᾶσιν ἱερεὺς πάσης ἀπέχεται ἐμψύχου βορᾶς, μόνος μόνῳ δι' ἑαυτοῦ θεῷ προσιέναι σπουδάζων ἄνευ τῆς τῶν παρομαρτούντων ἐνοχλήσεως [...] ὥσπερ ὅ τινος τῶν κατὰ μέρος <θεῶν> ἱερεὺς ἔμπειρος τῆς ἱδρύσεως τῶν ἀγαλμάτων αὐτοῦ τῶν τε ὀργιασμῶν καὶ τελετῶν καθάρσεών τε καὶ τῶν ὁμοίων, οὕτως ὁ τοῦ ἐπὶ πᾶσιν θεοῦ ἱερεὺς ἔμπειρος τῆς αὐτοῦ ἀγαλματοποιίας καθάρσεών τε καὶ τῶν ἄλλων δι' ὧν συνάπτεται τῷ θεῷ.

Le philosophe ou le sage est également le seul à connaître la manière appropriée de prier, sa conduite elle-même étant la véritable prière : « ce n'est pas la langue du sage qui est précieuse devant Dieu, ce sont ses œuvres. Car le sage, même en silence, honore Dieu, tandis que l'insensé, même quand il prie ou sacrifie, profane la divinité. Ainsi, seul est prêtre le sage, seul il est cher à Dieu, seul il sait prier (μόνος εἰδὼς εὔξασθαι) »[71]. Alors que les prêtres savent comment élever des statues aux dieux, le philosophe, le vrai prêtre, est expert dans l'art de faire de lui-même une statue, lieu commun platonicien que l'on retrouve également dans le christianisme[72].

La prière du σοφός est, bien sûr, différente des supplications rituelles (ἱκετεῖαι) proférées par une âme agitée par les passions et adressées aux dieux « comme à des êtres ἐμπαθεῖς » ; elle est l'œuvre du νοῦς, le « temple de Dieu » :

> Ni les larmes ou les supplications (ἱκετεῖαι) ne retournent Dieu, ni les sacrifices ne l'honorent, et ce n'est pas l'abondance des offrandes qui le grandit ; une pensée pleine de Dieu (ἔνθεον φρόνημα), solidement établie, voilà ce qui nous attache à Dieu. Car le semblable nécessairement se porte vers le semblable. [...] Que pour toi, je le répète, le temple de Dieu soit l'intellect (νοῦς) qui est en toi ; c'est lui qu'il faut préparer et orner pour le rendre apte à recevoir Dieu[73].

Cette prière consiste en la pratique de la vertu par laquelle le νοῦς du sage se rend semblable à la divinité et qui la conduit à la contemplation et à l'union avec la divinité.

> Tu honoreras Dieu de la plus excellente manière en lui assimilant ton esprit ; or l'assimilation ne s'opérera que par la seule vertu (διὰ μόνης ἀρετῆς), car seule la vertu tire l'âme en haut vers l'être qui lui est connaturel. Et après Dieu rien d'autre n'est grand que la vertu. [...] L'âme du sage, elle, se modèle

---

71. PORPHYRE, *Lettre à Marcella* 16, p. 115, 20-116, 1 DES PLACES (traduction É. Des Places modifiée) : σοφὸς γὰρ ἀνὴρ καὶ σιγῶν τὸν θεὸν τιμᾷ. ἄνθρωπος δὲ ἀμαθὴς καὶ εὐχόμενος καὶ θύων μιαίνει τὸ θεῖον. Μόνος οὖν ἱερεὺς ὁ σοφός, μόνος θεοφιλής, μόνος εἰδὼς εὔξασθαι.

72. Voir M.-O. BOULNOIS, « L'homme, statue vivante. Quelques réflexions sur les relations entre l'art, le vivant et la représentation du divin dans les premiers siècles du christianisme », dans E. VAN DER SCHUREN (éd.), *Une traversée des savoirs. Mélanges offerts à Jackie Pigeaud*, Québec, 2008, notamment p. 58-61.

73. PORPHYRE, *Lettre à Marcella* 19, p. 117, 8-12 et 14-16 DES PLACES : οὔτε δάκρυα καὶ ἱκετεῖαι θεὸν ἐπιστρέφουσιν οὔτε θυηπολίαι θεὸν τιμῶσιν οὔτε ἀναθημάτων πλῆθος κοσμοῦσι θεόν, ἀλλὰ τὸ ἔνθεον φρόνημα καλῶς ἡδρασμένον συνάπτει θεῷ. Χωρεῖν γὰρ ἀνάγκη τὸ ὅμοιον πρὸς τὸ ὅμοιον. [...] σοὶ δέ, ὥσπερ εἴρηται, νεὼς μὲν ἔστω τοῦ θεοῦ ὁ ἐν σοὶ νοῦς. Παρασκευαστέον δὲ αὐτὸν καὶ κοσμητέον εἰς καταδοχὴν τοῦ θεοῦ ἐπιτήδειον. Sur les ἱκετεῖαι, voir *supra*, p. 34 n. 37 et p. 151 n. 41.

sur Dieu, elle voit Dieu constamment, elle est constamment unie à Dieu
(σύνεστιν ἀεὶ θεῷ) [...][74].

Ce que le sage demande dans sa prière

La prière du σοφός ne se réduit pas, chez Porphyre, à la contemplation.
Elle doit s'accompagner d'actions bonnes et justes qui seules rendent la prière
acceptable aux yeux de la divinité : « la prière accompagnée d'actions mauvaises est impure et Dieu ne peut l'accueillir ; accompagnée de bonnes actions,
elle est pure et tout ensemble bien accueillie de Dieu »[75]. La prière du σοφός
ne se limite pas ainsi à des ὕμνοι qui chantent et glorifient les dieux, mais elle
comporte aussi des demandes adressées la divinité, par lesquelles on leur sollicite notamment des biens spirituels, opposés à ceux qui relèvent de la τύχη :

> Par suite, il faut prier Dieu pour ce qui est digne de Dieu (εὐκτέον θεῷ τὰ ἄξια
> θεοῦ). Demandons-lui ce que nous n'obtiendrions d'aucun autre. Et les biens
> que commandent les peines liées à la vertu, prions-le qu'ils nous viennent après
> les peines ; car la prière du paresseux est vain discours (εὐχὴ γὰρ ῥᾳθύμου μάταιος
> λόγος). Ce qu'une fois obtenu tu ne garderas pas, ne le demande pas à Dieu, en
> sorte qu'il ne te donnera pas ce que tu ne pourrais garder. Ce dont tu n'auras
> plus besoin une fois libérée du corps, méprise-le ; mais ce dont tu auras besoin
> après cette libération, invoque (παρακάλει) Dieu pour qu'il t'aide à t'y exercer.
> Tu ne demanderas donc rien de ce que la fortune (τύχη) souvent donne pour
> le retirer. Et il ne faut pas non plus faire ta demande avant le temps, mais seu-
> lement quand Dieu t'aura manifesté que la droite demande est innée en toi[76].

---

74. *Ibid.*, 16, p. 115, 7-11 et 15-16 : τιμήσεις μὲν ἄριστα τὸν θεόν, ὅταν τῷ θεῷ τὴν σαυτῆς διάνοιαν
ὁμοιώσῃς· ἡ δὲ ὁμοίωσις ἔσται διὰ μόνης ἀρετῆς. Μόνη γὰρ ἀρετὴ τὴν ψυχὴν ἄνω ἕλκει καὶ πρὸς
τὸ συγγενές. Καὶ μέγα οὐδὲν ἄλλο μετὰ θεὸν ἢ ἀρετή. [...] ψυχὴ δὲ σοφοῦ ἁρμόζεται πρὸς θεόν, ἀεὶ
θεὸν ὁρᾷ, σύνεστιν ἀεὶ θεῷ. Cf. *ibid.* 17, p. 116, 1-3 : καὶ ὁ σοφίαν ἀσκῶν ἐπιστήμην ἀσκεῖ τὴν περὶ
θεοῦ, οὐ λιτανεύων ἀεὶ καὶ θύων, διὰ δὲ τῶν ἔργων τὴν πρὸς θεὸν ἀσκῶν εὐσέβειαν. « Et celui qui
pratique la sagesse pratique la science de Dieu, non pas en ne cessant de supplier et de sacrifier,
mais en pratiquant par ses œuvres la piété envers Dieu ».
75. *Ibid.*, 24 : εὐχὴ ἡ μὲν μετὰ φαύλων ἔργων ἀκάθαρτος καὶ διὰ τοῦτο ἀπρόσδεκτος ὑπὸ θεοῦ· ἡ
δὲ μετὰ καλῶν ἔργων καθαρά τε ὁμοῦ καὶ εὐπρόσδεκτος.
76. *Ibid.*, 12, p. 112, 17-113, 6 : εὐκτέον θεῷ τὰ ἄξια θεοῦ. Καὶ αἰτώμεθα, ἃ μὴ λάβοιμεν ἂν παρ'
ἑτέρου· καὶ ὧν ἡγεμόνες οἱ μετ' ἀρετῆς πόνοι, ταῦτα εὐχώμεθα γενέσθαι μετὰ τοὺς πόνους· εὐχὴ
γὰρ ῥᾳθύμου μάταιος λόγος. ἃ δὲ κτησαμένη οὐ καθέξεις, μὴ αἰτοῦ παρὰ θεοῦ· δῶρον γὰρ θεοῦ πᾶν
ἀναφαίρετον· ὥστε οὐ δώσει, ὃ μὴ καθέξεις. ὧν δὴ τοῦ σώματος ἀπαλλαγεῖσα οὐ δεηθήσῃ, ἐκείνων
καταφρόνει· καὶ ὧν ἂν ἀπαλλαγεῖσα δεηθῇς, ταῦτά σοι ἀσκουμένη τὸν θεὸν παρακάλει γενέσθαι
συλλήπτορα. Οὔκουν δεήσῃ οὐδενός, ὧν καὶ ἡ τύχη δοῦσα πολλάκις πάλιν ἀφαιρεῖται. Οὐδὲ δεῖ
πρὸ καιροῦ τινος τὴν αἴτησιν ποιεῖσθαι, ἀλλ' ὅταν σοι ὁ θεὸς ἐν σοὶ οὖσαν φύσει τὴν ὀρθὴν αἴτησιν
ἐκφήνῃ.

L'allusion au καιρός de la prière à la fin de ce passage évoque la section finale du *Second Alcibiade*, où Socrate conseille au jeune aristocrate de reporter la prière qu'il se préparait à adresser aux dieux jusqu'au moment où il saura véritablement ce qu'il devrait leur demander.

Les prières théurgiques

Orientée vers les biens spirituels et formulée par une âme qui n'est pas agitée par les passions, la prière du σοφός est censée s'opposer non seulement aux λιτανεῖαι et aux ἱκετεῖαι, mais aussi aux prières théurgiques qui, selon une conception dont Porphyre fait état dans le traité *Sur le retour de l'âme*, sont capables de purifier l'âme irrationnelle, mais sont inutiles au νοῦς. Dans trois résumés de la doctrine exposée par Porphyre dans ce traité perdu, très biaisés de fait par leur but polémique[77], Augustin combat la théorie selon laquelle les prières (*preces*) et les sacrifices attribués aux théurges sont aptes à purifier la partie pneumatique, inférieure, de l'âme de ceux qui ne sont pas capables de se conduire selon l'âme rationnelle ou intellectuelle, c'est-à-dire selon le νοῦς :

> 1) Porphyre lui-même nous promet une sorte de purification de l'âme par la théurgie (*purgationem animae per theurgian*), mais avec hésitation et dans une dissertation honteuse pour ainsi dire d'elle-même ; mais que le retour vers Dieu s'obtienne par cet art, il le nie. [...] Tantôt il nous met en garde contre cet art, le déclarant fallacieux, dangereux dans sa pratique et interdit par les lois, tantôt, comme s'il cédait devant ses panégyristes, il le prétend utile pour purifier une partie de l'âme (*parti animae*), non certes la partie intellectuelle (*non quidem intellectuali*) qui perçoit la vérité des réalités intelligibles sans aucune ressemblance avec les corps mais la partie pneumatique qui saisit les images des objets corporels.
>
> Il affirme en effet qu'au moyen de certains rites théurgiques appelés *télètes* (*teletas*)[78], cette partie de l'âme est disposée et préparée à accueillir les esprits et les anges et à voir les dieux (*ad videndos deos*). Il avoue pourtant que ces *télètes* théurgiques (*theurgicis teletis*) ne procurent à l'âme intellectuelle aucune purification (*fatetur intellectuali anime nihil purgationis accedere*) qui

---

77. En général sur l'usage augustinien de Porphyre, voir G. CLARK, « Augustine's Porphyry and the Universal Way of Salvation », dans *Studies on Porphyry*, éd. G. KARAMANOLIS, A. SHEPPARD, Londres, 2007, p. 127-140.

78. Il s'agit de rites comportant, semble-t-il, la profération de formules vouées à persuader les dieux et à susciter leur venue dans les statues qui les représentent. Voir H. LEWY, *Chaldæan Oracles and Theurgy. Mysticism, Magic and Platonism in the Later Roman Empire*, 3ᵉ édition par M. Tardieu, Paris, 2011, p. 247-248 et 495-496 (*Excursus X.* « The 'Telestic Art' of the Chaldaean Theurgists »).

la dispose à voir son Dieu et à percevoir les réalités véritables. [...] Il déclare enfin que l'âme raisonnable (*animam rationalem*) ou, comme il aime mieux dire, intellectuelle (*intellectualem*) peut se réfugier en sa vie propre sans que sa partie pneumatique n'ait été purifiée par aucun artifice théurgique (*etiamsi quod eius spiritale est nulla theurgica fuerit arte purgatum*) ; d'ailleurs la purification de l'esprit par le théurge ne va pas jusqu'à conduire à l'immortalité et à l'éternité[79].

2) Voici maintenant un autre platonicien, plus savant, assure-t-on, Porphyre, qui reconnaît à je ne sais quelle science théurgique (*theurgicam disciplinam*) le pouvoir d'enchaîner les dieux eux-mêmes dans les liens des passions et des agitations intérieures, puisque des prières sacrées peuvent les conjurer (*quoniam sacris precibus adiurari tenerique potuerunt*) et les empêcher d'accorder à une âme sa purification[80].

3) Tu [*scil.* Porphyre] n'as donc pu nier l'erreur des hommes adonnés à la science théurgique, ni l'égarement de tant d'hommes dupés par cette doctrine aveugle et folle ; ni l'aberration de ceux qui se précipitent vers les principautés et les anges en leur adressant des prières et des rites (*agendo et supplicando*) : à quoi bon tout cela ? Voici que de plus belle, comme si tu craignais de paraître avoir perdu ta peine à ces études, tu envoies les hommes aux théurges pour qu'ils purifient l'âme pneumatique (*anima spiritualis purgetur*) de ceux qui ne vivent pas selon l'âme intellectuelle (*qui non secundum intellectualem animam uiuunt*)[81].

---

79. PORPHYRE, *Sur le retour de l'âme*, fr. 2, p. 27, 21-29, 1 BIDEZ = fr. 288F, 289F, 290F, 292F SMITH [= AUGUSTIN, *De ciuitate Dei* X, 9, 2] (trad. G. Combès, revue et corrigée par G. Madec) : *Nam et Porphyrius quandam quasi purgationem animae per theurgian, cunctanter tamen et pudibunda quodammodo disputatione promittit ; reversionem vero ad Deum hanc artem praestare cuiquam negat. [...] Nunc enim hanc artem tamquam fallacem et in ipsa actione periculosam et legibus prohibitam cavendam monet ; nunc autem velut eius laudatoribus cedens utilem dicit esse mundandae parti animae, non quidem intellectuali, qua rerum intelligibilium percipitur veritas, nullas habentium similitudines corporum ; sed spiritali, qua corporalium rerum capiuntur imagines. Hanc enim dicit per quasdam consecrationes theurgicas, quas teletas vocant, idoneam fieri atque aptam susceptioni spirituum et angelorum et ad videndos deos. Ex quibus tamen theurgicis teletis fatetur intellectuali anime nihil purgationis accedere, quod eam faciat idoneam ad videndum Deum suum et perspicienda ea quae vere sunt. [...] Denique animam rationalem sive, quod magis amat dicere, intellectualem, in sua posse dicit evadere, etiamsi quod eius spiritale est nulla theurgica fuerit arte purgatum ; porro autem a theurgo spiritualem purgari hactenus, ut non ex hoc ad immortalitatem aeternitatemque perveniat.*
80. *Ibid.*, fr. 2, p. 30, 8-13 BIDEZ = 295F SMITH [= AUGUSTIN, *De ciuitate Dei* X, 10] : *Ecce nunc alius Platonicus, quem doctiorem ferunt, Porphyrius, per nescio quam theurgicam disciplinam etiam ipsos deos obstrictos passionibus et perturbationibus dicit, quoniam sacris precibus adiurari tenerique potuerunt, ne praestarent animae purgationem.*
81. *Ibid.*, fr. 7, p. 34, 28-35, 5 BIDEZ = 289bF SMITH [= AUGUSTIN, *De ciuitate Dei* X, 27] : *negare non potuisti errare homines theurgica disciplina et quam plurimos fallere per caecam insipientemque*

La doctrine porphyrienne combattue par Augustin dans ces passages doit être mise en rapport, d'une part, avec la théorie plotinienne du traité 28, selon laquelle les ἐπῳδαί et les εὐχαί affectent uniquement la partie irrationnelle de l'âme, tandis que sa partie supérieure, rationnelle, reste toujours impassible, et, d'autre part, avec les εὐχαί chaldaïques rapportées dans la *La philosophie tirée des oracles*. Ce dernier rapprochement est d'autant plus légitime que, dans un autre passage, Augustin assigne explicitement aux *preces* (εὐχαί) théurgiques une origine chaldaïque et reproche à Porphyre d'avoir trahi, en les adoptant, l'enseignement de Platon. Selon la conception qui se dégage de ce passage, cette espèce inférieure de prière est jugée également inutile pour l'âme rationnelle, la seule purification appropriée pour le philosophe étant une vie menée selon le νοῦς. Les prières chaldaïques seraient néanmoins capables de purifier l'âme irrationnelle[82] :

> Mais toi [*scil.* Porphyre] ce n'est pas de Platon, c'est de tes maîtres chaldéens (*sed a Chaldaeis magistris*) que tu as appris à porter les vices de l'homme jusqu'aux cimes du monde, éthérées ou empyrées, et jusqu'aux voûtes célestes, pour que 'vos dieux' puissent annoncer aux théurges les choses divines (*ut possent dii vestri theurgis pronuntiare divina*). Cependant par ta vie intellectuelle (*per intellectualem vitam*) tu te mets au-dessus de ces choses divines, ne doutant pas qu'en ta qualité de philosophe, tu n'aies nul besoin des purifications de l'art théurgique (*theurgicae artis purgationes*)[83].

Le résumé polémique d'Augustin ne permet pas de se faire une idée plus précise sur le contenu de la doctrine exposée par Porphyre dans le traité *Sur le retour de l'âme*, mais dans la forme sous laquelle elle transparaît de ces textes, il semble raisonnable de conclure que Porphyre a essayé de greffer les prières chaldaïques évoquées dans la *Philosophie tirée des oracles* sur la théorie plotinienne de la prière comme acte de l'âme irrationnelle. En adoptant l'essentiel de la doctrine plotinienne, il a pu concéder à ces prières qui affectent les

---

sententiam atque esse certissimum errorem agendo et supplicando ad principes angelosque decurrere, et rursum, quasi ne operam perdidisse videaris ista discendo mittis homines ad theurgos, ut per eos anima spiritualis purgetur illorum, qui non secundum intellectualem animam uiuunt?

82. Sur cette doctrine, voir H. P. ESSER, *Untersuchungen...*, p. 38 et 51-54 ; I. TANASEANU-DÖBLER, *Theurgy in Late Antiquity. The Invention of a Ritual Tradition*, Göttingen, 2013, p. 83-88.

83. PORPHYRE, *Sur le retour de l'âme*, fr. 6, p. 34, 23-27 BIDEZ = 294bF SMITH [= AUGUSTIN, *De ciuitate Dei* X, 27] (trad. G. Combès, revue et corrigée par G. Madec) : *Tu autem hoc didicisti non a Platone, sed a Chaldaeis magistris, ut in aetherias vel empyrias mundi sublimitates et firmamenta caelestia extolleres vitia humana, ut possent dii vestri theurgis pronuntiare divina ; quibus divinis te tamen per intellectualem vitam facis altiorem, ut tibi uidelicet tamquam philosopho theurgicae artis purgationes nequaquam necessariae uideantur.*

parties inférieures de l'âme une fonction purificatrice limitée à ce niveau. Dans l'économie générale de la conception porphyrienne sur la prière, les prières théurgiques et les rites qui leur sont associés revêtent ainsi une fonction analogue aux λιτανεῖαι et aux rites sacrificiels consacrés aux δαίμονες. Ces pratiques ont leur place dans la hiérarchie du culte, mais pour autant qu'elles concernent l'âme irrationnelle, dominée par les passions, elles doivent rester indifférentes au σοφός qui ne se laisse conduire que par le νοῦς.

Conclusions

À la différence de son maître, Porphyre est préoccupé par les questions religieuses et son intérêt constant pour le problème de la prière est un des exemples les plus significatifs de cette attitude. Même si sa compréhension du phénomène de la prière est marquée par la pensée de Plotin, son analyse, en relation étroite avec le thème du sacrifice, auquel la prière est habituellement liée dans la religion grecque, renoue avec une tradition illustrée dans les *Lois* et dans le *Second Alcibiade*.

La dette de Porphyre envers Platon dans la manière de problématiser la prière est en effet considérable. La défense de la prière et la classification des arguments adverses dans son *Commentaire sur le Timée* sont inspirées par les développements du livre X des *Lois* filtrés par des conceptions stoïciennes et médio-platoniciennes. Il était d'usage dans la réflexion platonicienne sur la prière d'associer la critique de la prière de demande à la recherche d'une forme philosophique, non pétitionnaire de prière et Porphyre n'y fait pas exception. Le premier aspect est particulièrement visible dans la *Lettre à Anébon*, alors que le second transparaît notamment du *De l'abstinence* et de la *Lettre à Marcella*. Dans la *Lettre à Anébon*, Porphyre s'interroge sur la compatibilité de la prière avec la nature intellective des dieux en mettant en question sa légitimité. Il y a deux éléments qui, selon Porphyre, rendent la prière inappropriée par rapport aux êtres divins auxquels elle s'adresse : la contrainte (ἀνάγκη) qu'elle est censée exercer sur eux par la persuasion (πειθώ) et l'affectivité (παθεῖν) dont sa rhétorique fait usage.

En ce qui concerne le premier élément, la *Philosophie tirée des oracles* contient de nombreux exemples d'une telle contrainte exercée sur les dieux par les prières, exemples qui témoignent d'une conception traditionnelle remontant à l'Antiquité classique et sur laquelle Platon avait pris position dans la *République* et au livre X des *Lois*. Le questionnement de Porphyre dans la *Lettre à Anébon* se place dans le sillage de la critique platonicienne, mais les raisons sur lesquelles se fonde sa critique sont différentes de celles de Platon : si les dieux sont insensibles au pouvoir du πείθειν, ce n'est pas en raison de leur impartialité, mais parce que leur nature intellective les rend par définition ἄκλιτοι. Cet argument Porphyre ne l'emprunte pas à Platon, mais à Plotin (traité 49).

Quant au second élément, à savoir l'incompatibilité entre la dimension affective de la prière et l'impassibilité divine, il s'agit d'une problématique de date plus récente. L'analyse des pratiques religieuses en termes de παθεῖν remonte à l'époque hellénistique, mais le lien entre παθεῖν et prière n'est pas formellement opéré avant Plutarque. Apulée fait, à son tour, état de cette relation que les médio-platoniciens et Porphyre établissent à partir d'une opposition remontant à l'Ancienne Académie, entre l'impassibilité des dieux et l'affectivité des δαίμονες, qui sont ἐμπαθεῖς. Un théoricien de la rhétorique comme Hermogène de Tarse témoigne de la diffusion de l'idée d'une relation entre παθεῖν et prière au-delà du domaine de la philosophie et permet, en même temps, de montrer la convergence dans l'Antiquité tardive entre les réflexions rhétorique et philosophique sur la prière.

Porphyre défend la légitimité de la prière en envisageant, dans *De l'abstinence*, à partir de la critique formulée dans la *Lettre à Anébon*, une espèce supérieure, non pétitionnaire de prière. Il est néanmoins remarquable que la définition de cette espèce de prière soit opérée cette fois-ci à travers une interprétation philosophique du culte civique, dans le cadre d'une hiérarchie des différentes espèces de sacrifices. Dans cette hiérarchie, le degré supérieur est réservé à la νοερὰ θυσία, la contemplation (θεωρία) silencieuse de la divinité suprême ; le degré moyen est alloué aux hymnes (ὕμνοι) en l'honneur des dieux intelligibles (νοητοὶ θεοί), alors qu'au degré inférieur de la hiérarchie sont placées les λιτανεῖαι et les ἱκετεῖαι qui ne peuvent convenir, en raison de la participation affective qu'elles réclament, qu'à des δαίμονες mauvais. C'est à ce niveau que l'on doit placer également les κλήσεις et προσκλήσεις critiquées pour la même raison dans la *Lettre à Anébon*, ainsi que les prières théurgiques évoquées dans le traité *Sur le retour de l'âme*, lesquelles sont censées purifier l'âme irrationnelle, mais demeurent inutiles au νοῦς.

L'analyse de la *Lettre à Marcella* permet d'affiner cette structure, dont il convient de souligner l'originalité, en montrant que le σοφός ne se limite pas, comme chez Plotin, à contempler silencieusement la divinité suprême, ni à chanter des ὕμνοι en l'honneur des dieux intelligibles. Dans une ligne de pensée qui remonte à Platon, le sage est censé solliciter des dieux des biens spirituels, opposés à ceux qui relèvent de la τύχη. Sa prière doit, de surcroît, s'accompagner de bonnes actions qui, seules, lui confèrent légitimité et la rendent digne d'être adressée aux dieux.

VII. Jamblique. La prière théurgique

Le néoplatonisme post-porphyrien témoigne de la coexistence paradoxale de deux attitudes apparemment contradictoires : l'affirmation d'une transcendance absolue du premier principe, par définition inaccessible aux cultes traditionnels, coexiste avec le besoin accru d'un contact direct, concret avec Dieu, qui ne se limite pas à la contemplation intellective. Ni Plotin, ni Porphyre ne méprisaient la religion traditionnelle, mais ils lui réservaient un rôle inférieur, en affirmant en même temps son inutilité pour le philosophe. Leurs œuvres témoignent, à des degrés différents, d'une dépréciation des cultes institués au profit d'une religion intérieure structurée par la théologie néoplatonicienne. Une des innovations du néoplatonisme post-porphyrien, à partir de Jamblique, consiste précisément dans la revalorisation du rituel, de ses aspects extérieurs, en vertu de la conviction profonde que l'accomplissement rigoureux des rites, dans leur dimension à la fois extérieure et intérieure, peut nous permettre d'atteindre Dieu.

Ce phénomène n'est pas étranger à l'essor du christianisme et aux nouveaux rapports entre philosophie et religion que celui-ci institue. Au moment où le christianisme adopte progressivement la philosophie et se définit comme la « vraie philosophie »[1], le néoplatonisme se ritualise et se définit comme religion, une religion prétendument « scientifique » opposée au caractère « irrationnel » de la foi chrétienne. L'œuvre de Jamblique, à la charnière entre le IIIe et le IVe siècle, représente un des lieux privilégiés de ce processus qui se prolonge jusqu'à la fin de l'Antiquité.

Néanmoins, la réhabilitation du rituel découle en premier lieu d'une nécessité d'ordre théorique. Le rejet de la théorie plotinienne de l'âme non descendue[2], sur la base d'une vision théologique où la place de l'âme humaine est strictement définie dans une hiérarchie où elle est inférieure à toute une série d'êtres divins (*daimones*, héros, anges et dieux), suppose l'absence de rapports directs avec la divinité, l'écart entre l'âme humaine et le premier principe rendant ainsi nécessaire la médiation rituelle. Cette médiation ne pouvait plus

---

1.   Sur les rapports entre christianisme et philosophie aux premiers siècles de notre ère, voir récemment S. MORLET, *Christianisme et philosophie. Les premières confrontations (Ier-VIe siècle)*, Paris, 2014.

2.   Voir *supra*, p. 112.

se réaliser uniquement par le culte traditionnel ; elle devait à la fois avoir un caractère universel, correspondre aux principes de la théologie néoplatonicienne et jouir d'une autorité incontestable. De cette triple nécessité est née la théurgie[3], cet artéfact rituel fondé sur les *Oracles chaldaïques*, le livre sacré des néoplatoniciens[4]. De ces rites, réservés à une élite apte à les comprendre et habilitée à les pratiquer, le contenu nous est beaucoup moins connu que le discours philosophique néoplatonicien qui en explique le fonctionnement et l'efficacité. Bien que la théurgie eût apparemment peu de choses en commun avec les cultes traditionnels, son fondement théologique permettait aux néoplatoniciens d'expliquer et, par là même, de défendre la légitimité des rites sacrificiels, des prières de culte et de la divination oraculaire. La *Réponse à Porphyre* (*De mysteriis*) de Jamblique est une expression de ce projet.

Dans cet ouvrage, Jamblique élabora en réponse aux questions soulevées par Porphyre à propos des prières de culte, une véritable théologie de la prière[5]. Cette doctrine se présente sous un double aspect : polémique, dans les réponses ponctuelles aux questions de Porphyre à propos des différentes espèces de prière : les κλήσεις (I, 12, p. 31, 2-32, 2[6]), les προσκλήσεις (I, 12, p. 32, 3-15) et les λιτανεῖαι (I, 15, p. 36, 5-26) ; et systématique, dans un appendice de la section sur les sacrifices (V, 26, p. 176, 20-179, 7), qui développe et systématise

---

3.   Sur la théurgie, voir la synthèse récente d'I. TANASEANU-DÖBLER, *Theurgy in Late Antiquity*. Voir aussi B. NASEMANN, *Theurgie und Philosophie in Iamblichs* De mysteriis, Stuttgart, 1991 ; G. SHAW, *Theurgy and the Soul. The Neoplatonism of Iamblichus*. Pennsylvania, 1995 ; C. VAN LIEFFERINGE, *La Théurgie. Des* Oracles chaldaïques *à* Proclus, Liège, 1999 ; C. ADDEY, *Divination and Theurgy in Neoplatonism*, Farnham, 2014.

4.   Voir récemment H. SENG, *Un livre sacré de l'Antiquité tardive : les* Oracles chaldaïques, Turnhout, 2016.

5.   La conception de Jamblique sur la prière n'a pas encore fait l'objet d'une étude systématique. Pour une mise en perspective générale, voir H. P. ESSER, *Untersuchungen...*, p. 55-75 ; J. DILLON, *Iamblichi Chalcidensis*, p. 407-411 ; IDEM, « The Platonic Philosopher at Prayer », p. 287-290. Les textes fondamentaux (notamment *Réponse à Porphyre (De mysteriis)* V, 26, p. 176, 20-179, 7) ont été étudiés par F. W. CREMER, *Die chaldäischen Orakel und Jamblich* De mysteriis, Meisenheim am Glan, 1969, p. 139-143 ; C. VAN LIEFFERINGE, *La Théurgie*, p. 110-117 ; Ph. HOFFMANN, « Erôs, Alètheia, Pistis... et Elpis », p. 287-295 ; C. ADDEY, « The Role of Divine Providence, Will and Love in Iamblichus' Theory of Theurgic Prayer and Religious Invocation », dans E. AFONASIN, J. DILLON, J. F. FINAMORE (éd.), *Iamblichus and the Foundations of Late Platonism*, Leyde-Boston, 2012, p. 133-150. Une première version des analyses de ce chapitre a été publiée dans A. TIMOTIN, « La théorie de Jamblique sur la prière... ».

6.   Toutes les références sont à la pagination de l'édition préparée par H. D. Saffrey et A.-Ph. Segonds : JAMBLIQUE, *Réponse à Porphyre (De mysteriis)*, texte établi traduit et annoté par H. D. SAFFREY et A.-Ph. SEGONDS avec la collaboration d'A. LECERF, Paris, 2013.

les éléments avancés dans les réponses précédentes. Je me propose d'examiner chacun de ces exposés en mettant en évidence leurs éléments de convergence et en essayant de préciser la fonction de cette théorie à la fois dans la définition du rituel théurgique et dans le programme théologique de Jamblique.

1. Les réponses de Jamblique aux objections de Porphyre

Pour comprendre le contenu et l'enjeu du débat engagé par Jamblique avec Porphyre autour de la prière, il faut situer les réponses ponctuelles de Jamblique dans l'ensemble de l'argumentation de sa *Réponse à Porphyre*. Le plan de l'ouvrage dégagé avec clarté, dans la nouvelle édition du texte, par Henri Dominique Saffrey et Alain-Philippe Segonds[7], sur des bases purement philologiques, facilite cette tâche.

Dans la première partie de la *Réponse à Porphyre* (p. 5, 13-52, 19), l'objectif de Jamblique est de réfuter la distinction établie par Porphyre entre les différentes espèces d'êtres divins, et notamment entre dieux et δαίμονες, selon plusieurs critères : selon leur différence spécifique (p. 7, 18-11, 4), selon leur emplacement dans l'espace (p. 17, 16-22, 3), et selon une série d'oppositions : ἀπαθές / ἐμπαθές (p. 25, 18-34, 11), νοῦς / participation au νοῦς (p. 34, 12-37, 15), corporel / incorporel (p. 38, 12-45, 25), et visible / invisible (p. 46, 1-50, 8). Chacune de ces réfutations est suivie par une section où Jamblique développe les conséquences pour le culte sacré que ces différentes distinctions impliquent. Dans le cadre général de cette argumentation, les exposés sur les κλήσεις, les προσκλήσεις et les λιτανεῖαι interviennent précisément dans les sections relatives aux conséquences pour le culte sacré des distinctions entre ἀπαθές et ἐμπαθές, pour les κλήσεις et les προσκλήσεις, et entre νοῦς et participation au νοῦς, au cas des λιτανεῖαι.

Les κλήσεις et les προσκλήσεις et l'opposition ἀπαθές / ἐμπαθές

Depuis l'Ancienne Académie, quand Xénocrate formalisa l'idée centrale du discours de Diotime dans le *Banquet* de Platon (202 d-e)[8], la conception qui établissait la différence entre les êtres divins à partir de la distinction entre l'ἀπάθεια des dieux et l'ἐμπάθεια des δαίμονες est devenue un lieu commun

---

7.   H. D. SAFFREY, A.-Ph. SEGONDS, « Plan de la *Réponse à Porphyre* », *ibid.*, p. XCV-CVII.
8.   XÉNOCRATE, fr. 222 ISNARDI PARENTE [= PLUTARQUE, *De defectu oraculorum* 416 D] : ἡ δαιμόνων φύσις ἔχουσα καὶ πάθος θνητοῦ καὶ θεοῦ δύναμιν « la nature des *daimones* participe à la fois aux passions des mortels et à la puissance de la divinité ».

dans la tradition médio-platonicienne[9]. En reprenant cette distinction dans sa *Lettre à Anébon*, Porphyre se place dans le sillage de cette tradition que Jamblique réfutera, en contestant ainsi un des axiomes de la démonologie platonicienne et en affirmant que la divinité transcende l'opposition entre ἀπαθές et ἐμπαθές :

> Après cette [première division], de nouveau tu [*scil*. Porphyre] proposes une division différente, tu distingues l'essence des êtres supérieurs par la différence entre *ce qui est sujet au pâtir et ce qui est non-sujet au pâtir* (τοῦ ἐμπαθοῦς καὶ ἀπαθοῦς διαφορά). Pour moi, je n'admets pas non plus cette division. En effet, absolument aucune des classes d'êtres supérieurs (τῶν κρειττόνων γενῶν) n'est sujette au pâtir, aucune non plus, non-sujette au pâtir (ἐμπαθὲς οὐδ' ἀπαθὲς) au sens d'une opposition par rapport à ce qui est exposé au pâtir (τὸ παθητόν), ni non plus au sens où, naturellement capable d'éprouver des affections, elle en serait délivrée en vertu d'une excellence ou d'une autre disposition d'âme digne d'éloge[10]. Non, c'est parce que [ces classes d'êtres supérieurs] échappent complètement à l'opposition du pâtir et du non-pâtir, parce qu'ils n'ont pas même absolument parlant la nature du pâtir, et parce qu'ils possèdent par essence une fermeté immuable, que je mets le non-sujet au pâtir et l'immuabilité dans toutes les [classes d'êtres supérieurs] »[11].

À la fin de la section consacrée à la réfutation de la thèse de Porphyre, Jamblique examine les conséquences que cette thèse a pour le culte sacré, en répondant ainsi aux objections de Porphyre relatives à l'incompatibilité entre l'ἀπάθεια des dieux et les éléments rituels qui impliquent, à son avis, leur ἐμπάθεια, en vertu notamment de la contrainte (ἀνάγκη) à laquelle les dieux seraient ainsi soumis : les κλήσεις et les προσκλήσεις (p. 30, 23-32, 15), les rites d'apaisement de la colère des dieux (μήνιδος ἐξιλάσεις) (p. 32, 16-33, 6), les

---

9. Cf. PLUTARQUE, *Sur la disparition des oracles* 417 A-B ; *Sur Isis et Osiris* 360 D-E ; APULÉE, *De deo Socratis* XIII, 147-148 ; MAXIME DE TYR, *Dissertatio* IX, 4 ; ORIGÈNE, *Contre Celse* VIII, 35 ; CALCIDIUS, *Commentaire sur le Timée* 131. Voir A. TIMOTIN, *La démonologie platonicienne*, p. 112-141.

10. Allusion, très probablement, à la promotion des δαίμονες au rang des dieux ; voir, par exemple, PLUTARQUE, *Sur la disparition des oracles* 415 B.

11. JAMBLIQUE, *Réponse à Porphyre (De mysteriis)* I, 10, p. 25, 19-26, 7 (trad. H. D. Saffrey et A.-Ph. Segonds légèrement modifiée) : μετὰ δὲ ταύτην αὖθις ὑποτείνας σαυτῷ διαίρεσιν ἑτέραν, τῇ τοῦ ἐμπαθοῦς καὶ ἀπαθοῦς διαφορᾷ χωρίζεις τῶν κρειττόνων τὰς οὐσίας. Ἐγὼ δὲ οὐδὲ ταύτην δέχομαι τὴν διαίρεσιν. Οὐδ' ὁτιοῦν γὰρ τῶν κρειττόνων γενῶν ἐστιν ἐμπαθὲς οὐδ' ἀπαθὲς οὕτως ὡς ἀντιδιαιρούμενον πρὸς τὸ παθητὸν οὐδ' ὡς πεφυκὸς μὲν δέχεσθαι τὰ πάθη, δι' ἀρετὴν δ' αὐτῶν ἤ τινα ἄλλην σπουδαίαν κατάστασιν ἀπολελυμένον. Ἀλλ' ὅτι παντελῶς ἐξῄρηται τῆς ἐναντιώσεως τοῦ πάσχειν ἢ μὴ πάσχειν, καὶ ὅτι οὐδὲ πέφυκεν ὅλως πάσχειν, καὶ ὅτι κατ' οὐσίαν ἔχει τὴν ἄτρεπτον στερεότητα, κατὰ τοῦτο ἐν ὅλοις αὐτοῖς τίθεμαι τὸ ἀπαθὲς καὶ ἄτρεπτον.

sacrifices expiatoires (ἐκθύσεις) (p. 33, 7-21) et les contraintes exercées sur les dieux (θεῶν ἀνάγκαι) (p. 33, 22-34, 6). Je me concentrerai sur l'argumentation concernant les invocations (κλήσεις et προσκλήσεις).

D'abord, Jamblique explique que les κλήσεις n'exercent pas une contrainte (ἀνάγκη) sur les dieux[12], et que l'activité (ἐνεργεία) de la divinité liée aux invocations est l'expression de leur volonté (βουλή, βούλησις) bienveillante qui n'est pas soumise à la volonté humaine[13], en raison précisément de leur ἀπάθεια. Cette activité prend la forme d'une illumination (ἔλλαμψις)[14], qui ne saurait être qu'absolument libre (αὐτοθελής) et volontaire (αὐτοφανής)[15], puisqu'elle est l'expression visible (ἐμφανής) de la providence divine[16] :

> Mais *les invocations* (κλήσεις), est-il dit, *sont adressées aux dieux comme à des êtres sujets au pâtir* (ὡς πρὸς ἐμπαθεῖς τοὺς θεοὺς γίγνονται), *de sorte que ce ne sont pas seulement les* δαίμονες *qui sont sujets au pâtir, mais aussi les dieux* (ὥστε οὐχ οἱ δαίμονες μόνον εἰσὶν ἐμπαθεῖς, ἀλλὰ καὶ οἱ θεοί). Eh bien, sur ce sujet il n'en va pas comme tu l'as supposé. En effet, l'illumination qui résulte des invocations (ἡ διὰ τῶν κλήσεων ἔλλαμψις) est quelque chose qui se révèle de soi-même (αὐτοφανής) et par le libre vouloir (αὐτοθελής) [des dieux], et loin qu'elle soit attirée de force (καθέλκεσθαι) vers ici-bas, elle s'avance vers le domaine du visible grâce à l'activité et à la perfection divines et l'emporte

12.   On a vu dans le chapitre précédent l'importance de cette idée dans l'argumentation de Porphyre. Dans la doctrine chaldaïque, les κλήτορες sont précisément ceux qui attirent les dieux par des formules magiques. Voir H. LEWY, *Chaldaean Oracles...*, p. 39 n. 115 et 467.

13.   Sur la « volonté bienveillante » des dieux, voir H. D. SAFFREY, « L'hymne IV de Proclus, prière aux dieux des Oracles Chaldaïques », dans *Néoplatonisme. Mélanges Jean Trouillard*, Fontenay aux Roses, 1981, p. 297-312 [repris dans *Le Néoplatonisme après Plotin*, p. 193-206].

14.   La comparaison de la puissance des dieux avec la lumière est, comme l'ont montré H. D. SAFFREY et A.-Ph. SEGONDS (notes complémentaires, p. 245), une thèse majeure de la *Réponse à Porphyre*. Pour les parallèles chaldaïques de cette doctrine (par exemple *Orac. Chald.*, fr. 51 DES PLACES) et procliennes, voir les notes complémentaires de l'édition préparée par H. D. SAFFREY et A.-Ph. SEGONDS (*loc. cit.*), ainsi que F. W. CREMER, *Die Chaldäischen Orakel...*, p. 104-105. Elle se retrouve également chez SYNÉSIOS, *Hymne* I, 376, 528-532 et 593-594, p. 53, 56 et 58 LACOMBRADE.

15.   Αὐτοφανής est un terme chaldaïque, mais, comme l'a relevé H. LEWY (*Chaldaean Oracles...*, p. 468 n. 6), il était utilisé notamment au sens d'« apparition personnelle » des dieux, tandis que Jamblique l'utilise au sens d'apparition volontaire. Sur αὐτοφάνεια, voir aussi *ibid.*, p. 246-247 ; F. W. CREMER, *Die chaldäischen Orakel...*, p. 103-104. Selon PROCLUS, les *Oracles Chaldaïques* contenaient des formules permettant de voir « face à face » les dieux cosmiques ; voir *Commentaire sur la République* II, p. 241, 22-24 DIEHL ; cf. *Théologie platonicienne* IV, 26, p. 77, 4-8, et note *ad loc.*, à propos de l'αὐτοφάνεια des dieux intelligibles, dans le commentaire du *Phèdre* 250 c.

16.   Sur l'origine chaldaïque de cette doctrine, voir H. LEWY, *Chaldaean Oracles...*, p. 214-219 ; F. W. CREMER, *Die chaldäischen Orakel...*, p. 102-122.

sur le mouvement volontaire [humain], tout autant que la volonté divine de réaliser le Bien est supérieure à la vie humaine faite de choix volontaires (τῆς προαιρετικῆς... ζωή)[17].

L'ἔλλαμψις qui découle des κλήσεις n'est, donc, pas le résultat d'une contrainte par laquelle les dieux se laisseraient attirer de force (καθέλκεσθαι) vers le monde d'ici-bas, mais c'est elle qui attire les âmes de ceux qui prient vers les dieux, en les détachant du monde sensible et en les amenant progressivement à l'union (ἕνωσις) au divin[18]. Loin d'être adressées aux dieux comme à des êtres ἐμπαθεῖς, les κλήσεις écartent, au contraire, les âmes des orants des passions (πάθη) auxquelles les âmes sont liées dans le monde d'ici-bas et les retournent (περιάγεσθαι) vers leur principe intelligible (νοητὴ ἀρχή)[19]. Elles ont, donc, une fonction anagogique :

> C'est donc grâce à cette volonté que les dieux, parce qu'ils sont bienveillants et propices [cf. *Phèdre* 257 a] aux théurges (θεουργοί), font briller (ἐπιλάμπουσιν) sur eux la lumière (φῶς) avec générosité (ἀφθόνως) [cf. *Phèdre* 247 a], rappellent (ἀνακαλούμενοι) vers eux leurs âmes et leur accordent l'union (ἕνωσις) avec eux, et ils habitent leurs âmes, alors qu'elles sont encore incarnées, à quitter le corps et à se retourner vers leur principe éternel et intelligible.
>
> Que ce dont nous parlons à présent soit salutaire (σωτήριον) pour l'âme, les faits eux-mêmes le montrent à l'évidence. L'âme en effet, quand elle contemple les visions bienheureuses (τὰ μακάρια θεάματα) [cf. *Phèdre* 247 a], échange sa vie pour une autre et met en œuvre une autre activité ; elle pense alors qu'elle n'appartient plus à un homme, et elle a raison. Souvent même, ayant rejeté sa propre vie, [l'âme] a reçu en échange l'activité infiniment

17.   JAMBLIQUE, *Réponse à Porphyre (De mysteriis)* I, 12, p. 30, 23-31, 9 (trad. H. D. Saffrey, A.-Ph. Segonds légèrement modifiée) : Ἀλλ' αἱ κλήσεις, φησίν, ὡς πρὸς ἐμπαθεῖς τοὺς θεοὺς γίγνονται, ὥστε οὐχ οἱ δαίμονες μόνον εἰσὶν ἐμπαθεῖς, ἀλλὰ καὶ οἱ θεοί. Τὸ δὲ οὐχ οὕτως ἔχει καθάπερ ὑπείληφας. Αὐτοφανὴς γάρ τίς ἐστι καὶ αὐτοθελὴς ἡ διὰ τῶν κλήσεων ἔλλαμψις, πόρρω τε τοῦ καθέλκεσθαι ἀφέστηκε, διὰ τῆς θείας τε ἐνεργείας καὶ τελειότητος πρόεισιν εἰς τὸ ἐμφανές, καὶ τοσούτῳ προέχει τῆς ἑκουσίου κινήσεως ὅσον ἡ τἀγαθοῦ θεία βούλησις τῆς προαιρετικῆς ὑπερέχει ζωῆς.

18.   En mettant en relation ce passage avec d'autres textes – notamment avec *CH* XIII et une série de papyrus magiques –, A.-J. FESTUGIÈRE a pu le replacer dans le contexte intellectuel de l'époque et montrer ainsi que la question de la contrainte des dieux, soulevée par Porphyre dans la *Lettre à Anébon*, était un sujet de débat à cette époque-là ; voir *La Révélation...*, III, p. 173-174 [p. 1273-1274]. Le renversement de la fonction habituelle des κλήσεις par la théorie selon laquelle ce sont les dieux qui appellent et attirent vers eux les âmes des théurges a, très probablement, une origine chaldaïque ; voir H. LEWY, *Chaldaean Oracles...*, p. 467-471 (*Excursus V* « The Caller and the Call ») ; F. W. CREMER, *Die chaldäischen Orakel...*, p. 106-107 et 117-118.

19.   La même idée est illustrée dans les hymnes de SYNÉSIOS (voir, par exemple, *Hymne* I, 377-645, p. 53-59 LACOMBRADE).

béatifiante des dieux. Si donc l'ascension obtenue par les invocations (διὰ τῶν κλήσεων ἄνοδος) procure aux prêtres la purification des passions, la délivrance du monde du devenir et l'union au principe divin, comment pourrait-on vouloir lui rattacher des passions ? Car, il n'est pas vrai que ce type d'[invocations] attire de force [les dieux] qui sont non-sujets au pâtir (ἀπαθεῖς) et purs vers le sujet au pâtir (τὸ παθητόν) et l'impur, au contraire elle fait de nous, qui sommes nés sujets au pâtir à cause de la génération, des êtres purs et immuables[20].

L'imagerie de ce passage est inspirée du *Phèdre*[21]. La contemplation des μακάρια θεάματα (*Phèdre* 247 a) est associée à l'ascension (ἄνοδος) procurée par les κλήσεις pendant laquelle l'âme de celui qui prie renonce à sa propre vie et à son activité pour embrasser celles des dieux. Jamblique souligne encore que cette ascension, par l'ἕνωσις à laquelle elle donne accès, a une finalité sotériologique.

L'orant dont il est question ici est à la fois prêtre (ἱερεύς) et théurge (θεουργός). Jamblique opère en effet dans ce passage une assimilation formelle des deux catégories, en laissant entendre que les θεουργοί font partie de la classe de ἱερεῖς du culte public[22].

Ensuite, Jamblique montre que les προσκλήσεις ne sont pas non plus adressées aux dieux comme à des êtres ἐμπαθεῖς. La communication avec le divin que ce type d'invocations rend possible ne relève pas non plus de l'affectivité

---

20. JAMBLIQUE, *Réponse à Porphyre (De mysteriis)* I, 12, p. 31, 9-32, 3 (trad. H. D. Saffrey, A.-Ph. Segonds légèrement modifiée) : Διὰ τῆς τοιαύτης οὖν βουλήσεως ἀφθόνως οἱ θεοὶ τὸ φῶς ἐπιλάμπουσιν εὐμενεῖς ὄντες καὶ ἵλεω τοῖς θεουργοῖς, τάς τε ψυχὰς αὐτῶν εἰς ἑαυτοὺς ἀνακαλούμενοι καὶ τὴν ἕνωσιν αὐταῖς τὴν πρὸς ἑαυτοὺς χορηγοῦντες, ἐθίζοντές τε αὐτὰς καὶ ἔτι ἐν σώματι οὔσας ἀφίστασθαι τῶν σωμάτων, ἐπὶ δὲ τὴν ἀίδιον καὶ νοητὴν αὐτῶν ἀρχὴν περιάγεσθαι. Δῆλον δὲ καὶ ἀπ' αὐτῶν τῶν ἔργων ὃ νυνί φαμεν εἶναι τῆς ψυχῆς σωτήριον· ἐν γὰρ τῷ θεωρεῖν τὰ μακάρια θεάματα ἡ ψυχὴ ἄλλην ζωὴν ἀλλάττεται καὶ ἑτέραν ἐνέργειαν ἐνεργεῖ καὶ οὐδ' ἄνθρωπος εἶναι ἡγεῖται τότε, ὀρθῶς ἡγουμένη· πολλάκις δὲ καὶ τὴν ἑαυτῆς ἀφεῖσα ζωὴν τὴν μακαριωτάτην τῶν θεῶν ἐνέργειαν ἀντηλλάξατο. Εἰ δὴ κάθαρσιν παθῶν καὶ ἀπαλλαγὴν γενέσεως ἕνωσίν τε πρὸς τὴν θείαν ἀρχὴν ἡ διὰ τῶν κλήσεων ἄνοδος παρέχει τοῖς ἱερεῦσι, τί δήποτε πάθη τις αὐτῇ προσάπτει; οὐ γὰρ τοὺς ἀπαθεῖς καὶ καθαροὺς εἰς τὸ παθητὸν καὶ ἀκάθαρτον ἡ τοιαύτη κατασπᾷ, τοὐναντίον δὲ τοὺς ἐμπαθεῖς γενομένους ἡμᾶς διὰ τὴν γένεσιν καθαροὺς καὶ ἀτρέπτους ἀπεργάζεται.

21.   Voir l'*apparatus fontium* de l'édition SAFFREY – SEGONDS et les notes complémentaires *ad loc.* des éditeurs (p. 252), en particulier sur la fortune néoplatonicienne de l'expression μακάρια θεάματα. Jamblique a rédigé un commentaire sur le *Phèdre* malheureusement perdu, mais dont le commentaire analogue d'Hermias permet, dans une certaine mesure, d'apercevoir le contenu.

22.   Comme le font remarquer à juste titre H. D. SAFFREY et A.-Ph. SEGONDS dans les notes complémentaires *ad loc.* (p. 253). L'équivalence entre ἱερεύς et θεουργός dans le *De mysteriis* est soulignée également par I. TANASEANU-DÖBLER, *Theurgy in Late Antiquity*, p. 98 et 107.

(du παθεῖν), comme Porphyre l'avait suggéré – les dieux, toujours identiques à eux-mêmes, ne changent pas de disposition –, mais de la providence divine, de la θεία φιλία qui lie l'orant et le destinataire de la prière. Les invocations n'affectent pas le Νοῦς divin et ne l'amènent pas à s'incliner (προσκλίνουσαι) vers les hommes, mais, au contraire, ce sont les προσκλήσεις qui rendent l'intelligence (γνώμη) humaine apte à participer (μετέχειν) aux dieux et l'harmonisent (συναρμόζουσαι)[23] avec eux, par la persuasion (πειθώ) que les invocations, en tant que paroles efficaces, ont la capacité d'exercer sur l'intellect :

> Ce n'est pas non plus par un pâtir (διὰ πάθους) que *les invocations* (προσκλήσεις) mettent les prêtres (ἱερεῖς) en contact avec les dieux (συνάπτουσι τοῖς θεοῖς), mais par l'amitié divine (θεία φιλία) qui tient toutes choses ensemble, elles font communier à l'entrelacement indissoluble [des dieux], non pas, comme le nom de *prosklèsis* (invocation) l'indique à première vue, ou semble du moins l'indiquer, en inclinant (προσκλίνουσαι) l'intellect (νοῦς) des dieux vers les hommes ; mais en vérité même, comme le nom veut le faire comprendre, en rendant l'intelligence (γνώμη) des hommes prête à participer (μετέχειν) aux dieux, en l'élevant (ἀνάγουσαι) vers les dieux et en la mettant en accord (συναρμόζουσαι) [avec eux] par une persuasion harmonieuse (διὰ πειθοῦς ἐμμελοῦς)[24].

Il est remarquable que si Jamblique récuse une interprétation des κλήσεις en termes de παθεῖν, il n'écarte pourtant pas le πείθειν de la sphère de la prière. Seulement il en modifie l'objet, qui n'est plus la divinité, mais l'âme de l'orant, plus précisément son νοῦς[25]. Si Porphyre émettait ainsi des doutes dans la *Lettre à Anébon* sur la compatibilité entre πείθειν, lié indissolublement au παθεῖν, et νοῦς, Jamblique répond que la persuasion, au contraire, peut avoir pour objet le νοῦς – le νοῦς de l'orant et non celui des dieux – dans la mesure où elle n'agit pas au moyen du παθεῖν.

23.　La notion de συναρμόττειν est probablement empruntée à Plotin, qui l'emploie précisément pour caractériser la participation des images sensibles à leur modèle intelligible ; cf. PLOTIN 1 (I, 6), 3, 3 et 15 ; 38 (VI, 7), 6, 5.

24.　JAMBLIQUE, *Réponse à Porphyre (De mysteriis)* I, 12, p. 32, 3-13 (trad. H. D. Saffrey, A.-Ph. Segonds légèrement modifiée) : Ἀλλ' οὐδ' αἱ προσκλήσεις διὰ πάθους συνάπτουσι τοῖς θεοῖς τοὺς ἱερέας· διὰ δὲ τῆς θείας φιλίας τῆς συνεχούσης τὰ πάντα κοινωνίαν παρέχουσι τῆς ἀδιαλύτου συμπλοκῆς· οὐχ ὡς τοὔνομα, ὥς γε οὕτω δόξαι, αὐτόθεν ἐμφαίνει, τὸν νοῦν τῶν θεῶν προσκλίνουσαι τοῖς ἀνθρώποις, ἀλλὰ κατ' αὐτὸ τὸ ἀληθὲς ὡς βούλεται ἀναδιδάσκειν, τὴν γνώμην τῶν ἀνθρώπων ἐπιτηδείαν ἀπεργαζόμεναι πρὸς τὸ μετέχειν τῶν θεῶν, καὶ ἀνάγουσαι αὐτὴν πρὸς τοὺς θεοὺς καὶ διὰ πειθοῦς ἐμμελοῦς συναρμόζουσαι.

25.　On retrouve ainsi chez Jamblique une idée chère aux Stoïciens, en particulier à Marc Aurèle, selon laquelle la prière agit non sur les dieux, mais sur nous-mêmes (voir *supra*, p. 94-95).

La définition d'une espèce de πείθειν propre aux κλήσεις qui soit dépour-vue de passion a été rendue possible par la doctrine des συνθήματα²⁶. Le mou-vement anagogique qui entraîne le νοῦς de celui qui prie est déclenché par les noms sacrés des dieux (ὀνόματα θεῶν), qui sont des « symboles divins » (θεῖα συνθήματα), et qui ont la vertu d'élever l'intellect de l'orant vers les dieux et de la mettre en contact (συνάπτειν) avec eux²⁷. Les θεῖα συνθήματα ou σύμβολα²⁸ représentent dans ce contexte les noms sacrés des dieux (ὀνόματα θεῶν)²⁹, qui

26.   Cette doctrine est fondée sur les *Oracles chaldaïques* (cf. fr. 108 et 109 DES PLACES) ; voir H. LEWY, *Chaldaean Oracles...*, p. 190-192 et 470-471 ; F. W. CREMER, *Die chaldäischen Orakel...*, p. 75-76 et 109-115. Sur sa version chez Jamblique, voir H. P. ESSER, *Untersuchungen...*, p. 60-64 ; G. SHAW, *Theurgy and the Soul*, p. 162-228 ; H. D. SAFFREY, « Σημεῖον / *signum* dans la littérature néoplatonicienne et la théurgie », dans *Signum. IX Colloquio Internazionale. Roma, 8-10 gennaio 1998*, Florence, 1999 [repris dans *Le néoplatonisme après Plotin*, Paris, 2000, p. 133-141], notamment p. 31-36 ; I. TANASEANU-DÖBLER, *Theurgy in Late Antiquity...*, p. 105-110.

27.   JAMBLIQUE, *Réponse à Porphyre (De mysteriis)* I, 12, p. 32, 13-15 : Ὅθεν δὴ καὶ ὀνόματα θεῶν ἱεροπρεπῆ καὶ τἆλλα θεῖα συνθήματα ἀναγωγὰ ὄντα πρὸς τοὺς θεοὺς συνάπτειν αὐτὰς δύναται. « Par conséquent, les noms sacrés des dieux, comme les autres symboles divins, parce qu'ils sont élévateurs, peuvent mettre les [prêtres] en contact avec les dieux » (trad. H. D. Saffrey, A.-Ph. Segonds).

28.   Les deux termes sont utilisés comme des synonymes dans ce contexte ; συνθήμα est un terme technique dans les *Oracles chaldaïques* ; voir H. LEWY, *Chaldaean Oracles...*, p. 190-192 et 470-471.

29.   Sur les ὀνόματα θεῶν (ἄρρητα ὀνόματα), voir F. W. CREMER, *Die chaldäischen Orakel...*, p. 75-76 et 109-110. PORPHYRE avait dénoncé dans la *Lettre à Anébon* cet emploi de βάρβαρα ὀνόματα dénués de signification : *Lettre à Anébon*, fr. 64, 8-9 [= EUSÈBE, *Préparation évangé-lique* V, 10, 8-9, p. 306 *sq.* DES PLACES] : τί δὲ καὶ τὰ ἄσημα βούλεται ὀνόματα καὶ τῶν ἀσήμων τὰ βάρβαρα πρὸ τῶν ἑκάστῳ οἰκείων ; εἰ γὰρ πρὸς τὸ σημαινόμενον ἀφορᾷ τὸ ἀκοῦον, αὐτάρκης ἡ αὐτὴ μένουσα ἔννοια δηλῶσαι, κἂν ὁποιονοῦν ὑπάρχῃ τοὔνομα. Οὐ γάρ που καὶ ὁ καλούμενος Αἰγύπτιος ἦν τῷ γένει· εἰ δὲ καὶ Αἰγύπτιος, ἀλλ᾽ οὔ τί γε Αἰγυπτίᾳ χρώμενος φωνῇ οὐδ᾽ ἀνθρωπείᾳ ὅλως χρώμενος. ἢ γὰρ γοήτων ἦν ταῦτα πάντα τεχνάσματα καὶ προκαλύμματα διὰ τῶν ἐπιφημιζομένων τῷ θείῳ τῶν περὶ ἡμᾶς γινομένων παθῶν, ἢ λελήθαμεν ἐναντίας ἐννοίας ἔχοντες περὶ τοῦ θείου ἢ αὐτὸ τῷ ὄντι διάκειται. « Et que veulent dire les noms sans signification et les sons barbares de ces noms sans signification, préférés aux noms familiers à tout un chacun ? En effet, si ce qui écoute porte son attention à ce qui est signifié, le concept qui reste toujours le même est suffisant pour manifester la signification, quel que soit le nom [employé]. Car, n'est-ce pas, le dieu invoqué n'était pas égyptien de naissance, et quand bien même le serait-il, il ne fait usage ni de la langue égyptienne ni même d'une langue humaine quelconque. En effet, ou bien tous ces [noms] ne sont qu'artifices de magiciens et prétextes pour utiliser des impressions qui nous viennent et que nous attribuons à la divinité, ou bien, à notre insu, nous avons au sujet de la divinité des notions contraires à sa condition réelle ». La même idée, associée à l'emploi de « mots barbares » dans les prières, se retrouve déjà chez PLUTARQUE, *De la superstition* 166 B. De nombreux témoignages attestent cette croyance ; voir, par exemple, *CH* XVI, 2. Sur la puissance prêtée aux « noms barbares » dans les papyrus magiques, voir A.-J. FESTUGIÈRE,

sont des expressions verbales de la présence du divin dans le monde d'ici-bas, mais ils peuvent désigner aussi des objets matériels ou des êtres animés. Les συνθήματα semés par les dieux dans le monde matériel permettent aux prêtres (théurges) de retourner vers les dieux et, finalement, de s'unir à eux. Cette doctrine permet d'établir une relation précise entre le culte sacré et la parole efficace des κλήσεις[30], qui établit, par les noms sacrés des dieux, un lien entre le monde matériel et les dieux, lien qui est un des fondements de la théurgie.

La nature divine des ὀνόματα θεῶν explique pourquoi les invocations ne sauraient contraindre les dieux ; les effets qu'elles produisent découlent naturellement et nécessairement de la providence divine. Cet aspect est souligné par Jamblique à propos des contraintes exercées sur les dieux (θεῶν ἀνάγκαι) (p. 33, 22-34, 6) par des prières et des sacrifices :

> En outre, *les prétendues contraintes exercées sur les dieux* (θεῶν ἀνάγκαι) sont en somme des contraintes (ἀνάγκαι) qui sont propres aux dieux et qui se produisent comme elles doivent se produire chez les dieux. Ce n'est donc pas de l'extérieur (ὡς ἔξωθεν) ni non plus par violence (κατὰ βίαν) [que s'exercent ces contraintes], mais de même que le bien est nécessairement avantageux, de même les dieux sont toujours dans une disposition identique et jamais il ne saurait en aller autrement. Cette nécessité-là (ἀνάγκη) est donc étroitement mêlée à la volonté pleine de bonté [des dieux], elle est liée à l'amour [...][31].

Comme H. D. Saffrey et A. Ph. Segonds n'ont pas manqué de le remarquer, il y a dans ce passage « une sorte de renversement dans la signification du terme ἀνάγκη, qui dans un premier temps s'exerce depuis les hommes vers les dieux, et dans le second temps depuis les dieux sur le monde des hommes. Dans la traduction, on ne peut traduire cette ambivalence du terme ἀνάγκη, et l'on est obligé de passer dans la traduction de 'contrainte' à 'nécessité' »[32].

En raison de cette ambivalence, l'explication de Jamblique doit être mise en rapport non seulement avec l'arrière-plan porphyrien de la notion

---

La Révélation..., t. I, p. 26. En général sur cette problématique, voir les études réunies dans M. Tardieu, A. Van den Kerchove, M. Zago (éd.), *Noms barbares. I. Formes et contextes d'une pratique magique*, Turnhout, 2013.

30.   Sur l'efficacité des prières, voir par exemple Ammonius, *Commentaire sur le De interpretatione d'Aristote*, p. 38, 23-28 Busse. Cf. *Oracles chaldaïques*, fr. 110 Des Places.

31.   Jamblique, *Réponse à Porphyre (De mysteriis)* I, 14, p. p. 33, 22-34, 4 (trad. H. D. Saffrey, A.-Ph. Segonds) : Ἔτι τοίνυν αἱ λεγόμεναι θεῶν ἀνάγκαι τὸ ὅλον τοῦτο θεῶν εἰσιν ἀνάγκαι καὶ ὡς ἐπὶ θεῶν γίγνονται. Οὐκ ἄρα ὡς ἔξωθεν οὐδ' ὡς κατὰ βίαν, ἀλλ' ὡς τἀγαθὸν ὠφελεῖ ἐξ ἀνάγκης, οὕτως ἔχουσι τὸ πάντῃ οὑτωσὶ καὶ μηδαμῶς ἄλλως διακεῖσθαι. Βουλήσει ἄρα ἀγαθοειδεῖ συγκέκραται αὕτη καὶ ἔρωτός ἐστι φίλη ἡ τοιαύτη ἀνάγκη [...].

32.   Dans les notes complémentaires *ad loc.* de leur édition de la *Réponse à Porphyre*, p. 255.

JAMBLIQUE. LA PRIÈRE THÉURGIQUE   179

d'ἀνάγκη, mais aussi avec la question de la compatibilité entre prière et ἀνάγκη telle qu'on la trouve formulée chez les Stoïciens et Maxime de Tyr. On se souvient qu'Épictète jugeait que les prières de louange et d'action de grâce ne sont pas du tout incompatibles avec un ordre nécessaire des choses. Jamblique ne pense pas autrement mais il faut tenir compte que chez Jamblique la notion d'ἀνάγκη, à la différence des Stoïciens, est étroitement liée à la volonté et à la bonté des dieux – l'ἀνάγκη découle de la volonté bienveillante des dieux, lesquels sont toujours bien disposés à l'égard des humains, elle est liée à la θεία φιλία, le lien d'amour qui émane des dieux et qui tient toutes choses ensemble –, et comme on le verra, à la prescience divine, une question qu'on ne trouve pas dans les textes stoïciens, mais qu'on retrouve, en revanche, thématisée différemment, chez Origène.

Les λιτανεῖαι et l'opposition νοῦς / participation au νοῦς

La section sur les supplications (λιτανεῖαι) n'est pas rattachée par Jamblique à l'ensemble de l'argumentation concernant l'ἀπάθεια des dieux, mais elle est insérée dans la partie consacrée à la distinction, introduite par Porphyre dans la *Lettre à Anébon*, entre νοῦς et ce qui participe au νοῦς, en l'occurrence entre les dieux, qui sont des intellects purs, et les δαίμονες qui participent à l'intellect « parce qu'ils sont des êtres doués d'une âme »[33]. Je laisse ici de côté les arguments avancés par Jamblique pour contester cette distinction, pour me concentrer sur les conséquences pour le culte sacré qu'elle entraîne (p. 35, 5-37, 15), question qui amène Jamblique à examiner la légitimité des prières en général et des λιτανεῖαι en particulier (p. 36, 5-26).

D'abord, Jamblique reprend la question de Porphyre sur l'incompatibilité entre la nature intellective des dieux et les prières qui leur sont adressées – examinée dans le chapitre précédent –, pour affirmer que les prières sont, au contraire, tout à fait appropriées à la nature divine en raison de leur capacité à éveiller la partie divine, intellective, de l'âme et à la tourner, en vertu de la loi de la ressemblance, vers son principe, le Νοῦς divin :

> En effet, après avoir dit que *les intellects purs* (τοὺς καθαροὺς νόας) *sont encore plus inaccessibles à la séduction* (ἀκηλήτους) *et sans mélange avec les sensibles*

---

33. JAMBLIQUE, *Réponse à Porphyre (De mysteriis)* I, 15, p. 34, 13-17 : λέγεις γὰρ θεοὺς εἶναι νόας καθαρούς, ὡς ἐν ὑποθέσει προτείνων τὴν δόξαν ἢ ὥς τισιν ἀρέσκουσαν αὐτὴν ἀφηγούμενος, νοῦ δὲ μετόχους ψυχικοὺς ὄντας τοὺς δαίμονας ἀπολογιζόμενος. « Tu dis en effet que *les dieux sont des intellects purs* (que tu présentes cette opinion à titre d'hypothèse ou que tu la donnes comme admise par certains), en expliquant que *les daimones sont des participants à l'intellect parce qu'ils sont des êtres doués d'une âme* » (trad. H. D. Saffrey, A.-Ph. Segonds).

(ἀμιγεῖς αἰσθητοῖς), tu soulèves la difficulté de savoir *s'il faut leur adresser des prières* (εἰ δεῖ πρὸς αὐτοὺς εὔχεσθαι). Pour moi, je pense qu'il ne faut pas même prier d'autres êtres. En effet, ce qui en nous est divin, intellectif et unité (θεῖον... καὶ νοερὸν καὶ ἕν) ou, si tu préfères, intelligible (νοητόν), s'éveille (ἐγείρεται) manifestement dans les prières, et quand il s'éveille, il désire (ἐφίεται) par-dessus tout son semblable (τοῦ ὁμοίου) et entre en contact (συνάπτεται) avec sa propre perfection (πρὸς αὐτοτελειότητα)[34].

Ensuite, Jamblique réitère un autre segment de la question de Porphyre, concernant l'incompatibilité entre la nature intellective de la divinité et la matérialité de la voix humaine, et développe l'argumentation amorcée dans le paragraphe précédent. Après avoir ainsi mis en évidence la fonction anagogique de la prière, il précise maintenant la manière dont les dieux prennent connaissance des prières (la question qui était au cœur de l'argumentation de Porphyre). L'examen était nécessaire, car l'utilité des prières en rapport avec l'âme humaine n'implique pas nécessairement qu'elles parviennent physiquement aux dieux; l'efficacité de la prière pourrait bien, en effet – comme chez les stoïciens –, se limiter à une sorte d'exercice spirituel qui met l'âme humaine en harmonie avec l'ordre universel.

Pour montrer ainsi que les dieux parviennent à la connaissance des prières, Jamblique développe une argumentation où il montre que, en raison de la nature divine des ὀνόματα θεῶν, les dieux connaissent (εἰδέναι) d'avance et embrassent (περιέχειν) en eux-mêmes l'ἐνεργεία des prières avant qu'elles ne soient proférées au cours du rituel[35]. En proférant des paroles dont l'efficacité est déjà présente dans le Νοῦς divin, les prêtres participent ainsi, par le

---

34. *Ibid.*, I, 15, p. 35, 7-15 (traduction légèrement modifiée) : Ἔτι γὰρ μᾶλλον ἀκλήτους καὶ ἀμιγεῖς αἰσθητοῖς εἰπὼν εἶναι τοὺς καθαροὺς νόας ἀπορεῖς, εἰ δεῖ πρὸς αὐτοὺς εὔχεσθαι. Τὸ γὰρ θεῖον ἐν ἡμῖν καὶ νοερὸν καὶ ἕν, ἢ εἰ νοητὸν αὐτὸ καλεῖν ἐθέλοις, ἐγείρεται τότε ἐναργῶς ἐν ταῖς εὐχαῖς, ἐγειρόμενον δὲ ἐφίεται τοῦ ὁμοίου διαφερόντως καὶ συνάπτεται πρὸς αὐτοτελειότητα. Ἀκλήτους est une conjecture de Gale, retenue par H. D. SAFFREY et A.-Ph. SEGONDS, pour ἀκλίτους des mss. Pour le sens d'αὐτοτελειότης dans ce contexte, voir la note complémentaire *ad loc.* des éditeurs (p. 256).

35. L'idée selon laquelle les dons des dieux devancent les prières qui leur sont adressées se retrouve également chez un disciple de Jamblique, l'empereur JULIEN ; cf. *Les actions de l'empereur ou de la royauté* 32, 13-14 BIDEZ : Φθάνουσι δὲ οἱ θεοὶ τὰς εὐχάς, καὶ αὐτῷ πρότερον τὰ θεῖα δόντες οὐδὲ τῶν ἀνθρωπίνων ἐστέρησαν. « Les dieux, à leur tour, devanceront ces prières, et, tout en lui accordant d'abord les dons du ciel, ne le priveront pas des biens humains » (trad. J. Bidez). Sur la prière chez Julien, voir B. CABOURET, « L'empereur Julien en prière », dans G. DORIVAL, D. PRALON (éd.), *Prières méditerannéennes...*, p. 115-123 ; D. BORRELLI, « Sur une possible destination de l'hymne aux dieux chez l'Empereur Julien », dans Y. LEHMANN (éd.), *L'hymne antique et son public*, p. 243-258.

mouvement anagogique que la prière suscite dans leurs âmes, au processus de réunification du divin dispersé dans le monde sensible, en vertu précisément de la nature divine du contenu des prières[36] et de leur efficacité (anagogique) sur leur νοῦς :

> Et si tu trouves *incroyable que l'être incorporel entende une voix (πῶς φωνῆς ἀκούει τὸ ἀσώματον), et que ce que nous disons dans les prières réclame un organe sensoriel, voire des oreilles*, c'est que tu oublies volontairement la supériorité des causes premières, qui consiste en ce que, à la fois, elles connaissent (εἰδέναι) et embrassent (περιέχειν) en elles-mêmes tout ce qui provient d'elles-mêmes, car c'est dans l'unité (ἐν ἑνὶ) qu'elles embrassent, je pense, en elles-mêmes tous les êtres ensemble[37].
>
> Les dieux donc ne reçoivent en eux-mêmes les prières ni par le moyen des puissances, ni par le moyen d'organes des sens, mais ils contiennent en eux-mêmes les actualisations des paroles prononcées par les hommes de bien, et surtout par ceux-là qui, grâce au culte sacré, se trouvent installés parmi les dieux et unis à eux ; à ce moment-là, en effet, c'est réellement le divin lui-même qui est uni à lui-même, et il n'entre pas en communication avec les pensées exprimées dans les prières comme une réalité différente avec une autre[38].

La théorie que Jamblique développe dans ce passage vise deux objectifs : à mettre en évidence la nature intellective de la prière, en vertu de laquelle elle

---

36. Sur ce point également l'empereur JULIEN s'exprime en fidèle disciple de Jamblique : *Lettre 89*, 301 d-302 a (JULIEN, *Œuvres complètes*, t. I/2, p. 169, 24-170, 1 BIDEZ) : Ἐκμανθάνειν χρὴ τοὺς ὕμνους τῶν θεῶν· εἰσὶ δὲ οὗτοι πολλοὶ μὲν καὶ καλοὶ πεποιημένοι παλαιοῖς καὶ νέοις. [...] *οἱ πλεῖστοι γὰρ ὑπ' αὐτῶν τῶν θεῶν ἱκετευθέντων ἐδόθησαν, ὀλίγοι δέ τινες ἐποιήθησαν καὶ παρὰ ἀνθρώπων, ὑπὸ πνεύματος ἐνθέου καὶ ψυχῆς ἀβάτου τοῖς κακοῖς ἐπὶ τῇ τῶν θεῶν τιμῇ συγκείμενοι.* « Il faut apprendre par cœur les hymnes en l'honneur des dieux. Il en existe un grand nombre de fort beaux, composés par les anciens et par les modernes. [...] *La plupart en effet sont un don accordé par les dieux mêmes à nos supplications.* Quelques-uns seulement sont l'œuvre des hommes, à qui l'inspiration divine et une âme inaccessible au mal les a fait composer en l'honneur des dieux » (c'est nous qui soulignons). Ce passage est commenté par D. BORRELLI, « Sur une possible destination... », p. 245-248.

37. JAMBLIQUE, *Réponse à Porphyre (De mysteriis)* I, 15, p. 35, 15-22 (trad. H. D. Saffrey, A.-Ph. Segonds légèrement modifiée) : Εἰ δέ σοι ἄπιστον εἶναι καταφαίνεται, πῶς φωνῆς ἀκούει τὸ ἀσώματον καὶ ὡς αἰσθήσεως προσδεήσεται καὶ δὴ ὤτων τὰ λεγόμενα ὑφ' ἡμῶν ἐν ταῖς εὐχαῖς, ἑκὼν ἐπιλανθάνῃ τῆς τῶν πρώτων αἰτίων περιουσίας ἔν τε τῷ εἰδέναι καὶ τῷ περιέχειν ἐν ἑαυτοῖς τὰ ὑφ' ἑαυτῶν πάντα· ἐν ἑνὶ γὰρ δήπου συνείληφεν ἐν ἑαυτοῖς ὁμοῦ τὰ ὅλα.

38. *Ibid.*, I, 15, p. 35, 22-36, 4 : οὔτε δὴ οὖν διὰ δυνάμεων οὔτε δι' ὀργάνων εἰσδέχονται εἰς ἑαυτοὺς οἱ θεοὶ τὰς εὐχάς, ἐν ἑαυτοῖς δὲ περιέχουσι τῶν ἀγαθῶν τὰς ἐνεργείας τῶν λόγων, καὶ μάλιστα ἐκείνων οἵτινες διὰ τῆς ἱερᾶς ἁγιστείας ἐνιδρυμένοι τοῖς θεοῖς καὶ συνηνωμένοι τυγχάνουσιν· ἀτεχνῶς γὰρ τηνικαῦτα αὐτὸ τὸ θεῖον πρὸς ἑαυτὸ σύνεστι, καὶ οὐδ' ὡς ἕτερον πρὸς ἕτερον κοινωνεῖ τῶν ἐν ταῖς εὐχαῖς νοήσεων.

peut être adressée aux dieux de manière appropriée, et à démontrer la prescience divine, sur la base de laquelle les dieux sont censés connaître d'avance le contenu des prières. Selon cette théorie, les prières ne représentent pas une réalité différente que les dieux devraient apercevoir de l'extérieur (ἔξωθεν) (par exemple, à l'aide des organes sensoriels, comme le supposait Porphyre).

Ces deux objectifs permettent à Jamblique de montrer que la prière est doublement appropriée à la nature du νοῦς : en premier lieu parce qu'elle possède, de par son contenu – les noms sacrés des dieux –, une nature anagogique qui agit spontanément sur le νοῦς, l'éveille et le fait tourner vers son principe ; en second lieu parce que, en raison précisément de sa nature divine, elle se retrouve déjà dans le Νοῦς divin qui embrasse (περιέχει) tout et qui rend possible son actualisation (ἐνέργεια) au cours du rituel. La prière se laisse ainsi décrire comme un processus cosmique à travers lequel le divin s'unit à lui-même en attirant vers soi les intellects individuels éveillés et convertis vers leur principe divin par la profération des paroles rituelles.

Le second problème que soulève Jamblique, à partir des questions de Porphyre, est de savoir si cette définition de la prière s'applique également à des espèces jugées inférieures de prière, comme les λιτανεῖαι et les ἱκετεῖαι, qui supposent l'humilité et le rabaissement de l'individu devant la divinité qu'il implore. Porphyre estimait que cette espèce de prière, dominée par l'affectivité, serait encore moins appropriée à la nature du νοῦς, mais Jamblique conteste cette idée, en avançant des arguments supplémentaires par rapport à ceux mobilisés pour montrer la légitimité des κλήσεις et des προσκλήσεις (p. 36, 5-26).

L'argumentation de Jamblique se déroule en deux temps. 1) En premier lieu (I, 15, p. 36, 5-17), en réaffirmant la dynamique épistrophique de la prière, Jamblique montre que l'avilissement qui caractérise l'attitude des dévots lors de la profération des λιτανεῖαι ou des ἱκετεῖαι représente une expression de la distance infinie qui sépare, sous tous les rapports, les dieux de la nature humaine, et de la conscience (συναίσθησις) de notre propre insignifiance (οὐδενεία), qui nous pousse naturellement à implorer la divinité :

> Mais *les supplications* (λιτανεῖαι), dis-tu, *ne sont pas faites pour être adressées à la pureté de l'intellect* (ἀλλότριαί εἰσι προσφέρεσθαι πρὸς τὴν τοῦ νοῦ καθαρότητα). Pas du tout : du fait même que nous sommes inférieurs aux dieux par la puissance, la pureté, et sous tous rapports, il est plus opportun que tout de les supplier (ἱκετεύειν) au-delà de toute mesure (εἰς ὑπερβολήν). En effet, la conscience de notre propre néant (συναίσθησις τῆς περὶ ἑαυτοὺς οὐδενείας), si l'on nous juge par comparaison aux dieux, nous fait tout naturellement (αὐτοφυῶς) nous tourner (τρέπεσθαι) vers les suppliques (πρὸς

τὰς λιτὰς), et grâce à l'imploration (ἱκετεία), nous nous élevons (ἀναγόμεθα) peu à peu (κατὰ βραχύ) vers l'objet de nos supplications (τὸ ἱκετευόμενον) ; grâce à notre conversation (προσομιλεῖν) continuelle (συνεχῶς) avec lui, nous devenons semblables à lui et, d'imparfaits que nous sommes, nous acquérons doucement une perfection divine[39].

Ce passage tout à fait remarquable développe deux thèmes indépendants. Le premier est le thème de la supplication comme expression de l'οὐδενεία de l'homme par rapport aux dieux et de la supériorité (ὑπεροχή) absolue de la divinité par rapport aux hommes[40]. La conscience de la distance qui sépare les natures humaine et divine nous fait tourner (τρέπεσθαι) naturellement (αὐτοφυῶς) vers les supplications, elle éveille en nous le désir (ἐφίεται) d'implorer les dieux. L'existence de ce désir congénital s'explique par la conception selon laquelle l'homme possède une « connaissance innée » (ἔμφυτος γνῶσις) de la divinité[41]. Cette conception permet à Jamblique d'affirmer que l'âme possède en elle-même la capacité de retourner vers les dieux, capacité qui s'actualise dans la mesure où l'âme prend conscience de sa place dans le monde, de sa position d'infériorité par rapport aux dieux. La supplication,

---

39. *Ibid.* I, 15, p. 36, 5-17 : Ἀλλ' αἱ λιτανεῖαι, ὡς φής, ἀλλότριαί εἰσι προσφέρεσθαι πρὸς τὴν τοῦ νοῦ καθαρότητα. Οὐδαμῶς· δι' αὐτὸ γὰρ τοιοῦτο, διότι τῇ δυνάμει καὶ καθαρότητι καὶ τοῖς πᾶσι τῶν θεῶν ἀπολειπόμεθα, ἐγκαιρότατόν ἐστι πάντων ἱκετεύειν αὐτοὺς εἰς ὑπερβολήν. Ἡ μὲν γὰρ συναίσθησις τῆς περὶ ἑαυτοὺς οὐδενείας, εἴ τις ἡμᾶς παραβάλλων τοῖς θεοῖς κρίνοι, ποιεῖ τρέπεσθαι πρὸς τὰς λιτὰς αὐτοφυῶς· ἀπὸ δὲ τῆς ἱκετείας κατὰ βραχὺ πρὸς τὸ ἱκετευόμενον ἀναγόμεθα, καὶ τὴν πρὸς αὐτὸ ὁμοιότητα ἀπὸ τοῦ συνεχῶς αὐτῷ προσομιλεῖν κτώμεθα, τελειότητά τε θείαν ἠρέμα προσλαμβάνομεν ἀπὸ τοῦ ἀτελοῦς.

40. Voir, en relation avec ce passage, les observations de H. FEICHTINGER, « Οὐδενεία and *humilitas* : Nature and Function of Humility in Iamblichus and Augustine », *Dionysius* 21, 2003, p. 123-160, notamment p. 136-138. Pour οὐδενεία, voir aussi la note *ad loc.* dans l'édition SAFFREY – SEGONDS (Notes complémentaires, p. 256), et MARINUS, *Vie de Proclus* 1, ligne 6 et n. 10 (Notes complémentaires, p. 56). On peut ajouter PROCLUS, *Théologie platonicienne* II, 8, p. 56, 16-17, sur les συνθήματα de son absolue supériorité (ὑπεροχή) que Dieu a ensemencés dans tous les êtres, et V, 19, p. 71, 16-72, 5, à propos des conditions de l'existence de l'âme posées par le démiurge (*Timée* 41 d-42 d), et l'*Hymne* IV, vers 7 (qui s'appuie à ce sujet sur *Il.* V, 441), où la conscience de la différence radicale entre le divin et l'humain représente une béatitude que Proclus se souhaite à lui-même.

41. JAMBLIQUE, *Réponse à Porphyre (De mysteriis)* I, 3, p. 5, 15-20 : Συνυπάρχει γὰρ ἡμῶν αὐτῇ τῇ οὐσίᾳ ἡ περὶ θεῶν ἔμφυτος γνῶσις, κρίσεώς τε πάσης ἐστὶ κρείττων καὶ προαιρέσεως, λόγου τε καὶ ἀποδείξεως προϋπάρχει· συνήνωταί τε ἐξ ἀρχῆς πρὸς τὴν οἰκείαν αἰτίαν, καὶ τῇ πρὸς τἀγαθὸν οὐσιώδει τῆς ψυχῆς ἐφέσει συνυφέστηκεν. « En effet la connaissance innée concernant les dieux coexiste avec notre être même, elle est supérieure à tout discernement et à toute décision volontaire, elle préexiste au raisonnement et à la démonstration et, dès le principe, elle est unie à sa cause propre et vient au jour avec le désir essentiel de l'âme pour le Bien » (trad. H. D. Saffrey, A.-Ph. Segonds).

qui est décrite comme une forme élémentaire de prière, apparaît ainsi comme l'expression d'une prise de conscience de la position de l'âme dans l'univers. Dans la mesure où elle est fondée, en même temps, sur l'ἔμφυτος γνῶσις de la divinité, la supplication se laisse décrire également comme une expression de la présence divine dans l'âme.

Le second thème que Jamblique développe dans ce passage est la προσομιλία avec la divinité. Nous avons vu que dans la tradition platonicienne la προσομιλία ou l'ὁμιλία avec les dieux sert à désigner soit les formes traditionnelles de communication entre les hommes et les dieux (Platon), soit, de manière plus spécifique, la prière du philosophe opposée à la prière de demande traditionnelle (Maxime de Tyr). Chez Jamblique, la προσομιλία désigne également la prière, mais, à la différence de Maxime, elle est étroitement liée à sa nature anagogique. Si le point de départ de l'ἄνοδος de l'âme est la prise de conscience de l'infériorité de la nature humaine par rapport à la divinité, les supplications et, de manière générale, toute forme de prière amènent, en effet, l'âme à s'élever progressivement (κατὰ βραχύ) vers les dieux par la conversation avec eux. Par la προσομιλία, le νοῦς se rapproche ainsi doucement (ἠρέμα) de son semblable, le Νοῦς divin, selon l'idéal platonicien de l'ὁμοίωσις θεῷ.

Un aspect notable de cette προσομιλία est son caractère ininterrompu (συνεχῶς), qui renvoie à l'idée d'une prière perpétuelle, un thème développé dans le christianisme ancien en relation avec l'exégèse de *1 Thess* 5, 17, ἀδιαλείπτως προσεύχεσθε « priez sans cesse »[42]. Cette idée peut être placée dans le contexte d'une certaine tendance vers l'intensification des prières privées dont témoigne, par exemple, la correspondance de Julien[43], tout en tenant compte que la prière, chez Jamblique, excède le langage et que son

---

42. CLÉMENT D'ALEXANDRIE (*Stromate* VII, 7, 35, 3-4) se réfère à ce passage en affirmant que le gnostique ne doit pas prier seulement « en des fêtes et des jours fixes, mais toute sa vie ». Corrélativement, l'écoute de Dieu est, elle aussi, ἀδιαλείπτως ; cf. *ibid.* VII, 7, 39, 6 : « Dieu écoute sans relâche (ἀδιαλείπτως) toute notre conversation intime (ἐνδιάθετον ὁμιλίαν) ». Marie-Odile Boulnois, que je remercie, a attiré mon attention sur ces deux passages. Sur cette question, voir aussi G. FILORAMO, « Aspects de la prière continuelle dans le christianisme ancien », dans G. DORIVAL, D. PRALON (éd.), *Prières méditerranéennes...*, p. 165-175.

43.   Voir JULIEN, *Lettre 89*, 302 a (*Œuvres complètes*, t. I/2, p. 170, 2-4 BIDEZ) : Ταῦτά γε ἄξιον ἐπιτηδεύειν, καὶ εὔχεσθαι πολλάκις τοῖς θεοῖς ἰδίᾳ καὶ δημοσίᾳ, μάλιστα μὲν τρὶς τῆς ἡμέρας, εἰ δὲ μή, πάντως ὄρθρου τε καὶ δείλης. « De plus, il faut prier souvent les dieux, en particulier et en public ; de préférence, trois fois le jour, sinon, à tout le moins matin et soir » (trad. J. Bidez) ; *Lettre 80* (*Œuvres complètes*, t. I/2, p. 88, 8-10 BIDEZ) : Ὀλίγα λοιπὸν καὶ εὔχομαι, καίτοι δεόμενος, ὡς εἰκός, εἴ πέρ ποτε ἄλλοτε καὶ νῦν εὐχῶν πολλῶν πάνυ καὶ μεγάλων. « De plus je prie peu, bien qu'à présent plus que jamais, tu le penses bien, j'ai besoin de prières très fréquentes et prolongées ».

caractère συνεχῶς caractérise tout d'abord la remontée de l'âme et le contact avec la divinité auquel elle donne accès. C'est cette proximité qui ne connaît pas de rêlache, la vie de l'âme étant une prière perpétuelle. Le passage doit être mis en rapport aussi avec la formule platonicienne προσομιλεῖν ἀεὶ τοῖς θεοῖς (*Lois* IV, 716 d), formule que Jamblique paraphrase tout en lui modifiant le contenu, car le προσομιλεῖν platonicien ne vise pas spécifiquement les prières, mais l'ensemble du culte, alors que ἀεί ne désigne, de ce fait, que la pratique assidue du culte traditionnel.

2) En second lieu (I, 15, p. 36, 17-26), Jamblique reprend et développe un argument avancé d'abord à propos de la nature divine des προσκλήσεις. Comme celles-ci, les λιτανεῖαι et les ἱκετεῖαι sont des paroles révélées par les dieux, des θεῖα συνθήματα, dont le contenu est par définition inaccessible à l'intelligence humaine, et qui exercent un pouvoir (δύναμις) de nature divine. De ce fait, contrairement à l'assertion de Porphyre, les λιτανεῖαι relèvent du registre du νοῦς et sont au-dessus de tout πάθος :

> Et si l'on considère que les implorations (ἱκετεῖαι) hiératiques ont été en-voyées aux hommes par les dieux eux-mêmes, qu'elles sont des symboles (συνθήματα) des dieux eux-mêmes, qu'elles sont connues des dieux seuls, et que, d'une certaine façon, elles aussi ont la même puissance (δύναμις) que les dieux, comment pourrait-on encore croire avec raison que l'imploration (ἱκετεία) est chose sensible (αἰσθητής), et non pas divine et de l'ordre de l'in-tellect (θεία καὶ νοερά) ? Ou quelle sorte de passion pourrait raisonnablement s'insinuer dans [l'imploration], en vue de laquelle même un homme au com-portement vertueux ne peut facilement se purifier à fond[44] ?

2. La théorie de la prière de Jamblique

Les trois degrés de la prière

Après avoir répondu aux questions de Porphyre à propos des différentes espèces de prière, Jamblique expose sa propre doctrine de la prière dans la

---

Proclus priait également trois fois par jour, le matin, au lever du soleil, à midi et au coucher du soleil (MARINUS, *Vie de Proclus*, ch. 22).

44. JAMBLIQUE, *Réponse à Porphyre (De mysteriis)* I, 15, p. 36, 17-26 : Εἰ δέ τις ἐννοήσειε καὶ τὰς ἱερατικὰς ἱκετείας ὡς ἀπ' αὐτῶν τῶν θεῶν ἀνθρώποις κατεπέμφθησαν, καὶ ὅτι τῶν θεῶν αὐτῶν εἰσι συνθήματα καὶ μόνοις τοῖς θεοῖς ὑπάρχουσι γνώριμοι, τρόπον τέ τινα καὶ αὐταὶ τὴν αὐτὴν ἔχουσι δύναμιν τοῖς θεοῖς, πῶς ἂν ἔτι αἰσθητὴν τὴν τοιαύτην ἀλλ' οὐ θείαν καὶ νοερὰν ὑπολάβοι δικαίως εἶναι ἱκετείαν ; ἢ τί ἂν εἰκότως πάθος εἰς αὐτὴν παρεμπίπτοι, εἰς ἣν οὐδ' ἀνθρώπινον ἦθος σπουδαῖον δύναται ῥᾳδίως ἀποκαθαίρεσθαι ; (trad. H. D. Saffrey, A.-Ph. Segonds).

partie finale de la section sur les sacrifices (V, 26, p. 176, 20-179, 7), qui font partie de la théurgie. Dans cet exposé, Jamblique traite de manière générale de l'εὐχή, sans plus insister sur les caractéristiques de ses différentes espèces. Cette εὐχή est la prière cultuelle prononcée par des prêtres – qui sont aussi des θεουργοί – et associée à l'accomplissement du rite sacrificiel.

Le lien entre prière et sacrifice, enraciné dans la tradition religieuse et devenu un lieu commun dans le néoplatonisme[45], est ici encore essentiel, la section sur la prière étant insérée dans la section consacrée aux sacrifices. Cette dépendance est clairement soulignée par Jamblique dans deux passages :

> Puisqu'une partie des sacrifices, qui n'est pas la moindre, est celle des prières, puisqu'elles en constituent une des parties essentielles et que, par elles, toute l'action des [sacrifices] est affermie et portée à sa perfection, puisqu'elles contribuent communément au culte sacré (θρησκεία) et tissent avec les dieux la communion indissoluble qui est hiératique, il ne sera pas mauvais de traiter brièvement ce sujet aussi[46].

> [...] Les deux [*scil.* sacrifice et prière] se renforcent l'un l'autre (δι᾽ ἀλλήλων βεβαιοῦται) et se communiquent l'un à l'autre la parfaite puissance hiératique qui appartient au culte sacré, on le concevrait facilement à partir de ce qui vient d'être dit. C'est donc pourquoi tout manifeste la totale communauté d'inspiration et d'opération (σύμπνοια καὶ συνέργεια) de l'action hiératique avec elle-même, communauté qui tient totalement attachées ses parties en une unique continuité (μία συνέχεια) naturelle avec plus de cohésion que n'importe quel être vivant. Cette communauté [du sacrifice et de la prière], il ne faut jamais la négliger, ni non plus choisir l'un et exclure l'autre, mais il faut que ceux qui veulent s'unir purement aux dieux s'exercent d'égale manière en tous deux et soient menés à perfection au moyen de la totalité des dieux[47].

---

45. Cf. SALOUSTIOS XVI, 1 : Ἔπειτα αἱ μὲν χωρὶς θυσιῶν εὐχαὶ λόγοι μόνον εἰσίν, αἱ δὲ μετὰ θυσιῶν ἔμψυχοι λόγοι, τοῦ μὲν λόγου τὴν ζωὴν δυναμοῦντος τῆς δὲ ζωῆς τὸν λόγον ψυχούσης. « Ensuite les prières sans les sacrifices ne sont que des paroles, mais celles qui accompagnent les sacrifices sont des paroles animées, puisque la parole fortifie la vie et que la vie anime la parole. » (trad. G. Rochefort).

46. JAMBLIQUE, *Réponse à Porphyre (De mysteriis)* V, 26, p. 176, 20-26 (trad. H. D. Saffrey, A.-Ph. Segonds) : Ἐπεὶ δὲ μέρος τῶν θυσιῶν οὐ τὸ σμικρότατόν ἐστι τὸ τῶν εὐχῶν, συμπληροῖ τε αὐτὰς ἐν τοῖς μάλιστα, καὶ διὰ τούτων κρατύνεται αὐτῶν καὶ ἐπιτελεῖται τὸ πᾶν ἔργον, κοινήν τε συντέλειαν ποιεῖται πρὸς τὴν θρησκείαν, καὶ τὴν κοινωνίαν ἀδιάλυτον ἐμπλέκει τὴν ἱερατικὴν πρὸς τοὺς θεούς, οὐ χεῖρον καὶ περὶ ταύτης ὀλίγα διελθεῖν.

47. *Ibid.*, V, 26, p. 178, 23-179, 7 : [...] ἄμφω δι᾽ ἀλλήλων βεβαιοῦται, καὶ δύναμιν ἐντίθησιν εἰς ἄλληλα ἁγιστείας τελείαν ἱερατικήν, ῥᾳδίως ἄν τις ἀπὸ τῶν εἰρημένων κατανοήσειεν. Διόπερ δὴ δι᾽ ὅλων φαίνεται τῆς ἱερατικῆς ἀγωγῆς ἡ πᾶσα σύμπνοια καὶ συνέργεια πρὸς ἑαυτήν, ζῴου παντὸς μᾶλλον συμφυῆ τὰ μόρια ἑαυτῆς παντάπασι κατὰ μίαν συνέχειαν συνάπτουσα, ἧς οὐδέποτε

Le rapport entre prière et sacrifice se décline d'une triple manière : « tantôt [la prière] précède les sacrifices, tantôt elle se place au milieu de l'accomplissement du culte sacré, d'autres fois encore elle parachève la fin des sacrifices, et aucun acte hiératique n'a lieu sans les supplications que l'ont fait dans les prières »[48]. Ce triple rapport correspond à la structure de la prière elle-même qui comporte respectivement trois degrés d'élévation et trois avantages en corrélation avec ses niveaux de rapprochement du divin : l'accoutumance à la présence du divin ; la communion de pensée et d'action avec les dieux ; l'union ineffable et l'installation dans la divinité :

> [*Types (εἴδη) de prière* :] J'affirme donc que, de la prière la première sorte (πρῶτον τῆς εὐχῆς εἶδος) consiste à rapprocher (συναγωγόν), puisqu'elle amène au contact (συναφή) avec le divin et fait faire connaissance (γνωρίσις) avec lui ; la suivante est celle qui noue un accord (συνδετικόν) dans une communion de pensées (κοινωνία ὁμονοητική), en suscitant, avant qu'on n'ait rien demandé, les dons envoyés ici-bas par les dieux et en accomplissant toutes les actions divines sans même y penser ; et la sorte la plus parfaite (τελεώτατον) de la [prière] est le sceau de l'union ineffable (ἄρρητος ἕνωσις), elle place dans les dieux toute sa force et procure à notre âme un repos parfait en eux[49].

> [*Caractères de la prière* :] De plus, par là, devient aussi tout à fait évident le caractère des prières qui élève (ἀναγωγόν), perfectionne (τελεσιουργόν) et accomplit (ἀποπληρωτικόν), comment elles sont efficaces (δραστήριον) dans le premier cas, comment unifiantes (ἡνωμένον) dans le deuxième, et enfin comment elles détiennent le lien commun donné par les dieux (τὸν ἐνδιδόμενον ἀπὸ τῶν θεῶν κοινὸν σύνδεσμον)[50].

> [*Bénéfices de la prière* :] Selon ces trois caractères qui mesurent tout le divin (τὰ θεῖα πάντα μετρεῖται), [la prière] qui nous lie d'amitié avec les dieux (πρὸς θεοὺς ἡμῶν φιλίαν συναρμόσασα) nous donne aussi sous une triple

---

δεῖ καταμελεῖν, οὐδὲ τὰ ἡμίση μέρη αὐτῆς ἐγκρίνοντας τὰ ἄλλα ἀποδοκιμάζειν· ὁμοίως δὲ πᾶσιν ἐγγυμνάζεσθαι καὶ δι᾽ ὅλων αὐτῶν τελεοῦσθαι χρὴ τοὺς ἐθέλοντας εἰλικρινῶς τοῖς θεοῖς συνάπτεσθαι.

48. *Ibid.*, V, 26, p. 177, 17-20 : καὶ ποτὲ μὲν προηγεῖται τῶν θυσιῶν, ποτὲ δ᾽ αὖ μεταξὺ διαλαμβάνει τὴν ἱερουργίαν, ἄλλοτε δ᾽ αὖ τὸ τέλος τῶν θυσιῶν ἀποπληροῖ· ἔργον τε οὐδὲν ἱερατικὸν ἄνευ τῶν ἐν ταῖς εὐχαῖς ἱκετειῶν γίγνεται.

49. *Ibid.*, V, 26, p. 177, 3-11 : Φημὶ δὴ οὖν ὡς τὸ μὲν πρῶτον τῆς εὐχῆς εἶδός ἐστι συναγωγόν, συναφῆς τε τῆς πρὸς τὸ θεῖον καὶ γνωρίσεως ἐξηγούμενον· τὸ δ᾽ ἐπὶ τούτῳ κοινωνίας ὁμονοητικῆς συνδετικόν, δόσεις τε προκαλούμενον τὰς ἐκ θεῶν καταπεμπομένας πρὸ τοῦ λόγου, καὶ πρὸ τοῦ νοῆσαι τὰ ὅλα ἔργα ἐπιτελούσας· τὸ δὲ τελεώτατον αὐτῆς ἡ ἄρρητος ἕνωσις ἐπισφραγίζεται, τὸ πᾶν κῦρος ἐνιδρύουσα τοῖς θεοῖς, καὶ τελέως ἐν αὐτοῖς κεῖσθαι τὴν ψυχὴν ἡμῶν παρέχουσα.

50. *Ibid.*, V, 26, p. 178, 19-23 : καὶ μὴν ἀπ᾽ ἐκείνου γε αὖθις τὸ τῶν εὐχῶν ἀναγωγὸν καὶ τελεσιουργὸν καὶ ἀποπληρωτικὸν εὔδηλον γίγνεται, πῶς μὲν δραστήριον πῶς δὲ ἡνωμένον ἐπιτελεῖται πῶς δὲ ἔχει τὸν ἐνδιδόμενον ἀπὸ τῶν θεῶν κοινὸν σύνδεσμον.

forme le bienfait hiératique (ἱερατικὸν ὄφελος) venant des dieux : le premier concerne l'illumination (ἐπίλαμψις), le deuxième, l'action en commun (κοινὴ ἀπεργασία) [avec les dieux], le troisième, la plénitude parfaite qui vient du Feu [divin][51].

Ces caractéristiques de la prière organisées en triades peuvent être représentées de la manière suivante :

Rapport avec le divin dans la prière selon le degré d'élévation	Types de prière selon le degré d'élévation	Caractère de la prière selon le degré d'élévation	Bénéfices de la prière selon le degré d'élévation
συνήθεια	συναγωγόν	ἀναγωγόν	γνώρισις, πειθώ, ἔλλαμψις
συνέργεια (κοινωνία)	συνδετικόν	τελεσιουργόν	κοινωνία ὁμονοητική, κοινὴ ἀπεργασία
ἡ ἄρρητος ἔνωσις	τελεώτατον	ἀποπληρωτικόν	ἐλπίς, πίστις, ἔρως

Chacun de ces trois degrés d'élévation mérite une analyse détaillée. Avant de procéder à cette analyse, il faut prendre en compte aussi la description du contenu de l'expérience de la prière, inspirée par les *Oracles chaldaïques*. Elle « nous fait véritablement pénétrer dans l'intériorité d'une âme néoplatonicienne priante »[52] et nous permet ainsi de mettre en évidence la dimension anthropologique de la doctrine de Jamblique. La prière modèle et transforme celui qui prie, elle agit non seulement sur sa pensée (διανοία) et sur son νοῦς qu'elle nourrit (τρέφει)[53], mais aussi sur son âme qu'elle dilate et purifie ; elle éveille dans l'âme les trois puissances anagogiques chaldaïques, l'amour, la foi et l'espérance :

> Le temps passé dans les prières nourrit (τρέφει) notre intellect (νοῦς), dilate (εὐρυτέραν) largement le réceptacle des dieux (ὑποδοχή τῶν θεῶν) qu'est

---

51.   *Ibid.*, V, 26, p. 177, 11-17 : Ἐν τρισὶ δὲ τούτοις ὅροις, ἐν οἷς τὰ θεῖα πάντα μετρεῖται, τὴν πρὸς θεοὺς ἡμῶν φιλίαν συναρμόσασα καὶ τὸ ἀπὸ τῶν θεῶν ἱερατικὸν ὄφελος τριπλοῦν ἐνδίδωσι, τὸ μὲν εἰς ἐπίλαμψιν τεῖνον, τὸ δὲ εἰς κοινὴν ἀπεργασίαν, τὸ δὲ εἰς τὴν τελείαν ἀποπλήρωσιν ἀπὸ τοῦ πυρός.

52.   Ph. HOFFMANN, « Erôs, Alètheia, Pistis... et Elpis... » p. 292.

53.   L'expression, d'origine platonicienne (*Phédon* 84 b ; *Phèdre* 246 e, 247 d, 248 b-c), est sans doute un renvoi aux *Oracles Chaldaïques*, fr. 17 DES PLACES (cf. F. W. CREMER, *Die chaldäischen Orakel...*, p. 139 n. 292), repris également par PROCLUS (*Théologie platonicienne* V, 8, p. 28, 20-29, 21 ; *in Tim.* I, p. 18, 25 ; *in Crat.* § 168, p. 92, 12-13), pour exprimer l'idée que l'intelligible est la nourriture de l'âme ; voir notamment la conclusion de la *Théologie platonicienne* V, 8, p. 29, 19-20, à propos des « âmes nourrissons de Cronos » (Platon, *Pol.* 272 b).

l'âme[54], ouvre aux hommes ce qui appartient aux dieux, procure une accoutumance (συνήθειαν) aux éblouissements de la lumière et, peu à peu (κατὰ βραχύ), perfectionne nos sens en vue des contacts avec les dieux, jusqu'à nous faire remonter (ἐπαναγάγη) au sommet ; [la prière] élève (ἀνέλκει) doucement (ἠρέμα) nos manières de penser (τῆς διανοίας ἤθη), elle nous transmet (ἐκδίδωσι) celles des dieux, elle éveille (ἐγείρει) une conviction (πειθώ), une communion (κοινωνία) et une amitié (φιλία) indissolubles, elle augmente l'amour divin (θεῖος ἔρως), enflamme (ἀνάπτει) la partie divine de l'âme et purifie (ἀποκαθαίρει) toute sa partie contraire, elle rejette du souffle éthéré et lumineux environnant l'[âme] tout ce qui est lié au monde créé, elle rend parfaites (τελειοῖ) la bonne espérance (ἐλπίς... ἀγαθή) et la foi en la lumière (περὶ τὸ φῶς πίστις), et, pour le dire d'un mot, ceux qui font usage des [prières], elle les transforme, pour ainsi dire, en familiers (ὁμιληταί) des dieux[55].

Les éléments de l'expérience de la prière décrite par Jamblique, une expérience qui implique une certaine durée et qui est caractérisée par une progression, doivent être situés dans la perspective des trois degrés d'élévation de la prière, chaque niveau de la prière ayant un rapport précis avec les *Oracles chaldaïques*. Ce caractère textuel de la prière, imprégnée de références livresques, s'accentuera, comme on le verra, chez Proclus :

1) Le premier degré de la prière, qui tire vers le haut (ἀνέλκει) l'âme du prêtre[56], et qui précède l'accomplissement du sacrifice, correspond à un rapprochement (συναγωγόν) et à une prise de connaissance (γνώρισις) de la présence des dieux[57]. À ce niveau, entre celui qui prie et l'objet de la prière s'établit un contact (συναφή) préalable. Il est remarquable que Jamblique place ici la

---

54. Cf. F. W. CREMER, *Die chaldäischen Orakel...*, p. 139 n. 293, pour les affinités chaldaïques de l'image de l'âme comme ὑποδοχή.

55. JAMBLIQUE, *Réponse à Porphyre (De mysteriis)* V, 26, p. 177, 21-178, 10 (trad. H. D. Saffrey, A.-Ph. Segonds légèrement modifiée) : Η δ' ἐν αὐταῖς ἐγχρονίζουσα διατριβὴ τρέφει μὲν τὸν ἡμέτερον νοῦν, τὴν δὲ τῆς ψυχῆς ὑποδοχὴν τῶν θεῶν ποιεῖ λίαν εὐρυτέραν, ἀνοίγει δὲ τοῖς ἀνθρώποις τὰ τῶν θεῶν, συνήθειαν δὲ παρέχει πρὸς τὰς τοῦ φωτὸς μαρμαρυγάς, κατὰ βραχὺ δὲ τελειοῖ τὰ ἐν ἡμῖν πρὸς τὰς τῶν θεῶν συναφάς, ἕως ἂν ἐπὶ τὸ ἀκρότατον ἡμᾶς ἐπαναγάγῃ, καὶ τὰ μὲν ἡμέτερα τῆς διανοίας ἤθη ἠρέμα ἀνέλκει, τὰ δὲ τῶν θεῶν ἡμῖν ἐκδίδωσι, πειθὼ δὲ καὶ κοινωνίαν καὶ φιλίαν ἀδιάλυτον ἐγείρει, τόν τε θεῖον ἔρωτα συναύξει, καὶ τὸ θεῖον τῆς ψυχῆς ἀνάπτει, ἀποκαθαίρει τε πᾶν τὸ ἐναντίον τῆς ψυχῆς, καὶ ἀπορρίπτει τοῦ αἰθερώδους καὶ αὐγοειδοῦς πνεύματος περὶ αὐτὴν ὅσον ἐστὶ γενεσιουργόν, ἐλπίδα τε ἀγαθὴν καὶ τὴν περὶ τὸ φῶς πίστιν τελειοῖ, καὶ τὸ ὅλον εἰπεῖν, ὁμιλητὰς τῶν θεῶν, ἵνα οὕτως εἴπωμεν, τοὺς χρωμένους αὐταῖς ἀπεργάζεται.

56. Ἀναγωγή est, à l'origine, une notion platonicienne, mais elle est devenue un terme technique dans les *Oracles chaldaïques*. Voir H. LEWY, *Chaldaean Oracles...*, p. 487-489 ; F. W. CREMER, *Die Chaldäischen Orakel...*, p. 32-33, 140 n. 301 et 302 et p. 149-150.

57. Un autre exemple de γνώρισις d'une vérité métaphysique associée à la contemplation intellectuelle de la lumière se retrouve dans la littérature hermétique dans *Poimandres* 6.

συναφή au niveau inférieur de la prière, alors que συναφή sert à caractériser chez Platon notamment l'union mystique[58]. Ce désaccord est pourtant relatif, car tous les degrés de la prière se laissent décrire, en dernière instance, comme on le verra un peu plus loin, comme des formes de συναφή avec les dieux qui culminent par la ἕνωσις.

Nous avons déjà vu dans la réponse de Jamblique concernant les κλήσεις que le rapprochement du divin est accompagné d'une illumination (ἔλλαμψις), qui est suscitée par les invocations de la divinité, et qui n'est pas le résultat d'une contrainte par laquelle les dieux se laisseraient fléchir par la voix humaine, mais qui procède des dieux par leur propre vouloir. Cette ἔλλαμψις est une manifestation visible de l'amitié divine (θεία φιλία), qui lie toutes choses ensemble, et de l'amour divin (θεῖος ἔρως), deux notions d'inspiration chaldaïque[59]; elle est également l'ἐνέργεια du feu (πῦρ) divin[60], qui resplendit (ἐλλάμπουσα) d'elle-même (αὐτοενέργητος) sur toutes choses[61], allusion sans aucun doute au φῶς et au πῦρ des *Oracles chaldaïques*[62].

À son premier degré, la prière accommode progressivement (κατὰ βραχύ) l'âme du prêtre à cette ἔλλαμψις et la rend capable de rencontrer les dieux[63]. Elle

---

58. Cf. PLATON, *Banquet* 212 a; *Phèdre* 253 a; *Phédon* 79 d; *République* VI, 490 b; *Critias* 109 c. Voir aussi PLUTARQUE, *Sur le daimôn de Socrate* 588 D-E. Sur la fortune de cette idée dans le néoplatonisme, voir, par exemple, PLOTIN V, 1 [10], 11, 13-14; cf. Ph. HOFFMANN, « L'expression de l'indicible... », p. 356-360.

59. Sur la θεία φιλία et le θεῖος ἔρως et leurs parallèles chaldaïques, voir F. W. CREMER, *Die Chaldäischen Orakel...*, p. 141-143.

60. Jamblique distingue entre les « activités » (ἐνέργειαι) et les « puissances » (δυνάμεις) de l'âme. Sur l'usage de cette distinction aristotélicienne chez Jamblique, voir D. TAORMINA, « Le δυνάμεις dell'anima. Psicologia ed etica in Giamblico », dans H. J. BLUMENTAHL, E. G. CLARK (éd.), *The Divine Iamblichus. Philosopher and Man of Gods*, Bristol, 1993, p. 30-47.

61. JAMBLIQUE, *Réponse à Porphyre (De mysteriis)* IV, 3, p. 138, 20-23 : ἡ αὐτὴ δέ τις ἐνέργεια κοινῶς αὐθαίρετος ἐλλάμπουσα τοῦ θείου πυρὸς αὐτόκλητός τε καὶ αὐτενέργητος δι' ὅλων ὡσαύτως ἐνεργεῖ τῶν μεταδιδόντων ὁμοῦ καὶ τῶν μεταλαμβάνειν αὐτῆς δυναμένων. « Mais c'est la même énergie du Feu divin qui resplendit d'elle-même sur toutes choses en commun, à son propre appel et à sa propre initiative, qui agit de la même façon à travers tous les êtres, tant ceux qui communiquent [cette énergie] que ceux qui sont capables de la recevoir » (trad. H. D. Saffrey, A.-Ph. Segonds).

62. Cf. *Oracles chaldaïques*, fr. 81 DES PLACES : Τοῖς δὲ πυρὸς νοεροῦ νοεροῖς πρηστῆρσιν ἅπαντα εἴκαθε δουλεύοντα πατρὸς πειθηνίδι βουλῇ. « Aux fulgurations intellectuelles du feu intellectuel tout cède, asservi au conseil persuasif du Père ». Cf. F. W. CREMER, *Die Chaldäischen Orakel...*, p. 140 n. 298 et 141 n. 311.

63. Ce caractère progressif (κατὰ βραχύ) et méthodique de l'ascension est essentiel. Voir H. FEICHTINGER, « Οὐδενεία and *humilitas*... », p. 138 et n. 122. En général sur l'importance de la τάξις dans la théurgie, voir JAMBLIQUE, *Réponse à Porphyre (De mysteriis)* IX, 9-10, et les remarques d'I. TANASEANU-DÖBLER, *Theurgy in Late Antiquity*, p. 100.

procure ainsi une « accoutumance » (συνήθεια) aux « éblouissements de la lumière » (πρὸς τὰς τοῦ φωτὸς μαρμαρυγάς) – expression homérique (*Od.* VIII, 265) que Jamblique emprunte à Platon (*Rép.* VII, 515 c) – et perfectionne progressivement l'âme en vue du contact (συναφή) avec les dieux. C'est précisément cette accoutumance à l'illumination qui procède des dieux qui assure le premier contact avec eux et permet une communion plus profonde entre l'âme et les dieux, qui ne peut cependant se réaliser qu'aux degrés supérieurs de la prière.

La prière « nourrit » (τρέφει) également la γνώμη, qui est ainsi rendue prête à participer au divin (μετέχειν τῶν θεῶν)[64]. La description de son action est presque entièrement inspirée des *Oracles chaldaïques* : la prière « dilate » (εὐρυτέραν) l'âme, ce réceptacle (ὑποδοχή) des dieux, pour devenir apte à les recevoir[65] ; elle « enflamme » (ἀνάπτει) la partie divine de l'âme (τὸ θεῖον τῆς ψυχῆς) et purifie (ἀποκαθαίρει) toute sa partie contraire »[66].

À ce premier degré, l'invocation des dieux se présente ainsi comme un « exercice spirituel » qui détache l'âme du monde corporel, la libère des passions et la rend apte à saisir une réalité d'ordre différent[67]. Dans cette συνήθεια préparatoire qui caractérise la profération des κλήσεις, une autre fonction très importante est remplie par la persuasion (πειθώ) que l'invocation des dieux exerce sur l'âme de l'orant. L'élévation de l'âme est indissociable, en effet, d'une certaine conviction concernant la puissance des dieux que la prière a la capacité d'éveiller à force d'être prononcée[68]. Cette πειθώ, qui est un don

---

64. JAMBLIQUE, *Réponse à Porphyre (De mysteriis)* I, 12, p. 32, 9-12 : [...] τὴν γνώμην τῶν ἀνθρώπων ἐπιτηδείαν ἀπεργαζόμεναι πρὸς τὸ μετέχειν τῶν θεῶν, καὶ ἀνάγουσαι αὐτὴν πρὸς τοὺς θεοὺς καὶ διὰ πειθοῦς ἐμμελοῦς συναρμόζουσαι « [...] (mais) en rendant l'intelligence des hommes prête à participer aux dieux, en l'élevant vers les dieux et en la mettant en accord (avec eux) par un moyen de persuasion appropriée » (trad. H. D. Saffrey, A.-Ph. Segonds). La même fonction est assignée de manière spécifique à l'ἱκετεία rituelle à travers laquelle l'âme s'élève (ἀναγόμεθα) peu à peu vers le divin (*ibid.*, I, 15, p. 36, 13-14).

65. Sur l'origine chaldaïque de cette phraséologie, voir F. W. CREMER, *Die Chaldäischen Orakel...*, p. 139 n. 293 et p. 140 n. 294.

66. JAMBLIQUE, *Réponse à Porphyre (De mysteriis)* V, 26, p. 178, 4-5 : ἀνάπτει τὸ θεῖον τῆς ψυχῆς, ἀποκαθαίρει τε πᾶν τὸ ἐναντίον τῆς ψυχῆς ; cf. *ibid.*, I, 12, p. 31, 22-25. Sur la κάθαρσις chaldaïque et son écho chez Jamblique, voir F. W. CREMER, *Die Chaldäischen Orakel...*, p. 130-136.

67. La dimension d'« exercice spirituel » – au sens donné par P. Hadot à cette formule – de l'expérience de la prière décrite par Jamblique est soulignée par Ph. HOFFMANN, « Erôs, Alètheia, Pistis... et Elpis... » p. 292.

68. JAMBLIQUE, *Réponse à Porphyre (De mysteriis)* V, 26, p. 177, 27-178, 3 : τὰ μὲν ἡμέτερα τῆς διανοίας ἤθη ἠρέμα ἀνέλκει, τὰ δὲ τῶν θεῶν ἡμῖν ἐκδίδωσι, πειθώ δὲ καὶ κοινωνίαν καὶ φιλίαν ἀδιάλυτον ἐγείρει « [la prière] élève doucement nos manières de penser, elle nous transmet celles des dieux, elle éveille une conviction, une communion et une amitié indissolubles » (trad. H. D.

des dieux, et qui se mue, au dernier degré de la prière, en une « foi » (πίστις) inébranlable, n'a encore à ce niveau qu'une fonction d'accommodation, qui rend l'âme ainsi persuadée par la prière apte à saisir la présence des dieux à travers l'ἔλλαμψις qui procède d'eux.

2) Le deuxième degré d'élévation de la prière perfectionne (τελεσιουργόν) le rapprochement du divin amorcé au premier niveau. Le deuxième degré correspond au développement du rite sacrificiel et est caractérisé par l'action en commun des dieux et du prêtre qui leur adresse de prières. À ce degré s'établit une συνέργεια entre celui qui prie et l'objet de la prière qui se manifeste par leur communion de pensée (κοινωνία ὁμονοητική) et d'action (κοινὴ ἀπεργασία). Cette communion permet d'expliquer l'accomplissement des demandes formulées dans les prières sans la contrainte qui faisait l'objet de la question de Porphyre. Selon Jamblique, l'accomplissement des prières est, on s'en souvient, prévu et achevé par les dieux avant même que le prêtre ne prononce le moindre mot, ce qui signifie, entre autres, que homme et dieu pensent et agissent ensemble, demande et accomplissement ne faisant qu'un.

3) Le dernier degré de la prière, qui accomplit (ἀποπληρωτικόν) la συναφή avec les dieux et consomme le rite sacrificiel, correspond à « l'union indicible » (ἡ ἄρρητος ἕνωσις) entre le prêtre et les dieux[69]. Cette ἕνωσις est le résultat de la prière parfaite qui correspond, selon la phraséologie chaldaïque,

---

Saffrey, A.-Ph. Segonds) ; cf. *ibid.*, I, 12, p. 32, 3-4 et 9-12 : ἀλλ᾽ οὐδ᾽ αἱ προσκλήσεις διὰ πάθους συνάπτουσι τοῖς θεοῖς τοὺς ἱερέας [...] τὴν γνώμην τῶν ἀνθρώπων ἐπιτηδείαν ἀπεργαζόμεναι πρὸς τὸ μετέχειν τῶν θεῶν, καὶ ἀνάγουσαι αὐτὴν πρὸς τοὺς θεοὺς καὶ διὰ πειθοῦς ἐμμελοῦς συναρμόζουσαι « Ce n'est pas non plus par un pâtir que les invocations mettent les prêtres en contact avec les dieux [...] (mais) en rendant l'intelligence des hommes prête à participer aux dieux, en l'élevant vers les dieux et en la mettant en accord (avec eux) par un moyen de persuasion appropriée ». 69.   *Ibid.*, V, 26, p. 177, 9 ; cf. I, 12, p. 31, 25. Pour la définition de l'ἕνωσις théurgique, voir *ibid.*, II, 11, p. 73, 5-8 : ἀλλ᾽ ἡ τῶν ἔργων τῶν ἀρρήτων καὶ ὑπὲρ πᾶσαν νόησιν θεοπρεπῶς ἐνεργουμένων τελεσιουργία ἥ τε τῶν νοουμένων τοῖς θεοῖς μόνον συμβόλων ἀφθέγκτων δύναμις ἐντίθησι τὴν θεουργικὴν ἕνωσιν. « C'est la célébration des actes qui sont indicibles et accomplis religieusement au-delà de toute intellection, et aussi le pouvoir des symboles inexprimables, compris seulement des dieux, qui procurent l'union théurgique ». Le passage reprend aussi l'idée du caractère ἄρρητος des opérations théurgiques ; cf. aussi *ibid.*, I, 19, p. 43, 22-24. Pour l'ἕνωσις néoplatonicienne, en général, voir PLOTIN 28 (IV, 4), 2, 25-27 ; 9 (VI, 9), 1, 1-7 ; PROCLUS, *Théologie platonicienne* II, p. 13, 27 ; III, p. 32, 19 ; *Commentaire sur le Parménide* I, p. 702, 30 ; p. 868, 34 ; *Commentaire sur le Timée* I, p. 149, 19 ; I, p. 211, 24, etc. L'expression ἡ ἄρρητος ἕνωσις est employée par PROCLUS dans son *Commentaire sur la République* I, p. 82, 25 et I, p. 135, 4 DIEHL. Des parallèles hermétiques se retrouvent, par exemple, dans *Poimandres* 6 (ἕνωσις du νοῦς humain avec le Νοῦς divin) ; cf. aussi *CH* XI, 14.

à l'installation de l'âme en dieu (ἐν θεῷ κεῖσθαι)[70], et à « la plénitude parfaite qui vient du feu » (τὴν τελείαν ἀποπλήρωσιν ἀπὸ τοῦ πυρός), qui se parachève dans la « bonne espérance » (ἐλπὶς ἀγαθή) et dans la « foi relative à la lumière » (ἡ περὶ τὸ φῶς πίστις)[71]. Jamblique adapte à sa doctrine de la prière la tétrade chaldaïque πίστις, ἀλήθεια, ἔρως et ἐλπίς : la prière parachève dans l'âme des théurges les trois puissances anagogiques, de l'Amour (ἔρως), de l'Espérance (ἐλπίς) et de la Foi (πίστις)[72]. Toute prière n'aboutit pourtant pas à l'ἕνωσις. Celle-ci n'est accordée par les dieux qu'aux meilleurs des prêtres, à savoir aux théurges[73] ; ceux-ci sont « installés » (ἐνιδρυμένοι) parmi les dieux et « unis » (συνηνωμένοι) à eux grâce au culte sacré[74].

*

À propos de cette classification des degrés de la prière, il convient de mettre en évidence deux autres aspects. En premier lieu, il faut souligner que cette structure triadique ne caractérise pas uniquement la prière, mais aussi les différentes formes d'inspiration et de possession divine qui définissent les pratiques divinatoires, ce qui laisse entendre qu'elle peut être étendue, en principe, à d'autres aspects du culte :

> Car, ou bien c'est le dieu qui nous possède et alors nous devenons tout entiers chose du dieu, ou bien nous avons une opération commune avec lui, et alors, tantôt nous participons à la toute dernière puissance du dieu, tantôt encore à

---

70. Cette expression est sans doute un écho des *Oracles chaldaïques* (fr. 130 DES PLACES : Μοίρης εἱμαρτῆς τὸ πτερὸν φεύγουσιν ἀναιδές, ἐν δὲ θεῷ κεῖνται [...] « Du sort fatal elles évitent l'aile impudente et restent fixées en Dieu [...] »). Voir aussi Ph. HOFFMANN, « Erôs, Alètheia, Pistis... et Elpis... », p. 290-291, qui met en relation ce passage avec l'interprétation de la catégorie aristotélicienne de κεῖσθαι dans le *Commentaire aux Catégories* de Simplicius.

71. JAMBLIQUE, *Réponse à Porphyre (De mysteriis)* V, 26, p. 178, 7-8 : ἐλπίδα τε ἀγαθὴν καὶ τὴν περὶ τὸ φῶς πίστιν τελειοῖ « [la prière] rend parfaites la bonne espérance et la foi en la lumière ».

72. *Oracle chaldaïques*, fr. 46-47 DES PLACES. Ce passage de Jamblique et son rapport avec la tétrade chaldaïque πίστις, ἀλήθεια, ἔρως et ἐλπίς ont été étudiés par Ph. HOFFMANN, « Erôs, Alètheia, Pistis... et Elpis... », p. 292-295.

73. JAMBLIQUE, *Réponse à Porphyre (De mysteriis)* I, 12, p. 31, 9-13. Il y aurait ainsi des degrés entre les théurges, cf. PROCLUS, *Théologie platonicienne* IV, 34, p. 101, 1 (et la note *ad loc.*), qui parle des « plus augustes des théurgies ».

74. JAMBLIQUE, *Réponse à Porphyre (De mysteriis)* I, 15, p. 35, 26-36, 1. Ἱδρῦσθαι « être installé dans, être établi dans », est un terme technique du lexique religieux néoplatonicien ; cf. PLOTIN 10 (V, 1), 11, 14 ; PROCLUS, *Commentaire sur la République* II, p. 68, 4 DIEHL, etc. Pour d'autres références, voir le dossier des textes réuni par H. D. Saffrey et A.-Ph. Segonds, dans les notes complémentaires, p. 238. Pour les parallèles chaldaïques de ce passage, voir F. W. CREMER, *Die Chaldäischen Orakel...*, p. 46-47.

l'intermédiaire, quelquefois enfin à la première ; il se produit alors tantôt une simple présence (παρουσία), tantôt une communion (κοινωνία), quelquefois même une union (ἕνωσις)[75].

La συναφή avec les dieux que rendent possible la divination et la prière se laisse ainsi décrire sous la forme d'une structure triadique qui correspond respectivement à la prise de conscience de la présence de la divinité, à une synergie de pensée et d'action avec elle et, au bout de ce processus, à l'union ineffable avec les dieux[76]. La dernière étape n'est réservée qu'à un nombre limité d'élus, tandis que la plupart ne dépasse pas le deuxième ou le premier niveau.

En second lieu, en tenant compte de cette structure triadique de la prière, il ne faudrait pas négliger le fait que ses différents éléments se déclinent, à leur tour, selon ses trois niveaux établis en fonction du degré d'élévation. Cela signifie que ces éléments comportent, en fonction du degré d'élévation, des aspects d'accoutumance (au divin), de communion et d'union. À la συναφή qui caractérise le premier niveau de la prière correspondent, par exemple, aux deux autres degrés d'élévation, des formes de συναφή caractérisées par une proximité de plus en plus accentuée avec les dieux (communion d'action et union). D'une manière analogue, à la γνώρισις du premier degré correspondent aux autres niveaux des formes supérieures de connaissance du divin (communion de pensée et union intellective). Ce principe peut s'appliquer également à l'ἔλλαμψις ou à la πειθώ :

Bénéfices de la prière	Premier degré d'élévation	Deuxième degré d'élévation	Troisième degré d'élévation
connaissance	γνώρισις	σύμπνοια, κοινωνία ὁμονοητική	ἕνωσις (πίστις)
conviction	πειθώ	πειθώ	πίστις, ἐλπίς
amitié			ἔρως
(θεία φιλία)	ἔλλαμψις	ἔλλαμψις	(πῦρ, φῶς)

75. JAMBLIQUE, *Réponse à Porphyre (De mysteriis)* III, 5, p. 83, 24-84, 5 (trad. H. D. Saffrey, A.-Ph. Segonds) : ἢ γὰρ ὁ θεὸς ἡμᾶς ἔχει, ἢ ἡμεῖς ὅλοι τοῦ θεοῦ γιγνόμεθα, ἢ κοινὴν ποιούμεθα πρὸς αὐτὸν τὴν ἐνέργειαν· καὶ ποτὲ μὲν τῆς ἐσχάτης δυνάμεως τοῦ θεοῦ μετέχομεν, ποτὲ δ' αὖ τῆς μέσης, ἐνίοτε δὲ τῆς πρώτης· καὶ ποτὲ μὲν παρουσία ψιλὴ γίγνεται, ποτὲ δὲ καὶ κοινωνία, ἐνίοτε δὲ καὶ ἕνωσις.

76. Cf. SALOUSTIOS, XVI, 1 : Ἔτι παντὸς πράγματος εὐδαιμονία ἡ οἰκεία τελειότης ἐστίν, οἰκεία δὲ τελειότης ἑκάστῳ ἡ πρὸς τὴν ἑαυτοῦ αἰτίαν συναφή. Καὶ διὰ τοῦτο ἡμεῖς εὐχόμεθα συναφθῆναι Θεοῖς. « De plus le bonheur de toute chose est sa propre perfection, et la propre perfection pour chacune est le contact avec sa propre cause ; c'est aussi pourquoi nous-mêmes nous souhaitons d'être en contact avec les dieux » (trad. G. Rochefort modifiée).

La doctrine de la prière comme théorie de la médiation

La théorie de la prière de Jamblique, telle qu'elle peut être reconstituée à partir à la fois des réponses aux questions de Porphyre et de l'exposé systématique de la section sur les sacrifices, s'inscrit dans la réflexion générale sur la nature de la religion qui caractérise la démarche de la *Réponse à Porphyre*. En détachant les prières de la question de l'affectivité des êtres divins, à laquelle la religion traditionnelle était étroitement liée dans le médio-platonisme et dont Porphyre se fait l'écho dans sa *Lettre à Anébon*, Jamblique abandonna la définition platonicienne de la médiation entre les hommes et les dieux à partir d'une théorie démonologique fondée sur la distinction entre l'ἀπάθεια des dieux et l'ἐμπάθεια des δαίμονες. Cette distinction, qui remonte à l'Ancienne Académie, est rejetée au profit d'une théologie du culte civique dont Plutarque avait déjà posé les principes dans le *De Iside et Osiride* et le *De defectu oraculorum*[77]. Le rejet de la démonologie médio-platonicienne comme doctrine de la médiation entre le divin et l'humain et, en particulier, comme théorie explicative des cultes traditionnels a mené, d'une part, à l'impossibilité de penser la nature de la prière en termes d'affectivité démonique et, d'autre part, à la nécessité de formuler une nouvelle théorie de la médiation. On peut montrer que cette théorie a été formulé à partir précisément d'une doctrine de la prière, qui a remplacé ainsi la démonologie médio-platonicienne, en assumant également sa fonction explicative dans le domaine de la religion[78].

Si la médiation démonologique s'est ainsi transformée en une médiation par la prière, cette mutation a pu cependant se produire parce que la tradition platonicienne avait établi depuis longtemps un lien solide entre les δαίμονες et la prière. Ce lien remonte à un passage célèbre du *Banquet* (202 e-203 a), le *locus classicus* de la démonologie platonicienne, où le δαίμων apparaît comme patron du culte civique, grâce auquel le rite est accompli et les prières parviennent au destinataire : « il (*scil.* le δαίμων) interprète et il communique aux dieux ce qui vient des hommes, et aux hommes ce qui vient des dieux : d'un côté les prières (δεήσεις) et les sacrifices, et de

---

77. J'ai souligné le rôle pionnier de Plutarque dans ce processus dans *La démonologie platonicienne*, p. 179-183 et 217-225.

78. Ce remplacement corrobore la diminution générale, chez Jamblique et chez les néoplatoniciens de la fin de l'Antiquité, de la fonction théorique et explicative de la démonologie (*ibid.*, p. 141-161 et 215-217).

l'autre les prescriptions et les faveurs que les sacrifices permettent d'obtenir en échange »[79].

Cette idée eut une longue carrière dans la tradition médio-platonicienne. Selon Apulée, « il existe des puissances divines intermédiaires, qui habitent cet espace aérien, entre les hauteurs de l'éther et les bas-fonds terrestres, et qui communiquent aux dieux nos souhaits et nos mérites » ; ce sont des *dae-mones* « qui jouent le rôle de messagers pour les prières d'ici-bas et les dons de là-haut ; ils font la navette, chargé de requêtes dans un sens, de secours dans l'autre, assurant auprès des uns ou des autres l'office d'interprètes ou de sauveteurs »[80]. Cette médiation s'explique, chez Apulée, par la capacité des « démons » d'être sujets au pâtir : « car ils sont au même titre que nous passibles de tous les apaisements comme de tous les soulèvements de l'âme : ainsi la colère les soulève, la pitié les fléchit, les présents les allèchent, les prières les attendrissent (*precibus leniantur*), les outrages les irritent, les hommages les apaisent, et tout le reste les fait changer de la même manière que nous »[81]. De même, pour Calcidius (au IVe siècle de notre ère), les *daemones* « trans-mettent nos prières à Dieu » et « font aussi connaître aux hommes la volonté de Dieu »[82]. Porphyre se fait l'écho de cette tradition lorsqu'il écrit que les δαίμονες, êtres intermédiaires entre les dieux et les humains, « élèvent nos prières pour les soumettre aux dieux comme à des juges » et « rapportent leurs conseils et leurs admonitions grâce aux oracles »[83].

79. PLATON, *Banquet* 202 e-203 a (trad. L. Brisson) : ἑρμηνεῦον καὶ διαπορθμεῦον θεοῖς τὰ παρ᾽ ἀνθρώπων καὶ ἀνθρώποις τὰ παρὰ θεῶν, τῶν μὲν τὰς δεήσεις καὶ θυσίας, τῶν δὲ τὰς ἐπιτάξεις τε καὶ ἀμοιβὰς τῶν θυσιῶν.

80. APULÉE, *De deo Socratis* VI, 132-133 : *Ceterum sunt quaedam diuinae mediae potestates inter summum aethera et infimas terras in isto intersitae aëris spatio, per quas et desideria nostra et merita ad eos commeant. Hos Graeci nomine daemonas nuncupant, inter <terricolas> caelico-lasque uectores hinc precum inde donorum, qui ultro citro portant hinc petitiones inde suppetias ceu quidam utri[u]sque interpretes et salutigeri.* Cf. PLUTARQUE, *Sur la disparition des oracles* 417 B ; *Sur Isis et Osiris* 360 D-E.

81. *Ibid.*, XIII, 147-148, p. 32-33 : *Nam proinde ut nos pati possunt omnia animorum placa-menta uel incitamenta, ut et ira incitentur et misericordia flectantur et donis inuitentur et precibus leniantur et contumeliis exasperentur et honoribus mulceantur aliisque omnibus ad similem nobis modum uariant.*

82. CALCIDIUS, *Commentaire au Timée* 132 : *nuntiantes deo nostras preces et item hominibus dei uoluntatem intimantes.*

83. PORPHYRE, *De abstinentia* II, 38, 3 (trad. J. Bouffartigue, M. Patillon) : [...] τὰς μὲν παρ᾽ ἡμῶν εὐχὰς ὡς πρὸς δικαστὰς ἀναφέροντας τοὺς θεούς, τὰς δὲ ἐκείνων παραινέσεις καὶ νουθεσίας μετὰ μαντειῶν ἐκφέροντας ἡμῖν. Chez Synésios, la tâche d'élever les prières vers Dieu revient à l'ange gardien ; voir SYNÉSIOS, *Hymne* I, 264-274, p. 66 LACOMBRADE.

Jamblique connaissait bien cette tradition qu'il reprit à des fins polémiques. Le lexique de la section sur la prière de sa *Réponse à Porphyre* (V, 26) comprend, en effet, plus d'une réminiscence du passage démonologique du *Banquet*. L'idée selon laquelle les prières « complètent » (συμπληροῖ) les sacrifices (p. 176, 21) évoque ainsi la fonction principale des δαίμονες du *Banquet*, qui est précisément de compléter l'intervalle qui sépare les hommes et les dieux « pour faire en sorte que le Tout soit lié à lui-même » (ἐν μέσῳ δὲ ὂν ἀμφοτέρων συμπληροῖ, ὥστε τὸ πᾶν αὐτὸ αὑτῷ συνδεδέσθαι) (202 e). L'idée du δεσμός qui relie entre elles les parties de l'univers est, elle aussi, reprise par Jamblique pour désigner « le lien commun donné par les dieux » (ἔχει τὸν ἐνδιδόμενον ἀπὸ τῶν θεῶν κοινὸν σύνδεσμον, p. 178, 22-23) que détiennent les prières[84]. Le passage renvoie au *Timée*[85], mais la cosmologie du *Timée* fut mise en relation dès l'Ancienne Académie avec le passage démonologique du *Banquet*, en insérant ainsi les δαίμονες dans la série des espèces de vivants associés aux quatre éléments (*Timée* 39 e-40 a) et dans le groupe des dieux traditionnels (40 d-e)[86]. Que la relation entre les deux fonctions, συμπληροῦν et συνδεῖν, établie par Platon dans le *Banquet* et renforcée par ses successeurs, ne saurait être, chez Jamblique, l'effet du hasard est prouvé encore par l'exposé théologique sur les classes divines intermédiaires (τὰ γένη μέσα) (I, 5) qui « remplissent (συμπληροῦνται) le lien (σύνδεσμος) commun entre les dieux et les âmes » et « nouent le lien (συνδεῖ) d'une unique continuité (συνέχεια) depuis le sommet jusqu'au dernier terme »[87]. Les mêmes fonctions, désignées par les mêmes notions, empruntées au *Banquet* et au *Timée*, sont ainsi assignées par Jamblique à la fois aux prières et aux δαίμονες.

Mais, au-delà de ces réminiscences, entre les sections de la *Réponse à Porphyre* relatives aux classes d'êtres divins intermédiaires (I, 5) et à la prière (I,

---

84.   Sur le Logos divin comme σύνδεσμος, voir PHILON, *De fuga et inventione* 112 ; *De plantatione* 8-10.

85.   PLATON, *Timée* 31 c ; cf. *ibid.* 32 b, 37 a ; *République* X, 616 c ; *Phédon* 99 c ; *Lois* XI, 921 c. Le δεσμός du *Banquet* sans doute filtré chez Jamblique par le δεσμὸς ἔρωτος des *Oracles chaldaïques* (fr. 39 et 42 DES PLACES).

86.   Voir A. TIMOTIN, *La démonologie platonicienne*, p. 99-141.

87.   JAMBLIQUE, *Réponse à Porphyre (De mysteriis)* I, 5, p. 12, 24-13, 1-3 : Ταῦτα δὴ οὖν τὰ γένη μέσα συμπληροῦνται τὸν κοινὸν σύνδεσμον θεῶν τε καὶ ψυχῶν, καὶ ἀδιάλυτον αὐτῶν τὴν συμπλοκὴν ἀπεργάζεται, μίαν τε συνέχειαν ἄνωθεν μέχρι τοῦ τελοῦς συνδεῖ, καὶ ποιεῖ τῶν ὅλων τὴν κοινωνίαν εἶναι ἀδιαίρετον « ces classes intermédiaires constituent le lien commun entre les dieux et les âmes <et> rendent indissoluble leur entrelacement, elles nouent le lien d'une unique continuité depuis le sommet jusqu'au dernier terme, et font que la communion de tout l'univers est indivisible » (trad. H. D. Saffrey, A. Ph. Segonds). Cf. *ibid.*, I, 6, p. 14, 16.

12 et V, 26) existe un nombre non négligeable de parallèles lexicaux qui mettent en évidence le transfert de fonctions entre les deux formes de médiation :

1) Les γένη μέσα « rendent indissoluble (ἀδιάλυτος) l'entrelacement (συμπλοκή) (entre les dieux et les âmes) »[88], tandis que les prières « tissent avec les dieux la communion indissoluble (κοινωνία ἀδιάλυτος) »[89]. L'ἀδιάλυτος συμπλοκή est un syntagme technique chez Jamblique[90], utilisé surtout dans des contextes relatifs à la prière. Selon Jamblique, les invocations (προσκλήσεις) mettent, en effet, les prêtres en contact avec les dieux par la θεία φιλία « qui tient toutes choses ensemble » et « font communier à l'entrelacement indissoluble (des dieux) » (παρέχουσι τῆς ἀδιαλύτου συμπλοκῆς)[91]. L'acte cultuel est soutenu par « la communion dans l'amitié qui naît de l'unanimité des pensées » (ἡ φιλίας ὁμονοητικῆς κοινωνία)[92] et par « un certain entrelacement indissoluble qui vient de l'unité » (τις ἀδιάλυτος συμπλοκὴ τῆς ἑνώσεως)[93]. Κοινωνία et συμπλοκή sont des termes synonymes qui désignent l'unité entre les hommes (en l'occurrence, les théurges) et les dieux, qui soutient et rend possible le culte et qui est fondée sur la θεία φιλία. La φιλία peut être substituée par ἔρως, qui réunit également toutes choses d'une manière indissoluble[94].

88. *Ibid.*, I, 5, p. 12, 25-13, 1.

89. *Ibid.*, V, 26, p. 176, 24-25. La prière éveille également une communion et une amitié indissolubles (κοινωνίαν καὶ φιλίαν ἀδιάλυτον) (*ibid.*, V, 26, p. 178, 2-3).

90. Voir la note d'H. D. Saffrey et d'A.-Ph. Segonds (*ibid.* p. 238), qui relève les trois occurrences de la formule dans la *Réponse à Porphyre* et quelques parallèles chez Proclus, Damascius et Ps.-Denys.

91. *Ibid.*, I, 12, p. 32, 5-6. En ce qui concerne la notion d'ἀδιάλυτος, que Jamblique emprunte à Platon – dans *Phédon* 80 b ἀδιάλυτος est un trait caractéristique du divin –, elle deviendra un terme technique dans le néoplatonisme tardif (notamment chez Proclus).

92. La κοινωνία ὁμονοητική correspond au deuxième degré de la prière ; cf. *ibid.*, V, 26, p. 177, 5-6.

93. *Ibid.*, IV, 3, p. 138, 11-19 : Εἰ γὰρ ἡ φιλίας ὁμονοητικῆς κοινωνία καί τις ἀδιάλυτος συμπλοκὴ τῆς ἑνώσεως συνέχει τὴν ἱερατικὴν ἀπεργασίαν, ἵν' ὄντως ᾖ θεία καὶ ὑπερέχουσα πᾶσαν τὴν γιγνωσκομένην κοινὴν ἀνθρώποις διάπραξιν, οὐδὲν τῶν ἀνθρωπίνων ἔργων ἐπ' αὐτῆς ἁρμόζει λεγόμενον, οὔτε τὸ προσκαλεῖν οὕτως, ὡς τὰ ἀφεστηκότα ἡμεῖς προσαγόμεθα, οὔτε τὸ κελεύειν τοιοῦτον ὁποῖον τοῖς κεχωρισμένοις, ὡς ἕτερον ἐξ ἑτέρων ἐγχειρίζομεν. « En effet, si la communion dans l'amitié qui naît de l'unanimité des pensées et si un certain entrelacement indissoluble qui vient de l'unité soutiennent l'opération [du culte] hiératique pour qu'elle soit réellement divine et surpasse toute pratique ordinairement reconnue aux hommes, alors il ne convient pas d'employer à son sujet le nom d'aucune œuvre humaine, et on ne peut parler ni d'invoquer [les dieux] comme lorsque nous faisons venir à nous des choses éloignées, ni de donner des ordres comme à des êtres séparés, lorsque nous les traitons l'un après l'autre ».

94. *Ibid.*, IV, 12, p. 146, 23-147, 2 : αὐτὸ μὲν οὖν καθ' ἑαυτὸ καὶ τὸ διατεῖνον ἀπ' αὐτοῦ περὶ ὅλον τὸν κόσμον ἀγαθόν τέ ἐστι καὶ πληρώσεως αἴτιον, κοινωνίας τε καὶ συνόδου καὶ συμμετρίας συναρμοστικόν, ἔρωτός τε ἀδιάλυτον ἀρχὴν ἐντίθησι τῇ ἑνώσει, διακρατοῦσαν τά τε ὄντα καὶ τὰ γιγνόμενα « Ainsi donc, cette [cause], prise en elle-même, et son extension sur le monde entier,

Ceci était dans le *Banquet* précisément la fonction d'Éros, qui était bien un (grand) δαίμων (202 d), ce que l'ἔρως de la *Réponse à Porphyre* ne pouvait plus être, en raison de la restriction du rôle cosmologique des δαίμονες.

2) Selon Jamblique, les classes intermédiaires « introduisent un ordre et des mesures (τάξις καὶ μέτρα) dans la communication (μεταδόσις) qui descend des meilleurs et dans la réception (ὑποδοχή) qui se fait chez les moins parfaits »[95]. L'office du δαίμων prévoit, en effet, depuis le *Banquet* (202 e), qu'il « communique (διαπορθμεῦον) aux dieux ce qui vient des hommes, et aux hommes ce qui vient des dieux ». D'une manière parfaitement analogue, les trois degrés de la prière « mesurent tout le divin » (τὰ θεῖα πάντα μετρεῖται) (V, 26, p. 177, 12), la prière « nous transmet celles des dieux » (τὰ τῶν θεῶν ἡμῖν ἐκδίδωσι) (p. 178, 1-2) et « dilate le réceptacle des dieux (ὑποδοχή τῶν θεῶν) qui est l'âme » (p. 177, 22-23). Les notions de mesure (μετρεῖν), de communication (μεταδιδόναι) et de réception (ὑποδοχή) caractérisent ainsi, dans la *Réponse à Porphyre*, la fonction médiatrice à la fois des δαίμονες et de la prière.

3) Qui plus est, la prière décrite par Jamblique, selon un ordre des fonctions qui correspond aux trois degrés d'élévation, « élève » (ἀναγωγόν), « perfectionne » (τελεσιουργόν) et « accomplit » (ἀποπληρωτικόν) (V, 26, p. 178, 20). Or, les deux derniers traits sont précisément ceux qui définissent également l'activité des δαίμονες[96].

4) Enfin, les δαίμονες ont, selon Jamblique, la capacité de « rendre exprimable l'inexprimable (ἄρρητον) » et « de traduire en discours clairs ce qui dépasse tout discours »[97]. Autrement dit, ils rendent possible la communica-

sont bonnes et causes de plénitude, aptes à réaliser harmonieusement communion, association et symétrie, et placent au cœur de l'unification le règne indissoluble de l'amour, qui domine ce qui est et ce qui devient ». L'idée d'une ἕνωσις indissoluble qui tient ensemble les parties du cosmos se retrouve également chez PHILON, dans *De fuga et inventione* 112, où il s'agit de l'ἕνωσις des parties du corps tenues ensemble par l'âme et des parties du cosmos tenues ensemble par le Logos ; cf. *De mutatione nominum* 135.

95. JAMBLIQUE, *Réponse à Porphyre (De mysteriis)* I, 5, p. 13, 7-9 : τάξιν τε καὶ μέτρα τῆς κατιούσης μεταδόσεως ἀπὸ τῶν ἀμεινόνων καὶ τῆς ἐγγιγνομένης ὑποδοχῆς ἐν τοῖς ἀτελεστέροις ἐντίθησι (trad. Saffrey – Segonds).

96. *Ibid.*, II, 1, p. 50, 20-23 : [...] ἀπεργαστικὴν μὲν εἶναι τὴν τῶν δαιμόνων καὶ τελεσιουργὸν τῶν περικοσμίων φύσεων καὶ ἀποπληρωτικὴν τῆς καθ' ἕκαστον τῶν γιγνομένων ἐπιστασίας « (la classe des) démons est productrice et perfectrice des natures encosmiques et, pour chacun des êtres du monde créé, remplit la fonction de tuteur ».

97. *Ibid.*, I, 5, p. 12, 17-20 : [...] τό τε γὰρ ἄρρητον αὐτοῦ ῥητὸν καὶ τὸ ἀνείδεον ἐν εἴδεσι διαλάμπουσαν, καὶ τὸ ὑπὲρ πάντα λόγον αὐτοῦ εἰς λόγους φανεροὺς προσάγουσαν « ce qui dans cette [bonté] est inexprimable, <elle [*scil.* la classe des démons] le rend> exprimable, et ce qui est non revêtu de forme, elle le fait briller en le dotant des formes, et ce qui, de cette [bonté], dépasse tout discours, elle le traduit en des discours clairs ».

tion discursive entre les hommes et les dieux. Néanmoins, cette fonction revient également à la prière. Par la prière, l'homme devient capable, en effet, de « converser » (προσομιλεῖν) avec les dieux[98], et de devenir ainsi leurs familiers (ὁμιληταί τῶν θεῶν). Dans le *Banquet*, dans le même passage démonologique dont Jamblique s'inspire plus d'une fois, « le commerce et l'entretien » (ἡ ὁμιλία καὶ ἡ διάλεκτος) avec les dieux servent à caractériser précisément l'office du δαίμων. Office du δαίμων et office de la prière s'entrecroisent et se complètent, la prière assumant chez Jamblique les fonctions assignées antérieurement aux δαίμονες.

3. La prière finale de la *Réponse à Porphyre*

Jamblique achève sa *Réponse à Porphyre* par une prière (εὐχή), fidèle en cela à la fois à la pratique oratoire qui place généralement une prière en début ou en fin de discours[99] et à l'héritage platonicien (*Phèdre* 279 b-c), dont nous avons étudié la postérité dans la tradition médio-platonicienne :

> Maintenant, à la fin de ces discours, il me reste à prier (εὔχομαι) les dieux pour qu'ils nous accordent, à toi et à moi, de garder fermement les pensées vraies, pour que non seulement, en tout temps, ils déposent en nous la vérité <des> êtres éternels, mais encore qu'ils nous fassent participer à des intellections plus parfaites au sujet des dieux, dans lesquelles assurément consistent et nous sont données tant la fin bienheureuse (μακαριστὸν τέλος) destinée aux hommes de bien que la garantie même de l'amitié qui nous unit l'un à l'autre dans l'unanimité des pensées (ὁμονοητικὴ φιλία)[100].

Le contenu de cette prière finale résume la doctrine de la prière exposée par Jamblique en réponse aux questions de Porphyre. La première requête adressée aux dieux concerne en effet la préservation dans l'âme de la connaissance innée (ἔμφυτος γνῶσις) que l'on a des dieux, qui correspond au premier

---

98. *Ibid.*, I, 15, p. 36, 14-17 : [...] τὴν πρὸς αὐτὸ ὁμοιότητα ἀπὸ τοῦ συνεχῶς αὐτῷ προσομιλεῖν κτώμεθα, τελειότητά τε θείαν ἠρέμα προσλαμβάνομεν ἀπὸ τοῦ ἀτελοῦς « grâce à notre conversation continuelle avec lui, nous devenons semblables à lui et, d'imparfaits que nous sommes, nous acquérons doucement une perfection divine ».

99. Cf. O. KUETTLER, *Precationes...*, p. 5-9 ; voir *supra*, p. 44-49 et 51.

100. JAMBLIQUE, *Réponse à Porphyre (De mysteriis)* X, 8, p. 217, 16-23 (trad. H. D. Saffrey, A.-Ph. Segonds) : Εὔχομαι δὴ οὖν τὸ λοιπὸν τοῖς θεοῖς ἐπὶ τῷ τέλει τῶν λόγων, τῶν ἀληθῶν νοημάτων ἐμοί τε καὶ σοὶ διδόναι τὴν φυλακὴν ἀμετάπτωτον, εἴς τε τὸν ἀίδιον αἰῶνα τῶν αἰωνίων ἀλήθειαν ἐντιθέναι, καὶ τελειοτέρων νοήσεων περὶ θεῶν χορηγεῖν μετουσίαν, ἐν αἷς δὴ καὶ τὸ μακαριστὸν τέλος τῶν ἀγαθῶν ἡμῖν πρόκειται καὶ αὐτὸ τὸ κῦρος τῆς ὁμονοητικῆς φιλίας τῆς πρὸς ἀλλήλους.

degré de la prière[101]. Jamblique demande également aux dieux d'être unis à son interlocuteur dans la φιλία ὁμονοητική, allusion transparente à la κοινωνία ὁμονοητική qui caractérise le deuxième degré de la prière. Enfin, Jamblique formule le vœu de recevoir le μακαριστὸν τέλος destiné aux hommes de bien, expression qui évoque sans aucun doute les μακάρια θεάματα (*Phèdre* 247 a) dont la contemplation correspond à l'ἕνωσις avec les dieux[102], qui représente, selon Jamblique, à la fois le dernier degré de la prière et l'accomplissement de l'existence humaine.

Cette prière mérite d'être mise en relation avec deux autres prières finales appartenant à un disciple de Jamblique, l'empereur Julien. La première clôt le discours consacré par l'empereur, en hommage à la fois personnel et officiel, à Hélios, et rédigé à Antioche en 362 pour les cérémonies du *Solis Agon*, qui se déroulaient à Rome le 25 décembre :

> Daigne en récompense de ce zèle, Hélios, roi de l'univers, m'être propice. Qu'il m'accorde une vie vertueuse, une sagesse (φρόνησις) plus accomplie, une intelligence divine (θεῖος νοῦς). Que je quitte cette existence en toute sérénité, à l'heure voulue par le destin (εἱμαρμένη). Qu'ensuite je m'élève vers lui et me fixe auprès de lui à jamais, je le souhaite, ou, si cette faveur excède les mérites de ma conduite, pour une innombrable succession des siècles[103].

Dans la même veine, l'empereur néoplatonicien demande à Hélios d'abord de lui accorder une « vie vertueuse », pour solliciter ensuite des biens supérieurs : la φρόνησις, le θεῖος νοῦς – le νοῦς rendu apte à participer et à s'unir aux dieux par la pratique de la théurgie – et, finalement, que son âme retourne à Dieu après la mort. La soumission à la volonté des dieux est pourtant exprimée par Julien dans un langage proprement stoïcien comme soumission au destin (εἱμαρμένη)[104].

---

101. Cf. *ibid.*, I, 3, p. 5, 15-20.

102. Cf. *ibid.*, I, 12, p. 31, 9-32, 3.

103. JULIEN, *Sur Hélios-Roi* 158 b-c (JULIEN, *Œuvres complètes*, éd. LACOMBRADE, t. II/2, p. 138) : Εὔχομαι οὖν τρίτον ἀντὶ τῆς προθυμίας μοι ταύτης εὐμενῆ γενέσθαι τὸν βασιλέα τῶν ὅλων Ἥλιον, καὶ δοῦναι βίον ἀγαθὸν καὶ τελειοτέραν φρόνησιν καὶ θεῖον νοῦν ἀπαλλαγήν τε τὴν εἱμαρμένην ἐκ τοῦ βίου πρᾳτάτην ἐν καιρῷ τῷ προσήκοντι, ἄνοδόν τε ἐπ' αὐτὸν τὸ μετὰ τοῦτο καὶ μονὴν παρ' αὐτῷ, μάλιστα μὲν ἀίδιον, εἰ δὲ τοῦτο μεῖζον εἴη τῶν ἐμοὶ βεβιωμένων, πολλὰς πάνυ καὶ μυριετεῖς περιόδους.

104. On sait précisément que les théurges ne sont pas censés être soumis à l'εἱμαρμένη ; cf. *Oracles chaldaïques*, fr. 130 et 153 DES PLACES ; H. LEWY, *Chaldaean Oracles...*, p. 212 et les références réunies dans la note 143. Voir aussi JAMBLIQUE, *Réponse à Porphyre (De mysteriis)* VIII, 7, p. 270, 8-19 et X, 5, p. 290, 16-292, 4 ; PROCLUS, *Théologie platonicienne*, IV, 17, p. 52, 11-13.

La seconde prière achève son *Discours sur la Mère des dieux*, rédigé par l'empereur la même année à l'occasion de l'ouverture à Constantinople de la solennité de Cybèle et d'Attis. Dans cette prière, Julien formule un triple vœu, en passant, dans un ordre anagogique néoplatonicien, des biens élémentaires à la connaissance théologique. Il prie d'abord pour la totalité des hommes, ensuite pour le peuple romain et finalement pour soi-même :

> Ô Mère des Dieux et des hommes, ô Parèdre du grand Zeus, Toi qui partages son trône, ô Source des Dieux intellectuels (Πηγὴ τῶν νοερῶν θεῶν), Toi qui concours avec les essences impollues des Dieux intelligibles, qui a reçu la cause commune entre toutes choses et qui la communiques aux Dieux intellectuels, Déesse créatrice de vie, Sagesse, Providence, Créatrice de nos âmes, ô Amante du grand Dionysos, Toi qui as recueilli Attis exposé et qui l'as rappelé vers Toi après qu'il se fut enfoncé dans l'antre de la terre, ô Toi qui es le principe de tous les biens pour les Dieux intellectuels, qui combles le monde sensible (τὸν αἰσθητὸν κόσμον) de tous les dons, et qui nous fais largesse universelle de tous les biens (πάντα... ἀγαθά) ! Accorde à tous les hommes le bonheur (εὐδαιμονία) – dont l'élément capital est la connaissance des Dieux (ἡ τῶν θεῶν γνῶσις) – et à la communauté du Peuple Romain surtout l'extirpation de la souillure de l'impiété et en outre la bienveillance de la Fortune (τύχην), pour assurer avec lui le gouvernement de l'Empire pendant des milliers et des milliers d'années !
>
> Quant à moi, accorde-moi de recueillir pour fruit de mon service envers Toi la vérité dans les dogmes touchant les Dieux (ἀλήθεια ἐν τοῖς περὶ θεῶν δόγμασιν), la perfection dans les pratiques théurgiques et la vertu (ἀρετή) accompagnée de la Bonne Fortune (Ἀγαθὴ Τύχη) dans toutes les tâches que nous assumons dans les ordres politique et militaire ; que le terme de ma vie soit affranchi de la peine et glorieux (ἄλυπος καὶ εὐδόκιμος), soutenu par la Bonne Espérance (Ἀγαθὴ Ἐλπίς) de parvenir jusqu'à Vous[105] !

---

105. JULIEN, *Sur la Mère des Dieux* 179 d-180 c (JULIEN, *Œuvres complètes*, éd. BIDEZ, t. II/1, p. 130-131) : Ω θεῶν καὶ ἀνθρώπων Μῆτερ, ὦ τοῦ μεγάλου Σύνθωκε καὶ Σύνθρονε Διός, ὦ Πηγὴ τῶν νοερῶν θεῶν, ὦ τῶν νοητῶν ταῖς ἀχράντοις οὐσίαις συνδραμοῦσα καὶ τὴν κοινὴν ἐκ πάντων αἰτίαν παραδεξαμένη καὶ τοῖς νοεροῖς ἐνδιδοῦσα, Ζωογόνε Θεὰ καὶ Μῆτις καὶ Πρόνοια καὶ τῶν ἡμετέρων ψυχῶν Δημιουργέ, ὦ τὸν μέγαν Διόνυσον ἀγαπῶσα καὶ τὸν Ἄττιν ἐκτεθέντα περισωσαμένη καὶ πάλιν αὐτὸν εἰς τὸ γῆς ἄντρον καταδυόμενον ἐπανάγουσα, ὦ πάντων μὲν ἀγαθῶν τοῖς νοεροῖς ἡγουμένη θεοῖς, πάντων δὲ ἀποπληροῦσα τὸν αἰσθητὸν κόσμον, πάντα δὲ ἡμῖν ἐν πᾶσιν ἀγαθὰ χαρισαμένη, δίδου πᾶσι μὲν ἀνθρώποις εὐδαιμονίαν, ἧς τὸ κεφάλαιον ἡ τῶν θεῶν γνῶσίς ἐστι, κοινῇ δὲ τῷ Ῥωμαίων δήμῳ μάλιστα μὲν ἀποτρίψασθαι τῆς ἀθεότητος τὴν κηλίδα, πρὸς δὲ καὶ τὴν τύχην εὐμενῆ συνδιακυβερνῶσαν αὐτῷ τὰ τῆς ἀρχῆς πολλὰς χιλιάδας ἐτῶν, ἐμοὶ δὲ καρπὸν γενέσθαι τῆς περὶ σὲ θεραπείας ἀλήθειαν ἐν τοῖς περὶ θεῶν δόγμασιν, ἐν θεουργίᾳ τελειότητα, πάντων ἔργων, οἷς προσερχόμεθα περὶ τὰς πολιτικὰς καὶ στρατιωτικὰς τάξεις, ἀρετὴν μετὰ τῆς Ἀγαθῆς Τύχης καὶ τὸ τοῦ βίου πέρας ἄλυπόν τε καὶ εὐδόκιμον μετὰ τῆς Ἀγαθῆς Ἐλπίδος τῆς ἐπὶ τῇ παρ' ὑμᾶς πορείᾳ.

Dans cette prière, Julien souhaite ainsi d'abord à l'ensemble des hommes qu'ils aient part au bonheur (εὐδαιμονία) et qu'ils ne soient pas dépourvus de la connaissance première, qui est celle des dieux (ἡ τῶν θεῶν γνῶσις). Ensuite, en ce qui concerne le peuple romain, en particulier, Julien, en nouveau converti, prie pour que l'athéisme soit extirpé de l'empire, allusion transparente à la politique anti-chrétienne menée par l'empereur. Enfin, relatif à sa propre personne, il demande, en disciple de Jamblique, qu'il parvienne à allier de la meilleure manière possible la connaissance théologique et la pratique théurgique. Il n'oublie pas, en même temps, que le bonheur relève non seulement de l'ἀρετή, mais aussi de la Fortune (Ἀγαθὴ Τύχη) dont dépendent les tâches administratives et militaires qui incombent à sa fonction. Il prie encore, dans l'esprit de la doctrine de la prière de Jamblique – mais aussi en écho à la dernière prière de Socrate (*Phédon*, 117 c) – pour un bon passage dans l'au-delà accompagné d'une ἀγαθὴ ἐλπίς, celle du retour de son âme au monde des dieux, « bonne espérance » qui est également une notion chaldaïque désignant une puissance anagogique et qui caractérise, chez Jamblique, précisément la plénitude de la prière parfaite.

Conclusions

La doctrine de la prière élaborée par Jamblique en réponse aux questions soulevées par Porphyre dans la *Lettre à Anébon* s'inscrit dans la démarche générale de la *Réponse à Porphyre* visant à défendre et à éclairer le fondement théologique d'une série des rites qui font partie de la théurgie. À cette platonisation et théologisation de la religion correspond une ritualisation corrélative du néoplatonisme, car la médiation rituelle, conçue comme un processus global qui implique l'accomplissement des rites, la profération des formules sacrées et le contact noétique avec le divin, devient, chez Jamblique, indispensable pour atteindre la divinité. À ce titre la connaissance d'ordre intellectuel n'est plus jugée suffisante ; la philosophie néoplatonicienne se définit désormais également comme une religion à part entière. Comme le christianisme concurrent, elle revendique un statut d'universalité (l'Un est universel et supérieur aux dieux de la tradition) et de révélation (sa théologie est fondée sur des écrits jugés sacrés, tels les *Oracles chaldaïques*), tout en clamant, en même temps, sa rationalité, fondée sur une connaissance théologique d'ordre scientifique.

La théorie de la prière exposée dans la *Réponse à Porphyre* est sans doute un des meilleurs exemples de cette transformation. Dans le sillage de Plotin, la

prière ne représente plus, chez Jamblique, un type de discours, mais la remontée de l'âme vers l'Un. Elle s'accomplit dans plusieurs étapes : l'accoutumance
à la présence du divin, la communion de pensée et d'action avec les dieux et,
à la fin de ce parcours, l'union avec la divinité. Cette prière est universelle,
la divinité suprême à laquelle elle conduit se situant au-dessus des dieux traditionnels. Elle est aussi « scientifique », dans la mesure où elle est fondée
sur la connaissance (γνώρισις) des dieux, qui représente son premier degré
d'élévation. Enfin, elle est fondée également sur des textes sacrés, les formules
de prière et l'explication théologique de leur efficacité étant inspirées par les
Oracles chaldaïques. La prière réunit ainsi la pratique religieuse et la théologie,
les aspects extérieurs et intérieurs du culte. Elle est également définie comme
une προσομιλία ininterrompue (συνεχῶς) avec les dieux et il est remarquable
que cette conception novatrice de la prière se présente comme une interprétation de la formule platonicienne προσομιλεῖν ἀεὶ τοῖς θεοῖς (*Lois* IV, 716 d).
Chez Jamblique, cette formule ne désigne pourtant pas la pratique assidue du
culte traditionnel, mais le contact durable avec les dieux que la prière procure
à travers la remontée progressive de l'âme.

Nous avons pu montrer que la théologie de la prière dans la *Réponse à
Porphyre* découle du changement doctrinal profond opéré par Jamblique
quant à la manière de penser la médiation entre les hommes et les dieux.
Dans la tradition médio-platonicienne, celle-ci est la fonction par excellence
des δαίμονες, des êtres divins intermédiaires partageant l'immortalité avec les
dieux et l'ἐμπάθεια avec les hommes. Chez Plotin, cette fonction est attribuée, sans pourtant évacuer complètement la démonologie (au moins dans
les traités 15 et 50), à la nature amphibie de l'âme par la théorie de l'âme
non descendue, que Jamblique rejette également. L'examen des sections de la
Réponse à Porphyre relatives aux classes d'êtres divins intermédiaires (I, 5) et
à la prière (I, 12 et V, 26) permet, en effet, de mettre en évidence le transfert
de fonctions entre les deux formes de médiation. Le transfert est renforcé par
les réminiscences lexicales du *locus classicus* de la démonologie platonicienne
(*Banquet* 202 d-e) dans la section sur la prière de la *Réponse à Porphyre*.

Chez Jamblique, la remontée de l'âme que désigne la prière acquiert une
dimension cosmique dans la mesure où elle est censée permettre au divin de se
réunir à soi-même à travers la prononciation des paroles rituelles qui suscitent
la conversion des intellects individuels vers leur principe. La prière précède
ainsi et dépasse le νοῦς de celui qui prie car son contenu, les noms sacrés des
dieux (θεῖα συνθήματα), est de nature divine et se trouve déjà dans l'Intellect divin, sa profération au cours du rituel ne représentant qu'une actualisation temporaire. La conception selon laquelle la divinité connaît d'avance

le contenu des prières avant qu'elles ne soient proférées au cours du rituel réapparaît chez Julien et, dans un contexte doctrinal différent, chez Origène, qui tente ainsi de mettre en accord la prière et la prescience divine.

Il est remarquable que la vertu anagogique des prières soit liée dans la *Réponse à Porphyre* à son caractère persuasif (au πείθειν). Selon Jamblique, ce caractère traditionnel de la prière ne vise pourtant pas les dieux – c'était le sens d'une des objections de Porphyre –, mais le νοῦς de l'orant. Autrement dit, la prière agit non pas sur les dieux, mais sur celui qui prie, idée chère aux Stoïciens, pour des raisons doctrinales, bien sûr, différentes. Chez Jamblique, l'influence de la prière sur le νοῦς se produit en vertu des noms sacrés des dieux, qui sont leurs émanations.

La description de cette action permet de compléter le dossier sur l'anthropologie de la prière que l'analyse d'un passage du traité 32 de Plotin nous a permis d'ouvrir. La prière théurgique décrite par Jamblique est d'abord associée à l'accomplissement du rite sacrificiel ; elle est donc prononcée debout, dans un état de calme et de recueillement, de détachement du monde environnant et d'apaisement des passions. Il s'agit, en même temps, d'une prière prolongée et résolue, émanée d'une conviction ferme sur le pouvoir des dieux et sur les dons qu'ils peuvent offrir. Elle est l'expression d'une foi profonde et immuable qui définit, selon Jamblique, l'attitude spirituelle du théurge. Sa vie, dans son ensemble, est caractérisée comme une prière ininterrompue.

Le paradoxe, évoqué au début du chapitre, de la coexistence, dans la pensée religieuse néoplatonicienne, d'une divinité suprême distante et inconnaissable et d'un besoin impératif de l'atteindre par le culte trouve dans la *Réponse à Porphyre* une de ses expressions les plus saisissantes. La nécessité de la supplication découle, en effet, selon Jamblique, précisément de la supériorité (ὑπεροχή) absolue des dieux. L'οὐδενεία de l'homme l'incite spontanément à prier en raison d'une « connaissance innée » (ἔμφυτος γνῶσις) que l'âme a de la divinité. La présence, encore confusément perçue, de cette divinité inaccessible à l'intérieur même de l'âme représente l'agent véritable de sa remontée et la cause première de la prière.

VIII. Proclus. La prière cosmique

Au Ve siècle, à un moment où les cultes païens sont progressivement inter-
dits et les temples détruits ou fermés, le néoplatonisme assume de plus en plus
les fonctions d'une religion dont les manifestations extérieures sont en train
de disparaître[1]. La religion tend ainsi à s'intérioriser et à se textualiser. Athéna
communique en rêve à Proclus son désir de trouver refuge chez lui après la
fermeture du Parthénon[2], alors que les cultes traditionnels cèdent la place à
la théurgie, l'ensemble de rites forgé par les néoplatoniciens sur la base des
Oracles chaldaïques, le « livre sacré » du paganisme tardo-antique. La pratique
de la philosophie dans les écoles néoplatoniciennes (à Athènes, à Alexandrie,
à Apamée) se développe dans un climat quasi-religieux, la lecture et le commentaire des textes sacrés (les *Oracles chaldaïques*, les hymnes orphiques, les
poèmes homériques, les textes de Platon et d'Aristote) se déroulant selon un
parcours initiatique conduisant à l'« assimilation à dieu », l'idéal platonicien
par excellence, alors que l'étude théologique et les commentaires des textes
philosophiques eux-mêmes étaient assimilés à des prières et à des hymnes en
prose en l'honneur des dieux[3]. C'est dans ce cadre intellectuel que le projet
d'une théologie néoplatonicienne de la prière amorcée par Jamblique dans la
Réponse à Porphyre fut repris par Proclus.

Sur la voie tracée par Jamblique, Proclus expose, en effet, dans le préambule de son *Commentaire sur le Timée* (I, p. 206, 26-214, 12 Diehl) un
petit traité sur la prière, qu'il examine en fonction de trois questions : « voir
quelle en est l'essence (οὐσία), quelle est la perfection (τελειότης), et d'où elle
est accordée aux âmes (πόθεν ἐνδίδοται ταῖς ψυχαῖς) »[4]. Cet examen est pré-

---

1. Voir H.-D. SAFFREY, « Quelques aspects de la spiritualité... » ; Ph. HOFFMANN, « What
was Commentary... ».
2. MARINUS, *Vie de Proclus*, 30.
3. Un phénomène analogue de textualisation de la prière, qui précède les exemples néoplatoniciens, est attesté dans le judaïsme alexandrin, chez Philon, où l'étude de l'Écriture est
explicitement assimilée à une prière, comme l'a montré récemment M. LUZ, « Philo on Prayer
as Devotional Study ».
4. PROCLUS, *Commentaire sur le Timée* I, p. 207, 22-23 DIEHL (trad. A.-J. Festugière) :
Δεῖ δὴ οὖν πρὸ τῶν ἄλλων ἁπάντων ἡμᾶς περὶ εὐχῆς τι γνῶναι σαφές, τίς τε ἡ οὐσία αὐτῆς καὶ
τίς ἡ τελειότης, καὶ πόθεν ἐνδίδοται ταῖς ψυχαῖς. Sur la prière chez Proclus, voir A. BREMOND,
« Un texte de Proclus sur la prière et l'union divine », *Recherches de science religieuse* 19,

cédé par un résumé de l'enquête menée sur le sujet par Porphyre, dans son propre *Commentaire sur le Timée*, et par une brève référence à la doctrine de Jamblique en la matière dont Proclus partage le contenu :

> Voilà comment s'exprime, en résumé, Porphyre. Cependant le divin Jamblique estime qu'une enquête comme celle-ci n'a rien à voir avec le sujet. Platon en effet, dans le présent discours, ne traite pas d'hommes athées, mais d'être sensés [cf. *Timée* 27 c] et capables de converser avec les dieux, ni d'hommes qui mettent en doute les résultats de la piété, mais des êtres susceptibles d'être sauvés par ceux qui sauvent l'Univers. Il livre de son côté tant sur la puissance (δύναμις) que sur la perfection (τελειότης) de la prière une doctrine qui en fait une chose merveilleuse, extraordinaire, dépassant tout ce qu'on peut espérer[5].

Proclus ne vise pas ainsi à corriger la doctrine de Jamblique, mais seulement à la rendre plus accessible à ses auditeurs, en éclairant la pensée de Jamblique à l'aide du recours aux écrits de Platon[6]. En dépit de cette allégation, entre la brève présentation que Proclus donne de la théorie de Jamblique et celle que lui-même se prépare à exposer existe pourtant une différence qui n'est pas dépourvue d'intérêt : alors que Jamblique est censé avoir traité principalement de la δύναμις et de la τελειότης de la prière, Proclus se propose d'examiner aussi quelles sont à la fois son οὐσία et ses causes. Ces deux derniers aspects n'ont pas fait l'objet de l'exposé de Jamblique, et Proclus se propose, sans cependant l'affirmer explicitement, de remédier à cette lacune.

1929, p. 448-462 ; H. P. ESSER, *Untersuchungen...*, p. 76-111 ; R. VAN DEN BERG, *Proclus' Hymns* ; D. LAYNE, « Philosophical Prayer... » ; EADEM, « Cosmic Etiology and Demiurgic Mimesis... » ; L. BRISSON, « Prayer in the Neoplatonism... », p. 116-133.

5.   PROCLUS, *Commentaire sur le Timée* I, p. 208, 30-209, 9 DIEHL (trad. A.-J. Festugière) : ταύτῃ μὲν ὁ Πορφύριος ὡς συντόμως εἰπεῖν. ὁ δέ γε θεῖος Ἰάμβλιχος τὴν μὲν τοιαύτην ἱστορίαν οὐδὲν ἡγεῖται προσήκειν <ἐν> τοῖς προκειμένοις· οὐ γὰρ περὶ ἀθέων ἀνθρώπων ὁ λόγος τῷ Πλάτωνι νῦν, ἀλλὰ περὶ σωφρονούντων καὶ θεοῖς προσομιλεῖν δυναμένων, οὐδὲ περὶ ἀμφισβητούντων πρὸς τὰ ἔργα τῆς ὁσιότητος, ἀλλὰ περὶ τῶν σῴζεσθαι δυναμένων ὑπὸ τῶν τὰ ὅλα σῳζόντων· παραδίδωσι δὲ τήν τε δύναμιν τῆς εὐχῆς καὶ τὴν τελειότητα θαυμαστήν τινα καὶ ὑπερφυῆ καὶ πᾶσαν ὑπεραίρουσαν ἐλπίδα.

6.   *Ibid.*, I, p. 209, 9-1 : προσήκει δὲ ἡμᾶς ἐπὶ τὸ συνηθέστερον τοῖς ἀκούουσι καὶ γνωριμώτερον τὸν λόγον μεταγαγόντας τήν τε ἐκείνου σαφῆ ποιῆσαι διάνοιαν καὶ τῷ Πλάτωνι συμφώνους ἀποδοῦναι τοὺς περὶ εὐχῆς λόγους. « Pour nous, il nous convient de ramener le discours à un niveau plus habituel et plus familier aux auditeurs, et tout à la fois d'éclaircir la pensée de Jamblique et de donner sur la prière des explications qui s'accordent avec la philosophie de Platon ».

1. L'οὐσία de la prière

Depuis Jamblique, il est devenu un lieu commun dans le néoplatonisme tardif d'affirmer que la prière ne représente pas un type particulier de discours, mais le processus de conversion (ἐπιστροφή) de l'âme vers l'Un. Dans sa *Réponse à Porphyre*, Jamblique a longuement disserté sur le rôle de la prière dans la remontée des âmes vers les dieux en rapport à la fois avec l'efficacité des invocations des théurges et avec sa théorie des trois degrés de la prière. Proclus reprend cette doctrine, tout en étendant l'action épistrophique de la prière du niveau des âmes à l'ensemble des êtres, en suivant la doctrine professée par un philosophe néoplatonicien contemporain de Jamblique, Théodore d'Asinè. Proclus définit, en effet, l'οὐσία de la prière par rapport à la doctrine de son prédécesseur : « son essence (οὐσία) est de lier (συναγωγός) et d'unir (συνδετική) les âmes aux dieux ou, pour mieux dire, d'unifier (ἐνοποιός) toutes les choses secondes avec les premières : *car toutes choses prient, sauf le Premier*, dit le grand Théodore »[7]. Cette théorie est exposée par Proclus également dans son écrit *Sur l'art hiératique*, en relation avec l'héliotrope, la plante dont les mouvements, orientés vers le soleil, sont envisagés comme un hymne silencieux chanté en l'honneur du Soleil, le dieu qui préside à sa chaîne :

> Ce n'est pas la raison pour laquelle l'héliotrope se guide dans son mouvement d'après le soleil et le sélénotrope d'après la lune, en tournant, selon leur propre pouvoir, autour d'eux ? Toutes choses prient, en effet, selon leur propre rang et chantent des hymnes en l'honneur des chefs qui président à l'ensemble de leurs séries, soit selon le mode intellectif, soit selon le mode rationnel, soit selon le mode physique, soit selon le mode sensible. L'héliotrope ne se meut ainsi que dans la mesure où il est flexible et si l'on était capable de percevoir la vibration que son mouvement produit dans l'air, on se rendrait compte qu'il s'agit d'un hymne à l'honneur du Roi, l'hymne qu'une plante est capable de chanter[8].

---

7.   Proclus, *Commentaire sur le Timée* I, p. 212, 30-213, 3 Diehl [= Théodore d'Asinè, fr. 7 Deuse] (trad. A.-J. Festugière) : οὐσία μὲν αὐτῆς ἡ συναγωγὸς καὶ συνδετικὴ τῶν ψυχῶν πρὸς τοὺς θεούς, μᾶλλον δὲ ἡ πάντων τῶν δευτέρων ἐνοποιὸς πρὸς τὰ πρότερα· πάντα γὰρ εὔχεται πλὴν τοῦ πρώτου, φησὶν ὁ μέγας Θεόδωρος. Sur Théodore d'Asinè, voir W. Deuse, *Theodoros von Asine. Sammlung der Testimonien und Kommentar*, Wiesbaden, 1973, en particulier p. 96-97 sur ce fragment (et le compte rendu de L. G. Westerink, dans *Gnomon* 49, 1977, p. 307-309).

8.   Proclus, Περὶ τῆς ἱερατικῆς τέχνης, éd. J. Bidez, *Catalogue des manuscrits alchimiques grecs*, t. VI, Bruxelles, 1928, p. 148, 10-18 : Η πόθεν ἡλιοτρόπια μὲν ἡλίῳ, σεληνοτρόπια δὲ σελήνῃ συγκινεῖται συμπεριπολοῦντα ἐς δύναμιν τοῖς τοῦ κόσμου φωστῆρσιν ; Εὔχεται γὰρ πάντα κατὰ τὴν οἰκείαν τάξιν καὶ ὑμνεῖ τοὺς ἡγεμόνας τῶν σειρῶν ὅλων ἢ νοερῶς ἢ λογικῶς ἢ φυσικῶς ἢ αἰσθητῶς· ἐπεὶ καὶ τὸ ἡλιοτρόπιον ᾧ ἔστιν εὔλυτον, τούτῳ κινεῖται καί, εἰ δή τις αὐτοῦ κατὰ τὴν περιστροφὴν

Des formules analogues à celles de Proclus et de Théodore d'Asinè se retrouvent aussi chez Synésios de Cyrène[9] et dans un hymne qui a circulé sous le nom de Grégoire de Nazianze mais qui date sans doute d'une époque plus tardive[10].

Les conditions de possibilité de l'ἐπιστροφή

En accord avec cette définition, l'exposé sur la prière du *Commentaire sur le Timée* débute par un examen des conditions de possibilité de l'ἐπιστροφή des êtres (*in Tim.* I, p. 209, 13-210, 11). Cet examen représente un résumé de la doctrine selon laquelle les effets à la fois sont et ne sont pas séparés de leurs causes. Les deux possibilités sont explicitées de la manière suivante :

a) Pour autant qu'ils n'en soient pas séparés, les êtres demeurent toujours dans leurs causes (*in Tim.* I, p. 209, 13-210, 3). Si les êtres restent toujours, de quelque manière, liés à leur cause première, il résulte que leur procession (πρόοδος) ne s'effectue pas seulement par succession continue, les effets dépendant de la cause immédiatement antérieure[11], mais aussi directement à partir de leur principe.

ἀκούειν τὸν ἀέρα πλήσσοντος οἵός τε ἦν, ὕμνον ἄν τινα διὰ τοῦ ἤχου τούτου συνήσθετο τῷ Βασιλεῖ προσάγοντος, ὃν δύναται φυτὸν ὑμνεῖν.

9.   SYNÉSIOS, *Hymne* I, 343-344, p. 53 LACOMBRADE : σοὶ πάντα φέρει αἶνον ἀγήρων. « Toutes choses t'apportent des louanges sans fin ».

10.   [GRÉGOIRE DE NAZIANZE], *Carmina dogmatica* 29 (PG, t. 37, col. 508) : σοὶ δὲ τὰ πάντα προσεύχεται « tous les êtres t'adressent une prière ». Cf. E. NORDEN, *Agnostos Theos*, p. 78-79 et 179-180 ; M. SICHERL, « Ein neuplatonischer Hymnus unter den Gedichten Gregors von Nazianz », dans J. DUFFY, J. PERADOTTO (éd.), *Gonimos. Neoplatonic und Byzantine Studies Presented to Leendert G. Westerink at 75*, Buffalo-New York, 1988, p. 61-83. H. D. Saffrey en a inséré une traduction française en annexe à sa traduction des hymnes de Proclus (PROCLUS, *Hymnes et prières*, traduits du grec et présentés par H. D. SAFFREY, Paris, 1994, p. 78-79).

11.   Sur le caractère continu de la procession, voir PROCLUS, *Théologie platonicienne* IV, 2, p. 13, 13-17 : Καὶ ἀεὶ τὸ προϊὸν συνεχές ἐστι τῷ παράγοντι καὶ μετὰ τῆς σταθερᾶς ἐν τοῖς αἰτίοις ἰδρύσεως ποιεῖται τὰ δεύτερα τὴν ἀπ' αὐτῶν πρόοδον, καὶ μία σειρὰ καὶ συγγένεια τῶν πάντων, ἀεὶ τῶν δευτέρων ἀπὸ τῶν πρὸ αὐτῶν δι' ὁμοιότητος ὑφισταμένων. « Et toujours le terme qui procède est continu à celui qui le produit, et les êtres inférieurs effectuent leur procession à partir de leurs causes tout en demeurant solidement établis en elles ; et il existe entre tous les êtres une chaîne et une parenté unique, parce que toujours c'est par une similitude que les êtres inférieurs viennent à l'existence à partir des êtres qui leur sont antérieurs » (trad. H. D. Saffrey, L. Westerink) ; cf. *ibid.* VI, 4, p. 22, 27-23, 26 [Toutes les références à la *Théologie platonicienne* sont à l'édition préparée par L. G. Westerink et R. D. Saffrey : *Théologie platonicienne*, t. I-VI, CUF, Paris, 1968-1997]. La σειρά dont il est question dans ce passage doit être mise en rapport avec la chaîne d'or homérique ; cf. P. LÉVÊQUE, *Aurea Catena Homeri*, Paris, 1959, p. 61-75 (App. 1 : « Les chaînes divines chez Proclus »). Pour la συγγένεια, voir É. DES PLACES,

Les êtres les plus éloignés dans l'échelle du réel dérivent ainsi directement des dieux, car l'Un est présent partout et tous les êtres sont établis (ἱδρῦσθαι) en lui.

b) Pour autant que les effets soient séparés de leurs causes, ils y retournent toujours, en imitant la création même des dieux et leur retour à leur cause, selon « le mouvement ternaire qui mène les choses à la perfection » (κατὰ τὴν τελεσιουργὸν τριάδα, p. 210, 4-5). Cette triade, qui forme un cercle, est formée de μονή, πρόοδος et ἐπιστροφή[12]. L'ἐπιστροφή est, après la μονή, la seconde espèce de perfection que les êtres reçoivent des dieux, par laquelle ils sont capables, une fois séparés de l'Un, d'y retourner. D'une part, ils restent ainsi en permanence enracinés en dieux par la μονή, d'autre part, ils sont de nouveau fermement établis en eux par l'ἐπιστροφή.

Ces deux espèces de perfection (τελειότης) sont également nommées par Proclus des « caractères » (συνθήματα), dans la mesure où elles sont implantées dans l'essence (οὐσία) même des êtres : « Tous les êtres donc et demeurent auprès des dieux et retournent vers eux, ils ont reçu des dieux ce pouvoir et portent en eux, dans leur être même, deux ʽcaractèresʼ (συνθήματα), l'un pour demeurer là-bas, l'autre pour y retourner, une fois qu'ils ont fait leur procession »[13].

Proclus explicite ensuite cette doctrine des deux συνθήματα (μένειν et ἐπιστρέφειν), qui diffère de celle de Jamblique[14]. Ces deux συνθήματα ne sont

Syngeneia, la parenté de l'homme avec Dieu, Paris, 1964, notamment p. 164-165 et 176-179, et la note *ad loc.* de l'édition Saffrey – Westerink.

12.   PROCLUS, *Commentaire sur le Timée* I, p. 210, 3-11 DIEHL. Sur cette triade, voir W. BEIERWALTES, *Proklos. Grundzüge seiner Metaphysik*, Frankfurt, 1965, p. 119-129. Le caractère circulaire du mouvement de conversion est expliqué dans les *Éléments de théologie*, prop. 33 ; cf. *Théologie platonicienne* I, 22, p. 104, 3-8 ; II, 6, p. 41, 2-5 ; III, 9, p. 35, 22-24.

13.   PROCLUS, *Commentaire sur le Timée* I, p. 210, 11-14 DIEHL (trad. A.-J. Festugière) : πάντ᾽ οὖν καὶ μένει καὶ ἐπιστρέφει πρὸς τοὺς θεούς, ταύτην λαβόντα παρ᾽ αὐτῶν τὴν δύναμιν καὶ διττὰ συνθήματα κατ᾽ οὐσίαν ὑποδεξάμενα, τὰ μὲν ὅπως ἂν ἐκεῖ μένῃ, τὰ δὲ ὅπως ἂν ἐπιστρέφῃ προελθόντα. Voir aussi *Éléments de théologie* 39 (et le commentaire de Dodds, p. 222-223).

14.   PROCLUS, *Commentaire sur le Timée* I, p. 210, 11-211, 8. Sur cette doctrine, voir aussi *Théologie platonicienne* II, 8, p. 56, 16-26 (trad. H. D. Saffrey, L. Westerink) : Πᾶσι γὰρ ἐνέσπειρεν ὁ τῶν ὅλων αἴτιος τῆς ἑαυτοῦ παντελοῦς ὑπεροχῆς συνθήματα, καὶ διὰ τούτων περὶ ἑαυτὸν ἵδρυσε τὰ πάντα, καὶ πάρεστιν ἀρρήτως πᾶσιν ἀφ᾽ ὅλων ἐξηρημένος.Ἕκαστον οὖν εἰς τὸ τῆς ἑαυτοῦ φύσεως ἄρρητον εἰσδυόμενον εὑρίσκει τὸ σύμβολον τοῦ πάντων Πατρός· καὶ σέβεται πάντα κατὰ φύσιν ἐκεῖνον, καὶ διὰ τοῦ προσήκοντος αὐτῷ μυστικοῦ συνθήματος ἐνίζεται τὴν οἰκείαν φύσιν ἀποδυόμενα, καὶ μόνον εἶναι τὸ ἐκείνου σύνθημα σπεύδοντα καὶ μόνου μετέχειν ἐκείνου, πόθῳ τῆς ἀγνώστου φύσεως καὶ τῆς τοῦ ἀγαθοῦ πηγῆς· « Car, celui qui est cause de tout l'univers a ensemencé dans tous les êtres des marques de son absolue supériorité ; par le moyen de ces marques, il a établi tous les êtres en référence à lui, et il est ineffablement présent à tous, bien qu'il transcende tout l'univers. Donc chaque être, en rentrant dans ce qu'il y a d'ineffable dans sa propre nature [c'est-à-dire « l'Un

pas implantées seulement dans les âmes, mais dans tous les êtres, jusqu'aux objets inanimés (par exemple, les pierres). La présence de ces deux « caractères » dans les objets inanimés explique ainsi, selon Proclus, la sympathie que l'on peut observer entre tel objet et telle divinité ou, plus précisément, telle chaîne (σειρά) des dieux. La distribution des συνθήματα dans le monde matériel se fait, en effet, selon les classes des dieux ; certains objets ont ainsi des affinités avec le Soleil, d'autres avec la Lune et ainsi de suite :

> Qu'est-ce d'autre en effet qui, dans ces objets aussi, produit un lien de sympathie avec telle ou telle puissance divine, sinon le fait qu'ils ont reçu en partage, de la Nature, des 'caractères' qui les font correspondre, ceux-ci à telle classe de dieux, ceux-là à telle autre ? Comme la nature en effet est suspendue en haut aux dieux-mêmes, et qu'elle se distribue en relation avec les classes des dieux, elle introduit, dans les corps aussi, en ceux-ci des 'marques' du Soleil, en ceux-là les 'marques' de la Lune, en d'autres les 'marques' de quelque autre dieu, et elle fait se tourner ces corps aussi vers les dieux, les uns vers les dieux en général, les autres vers tel ou tel dieu, dès là qu'elle a mené à fin ses produits en conformité à telle ou telle propriété des dieux[15].

de l'âme » ; cf. *in Tim.* I, p. 211, 25 et la note *ad loc.* de l'édition Saffrey – Westerink], découvre le symbole du Père de tout l'univers ; tous les êtres par nature le vénèrent et, par le moyen de la marque mystique qui appartient à chacun, s'unissent à lui, en dépouillant leur propre nature et en mettant tout leur cœur à ne plus être que la marque de dieu et à ne plus participer que de dieu, à cause du désir qu'ils ont de cette nature inconnaissable et de la Source du Bien » ; cf. *ibid.* IV, 8, p. 26, 20-23 ; IV, 9, p. 30, 12-14 ; IV, 11, p. 35, 17-20, etc. Sur l'origine chaldaïque de cette doctrine, voir H. Lewy, *Chaldaean Oracles...*, p. 190-196 et 470-471. Elle est reprise et adaptée également par Synésios, par exemple dans l'*Hymne* I, 536-543, p. 57 Lacombrade.

15. Proclus, *Commentaire sur le Timée* I, p. 210, 16-26 Diehl (trad. A.-J. Festugière) : τί γὰρ ἄλλο ἐστὶ τὸ καὶ τούτοις τὴν συμπάθειαν πρὸς ἄλλας καὶ ἄλλας δυνάμεις ἐναπεργαζόμενον, ἢ τὸ σύμβολα παρὰ τῆς φύσεως εἰληχέναι, τὰ μὲν πρὸς ἄλλην, τὰ δὲ πρὸς ἄλλην οἰκειοῦντα σειρὰν θεῶν ; ἄνωθεν γὰρ καὶ ἀπ' αὐτῶν ἐξηρτημένη τῶν θεῶν ἡ φύσις καὶ διανενεμημένη περὶ τὰς τῶν θεῶν τάξεις ἐντίθησι καὶ τοῖς σώμασι τῆς πρὸς θεοὺς αὐτῶν οἰκειότητος συνθήματα, τοῖς μὲν Ἡλιακά, τοῖς δὲ Σεληνιακά, τοῖς δὲ ἄλλου τινὸς θεῶν, καὶ ἐπιστρέφει καὶ ταῦτα πρὸς θεούς, τὰ μὲν ὡς πρὸς θεοὺς ἁπλῶς, τὰ δὲ ὡς πρὸς τούσδε τοὺς θεούς, τελεώσασα τὰ ἑαυτῆς γεννήματα κατ' ἄλλην καὶ ἄλλην ἰδιότητα θεῶν. Cf. *Théologie platonicienne* VI, 4, p. 23, 27-24, 12 : Διὰ δὴ ταῦτα τῆς μὲν Ἡλίου περιφορᾶς ἐξήρτηται πάντα τὰ τῆς Ἡλιακῆς ἀπορροίας μετέχοντα (λέγω δὲ οὐ τὰ κρείττονα γένη μόνον ἡμῶν, ἀλλὰ καὶ ψυχῶν ἀριθμὸς καὶ ζῴων καὶ φυτῶν καὶ λίθων), τῆς δὲ Ἑρμαϊκῆς ἐξέχεται πάντα τὰ τὴν ἰδιότητα τοῦ θεοῦ τούτου καταδεξάμενα, κἀπὶ τῶν ἄλλων ὡσαύτως θεῶν. Ἅπαντες γὰρ ἡγεμόνες εἰσὶ καὶ ἄρχοντες ἐν τῷ παντί, καὶ πολλαὶ μὲν ἀγγέλων τάξεις περιχορεύουσιν αὐτούς, πολλοὶ δὲ δαιμόνων ἀριθμοί, πολλαὶ δὲ ἡρώων ἀγέλαι, παμπληθεῖς δὲ ψυχαὶ μερικαί, πολυειδῆ δὲ τῶν θνητῶν ζῴων γένη, ποικίλαι δὲ φυτῶν δυνάμεις. Καὶ πάντα μὲν ἐφίεται τῶν σφετέρων ἡγεμόνων καὶ τὸ σύνθημα ἓν πᾶσίν ἐστι τῆς οἰκείας μονάδος, ἀλλ' οὐ μὲν τρανέστερον, οὐ δὲ ἀμυδρότερον· ἐπεὶ καὶ ἡ ὁμοιότης ἐν μὲν τοῖς πρωτίστοις τῶν γεννημάτων μειζόνως ὑφέστηκεν, ἐν δὲ τοῖς μέσοις καὶ τοῖς ἐσχάτοις ἀμυδροῦται κατὰ τὸν τῆς προόδου λόγον. « Pour cette raison donc, dépendent de

La distribution des συνθήματα dans les corps est pourtant précédée par leur distribution dans les âmes (I, p. 210, 27-211, 8). Le démiurge imprime, en effet, dans les âmes, selon l'Un (κατὰ τὸ ἕν), le « caractère » du μένειν et les établit (ἱδρῦσθαι) ainsi dans l'être, et, selon l'Intellect (κατὰ τὸν νοῦν), le « caractère » du ἐπιστρέφειν, en raison duquel les êtres sont capables de remonter vers leur principe[16].

Ces deux συνθήματα (μένειν et ἐπιστρέφειν), qui se retrouvent à tous les niveaux du réel, à la fois dans les âmes et dans le monde matériel, représentent les conditions de possibilité de l'action épistrophique de la prière.

Les causes de l'ἐπιστροφή

À part ces deux facteurs « passifs » de l'ἐπιστροφή, il existe aussi, selon Proclus, des facteurs « actifs », qui contribuent de manière effective à la conversion des êtres vers leur principe. Ces facteurs, qui se manifestent également à tous les degrés du divin, sont les trois puissances anagogiques, foi (πίστις), vérité (ἀλήθεια) et amour (ἔρως) :

la révolution d'Hélios tous les êtres qui ont part à l'émanation héliaque (je ne veux pas dire seulement les genres supérieurs à nous, mais aussi la série des âmes, des vivants, des plantes et des pierres) ; se rattachent à la révolution d'Hermès tous les êtres qui ont reçu la propriété caractéristique de ce dieu-là, et il en va de même dans le cas des autres dieux. En effet, tous les dieux sont des guides et, dans le Tout, ils ont le rang de chefs, et ce qui danse autour d'eux, ce sont de multiples classes d'anges, de multiples séries de démons, de multiples troupes d'héros, de très nombreuses âmes individuelles, de multiples espèces de vivants mortels, et enfin diverses natures de plantes. Et sans doute toutes choses désirent leur propre guides, et chacune possède la marque unique de sa propre monade, mais tantôt plus clairement, tantôt plus obscurément, car la similitude existe davantage dans les tout premiers des rejetons, tandis que, dans ceux de rang intermédiaire et ultime, elle s'amoindrit à proportion de la procession » (trad. H. D. Saffrey, L. Westerink). Voir aussi *ibid.*, IV, 34, p. 101, 4-7 : καὶ πρὸ τούτων ἡ φύσις, διὰ τῶν ἀριθμῶν ἀρρήτως κατὰ συμπάθειαν ἄλλοις ἄλλας δυνάμεις χορηγοῦσα, τοῖς μὲν Ἡλιακάς, τοῖς δὲ Σεληνιακάς, καὶ τὰς τούτων ποιήσεις συμφώνως παρεχομένη τοῖς ἀριθμοῖς. « Et avant celles-ci [*scil.* les théurgies par le nombre], c'est ce que montre la nature qui fournit d'une manière indicible et par sympathie au moyen des nombres à chaque être des puissances différentes, aux uns des puissances héliaques, aux autres des puissances séléniaques, et qui met en accord avec le nombre les actions de ces puissances ».

16. PROCLUS, *Commentaire sur le Timée* I, p. 210, 27-30 DIEHL (trad. A.-J. Festugière) : ταῦτ' οὖν πολλῷ πρότερον καὶ ὁ δημιουργὸς περὶ τὰς ψυχὰς ἐνήργησε τοῦ τε μένειν αὐταῖς καὶ τοῦ ἐπιστρέφειν συνθήματα δοὺς καὶ κατὰ μὲν τὸ ἓν ἱδρύσας αὐτάς, κατὰ δὲ τὸν νοῦν τὴν ἐπιστροφὴν αὐταῖς καταχαρισάμενος. « Tout cela donc, le Démiurge aussi l'a effectué bien auparavant dans les âmes : il leur a imprimé le double 'caractère' et du 'demeurer' et du 'faire conversion', il les a, selon l'Un, fondées dans l'être, et il les a gratifiées, selon l'Intellect, du pouvoir de faire conversion ».

Ainsi pour nous résumer, il y a trois caractères propres qui remplissent (τὰ πληρωτικά) les êtres divins et qui s'étendent à travers toutes les classes divines, ce sont : la bonté (ἀγαθότης), la science (σοφία) et la beauté (κάλλος) ; il y a aussi trois caractères propres qui rassemblent (συναγωγά) ce qui est rempli, ils sont inférieurs aux premiers mais ils s'étendent à travers tous les mondes divins : la foi (πίστις), la vérité (ἀλήθεια) et l'amour (ἔρως)[17].

Dans le livre I de la *Théologie platonicienne* (I, 25, p. 112, 1-24), l'existence et les fonctions de cette triade sont fondées sur l'accord entre les *Oracles chaldaïques* (fr. 46 et 48 DES PLACES) et les dialogues de Platon, sur la base d'un collage entre plusieurs passages platoniciens dont *Lois* V, 730 c, I, 629 d et *Phèdre* 247 d. Cet accord est réitéré dans le livre IV :

Quant à moi, il me semble aussi que Platon manifeste clairement à ceux qui ne prêtent pas une oreille distraite à ce qu'il dit, les trois causes élévatrices : *l'amour, la vérité, la foi.* Qu'est-ce en effet qui unit à la beauté, sinon *l'amour* ? Où se trouve *la plaine de la vérité* [*Phèdre* 248 b], sinon en ce lieu ? Qu'est-ce la cause de cette initiation indicible, sinon la *foi* ?
Car, ce n'est pas par une intellection, ni généralement par un jugement que se produit l'initiation, mais par le moyen du silence unitaire et supérieur à toute opération de connaissance, silence que la foi nous donne, en installant (ἱδρύουσα) non seulement les âmes universelles mais aussi les nôtres dans la <classe> indicible et inconnaissable des dieux[18].

Cette déclaration rejoint celle avancée dans le livre I de la *Théologie platonicienne* (I, 25, p. 113, 4-10). Les trois causes élévatrices amènent les êtres à se convertir vers leur principe par trois voies, qui sont la théurgie, la philosophie

---

17.   PROCLUS, *Théologie platonicienne* I, 25, p. 112, 25-113, 4 : Ἵν᾽ οὖν συνελόντες εἴπωμεν, τρία μέν ἐστι τὰ πληρωτικὰ ταῦτα τῶν θείων, διὰ πάντων χωροῦντα τῶν κρειττόνων γενῶν, ἀγαθότης, σοφία, κάλλος· τρία δὲ αὖ καὶ τῶν πληρουμένων συναγωγά, δεύτερα μὲν ἐκείνων, διήκοντα δὲ εἰς πάσας τὰς θείας διακοσμήσεις, πίστις καὶ ἀλήθεια καὶ ἔρως. Sur cette triade, voir *ibid.*, I, 25, p. 109, 4-113, 10 et III, 22, p. 81, 15-17. Elle a été étudiée par Ph. HOFFMANN, « La triade chaldaïque ἔρως, ἀλήθεια, πίστις : de Proclus à Simplicius », dans A.-Ph. Segonds, C. Steel (éd.), *Proclus et la Théologie Platonicienne*, Actes du colloque international de Louvain (13-16 mai 1998). En l'honneur de H. D. Saffrey et L. G. Westerink, Louvain-Paris, 2000, p. 459-489 ; IDEM, « Erôs, Alètheia, Pistis... et Elpis ». Voir aussi L. BRISSON, « Prayer in the Neoplatonism... », p. 125-129.
18.   PROCLUS, *Théologie platonicienne* IV, 9, p. 31, 6-16 : Δοκεῖ δ᾽ ἔμοιγε καὶ τὰς τρεῖς αἰτίας τὰς ἀναγωγοὺς ἱκανῶς ὁ Πλάτων ἐκφαίνειν τοῖς μὴ παρέργως ἀκούουσι τῶν λεγομένων, ἔρωτα καὶ ἀλήθειαν καὶ πίστιν. Τί γάρ ἐστι τὸ συνάπτον πρὸς τὸ κάλλος ἢ ὁ ἔρως ; Ποῦ δὲ τὸ τῆς ἀληθείας πεδίον ἢ ἐν τῷδε τῷ τόπῳ ; Τί δὲ τὸ τῆς μυήσεως ταύτης αἴτιον τῆς ἀρρήτου πλὴν τῆς πίστεως ; Οὐ γὰρ διὰ νοήσεως οὐδὲ διὰ κρίσεως ὅλως ἡ μύησις, ἀλλὰ διὰ τῆς ἑνιαίας καὶ πάσης γνωστικῆς ἐνεργείας κρείττονος σιγῆς, ἣν ἡ πίστις ἐνδίδωσιν, ἐν τῷ ἀρρήτῳ καὶ ἀγνώστῳ <γένει> τῶν θεῶν ἱδρύουσα τάς τε ὅλας ψυχὰς καὶ τὰς ἡμετέρας.

et l'amour divin. Selon Proclus, l'action épistrophique de la prière relève en premier lieu de la théurgie et s'opère ainsi dans le silence et par la « foi » (πίστις), supérieure à la vérité à laquelle la philosophie donne accès[19] :

> Par eux, tout le monde est conservé dans l'être (σῴζεται) et conjoint (συνάπτεται) aux causes primordiales par l'intermédiaire soit de la folie amoureuse (διὰ τῆς ἐρωτικῆς μανίας), soit de la divine philosophie (διὰ τῆς θείας φιλοσοφίας), soit de la puissance théurgique (διὰ τῆς θεουργικῆς δυνάμεως), laquelle est meilleure que toute sagesse et toute science humaine (κρείττων ἐστὶν ἁπάσης ἀνθρωπίνης σωφροσύνης καὶ ἐπιστήμης), puisqu'elle concentre en elle les avantages de la divination, les forces purificatrices de l'accomplissement des rites et tous les effets sans exception de l'inspiration qui rend possédé du divin[20].

Selon Proclus, la δύναμις de la prière n'est pas seulement anagogique, mais aussi catagogique, car la prière ne se contente pas d'unir (ἑνοῦσα) les âmes des priants aux dieux, mais met également en relation (συνάπτουσα) l'intellect des dieux avec celui du priant, en stimulant ainsi par la persuasion (πείθειν) la surabondance (μετάδοσις) des dons divins[21].

19.   Sur la supériorité de la théurgie par rapport à la philosophie, voir *ibid.*, I, 25, p. 110, 6-16 : Ὡς μὲν τὸ ὅλον εἰπεῖν, τῶν θεῶν πίστις ἐστὶν ἡ πρὸς τὸ ἀγαθὸν ἀρρήτως ἑνίζουσα τά τε τῶν θεῶν γένη σύμπαντα καὶ δαιμόνων καὶ ψυχῶν τὰς εὐδαίμονας. Δεῖ γὰρ οὐ γνωστικῶς οὐδὲ ἀτελῶς τὸ ἀγαθὸν ἐπιζητεῖν, ἀλλ᾽ ἐπιδόντας ἑαυτοὺς τῷ θείῳ φωτὶ καὶ μύσαντας οὕτως ἐνιδρύεσθαι τῇ ἀγνώστῳ καὶ κρυφίῳ τῶν ὄντων ἑνάδι· τὸ γὰρ τοιοῦτον τῆς πίστεως γένος πρεσβύτερόν ἐστι τῆς γνωστικῆς ἐνεργείας, οὐκ ἐν ἡμῖν μόνον, ἀλλὰ καὶ παρ᾽ αὐτοῖς τοῖς θεοῖς, καὶ κατὰ τοῦτο πάντες οἱ θεοὶ συνήνωνται καὶ περὶ ἓν κέντρον μονοειδῶς τὰς ὅλας δυνάμεις τε καὶ προόδους αὐτῶν συνάγουσιν. « Pour le dire d'un mot, la *foi* des dieux est ce qui unit d'une manière indicible au bien toutes les classes des dieux, de démons et les âmes bienheureuses. En effet, il ne faut pas rechercher le bien à la manière d'une connaissance, c'est-à-dire d'une manière imparfaite, mais en s'abandonnant à la lumière divine et *en fermant les yeux* [PLOTIN I, 6 (1), 8, 25 ; cf. aussi *infra*, p. 222], ainsi faut-il s'établir dans l'hénade inconnue et secrète des êtres. Car ce genre de foi est supérieur à l'opération de connaissance, non seulement en nous, mais aussi chez les dieux eux-mêmes, et c'est par elle que tous les dieux sont unis et rassemblent autour d'un centre unique selon une seule forme toutes les puissances et leurs processions » (trad. H. D. Saffrey, L. Westerink). Cf. *ibid.*, IV, 26, p. 77, 23. Sur cette question, voir notamment A.-J. FESTUGIÈRE, « Contemplation philosophique et art théurgique chez Proclus », dans *Studi di storia religiosa della tarde antichità*, Messina, 1968, p. 7-18.
20.   PROCLUS, *Théologie platonicienne* I, 25, p. 113, 4-10 (trad. H. D. Saffrey, L. Westerink) : Σῴζεται δὲ πάντα διὰ τούτων καὶ συνάπτεται ταῖς πρωτουργοῖς αἰτίαις, τὰ μὲν διὰ τῆς ἐρωτικῆς μανίας, τὰ δὲ διὰ τῆς θείας φιλοσοφίας, τὰ δὲ διὰ τῆς θεουργικῆς δυνάμεως, ἣ κρείττων ἐστὶν ἁπάσης ἀνθρωπίνης σωφροσύνης καὶ ἐπιστήμης, συλλαβοῦσα τά τε τῆς μαντικῆς ἀγαθὰ καὶ τὰς τῆς τελεσιουργικῆς καθαρτικὰς δυνάμεις καὶ πάντα ἁπλῶς τὰ τῆς ἐνθέου κατακοχῆς ἐνεργήματα.
21.   PROCLUS, *Commentaire sur le Timée* I, p. 210, 30-211, 8 Diehl (trad. A.-J. Festugière) : πρὸς δὲ τὴν ἐπιστροφὴν ταύτην ἡ εὐχὴ μεγίστην παρέχεται συντέλειαν συμβόλοις ἀρρήτοις τῶν θεῶν, ἃ τῶν ψυχῶν ὁ πατὴρ ἐνέσπειρεν αὐταῖς, τῶν θεῶν τὴν εὐποιΐαν ἕλκουσα εἰς ἑαυτὴν καὶ ἑνοῦσα

Proclus hérite ainsi de Jamblique l'idée de l'existence d'une forme de πείθειν de la prière qui, exempte de παθεῖν, soit définie uniquement par relation aux θεῖα συνθήματα dont elle émane.

La remontée des âmes par la prière

Nous avons déjà vu que l'action épistrophique de la prière est rendue d'abord possible par les « caractères » (συνθήματα) implantés à chaque niveau du réel[22], par lesquels elle attire la bienfaisance (εὐποιία) des dieux envers ceux qui prient[23]. La prière se sert ainsi de ces liens d'affinité pour faire l'âme remonter vers les dieux[24]. Dans la *Théologie platonicienne*, Proclus montre que la remontée des âmes se fait à travers toute la hiérarchie des dieux, en mettant en évidence l'accord de Platon et des *Oracles chaldaïques* sur cette hiérarchie[25].

μὲν τοὺς εὐχομένους ἐκείνοις, πρὸς οὓς εὔχονται, συνάπτουσα δὲ καὶ τὸν τῶν θεῶν νοῦν πρὸς τοὺς τῶν εὐχομένων λόγους, κινοῦσα δὲ τὴν βούλησιν τῶν τελείως τὰ ἀγαθὰ περιεχόντων ἐν ἑαυτοῖς ἐπὶ τὴν ἄφθονον αὐτῶν μετάδοσιν, πειθοῦς τε οὖσα τῆς θείας δημιουργὸς καὶ ὅλα τὰ ἡμέτερα τοῖς θεοῖς ἐνιδρύουσα. « Or, à cette conversion, c'est la prière qui contribue au plus haut point. Grâce aux 'signes' ineffables des dieux que le Père des âmes a ensemencés dans les âmes [réminiscence de l'*Oracle chaldaïque* 108 DES PLACES ; cf. H. LEWY, *Chaldaean Oracles...*, p. 191 n. 55], la prière attire à elle la bienfaisance des dieux : d'une part, elle unit les priants aux dieux auxquels s'adresse leur prière, et d'autre part elle conjoint l'intellect des dieux aux raisons de ceux qui prient, elle meut ceux qui contiennent en eux-mêmes les biens en complétude à vouloir les donner surabondamment en partage, elle est tout ensemble ce qui crée le moyen de persuader les dieux et ce qui établit tout ce qui est nôtre dans le sein des dieux ». Voir aussi *ibid.*, II, p. 221, 8-222, 6 ; *Commentaire sur la République*, I, p. 187, 24-188, 27 DIEHL.

22.   H. LEWY (*Chaldaean Oracles...*, p. 191-192 et n. 56) pensait qu'il s'agit des noms secrets des dieux (ἄρρητα ὀνόματα). On sait en effet que l'étude des noms des dieux est, chez Proclus, un instrument pour connaître la vérité au sujet des dieux (cf. PROCLUS, *in Crat.*, p. 47, 12-82, 29 ; *Théologie platonicienne* I, 29, p. 124, 3-125, 8 ; IV, 5, p. 21, 14-21 et note *ad loc.*). Voir sur cette question M. HIRSCHLE, *Sprachphilosophie und Namenmagie im Neuplatonismus*, Meisenheim am Glan, 1979, p. 16-17 et 20-28. A.-J. FESTUGIÈRE (*Commentaire sur le Timée*, t. II, p. 32 n. 2) a pourtant raison de souligner que les σύμβολα et les συνθήματα couvrent, chez Proclus, un domaine plus large. À la différence de la doctrine exposée par Jamblique dans la *Réponse à Porphyre*, les συνθήματα concernent ici également le monde inanimé.

23.   PROCLUS, *Commentaire sur le Timée* I, p. 211, 1-2 DIEHL : πρὸς δὲ τὴν ἐπιστροφὴν ταύτην ἡ εὐχὴ μεγίστην παρέχεται συντέλειαν συμβόλοις ἀρρήτοις τῶν θεῶν, ἃ τῶν ψυχῶν ὁ πατὴρ ἐνέσπειρεν αὐταῖς, τῶν θεῶν τὴν εὐποιίαν ἕλκουσα εἰς ἑαυτὴν καὶ ἑνοῦσα μὲν τοὺς εὐχομένους ἐκείνοις, πρὸς οὓς εὔχονται.

24.   Sur la remontée des âmes, voir aussi PROCLUS, *Théologie platonicienne* I, 22, p. 104, 15 ; IV, 3, p. 14, 18-21 ; *Commentaire sur la République*, II, p. 121, 17.

25.   PROCLUS, *Théologie platonicienne* IV, 9, p. 27, 5-31, 16 et la note *ad loc.* de l'édition préparée par H. D. Saffrey et L. Westerink ; cf. *ibid.*, V, 8, p. 30, 3-6 (et note *ad loc.*), et H. LEWY, *Chaldaean Oracles...*, p. 483-484.

Il s'agit, donc, d'une prière théurgique, car la connaissance des συνθήματα spécifiques pour chaque niveau de la hiérarchie divine n'est réservée qu'aux théurges, lesquels doivent les utiliser dans l'ordre approprié pour parvenir au monde intelligible. Dans le *kephalaion* du chapitre 9 du livre IV de la *Théologie platonicienne*, Proclus affirme, en effet, explicitement, que la remontée des âmes s'opère selon l'enseignement des théurges[26]. Dans ce chapitre, on trouve, en effet, le texte le plus clair sur la remontée des âmes jusqu'aux dieux intelligibles dans le vocabulaire même des *Oracles chaldaïques* :

> Par conséquent, on trouve chez nous [*scil.* les philosophes platoniciens] aussi le même mode de la remontée, et grâce à lui le mode de la remontée des théurges est encore plus digne de foi[27]. En effet, de même que les universels remontent vers les principes transcendants par le moyen de ce qui les surmonte immédiatement, de même aussi les individus, imitant la remontée des universels, s'unissent par le moyen des degrés [cf. *Banquet* 211 c] intermédiaires aux causes les plus simples et indicibles.
>
> Et de fait, ce que Platon a enseigné dans ce texte au sujet des âmes universelles, dans la suite, il l'a révélé en traitant brièvement de nos âmes. Et d'abord il unit (συνάπτει) nos âmes aux dieux séparés du monde (ἀπόλυτοι) ; ensuite grâce à ceux-là, il les élève vers les dieux perfecteurs (τελεσιουργοί) ; ensuite grâce à ceux-là, il les élève vers les dieux mainteneurs (συνεκτικοί), et il procède de la même façon jusqu'aux dieux intelligibles[28].

26.   PROCLUS, *Théologie platonicienne* IV, 9, p. 2, 7-9 [le chapitre 9 traite des dieux intelligibles-intellectifs à partir de l'enseignement du *Phèdre* sur l'ascension des âmes et des dieux jusqu'au sommet du ciel, enseignement confirmé et renforcé par l'autorité des *Oracles chaldaïques*] : Ὅτι τὸν τῆς ἀνόδου τρόπον τῆς ἐπὶ τὸ νοητὸν τὸν αὐτὸν ὁ Πλάτων παραδίδωσιν ὃν οἱ τελεσταὶ παραδεδώκασιν. « Platon enseigne comme mode de remontée jusqu'à l'intelligible, le même que celui que les théurges ont enseigné ». H. D. Saffrey et L. Westerink expliquent dans leur note *ad loc.* que les théurges dont il est ici question sont les prêtres des *Oracles chaldaïques*.

27.   Sur la πίστις aux révélations des théurges, voir le dossier de textes ressemblé par H. Lewy, *Chaldaean Oracles...*, p. 446.

28.   PROCLUS, *Théologie platonicienne* IV, 9, p. 29, 3-14 (trad. H. D. Saffrey, L. Westerink) : Ὁ αὐτὸς ἄρα τρόπος τῆς ἀναγωγῆς καὶ παρ' ἡμῖν ἐστι, καὶ διὰ τοῦδε πιστότερος ὁ τῆς θεουργικῆς ἀνόδου τρόπος. Ὡς γὰρ τὰ ὅλα διὰ τῶν προσεχῶς ὑπερκειμένων ἐπὶ τὰς ἐξηρημένας ἄνεισιν ἀρχάς, οὕτω καὶ τὰ μέρη μιμούμενα τὴν τῶν ὅλων ἀναγωγὴν συνάπτεται διὰ τῶν μέσων ἐπαναβασμῶν ταῖς ἁπλουστάταις καὶ ἀρρήτοις αἰτίαις. Καὶ γὰρ δὴ καὶ ὁ Πλάτων ἃ περὶ τῶν ὅλων ψυχῶν ἐν τούτοις παραδέδωκεν, μετὰ [δὲ] ταῦτα καὶ περὶ τῶν ἡμετέρων ἐπιτρέχων ἐξέφηνεν. Καὶ πρῶτον μὲν αὐτὰς συνάπτει τοῖς ἀπολύτοις, ἔπειτα διὰ τούτων εἰς τοὺς τελεσιουργοὺς ἀνάγει θεούς, εἶτα διὰ τούτων εἰς τοὺς συνεκτικούς, καὶ μέχρι τῶν νοητῶν ὡσαύτως ; cf. *ibid.* V, 8, p. 29, 20-21 (et note *ad loc.*) : Πανταχοῦ δὴ οὖν ταῖς ψυχαῖς ἀναγομέναις τροφὴ μὲν γίγνεται *τὸ νοητόν*, ἡ δὲ πρὸς αὐτὸ συνοχὴ διὰ τῶν δευτέρων ὑπάρχει καὶ τρίτων θεῶν, « l'union à l'intelligible a lieu par l'intermédiaire des dieux de deuxième et de troisième rang », à savoir par les dieux intelligibles-intellectifs et par les dieux intellectifs.

Cette remontée de l'âme est également associée à un parcours mystérique, qui va de l'introduction au mystère (la purification préparatoire) (τελετή), par l'initiation (μύησις), vers la vision mystique (ἐποπτεία)[29], en passant ainsi progressivement par les dieux perfecteurs (ou télétarques) (τελεσιουργοί), mainteneurs (συνεκτικοί) et rassembleurs (συναγωγοί)[30]. Proclus en traite dans le livre IV, dans le cadre de la partie dédiée aux dieux intelligibles-intellectifs – tels qu'ils sont présentés dans le *Phèdre* (246 e-248 c), où ils correspondent respectivement au lieu supra-céleste, au ciel et à la voûte du ciel[31] –, consacrée spécifiquement à la troisième triade appelée « mystère béatifiant » (*Phèdre* 250 b), qui conduit les âmes vers les « visions intégrales et immobiles » (*Phèdre* 250 c) des dieux. Les trois degrés τελετή – μύησις – ἐποπτεία correspondent aux trois triades, perfectrice, mainteneuse et rassembleuse, et, à l'intérieur des triades, aux trois monades similaires (p. 77, 9-19) :

> En effet, l'introduction au mystère précède l'initiation (τελετή), et l'initiation (μύησις), l'époptie (ἐποπτεία). Donc, nous sommes introduits dans les mystères en nous élevant sous la direction des dieux perfecteurs (τελεσιουργοί) ; nous sommes initiés aux *visions intégrales et immobiles* [*Phèdre* 250 c] sous la direction des dieux mainteneurs (συνεκτικοί), chez qui se trouve aussi la totalité intellective et la station des âmes ; enfin, nous parvenons à l'époptie chez les dieux rassembleurs de l'univers (συναγωγοί) dans les hauteurs intelligibles[32].

Au long de ce parcours, la μύησις et l'ἐποπτεία représentent les « symboles (ou les caractères) mystiques » (τὰ συνθήματα τὰ μυστικὰ) des dieux intelligibles que l'âme découvre au sommet du niveau des dieux intelligibles-intellectifs. Ces συνθήματα désignent le silence indicible (ἀρρήτου σιγή) et l'union avec les dieux intelligibles, les deux étapes essentielles dans l'ascension vers

---

29.   Ce parcours τελετή-μύησις-ἐποπτεία se retrouve également, comme le font signaler H. D. SAFFREY et L. WESTERINK (*Théologie platonicienne*, t. IV, p. 172), chez HERMIAS, dans le *Commentaire sur le Phèdre* (p. 186, 8-18 LUCARINI-MORESCHINI), lequel explicite la τελετή comme une purification préalable ; cf. aussi DAMASCIUS, *in Phaed.* I, § 167.

30.   Les dieux τελεσιουργοί, συνεκτικοί et συναγωγοί dérivent des *Oracles chaldaïques* (fr. 77, 86 et 177 DES PLACES), où ils sont nommés respectivement τελεταρχαί, συνοχηίς, ἴυγγες.

31.   PROCLUS, *Théologie platonicienne*, IV, 26, p. 76, 22-77, 8.

32.   *Ibid.*, IV, 26, p. 77, 9-15 : Προηγεῖται γὰρ ἡ μὲν τελετὴ τῆς μυήσεως, αὕτη δὲ τῆς ἐποπτείας. Οὐκοῦν τελούμεθα μὲν ἀνιόντες ὑπὸ τοῖς τελεσιουργοῖς θεοῖς, μυούμεθα δὲ τὰ ὁλόκληρα καὶ ἀτρεμῆ φάσματα ὑπὸ τοῖς συνεκτικοῖς, παρ' οἷς καὶ ἡ ὁλότης ἡ νοερὰ καὶ ἡ στάσις τῶν ψυχῶν, ἐποπτεύομεν δὲ παρὰ τοῖς συναγωγοῖς τῶν ὅλων εἰς τὴν νοητὴν περιωπήν. Voir aussi *ibid.* IV, 27-39, pour l'exposé sur cette triade dans la partie consacrée aux dieux intelligibles-intellectifs dans le *Parménide*, le dernier chapitre étant consacré à l'accord entre la doctrine du *Parménide* et celle des *Oracles chaldaïques* sur le sujet.

l'Un, qui se révèlent par le moyen des visions mystiques (διὰ τῶν μυστικῶν φασμάτων), allusion aux φάσματα divins du *Phèdre*:

> Et les *visions intégrales, immuables et simples* se révèlent aux âmes par le moyen des dieux mainteneurs (συνεκτικοί), depuis là-haut, depuis *le lieu supracéleste* [*Phèdre* 247 c]. Car, c'est en ce lieu qu'apparaissent les symboles mystiques (τὰ συνθήματα τὰ μυστικὰ) des dieux intelligibles, ainsi que les beautés inconnaissables et indicibles des caractères. Et en effet l'initiation (μύησις) et l'époptie (ἐποπτεία) sont les symboles (σύμβολον) du silence indicible (ἀρρήτου σιγῇ) et de l'union avec les intelligibles par le moyen des visions mystiques[33].

La prière qui, à partir des συνθήματα, fait remonter l'âme vers l'Un se transforme ainsi progressivement, au niveau des dieux intelligibles-intellectifs, en silence (σιγή), idée qui remonte, on s'en souvient, à Porphyre[34]. Chez Proclus, la σιγή est, en effet, un des noms du degré intelligible[35], alors que l'Un, à la différence de Porphyre, est célébré comme ἐπέκεινα σιγῆς « au-delà du silence »[36]. La manière de parvenir à l'Un transcende, donc, le si-

33.   *Ibid.*, IV, 9, p. 30, 10-17 : τὰ δὲ ὁλόκληρα καὶ ἀτρεμῆ φάσματα καὶ ἁπλᾶ διὰ τῶν συνεκτικῶν θεῶν ἐκφαίνεται ταῖς ψυχαῖς ἄνωθεν ἀπὸ *τοῦ ὑπερουρανίου τόπου*. Τὰ γὰρ συνθήματα τὰ μυστικὰ τῶν νοητῶν ἐν ἐκείνῳ τῷ τόπῳ προφαίνεται καὶ τὰ ἄγνωστα καὶ ἄρρητα κάλλη τῶν χαρακτήρων. Καὶ γὰρ ἡ μύησις καὶ ἡ ἐποπτεία τῆς ἀρρήτου σιγῆς ἐστι σύμβολον καὶ τῆς πρὸς τὰ νοητὰ διὰ τῶν μυστικῶν φασμάτων ἑνώσεως; cf. *ibid.*, II, 11, p. 64, 14-65, 2. Sur cette doctrine chaldaïque, voir H. LEWY, *Chaldaean Oracles...*, p. 190-192.

34.   Voir *supra*, p. 157-160. Cf. PROCLUS, *Théologie platonicienne* V, 36, p. 132, 8 (et Notes complémentaires, p. 209). Sur le silence comme hommage rendu au Premier Principe et comme expression de son caractère indicible et inconnaissable, voir Ph. HOFFMANN, « L'expression de l'indicible... », notamment p. 378-390.

35.   Cf. PROCLUS, *Commentaire sur le Parménide* VII, p. 1171, 7-8, et THÉODORE D'ASINÈ, fr. 9 DEUSE (= PROCLUS, *in Parm.*, VII, p. 52, 10-27). Sur ce dernier texte, voir le commentaire de W. DEUSE, *Theodoros von Asine*, p. 104-105, et la note de l'édition préparée par H. D. Saffrey et L. Westerink dans PROCLUS, *Théologie platonicienne* IV, p. 134. Le premier dieu de la deuxième triade des dieux intellectifs (les dieux « implacables » ou « immaculés ») est encore appelé σιγώμενος « celui dont on ne parle pas » (*Théologie platonicienne* V, 34, p. 125, 1-2, et Notes complémentaires, p. 206).

36.   Voir PROCLUS, *Théologie platonicienne* II, 11, p. 65, 13 ; III, 7, p. 30, 7-8, et notamment V, 28, p. 105, 3-14 (sur le sens en lequel le démiurge est inconnaissable, à propos du *Timée*, 28 c): Ἀλλ' ὁρᾷς αὐτὴν τῶν πραγμάτων τὴν τάξιν καὶ τὴν ἐν αὐτοῖς ὕφεσιν εἰς τὸ κάτω προϊοῦσαν, ὡς τὸ μὲν ἀγαθὸν καὶ σιγῆς ἐστιν ἁπάσης καὶ λόγων ἁπάντων ἐξῃρημένον· τὸ δὲ τῶν νοητῶν θεῶν γένος σιωπῇ χαίρει καὶ τοῖς ἀρρήτοις συμβόλοις ἀγάλλεται, διὸ καὶ ὁ ἐν Φαίδρῳ Σωκράτης τελετῶν ἁγιωτάτην ἀποκαλεῖ τὴν τῶν νοητῶν μονάδων θέαν ὡς σιγωμένην καὶ ἀπορρήτως νοουμένην· τὸ δὲ τῶν νοερῶν ῥητὸν μέν ἐστιν, ἀλλ' οὐκ εἰς ἅπαντας ῥητόν, καὶ γνωστόν, ἀλλὰ μετὰ χαλεπότητος γνωστόν, διὰ γὰρ τὴν πρὸς τὸ νοητὸν ὕφεσιν ἀπὸ τῆς σιγῆς καὶ τῇ νοήσει μόνῃ καταληπτῆς ὑπεροχῆς εἰς τὴν τῶν ῥητῶν ἤδη προελήλυθε διακόσμησιν. « Eh bien, tu peux voir ici l'ordre même des réalités et leur dégradation

lence[37], alors que ce sont les dieux intelligibles qui sont honorés en silence. Ce degré, de la μύησις, caractérisé par le silence indicible, est également illustré par plusieurs rites théurgiques dont le plus éminent est celui qui consiste à enterrer le corps à l'exception de la tête[38], auquel Proclus donne une interprétation théologique à l'aide de deux passages tirés du *Phèdre* (248 a et 250 c)[39]. Dans ce cas, comme le font remarquer H.-D. Saffrey et L. Westerink, ce sont les *Oracles chaldaïques* (fr. 108 sur les συνθήματα) qui confirment Platon et non l'inverse.

2. La τελειότης de la prière

Dans la partie réservée à l'exposé sur la τελειότης de la prière dans son *Commentaire sur le Timée* (I, p. 211, 8-213, 7), Proclus reprend et raffine la

qui procède vers le bas : le Bien transcende non seulement tout silence mais aussi tout discours ; la classe des dieux intelligibles trouve sa joie dans le silence et son plaisir dans les symboles indicibles (c'est pourquoi Socrate dans le *Phèdre* appelle la vision des monades intelligibles la plus sainte des initiations, en tant qu'elle se fait dans le silence et qu'elle est intelligée d'une manière indicible) ; enfin la classe des dieux intellectifs est sans doute dicible, mais non pas dicible à tous, et elle est connaissable, mais connaissable avec difficulté, car c'est à cause de la dégradation par rapport à l'intelligible que cette classe a procédé, à partir du silence ou de la supériorité saisissable par la seule intellection, vers le monde des choses désormais dicibles » (trad. H. D. Saffrey, L. Westerink).

37.   Le silence et la vision sont aussi les deux étapes essentielles dans l'ascension vers l'Un, telle qu'elle est décrite dans la *Théologie platonicienne* II, 11, p. 64, 14-19, pour le silence, et p. 64, 19-65, 2, pour la vision ; cf. *ibid.* IV, 9, p. 30, 15-17. Sur cette doctrine, voir aussi H. Lewy, *Chaldaean Oracles...*, p. 397-398.

38.   Proclus, *Théologie platonicienne* IV, 9, p. 30, 17-19. Sur ce rite, voir H. Lewy, *Chaldaean Oracles...*, p. 204-207 et les références réunies par H. D. Saffrey et L. Westerink dans la note *ad loc.* Il est étudié de manière exhaustive par Ph. Hoffmann, « Le ritual théurgique de l'ensevelissement et le *Phèdre* de Platon. À propos de Proclus, *Théologie platonicienne*, IV, 9 », dans A. Van den Kerchove, L. G. Soares Santoprete (éd.), *Gnose et manichéisme. Entre les oasis d'Égypte et la Route de la Soie. Hommage à Jean-Daniel Dubois*, Turnhout, 2017, p. 859-914.

39.   Proclus, *Théologie platonicienne* IV, 9, p. 30, 21-31, 5 : Καθαροὶ γὰρ ὄντες, φησί [*scil.* Platon], καὶ ἀσήμαντοι τούτου ὃ νῦν σῶμα περιφέροντες ὀνομάζομεν [*Phèdre* 250 c], τῆς μακαριωτάτης ταύτης μυήσεως καὶ ἐποπτείας ἐτυγχάνομεν, πλήρεις ὄντες τοῦ νοητοῦ φωτός· ἡ γὰρ αὐγὴ ἡ καθαρὰ [*Phèdre* 250 c] συμβολικῶς ἡμῖν ἐκφαίνει τὸ νοητὸν φῶς. Τοῦ μὲν οὖν σώματος παντελῶς ἀφειμένην εἴχομεν τὴν ἐν τῷ νοητῷ ζωήν· τῇ δὲ τοῦ ἡνιόχου κεφαλῇ πρὸς τὸν ἔξω τόπον ὑπεραίροντες[*Phèdre* 248 a] τῶν ἐκεῖ μυστηρίων καὶ τῆς νοητῆς ἐπληρούμεθα σιγῆς. « *Car*, dit-il, *c'est étant purs et avant de porter les marques de ce que nous promenons avec nous et que nous nommons le corps*, que nous avons eu part à cette initiation et époptie infiniment bienheureuse et que nous avons été emplis de lumière intelligible, car *le pur éclat*, désigne symboliquement pour nous la lumière intelligible. Ainsi, donc, nous possédions la vie dans l'intelligible totalement séparée du corps ; et c'est en élevant *la tête de notre cocher vers le lieu extérieur* que nous nous emplissions des mystères de là-haut et du silence intelligible » (trad. H. D. Saffrey, L. Westerink).

doctrine présentée par Jamblique dans la *Réponse à Porphyre* (V, 26). La prière comporte ainsi chez Proclus non pas trois, mais cinq degrés de perfection ; chacun de ces degrés est décrit, selon un modèle déjà employé par Jamblique, à l'aide d'un lexique emprunté aux *Oracles chaldaïques*, comme une étape supérieure dans la remontée de l'âme vers le feu divin dont elle est une parcelle :

1) Le premier degré est représenté par la connaissance (γνῶσις) des classes des dieux. Il s'agit d'une connaissance d'ordre théologique ayant le rôle de familiariser celui qui prie aux dieux dont il veut s'approcher par la connaissance de leurs propriétés (ἰδιότηται)[40]. Le discours théologique est ainsi explicitement associé à une forme préalable de prière[41], alors que la philosophie est, corrélativement, conçue comme une étape préliminaire de la théurgie. Dans la terminologie des *Oracles*, cette étape correspond à la « compréhension chauffée au feu » (τὴν περιθαλπῆ ἔννοιαν)[42], par laquelle la nature ignée de l'âme est « chauffée » au sens propre du terme.

Un exemple de ce type de discours théologique qui prend la forme d'un hymne en l'honneur des dieux est la litanie des traits négatifs de l'Un dans le livre II de la *Théologie platonicienne* envisagée comme un hymne au Premier Principe, la première qualité de l'hymne étant de le nommer de la manière la moins inappropriée possible. Ce texte est également important pour la description de l'expérience mystique – qui fait allusion au passage similaire du traité 32 de Plotin – qui précède et rend possible cette connaissance négative de l'Un dont l'hymne est porteur :

> Eh bien, allons – c'est l'occasion ou jamais – rejetons les connaissances multiformes, et bannissons de nous-mêmes toute la diversité de la vie de l'âme, et parvenus à la tranquillité de toutes nos facultés, approchons-nous de la cause de tout ; et qu'il n'y ait pas en nous seulement la tranquillité de l'opinion et de l'imagination, pas seulement l'apaisement des passions qui empêchent notre élan vers le haut pour atteindre le premier principe, mais que l'atmosphère

---

40. PROCLUS, *Commentaire sur le Timée* I, p. 211, 9-11 DIEHL (trad. A.-J. Festugière) : Ἡγεῖται δὲ τῆς τελείας καὶ ὄντως οὔσης εὐχῆς πρῶτον ἡ γνῶσις τῶν θείων τάξεων πασῶν, αἷς πρόσεισιν ὁ εὐχόμενος· οὐ γὰρ ἂν οἰκείως προσέλθοι μὴ τὰς ἰδιότητας αὐτῶν ἐγνωκώς. « En premier vient la connaissance de toutes les classes des dieux, desquelles s'approche celui qui prie : impossible en effet de s'en approcher convenablement si l'on n'est pas instruit des propriétés des chacune d'elles ».

41. Cf. PROCLUS, *Théologie platonicienne* V, 20, p. 75, 10-14 ; *Commentaire sur le Parménide* VII, 1191, 34-35 (la première hypothèse du *Parménide* est assimilée à un hymne en l'honneur de l'Un). Cf. *supra*, p. 38-40 et 45.

42. *Oracles chaldaïques*, fr. 140 DES PLACES [= PROCLUS, *Commentaire sur le Timée*, I, p. 211, 12] ; cf. H. LEWY, *Chaldaean Oracles...*, p. 177-179.

soit paisible et tout le monde d'ici-bas en paix : que toutes choses enfin par l'effet d'une force sereine nous élèvent à la communion avec l'ineffable.

Après nous être tenus là-haut immobiles et dans notre course avoir dépassé l'intelligible, si toutefois il y a quelque chose en nous de cette nature-là, après nous être prosternés comme devant le soleil levant, les yeux fermés (car, pas plus qu'à aucun des autres êtres, il ne nous est permis de le fixer en face), après avoir vu donc le soleil de la lumière des dieux intelligibles sortir *de l'océan*, comme disent les poètes [*Il.* VII, 421][43], et ensuite après être descendus de cette quiétude toute remplie de dieu jusqu'à l'intellect, mettant alors en œuvre les ressources de l'intellect, rappelons en nous-mêmes, à l'aide des raisonnements de l'âme, au-delà de quels êtres nous avons posé le premier dieu comme transcendant au cours de ce voyage.

Et célébrons-le comme par un hymne (οἷον ὑμνήσωμεν)[44], sans dire que c'est lui qui a fait exister la terre et le ciel[45], ni non plus qu'il a créé les âmes et les espèces de tous les vivants[46] ; car sans doute c'est là aussi son œuvre mais la toute dernière ; célébrons-le plutôt pour avoir fait paraître au jour toute la classe intelligible des dieux et toute la classe intellective des dieux, tous les dieux hypercosmiques et tous les dieux encosmiques ; et disons qu'il est Dieu entre tous les dieux, hénade entre les hénades, au-delà des premiers *adyta*, plus ineffable que tout silence et plus inconnaissable que toute existence, Dieu saint, caché dans la sainteté des dieux intelligibles[47].

---

43. Cf. PLOTIN 32 (V, 5), 8, 6. Voir *supra*, p. 130.

44. Cette comparaison entre la vision de Dieu et la prière au soleil levant est remarquable. La structure de l'expérience décrite par Proclus – comportant une prosternation, un temps de silence et d'adoration, et, à la fin, la célébration du Bien par un hymne – est comparée par H. D. Saffrey et L. Westerink (note *ad loc.*) à celle de la prière solennelle de la messe romaine. Cette prière faisait partie de la vie religieuse quotidienne de Proclus lui-même au témoignage de MARINUS (*Vie de Proclus* 22). Cf. H. D. SAFFREY, « La dévotion de Proclus au Soleil », dans *Philosophies non chrétiennes et christianisme*, Bruxelles, 1984, p. 73-86 [repris dans *Le Néoplatonisme après Plotin*, p. 179-191].

45. Allusion, probablement, au symbole chrétien de la foi, comme le suggèrent H. D. Saffrey et L. Westerink (note complémentaire *ad loc.*).

46. Allusion, très probablement, au Démiurge du *Timée*.

47. PROCLUS, *Théologie platonicienne* II, 11, p. 64, 11-65, 15 (trad. H. D. Saffrey, L. Westerink) : Ἄγε δὴ οὖν εἴπερ ποτὲ καὶ νῦν τὰς πολυειδεῖς ἀποσκευασώμεθα γνώσεις, καὶ πᾶν τὸ ποικίλον τῆς ζωῆς ἐξορίσωμεν ἀφ᾽ ἡμῶν, καὶ πάντων ἐν ἠρεμίᾳ γενόμενοι τῷ πάντων αἰτίῳ προσίωμεν ἐγγύς· ἔστω δὲ ἡμῖν μὴ μόνον δόξης μηδὲ φαντασίας ἠρεμία, μηδὲ ἡσυχία τῶν παθῶν ἡμῶν ἐμποδιζόντων τὴν πρὸς τὸ πρῶτον ἀναγωγὸν ὁρμήν, ἀλλὰ ἥσυχος μὲν ἀὴρ ἥσυχον δὲ τὸ πᾶν τοῦτο· πάντα δὲ ἀτρεμεῖ τῇ δυνάμει πρὸς τὴν τοῦ ἀρρήτου μετουσίαν ἡμᾶς ἀνατεινέτω. Καὶ στάντες ἐκεῖ, καὶ τὸ νοητόν, εἰ δή τι τοιοῦτόν ἐστιν ἐν ἡμῖν, ὑπερδραμόντες, καὶ οἷον ἥλιον ἀνίσχοντα προσκυνήσαντες μεμυκόσι τοῖς ὀφθαλμοῖς (οὐ γὰρ θέμις ἀντωπεῖν οὐδὲ ἄλλο τῶν ὄντων οὐδέν), τὸν τοίνυν τοῦ φωτὸς τῶν νοητῶν θεῶν ἥλιον ἐξ ὠκεανοῦ, φασὶν οἱ ποιηταί, προφαινόμενον ἰδόντες, καὶ αὖθις ἐκ τῆς ἐνθέου ταύτης γαλήνης εἰς νοῦν καταβάντες καὶ ἀπὸ νοῦ τοῖς τῆς ψυχῆς χρώμενοι λογισμοῖς εἴπωμεν πρὸς ἡμᾶς

Ces passage, qui contient une description remarquablement riche des circonstances intérieures et extérieures de la prière, nous permet de développer l'analyse de l'anthropologie de la prière néoplatonicienne et de sa rhétorique. L'expérience décrite par Proclus, dans le sillage du traité 32 de Plotin, comporte le recueillement de l'orant, la méditation, l'évacuation des produits de l'imagination, le silence et une posture spécifique : la prosternation et les yeux fermés. La prière requiert également des conditions extérieures favorables : une athmosphère paisible, silencieuse. Elle comporte aussi des étapes : la contemplation intellectuelle de l'Un est suivie de la remémoration de la hiérarchie divine et, après cela, de la célébration de la divinité suprême par un hymne qui récapitule l'ensemble de son œuvre démiurgique, sorte de *credo* néoplatonicien, en opposition voulue, probablement, au symbole chrétien de la foi.

2) Après la γνῶσις théologique vient l'accommodation (οἰκείωσις) aux dieux. À ce niveau, l'assimilation au divin est réalisée non par la connaissance théologique, mais par la disposition de l'âme et par sa conduite envers les dieux[48]. On peut ainsi déduire qu'à ce degré l'assimilation au divin se produit sous l'influence de la Vie et non de l'Intellect[49].

αὐτοὺς ὧν ἐξηρημένον ἐν τῇ πορείᾳ ταύτῃ τὸν πρῶτον θεὸν τεθείμεθα. Καὶ οἷον ὑμνήσωμεν αὐτόν, οὐχ ὅτι γῆν καὶ οὐρανὸν ὑπέστησε λέγοντες οὐδ' αὖ ὅτι ψυχὰς καὶ ζῴων ἁπάντων γενέσεις· καὶ ταῦτα μὲν γὰρ ἀλλ' ἐπ' ἐσχάτοις· πρὸ δὲ τούτων ὡς πᾶν μὲν τὸ νοητὸν τῶν θεῶν γένος, πᾶν δὲ τὸ νοερὸν ἐξέφηνε, πάντας δὲ τοὺς ὑπὲρ τὸν κόσμον καὶ τοὺς ἐν τῷ κόσμῳ θεοὺς ἅπαντας· καὶ ὡς θεός ἐστι θεῶν ἁπάντων, καὶ ὡς ἑνὰς ἑνάδων, καὶ ὡς τῶν ἀδύτων ἐπέκεινα τῶν πρώτων, καὶ ὡς πάσης σιγῆς ἀρρητότερον, καὶ ὡς πάσης ὑπάρξεως ἀγνωστότερον, ἅγιος ἐν ἁγίοις τοῖς νοητοῖς ἐναποκεκρυμμένος θεοῖς.

48. PROCLUS, *Commentaire sur le Timée* I, p. 211, 13-17 DIEHL (trad. A.-J. Festugière) : δευτέρα δὲ μετὰ ταύτην ἡ οἰκείωσις κατὰ τὴν πρὸς τὸ θεῖον ὁμοίωσιν ἡμῶν τῆς συμπάσης καθαρότητος, ἁγνείας, παιδείας, τάξεως, δι' ἧς τὰ ἡμέτερα προσάγομεν τοῖς θεοῖς, ἕλκοντες τὴν ἀπ' αὐτῶν εὐμένειαν καὶ τὰς ψυχὰς ἡμῶν ὑποκατακλίνοντες αὐτοῖς. « Deuxièmement, après cela, l'accommodation aux dieux, selon qu'elle nous rend semblables au divin par tout un ensemble de pureté, de chasteté, d'éducation, de bonne conduite, grâce à quoi nous offrons aux dieux tout ce qui est nôtre, attirant à nous leur bienveillance et leur soumettant nos âmes ».

49. Cf. PROCLUS, *Théologie platonicienne* III, 6, p. 25, 26-26, 2 (sur la hiérarchie des êtres qui participent aux hénades) : Ζωὴ δὲ ὑπὲρ νοῦν τεταγμένη διχῶς τῶν αὐτῶν αἰτία προϋπάρχει, μετὰ μὲν τοῦ νοῦ ζωοποιοῦσα τὰ δεύτερα καὶ ὅσα πέφυκε ζῆν ἀφ' ἑαυτῆς πληροῦσα τῶν τῆς ζωῆς ὀχετῶν, μετὰ δὲ τοῦ ὄντος ἅπασι τὴν οὐσίαν ἄνωθεν παρέχουσα. « Quant à la vie, dont le rang est supérieur à l'intellect, elle préexiste en tant que cause des mêmes effets de deux façons : avec l'intellect, elle vivifie les êtres inférieurs et tire d'elle-même *les canaux* [fr. 65 et 66 DES PLACES] qui amènent la vie dont elle emplit tout ce qui est fait pour vivre, et avec l'être elle procure de là-haut l'essence à tout ce qui existe » (trad. H. D. Saffrey, L. Westerink). Voir aussi la note *ad loc.* : « L'expression vient des *Oracles chaldaïques* pour lesquels la vie descend dans des conduites qui canalisent le feu porteur de vie. Ces 'canaux' sont probablement les rayons

Il s'agit toujours d'une étape préliminaire par laquelle s'établit un accord entre l'âme du priant et les dieux. La prière est susceptible de changer l'état de l'âme de celui qui prie : par la simple profération de la prière sa conduite se modifie et les dieux sont rendus agréables, en raison des συνθήματα qui sont capables de mettre en contact avec les dieux. Il s'agit d'un double processus : d'une part, par les συνθήματα divins de l'âme, la prière la fait remonter aux dieux, et, d'autre part, par les συνθήματα qu'elle-même contient, la prière met l'âme en contact avec les dieux dont ces συνθήματα relèvent.

3) Après ces deux étapes préliminaires, qui ont le rôle de familiariser l'âme priante avec le divin, vient le « contact » (συναφή) avec le divin. À ce degré, la prière met effectivement en contact la partie supérieure de l'âme et les dieux. Selon Proclus, l'âme attend, en effet, à ce niveau, l'« essence divine » (θεῖα οὐσία)[50]. Il reprend ainsi une idée, celle du « toucher mystique », qui a connu une carrière importante dans le néoplatonisme[51]. Cette συναφή s'opère pourtant ici par la πίστις, ce qui signifie que le contact avec le divin est au-delà de la connaissance à laquelle la philosophie peut donner accès[52].

4) Le contact avec les dieux est raffermi et consolidé au degré supérieur, que Proclus désigne, avec un terme rare, emprunté aux *Oracles* (fr. 121 DES PLACES), par l'ἐμπέλασις, que l'on peut traduire, avec Festugière, par

---

du soleil » ; cf. *ibid.*, III, 27, p. 99, 21 (dans le résumé de la doctrine des triades intelligibles) ; IV, 6, p. 24, 8-11 (la fin de l'exposé sur la première triade des dieux intelligibles-intellectifs).

50.   PROCLUS, *Commentaire sur le Timée* I, p. 211, 18-19 DIEHL (trad. A.-J. Festugière) : τρίτη δὲ ἡ συναφή, καθ᾽ ἣν ἐφαπτόμεθα τῆς θείας οὐσίας τῷ ἀκροτάτῳ τῆς ψυχῆς καὶ συννεύομεν πρὸς αὐτήν. « Troisièmement le contact, selon lequel, par la cime de l'âme, nous commençons d'atteindre l'essence divine et nous inclinons vers elle ». A.-J. FESTUGIÈRE fait remarquer (*ibid.*, t. II, p. 33 n. 2) que « ici la συναφή (211, 18) est distincte de l'ἕνωσις (211, 24) », tandis que « plus haut συναφή (208, 7) et συνάπτουσα (211, 4) équivalaient simplement à 'union' et à 'unir' ». Sur cette ambivalence du terme συναφή, voir *supra*, p. 189-190.

51.   Cf. PROCLUS, *Théologie platonicienne* IV, 12, p. 41, 26-42, 2 : ἡ ἁφὴ πολλαχοῦ κἀν τοῖς ἀσωμάτοις ἐστὶ κατὰ τὴν τῶν πρώτων πρὸς τὰ δεύτερα κοινωνίαν, καὶ τάς τε κοινωνίας ταύτας συναφὰς εἰώθασι καλεῖν καὶ τὰς τῶν νοήσεων θίξεις ἐπαφάς. « Le contact se rencontre souvent, même dans les incorporels sous la forme de cette communion qui unit les supérieurs aux inférieurs, et ces communions, on a accoutumé de les appeler des συναφαί, et les touchers des actes d'intellection, des ἐπαφαί ». Pour la théorie du « toucher mystique » dans le néoplatonisme, voir le dossier ressemblé par H. D. SAFFREY et L. WESTERINK dans la note *ad loc.*, et Ph. HOFFMANN, « L'expression de l'indicible... », p. 356-360.

52.   PROCLUS, *Théologie platonicienne* I, 25, p. 112, 1-3 : Καὶ διὰ τοῦτο δήπου καὶ ἡ πρὸς αὐτὸ συναφὴ καὶ ἕνωσις ὑπὸ τῶν θεολόγων πίστις ἀποκαλεῖται [*Or. chald.*, fr. 46 DES PLACES]· « Et, c'est pourquoi, je pense, les théologiens appellent *foi* le contact et l'union avec lui » (trad. H. D. Saffrey, L. Westerink).

« voisinage immédiat »[53]. Ce niveau correspond ainsi, dans la terminologie des *Oracles*, à une plus grande proximité de l'âme par rapport au Feu ou à la Lumière divine (c'est-à-dire à l'Un).

5) Le plus haut degré de perfection de la prière et le terme du parcours anagogique est représenté, comme chez Jamblique, par l'union (ἕνωσις) de l'âme avec les dieux, à travers laquelle l'âme retourne pleinement à son principe et est de nouveau installée en lui[54]. Cette union s'opère, elle aussi, par la πίστις. La prière réalise de cette manière la seconde espèce de perfection donnée par les dieux aux êtres, à savoir la capacité de retourner à leur principe. En même temps, du point de vue catagogique, à ce niveau le divin se retrouve réuni à lui-même, tout ce qui en est sorti revenant à lui. La prière rétablit ainsi l'unité du divin. Dans le langage des *Oracles*, la Lumière divine enveloppe pleinement la lumière qui est en nous, les deux ne faisant qu'un. Il est néanmoins remarquable que Proclus associe cette union à l'activité commune des dieux et de l'âme, activité qui doit reposer sur une communion de pensées que Jamblique n'associe qu'au degré intermédiaire (le deuxième) de la prière.

Une hiérarchie complémentaire des degrés de la prière se dégage d'un autre passage de la section consacrée à la prière dans le *Commentaire sur le Timée* :

> Voici donc ce que doit faire celui qui veut se mettre vaillamment à prier : se rendre les dieux propices et tout ensemble réveiller en lui-même ses notions sur les dieux – car le souvenir de la douceur des dieux est ce qui nous incite tout d'abord à participer à leur être – ; s'attacher sans intermission au service de la divinité (ἀδιαλείπτως ἔχεσθαι τῆς περὶ τὸ θεῖον θρησκείας), car *les*

53. PROCLUS, *Commentaire sur le Timée* I, p. 211, 20-24 DIEHL (trad. A.-J. Festugière) : ἐπὶ δὲ ταύταις ἡ ἐμπέλασις – οὕτως γὰρ αὐτὴν καλεῖ τὸ λόγιον· τῷ πυρὶ γὰρ βροτὸς ἐμπελάσας θεόθεν φάος ἕξει – μείζω τὴν κοινωνίαν ἡμῖν παρεχομένη καὶ τρανεστέραν τὴν μετουσίαν τοῦ τῶν θεῶν φωτός. « Après ces étapes, le voisinage immédiat – car c'est ainsi que l'*Oracle* nomme cette étape : *Le mortel qui s'est rendu voisin du Feu tiendra de Dieu la lumière* – qui nous met davantage en communication avec le divin et nous fait participer en plus de clarté à la lumière divine ».
54. *Ibid.*, I, p. 211, 24-212, 1 : τελευταία δὲ ἡ ἕνωσις, αὐτῷ τῷ ἑνὶ τῶν θεῶν τὸ ἓν τῆς ψυχῆς ἐνιδρύουσα καὶ μίαν ἐνέργειαν ἡμῶν τε ποιοῦσα καὶ τῶν θεῶν, καθ' ἣν οὐδὲ ἑαυτῶν ἐσμεν, ἀλλὰ τῶν θεῶν, ἐν τῷ θείῳ φωτὶ μένοντες καὶ ὑπ' αὐτοῦ κύκλῳ περιεχόμενοι. καὶ τοῦτο πέρας ἐστὶ τὸ ἄριστον τῆς ἀληθινῆς εὐχῆς, ἵνα ἐπισυνάψῃ τὴν ἐπιστροφὴν τῇ μονῇ καὶ πᾶν τὸ προελθὸν ἀπὸ τοῦ τῶν θεῶν ἑνὸς αὖθις ἐνιδρύσῃ τῷ ἑνὶ καὶ τὸ ἐν ἡμῖν φῶς τῷ τῶν θεῶν φωτὶ περιλάβῃ. « Enfin l'union, qui fixe l'un de l'âme dans l'un même des dieux et fait une seule activité de la nôtre et de celle des dieux, selon laquelle ne nous appartenons plus à nous-mêmes, mais aux dieux, dès là que nous demeurons dans la divine Lumière et que nous sommes encerclés par elle (cf. 209, 27). Et c'est bien là le terme suprême de la vraie prière, afin qu'elle rattache le retour à la permanence initiale, qu'elle rétablisse dans l'unité du divin tout ce qui en est sorti, qu'elle enveloppe de la Lumière divine la lumière qui est en nous ».

Bienheureux sont prompts à frapper le mortel lent à prier ; maintenir inébranlable la belle ordonnance des œuvres chères aux dieux, se proposer les vertus
qui purifient du créé et font remonter vers Dieu, et la Foi, la Vérité, l'Amour
(πίστις καὶ ἀλήθεια καὶ ἔρως), cette admirable triade, et l'Espérance des vrais
biens (ἐλπίς τῶν ἀγαθῶν), une immuable réceptivité à l'égard de la Lumière
divine, l'extase (ἔκστασις) enfin qui nous sépare de toutes les autres occupa-
tions, pour qu'on s'unisse seul à Dieu seul, et n'essaie pas de se conjoindre
à l'Un tout en restant en société avec la foule. On aboutit ainsi en effet à
tout l'opposé, on se sépare des dieux : car, de même qu'il n'est pas permis de
converser avec l'Être si l'on est associé au non-être, de même n'est-il pas non
plus possible de s'unir à l'Un si l'on a fait société avec la foule[55].

Dans ce passage, on peut retrouver, en effet, un exposé différent, mais
complémentaire du retour de l'âme vers l'Un à travers l'ensemble du culte
théurgique et, en particulier, de la prière. Selon cet exposé, le premier degré
de l'ascension est représenté par le réveil des συνθήματα divins ; il consiste, en
effet, en une sorte d' « exercice spirituel » préliminaire de remémoration de
la présence du divin en nous. Le deuxième degré, illustré par la citation d'un
fragment des *Oracles chaldaïques* (fr. 140 DES PLACES), est représenté par la
pratique du culte divin (θρησκεία), alors que la troisième suppose un niveau
supérieur de participation à la providence divine qui se manifeste par le culte.
Il peut être défini par une synergie entre les actions des dieux et des acteurs
rituels. Le quatrième degré est caractérisé par une participation et par une
réceptivité ininterrompues aux dons de la providence divine. Il s'agit d'une
idée que l'on retrouve également dans la *Théologie platonicienne*, et qui remonte, en fait, à Plotin, selon laquelle les sages sont en contact continu avec
l'intelligible[56]. C'est à ce degré que se manifestent pleinement les puissances

---

55. PROCLUS, *Commentaire sur le Timée* I, p. 212, 12-28 DIEHL (trad. A.-J. Festugière) : δεῖ
δὴ οὖν τὸν γενναίως ἀντιληψόμενον τῆς εὐχῆς ἵλεώς τε ποιεῖσθαι τοὺς θεοὺς καὶ ἀνεγείρειν ἐν
ἑαυτῷ τὰς περὶ θεῶν ἐννοίας – τὸ γὰρ προσηνὲς τῶν κρειττόνων πρώτιστόν ἐστιν ὁρμητήριον τῆς
μετουσίας αὐτῶν – καὶ ἀδιαλείπτως ἔχεσθαι τῆς περὶ τὸ θεῖον θρησκείας – δηθύνοντι γὰρ βροτῷ
κραιπνοὶ μάκαρες τελέθουσιν – καὶ τὴν τάξιν τῶν θείων ἔργων ἀσάλευτον φυλάττειν ἀρετάς τε ἀπὸ
τῆς γενέσεως καθαρτικὰς καὶ ἀναγωγοὺς προβεβλῆσθαι καὶ πίστιν καὶ ἀλήθειαν καὶ ἔρωτα, ταύτην
ἐκείνην τὴν τριάδα, καὶ ἐλπίδα τῶν ἀγαθῶν ἄτρεπτόν τε ὑποδοχὴν τοῦ θείου φωτὸς καὶ ἔκστασιν
ἀπὸ πάντων τῶν ἄλλων ἐπιτηδευμάτων, ἵνα μόνος τις τῷ θεῷ μόνῳ συνῇ καὶ μὴ μετὰ πλήθους τῷ ἑνὶ
συνάπτειν ἑαυτὸν ἐγχειρῇ· πᾶν γὰρ τοὐναντίον ὁ τοιοῦτος δρᾷ καὶ ἀφίστησιν ἑαυτὸν τῶν θεῶν· ὡς
γὰρ οὐ θέμις μετὰ τοῦ μὴ ὄντος τῷ ὄντι προσομιλεῖν, οὕτως οὐδὲ μετὰ πλήθους τῷ ἑνὶ συνάπτεσθαι
δυνατόν.

56. PROCLUS, *Théologie platonicienne* V, 7, p. 28, 13-18 : πάντα δὲ τὸν βίον μετὰ ῥᾳστώνης
διατελοῦσαι καὶ τὴν ἄυπνον ζωὴν καὶ ἄχραντον ἐν ταῖς γεννητικαῖς δυνάμεσιν ἐνιδρύουσαι τῶν
νοητῶν, πληρούμεναι δὲ τῶν νοερῶν καρπῶν καὶ τρεφόμεναι τοῖς ἀύλοις καὶ θείοις εἴδεσι *τὸν ἐπὶ
Κρόνου βίον* λέγονται ζῆν. « Et parce qu'elles passent toute leur existence avec facilité, qu'elles

anagogiques, la foi (πίστις), la vérité (ἀλήθεια) et l'amour (ἔρως), auxquelles s'ajoute ici l'ἐλπίς. Enfin, au dernier degré de la remontée a lieu l'« extase » (ἔκστασις) qui achève l'union avec Dieu.

Cet exposé complémentaire des degrés que l'âme parcourt dans son retour vers l'Un est remarquable par l'interprétation particulière qu'il donne de la définition platonicienne de la conduite du sage comme προσομιλεῖν ἀεὶ τοῖς θεοῖς (*Lois* IV, 716 d). Pour montrer, selon un modèle qui remonte – à travers Maxime et Porphyre – à Platon, que la prière convient au plus haut point à l'homme vertueux, Proclus cite *in extenso* le passage du livre IV des *Lois* relatif à la place de la prière dans la conduite du sage platonicien : « pour tout dire, il ne convient même de prier qu'à l'homme 'supérieurement bon', comme dit l'Étranger d'Athènes (*Lois* IV, 716 d) : pour lui en effet *converser avec les dieux devient un moyen très efficace en vue de la vie heureuse ; pour les méchants, il en va, par nature, tout à l'opposé* » [57].

Comme Jamblique, Proclus inflige pourtant à ce passage une modification qui n'est pas sans signification. Dans l'argumentation du livre IV des *Lois*, ce passage fait partie, on s'en souvient, d'une section plus ample vouée à montrer que la prière dépourvue de justice (δικαιοσύνη) et de sagesse (σωφροσύνη) est inutile, car les dieux ne sauraient être fléchis par des prières sans que le priant soit digne de ce qu'il demande. Par conséquent, seul le sage, qui mène une vie juste, est agréable aux dieux et lui seul peut être véritablement heureux. S'il prie, ce n'est pas pour fléchir les dieux[58], mais pour observer les rites que les

établissent leur vie sans sommeil et immaculée dans les puissances génératrices des intelligibles et qu'elles sont remplies de fruits intellectifs et nourries des formes immatérielles et divines, on dit qu'elles vivent *la vie que l'on menait sous le règne de Cronos* » (trad. H. D. Saffrey, L. Westerink). Chez Plotin, l'activité du sage, en effet, ne connaît pas le sommeil ; voir PLOTIN 46 (I, 4), 9, 22-23. Chez PORPHYRE également, l'âme du sage est toujours (ἀεὶ) unie à Dieu (*Lettre à Marcella* 16). Cf. aussi *supra*, p. 112 et 184 n. 42.

57.   PROCLUS, *Commentaire sur le Timée* I, p. 212, 6-10 DIEHL (trad. A.-J. Festugière) : ὅλως δὲ οὐδὲ ἄλλον εὔχεσθαι προσῆκεν, ἢ τὸν ἀγαθὸν διαφερόντως, ὥς φησιν ὁ Ἀθηναῖος ξένος· τούτῳ γὰρ ἀνυσιμώτατον γίνεται πρὸς τὸν εὐδαίμονα βίον τὸ προσομιλεῖν θεοῖς, τοῖς δὲ κακοῖς τἀναντία τούτων πέφυκε [*Lois* IV, 716 d].

58.   L'idée que les dieux ne sauraient être fléchis par des prières, idée traditionnelle dans la tradition platonicienne (et dont Jamblique, dans la polémique avec Porphyre, en fait un attribut général du divin), est reprise par Proclus à propos de la deuxième triade des dieux intellectifs, à savoir les dieux « immaculés » ou « implacables », dans la nomenclature des *Oracles chaldaïques* (cf. H. LEWY, *Chaldaean Oracles*..., p. 484), qui sont également *akèlètoi* « que l'on ne peut enchanter » (PROCLUS, *Théologie platonicienne* V, 10, p. 35, 3-4, à propos de la figure du Cronos orphique). Sur les dieux « implacables » ou « immaculés », voir *ibid.* V, 3, p. 16, 24-17, 7 ; cf. *ibid.* IV, 22, p. 68, 1 ; V, 2, p. 10, 8. Selon la terminologie orphique (fr. 151 KERN, mis en rapport avec deux passages platoniciens : *Lois* VII, 796 b et *Cratyle* 396 b), ces dieux sont

dieux eux-mêmes ont prescrits aux hommes. Dans ce sens précis, il προσομιλεῖ
ἀεὶ τοῖς θεοῖς. Chez Proclus, le recours à la formule platonicienne a un but
différent : elle désigne cette fois-ci l'ensemble de la remontée de l'âme vers
son principe exprimée par les cinq degrés de la prière. Le syntagme προσομιλεῖ
ἀεὶ τοῖς θεοῖς signifie ainsi se diriger vers l'Un et se séparer de tout ce qui est
multiple, de la société et de ses nombreuses préoccupations. Le κακός du texte
des *Lois* est, dans le texte de Proclus, celui qui reste prisonnier de la foule,
incapable de remonter vers l'Un. La séparation dont il est question n'est pas
seulement mentale, elle s'inscrit dans le temps et s'opère par rapport à la société. D'un point de vue anthropologique, on peut remarquer qu'elle double
ainsi le décalage religieux que représente la religion de Proclus par rapport au
christianisme triomphant à Athènes.

*

À la fin de la section consacrée à la prière dans le *Commentaire sur le Timée*,
Proclus livre une série de conclusions sur l'examen de la nature et des fonctions de la prière qui réitèrent et synthétisent ce qui a déjà été dit au cours de
la section :

> Ce qu'il faut savoir, pour le présent, sur la prière (περὶ εὐχῆς) est donc à peu
> près ceci :
> 1. Que son essence (οὐσία) est de lier (συναγωγός) et d'unir (συνδετική) les
> âmes aux dieux ou, pour mieux dire, d'unifier (ἑνοποιός) toutes les choses
> secondes avec les premières : *car toute choses prient, sauf le Premier* (πάντα γὰρ
> εὔχεται πλὴν τοῦ πρώτου), dit le grand Théodore ;
> 2. Que sa perfection (τελειότης) consiste en ce que, commençant par les biens
> les plus communs, elle s'achève en l'union (ἕνωσις) avec le Divin et peu à peu
> accoutume l'âme à la Lumière divine.
> 3. Que son opération (ἐνέργεια) est efficace (δραστήριος) et qu'elle rend réels
> et effectifs les biens (τῶν ἀγαθῶν ἀποπληρωτική) et fait que tout ce qui nous
> concerne, nous le partageons avec les dieux[59].

également associés aux Courètes, les gardes de Zeus, dans la *Théologie platonicienne* V, 3, p. 16,
24-17, 5. Sur l'inflexibilité de la providence divine, voir, en général, *ibid.*, I, 16, p. 77, 6-80, 12.
59.   PROCLUS, *Commentaire sur le Timée* I, p. 212, 29-213, 7 DIEHL (trad. A.-J. Festugière) :
Ἃ μὲν οὖν περὶ εὐχῆς εἰδέναι δεῖ τὴν πρώτην, τοιαῦτα ἄττα ἐστίν, ὅτι οὐσία μὲν αὐτῆς ἡ συναγωγὸς
καὶ συνδετικὴ τῶν ψυχῶν πρὸς τοὺς θεούς, μᾶλλον δὲ ἡ πάντων τῶν δευτέρων ἑνοποιὸς πρὸς τὰ
πρότερα· πάντα γὰρ εὔχεται πλὴν τοῦ πρώτου, φησὶν ὁ μέγας Θεόδωρος. τελειότης δὲ ἀρχομένη μὲν
ἀπὸ τῶν κοινοτέρων ἀγαθῶν, λήγουσα δὲ εἰς τὴν θείαν ἕνωσιν καὶ κατὰ μικρὸν συνεθίζουσα τὴν
ψυχὴν πρὸς τὸ θεῖον φῶς. ἐνέργεια δὲ δραστήριος καὶ τῶν ἀγαθῶν ἀποπληρωτικὴ καὶ κοινὰ ποιοῦσα
τὰ ἡμέτερα τοῖς θεοῖς.

La prière, telle qu'elle se dégage de cette conclusion, représente un principe universel de conversion par lequel les âmes et l'ensemble des êtres sont conduits, liés et unis aux dieux. En ce qui concerne l'âme humaine, la prière d'abord la familiarise et l'accoutume à la présence de la divinité et lui rend ensuite accessible une participation consciente et active à la providence divine avec laquelle sa conduite finit par s'identifier.

3. Les causes et les modes de la prière

Après avoir ainsi examiné l'οὐσία, la τελειότης et l'ἐνέργεια de la prière, Proclus se consacre à deux autres aspects qui n'avaient pas fait jusqu'alors l'objet d'une investigation circonstanciée, à savoir ses « causes » (αἰτίαι) et ses modes, « selon les genres et les espèces des dieux » (κατὰ γένη καὶ εἴδη τῶν θεῶν) auxquels elle est adressée.

Les αἰτίαι de la prière

En ce qui concerne les « causes » de la prière, Proclus en distingue cinq espèces : créatrices, finales, paradigmatiques, formelles et matérielles :

Quant aux causes (αἰτίαι) de la prière, nous comptons qu'il y a :

a. Comme causes créatrices (ποιητικαί), les puissances agissantes des dieux, qui ramènent et rappellent toutes choses vers les dieux eux-mêmes ;
b. Comme causes finales (τελικαί), ces biens tout purs, dont jouissent les âmes lorsqu'elles se sont enfin toutes fixées (ἐνιδρυνθεῖσαι) dans les dieux ;
c. Comme causes paradigmatiques (παραδειγματικαί), les tout premiers principes des êtres, principes qui, tout en procédant du Bien, sont restés unis au Bien en vertu d'une union indicible ;
d. Comme causes formelles (εἰδικαί), les principes qui assimilent les âmes aux dieux et mènent à la complétion tout le cours de la vie des âmes.
e. Comme causes matérielles (ὑλικαί), les « caractères » (συνθήματα) que le Démiurge a imprimés dans l'essence des âmes, pour qu'elles se ressouviennent (πρὸς ἀνάμνησιν) des dieux qui les ont faits être, elles-mêmes et tout le reste[60].

---

60. *Ibid.*, I, p. 213, 8-18 : αἰτίας δὲ τῆς εὐχῆς ὡς μὲν ποιητικὰς ἀπολογιζόμεθα εἶναι τὰς δραστηρίους τῶν θεῶν δυνάμεις, τὰς ἐπιστρεφούσας καὶ ἀνακαλουμένας πάντα ἐπ' αὐτοὺς τοὺς θεούς, ὡς δὲ τελικὰς τὰ ἄχραντα ἀγαθὰ τῶν ψυχῶν, ἃ δὴ καρποῦνται ἐνιδρυνθεῖσαι τοῖς θεοῖς, ὡς δὲ παραδειγματικὰς τὰ πρωτουργὰ αἴτια τῶν ὄντων, ἃ καὶ προῆλθεν ἐκ τἀγαθοῦ καὶ ἥνωται πρὸς αὐτὸ κατὰ μίαν ἄρρητον ἕνωσιν, ὡς δὲ εἰδικὰς τὰ ἀφομοιωτικὰ τῶν ψυχῶν πρὸς τοὺς θεοὺς καὶ

Ces cinq espèces de causes de la prière correspondent de manière très précise à la hiérarchie de cinq types de causes exposée au tout début du *Commentaire sur le Timée* (I, 2, 30-4, 5), et peuvent également être mises en relation avec les cinq degrés de perfection de la prière[61].

> Platon en revanche est le seul qui, à la suite des Pythagoriciens, d'une part admette dans son enseignement les causes accessoires (συναίτια) des réalités physiques, le « réceptacle universel » (πανδεχές, cf. *Timée* 51 a) et la forme engagée dans la matière, comme étant au service, pour la génération, des causes proprement dites, et, d'autre part, avant ces causes accessoires, explore les causes primordiales, le créateur (ποιοῦν), le paradigme (παράδειγμα), la fin (τέλος). C'est pour cela qu'il établit, au-dessus de l'Univers, un Intellect démiurgique, une cause intelligible dans laquelle l'univers existe à titre premier, enfin le Bien, qui est préétabli dans le rang de désirable pour l'Intellect créateur. [...] C'est donc à bon droit que par Platon nous ont été livrées, après un rigoureux examen, toutes ces vraies causes, puis, en dépendance de celles-ci, les deux autres, la forme (εἶδος) et le substrat (ὑποκείμενον)[62].
>
> Il résulte déjà à l'évidence, de ce qu'on vient de dire, que Platon assigne avec raison à la création du monde toutes ces causes-ci, le Bien, le paradigme intelligible, le créateur, la forme, le substrat. La discussion en effet eût-elle porté sur les dieux intelligibles, Platon n'en eût pas pris pour cause que le seul Bien : car c'est de cette seule cause que dérive la pluralité des Intelligibles. Eût-elle porté sur les dieux intellectifs, il leur eût donné comme cause à la fois le Bien et l'Intelligible : car la multiplicité des dieux intellectifs provient et des hénades intelligibles et de la source unique des êtres. Eût-elle porté sur les dieux hypercosmiques, il les eût tirés à la fois de l'Intellect démiurgique universel *et* des dieux intelligibles *et* de la Cause du Tout : de celle-ci aussi, car tout ce qui a été produit par les causes secondaires a néanmoins pour fondement premier, d'une manière ineffable et inconcevable, la Cause du Tout.
>
> Mais comme, à cette heure, la discussion doit porter sur les réalités du monde et le Cosmos pris comme Tout, Platon lui donnera et une matière et une

---

τελεσιουργὰ τῆς ὅλης αὐτῶν ζωῆς, ὡς δὲ ὑλικὰς τὰ συνθήματα τὰ ἀπὸ τοῦ δημιουργοῦ ταῖς οὐσίαις αὐτῶν ἐνδοθέντα πρὸς ἀνάμνησιν τῶν ὑποστησάντων αὐτάς τε καὶ τὰ ἄλλα θεῶν.

61.   Comme le suggère de manière pertinente D. LAYNE, « Cosmic Etiology and Demiurgic Mimesis... », p. 153 n. 64.

62.   PROCLUS, *Commentaire sur le Timée* I, p. 2, 30-3, 7 et p. 3, 14-16 DIEHL (trad. A.-J. Festugière) : μόνος δὲ ὁ Πλάτων τοῖς Πυθαγορείοις ἑπομένως παραδίδωσι μὲν καὶ τὰ συναίτια τῶν φυσικῶν πραγμάτων, τὸ πανδεχὲς καὶ τὸ ἔνυλον εἶδος, δουλεύοντα τοῖς κυρίως αἰτίοις εἰς γένεσιν· πρὸ δὲ τούτων τὰς πρωτουργοὺς αἰτίας διερευνᾶται, τὸ ποιοῦν, τὸ παράδειγμα, τὸ τέλος, καὶ διὰ ταῦτα νοῦν τε ἐφίστησι τῷ παντὶ δημιουργικὸν καὶ νοητὴν αἰτίαν, ἐν ᾗ πρώτως ἐστὶ τὸ πᾶν, καὶ τὸ ἀγαθόν, ἐν ἐφετοῦ τάξει τῷ ποιοῦντι προϊδρυμένον· [...] εἰκότως ἄρα τῷ Πλάτωνι πάντα ταῦτα μετ' ἀκριβείας ἐξητασμένα παραδέδοται, καὶ ἀπὸ τούτων ἐξημμένα τὰ λοιπὰ δύο, τό τε εἶδος καὶ τὸ ὑποκείμενον.

forme, celle-ci lui venant des dieux hypercosmiques, il le fera dépendre de l'Intellect démiurgique universel, il en fera une copie du Vivant Intelligible, il le montrera dieu participation au Bien, et c'est ainsi qu'il représentera le Monde en sa totalité comme un dieu, doué d'intelligence et doué d'âme[63].

La correspondance entre la hiérarchie des types de causes développée par Proclus dans ce passage et celle des causes de la prière, présentée dans le cadre de l'exposé sur la prière, peut être représentée graphiquement de la manière suivante :

Hiérarchie du divin	Hiérarchie des causes	Les causes de la prière
le Bien	la fin (τὸ τέλος)	causes finales (τελικαί)
les dieux intelligibles (les hénades)	le paradigme (τὸ παράδειγμα)	causes paradigmatiques (παραδειγματικαί)
l'Intellect démiurgique universel	le créateur (τὸ ποιοῦν)	causes créatrices (ποιητικαί)
dieux hypercosmiques	la forme (τὸ εἶδος)	causes formelles (εἰδικαί)
dieux hypercosmiques	le substrat (τὸ ὑποκείμενον)	causes matérielles (ὑλικαί)

Comme il a déjà été dit, cette hiérarchie des causes n'est pas sans relation avec la théorie des cinq degrés de perfection de la prière. La cause « finale » (τελική), qui est l'Un-Bien, peut, en effet, être associée au plus haut degré de perfection de la prière, qui est l'union (ἔνωσις) de l'âme avec les dieux. Les causes « paradigmatiques » (παραδειγματικαί), les hénades intelligibles, qui procèdent du Bien, mais sont en même temps étroitement unis à lui, correspondraient au quatrième degré de perfection de la prière, à l'ἐμπέλασις, qui désigne la plus grande proximité par rapport à l'Un et est caractérisée par une réceptivité permanente aux dons de la providence. Les causes « créatrices » (ποιητικαί) qui sont assimilables à l'Intellect démiurgique, peuvent être associées au troisième degré de la prière, auquel se produit le « contact » (συναφή) direct avec le divin. Les

---

63. *Ibid.*, I, p. 3, 20-4, 5 : ὅτι δὲ εἰκότως πάσας τὰς αἰτίας ταύτας ὁ Πλάτων παραδέδωκε τῆς κοσμοποιίας, ἐκ τούτων πρόδηλον, τὸ ἀγαθόν, τὸ νοητὸν παράδειγμα, τὸ ποιοῦν, τὸ εἶδος, τὴν ὑποκειμένην φύσιν· εἰ μὲν γὰρ περὶ νοητῶν διελέγετο θεῶν, τἀγαθὸν ἂν μόνον αἴτιον αὐτῶν ἀπέφαινεν· ἐκ γὰρ ταύτης μόνης τῆς αἰτίας ὁ νοητὸς ἀριθμός· εἰ δὲ περὶ νοερῶν, τό τε ἀγαθὸν ἂν καὶ τὸ νοητὸν αἴτιον τούτων ὑπέθετο· πρόεισι γὰρ τὸ νοερὸν πλῆθος ἔκ τε τῶν νοητῶν ἑνάδων καὶ τῆς μιᾶς τῶν ὄντων πηγῆς· εἰ δὲ περὶ τῶν ὑπερκοσμίων, παρῆγεν ἂν αὐτοὺς ἔκ τε τῆς δημιουργίας τῆς νοερᾶς καὶ ὁλικῆς κἀκ τῶν νοητῶν θεῶν καὶ τοῦ τῶν ὅλων αἰτίου· πάντων γάρ, ὧν τὰ δεύτερα γεννητικά, πρώτως ἐστὶ καὶ ἀρρήτως ἐκεῖνο καὶ ἀνεπινοήτως ὑποστατικόν· ἐπειδὴ δὲ περὶ ἐγκοσμίων διαλέξεται πραγμάτων καὶ περὶ κόσμου τοῦ ξύμπαντος, ὕλην τε αὐτῷ δώσει καὶ εἶδος ἀπὸ τῶν ὑπερκοσμίων θεῶν εἰς αὐτὸν ἐφῆκον καὶ τῆς ὅλης ἐξάψει δημιουργίας καὶ πρὸς τὸ νοητὸν ἀπεικάσει ζῷον καὶ θεὸν ἀποδείξει τῇ μετουσίᾳ τἀγαθοῦ, καὶ οὕτω δὴ θεὸν ἔννουν ἔμψυχον ἀποτελέσει τὸν ὅλον κόσμον.

causes « formelles » (εἰδικαί) correspondent à la forme, qui procède des dieux hypercosmiques et qui peut être associée au second degré, l'οἰκείωσις aux dieux, auquel s'opère une assimilation préliminaire au divin dont la forme de l'âme représente une des conditions de possibilité. Enfin, les causes « matérielles » (ὑλικαί), qui correspondent aux « caractères » (συνθήματα) imprimés dans les âmes, en vertu desquels celles-ci sont aptes à se ressouvenir des dieux qui les ont créées, peuvent, sans difficulté, être associées au premier degré de la prière, la γνῶσις théologique, où s'opère justement le réveil des συνθήματα divins. Ce système de correspondances possibles peut être représenté de la manière suivante :

Degrés de perfection de la prière	Hiérarchie des causes de la prière
ἕνωσις	causes finales (τελικαί)
ἐμπέλασις	causes paradigmatiques (παραδειγματικαί)
συναφή	causes créatrices (ποιητικαί)
οἰκείωσις	causes formelles (εἰδικαί)
γνῶσις	causes matérielles (ὑλικαί)

Les modes de la prière

En ce qui concerne les modes de la prière, Proclus établit d'abord trois types de prière en fonction des espèces de dieux – « démiurgiques », « purificateurs », « vivificateurs » – auxquels elles sont adressées :

> [...] selon les genres et espèces des dieux : de fait la prière est démiurgique ou purificatrice ou vivifiante :
> a) *démiurgique* (δημιουργική), par exemple pour la pluie et les vents : ce sont en effet les dieux démiurges (δημιουργοί) qui causent la production de pluie et vents, et, chez les Athéniens, les prières des Eudanémoi (« qui apaisent les vents ») s'adressaient à cette classe de dieux ;
> b) *purificatrices* (καθαρτικαί), les prières apotropaïques à l'occasion des maladies pestilentielles ou de toute espèce de souillures, comme celles précisément que nous avons sous forme d'inscriptions dans les temples ;
> c) *vivificatrices* (ζῳοποιοί), comme les prières pour la production des fruits, qui honorent les dieux causes de notre génération ; et il y a aussi des prières *perfectrices* (τελεσιουργοί), parce que c'est vers la classe des dieux perfecteurs qu'elle nous fait tendre[64].

---

64. *Ibid.*, I, p. 213, 19-214, 1 : [...] κατὰ γένη καὶ εἴδη τῶν θεῶν· δημιουργικὴ γάρ ἐστιν εὐχὴ καὶ καθαρτικὴ καὶ ζῳοποιός· δημιουργικὴ μέν, οἷον ὑπὲρ ὄμβρων καὶ ἀνέμων· οἱ γὰρ δημιουργοὶ τῆς τούτων αἴτιοι γενέσεως· καὶ αἱ τῶν Εὐδανέμων εὐχαὶ παρὰ Ἀθηναίοις πρὸς τούτους ἐγίνοντο τοὺς

Les prières « démiurgiques », « purificatrices » et « vivificatrices » sont adressées certainement aux triades démiurgiques qui se retrouvent dans la classe des dieux du monde à ses trois niveaux, tels qu'ils sont présentés dans le livre VI de la *Théologie platonicienne* : hypercosmique (dieux chefs et assimilateurs), hypercosmique-encosmique (dieux détachés du monde)[65] et encosmique (dieux célestes et sublunaires).

Au niveau des dieux hypercosmiques, la triade démiurgique (= Zeus) se compose de Zeus, Poséidon et Pluton[66] ; au niveau des dieux hypercosmiques-encosmiques, cette triade est composée de Zeus, Poséidon et Héphaïstos[67] ; les dieux encosmiques ne sont pas traités dans le texte de la *Théologie platonicienne* tel qu'il nous est parvenu.

Au niveau des dieux hypercosmiques, la triade « purificatrice » correspond à la triade immaculée (« sans souillure ») des Corybantes[68] ; au niveau des dieux hypercosmiques-encosmiques, il y a la triade des dieux gardiens, composée de Hestia-Athéna-Arès[69].

Au niveau des dieux hypercosmiques, la triade vivifiante (= Coré) est formée d'Artémis-Perséphone-Athéna[70] ; au niveau des dieux hypercosmiques-encosmiques, cette triade est composée de Déméter-Héra-Artémis[71].

θεούς. καθαρτικαὶ δέ, αἱ ἐπὶ ἀποτροπαῖς λοιμικῶν νοσημάτων ἢ παντοίων μολυσμῶν, οἵας δὴ καὶ ἐν τοῖς ἱεροῖς ἔχομεν ἀναγεγραμμένας. ζωοποιοὶ δέ, ὡς αἱ ὑπὲρ τῆς τῶν καρπῶν γενέσεως θεραπεύουσαι τοὺς κρείττονας ἡμῶν τῆς ζῳογονίας αἰτίους· καὶ τελεσιουργοί, διότι πρὸς τὰς τάξεις ταύτας ἡμᾶς ἀνατείνουσι τῶν θεῶν· καὶ ὁ ἐναλλάττων τὴν τούτων κρίσιν ἀποπίπτει τῆς ὀρθότητος τῶν εὐχῶν.

65.   Cette classe correspond à celle des dieux encosmiques de Jamblique ; cf. SALOUSTIOS VI, 2-3.

66.   PROCLUS, *Théologie platonicienne* VI, 10, p. 45, 9-47, 23 (sur la répartition des fonctions démiurgiques dans l'univers). Les trois Cronides (Zeus, Poséidon et Pluton) fonctionnent à tous les degrés du monde divin (les dieux-chefs, les dieux séparés du monde et les dieux encosmiques), en exerçant partout une fonction démiurgique.

67.   *Ibid.*, VI, 22, p. 97, 2-17. Au niveau des dieux séparés du monde, la triade démiurgique se compose de Zeus, qui prend soin de tout, de Poséidon, qui gouverne le monde psychique et met les âmes en mouvement, et de Héphaistos, qui insuffle la nature dans les corps et fabrique les astres.

68.   *Ibid.*, VI, 13, p. 65, 5-67, 26. La classe des Corybantes, analogue à celle des Courètes, est empruntée par Proclus à la théologie orphique (*Orph. fr.*, p. 298, n° 12 et p. 308, n° 20 KERN), mise en accord, dans la *Théologie platonicienne*, avec Platon, notamment avec les *Lois* (VII, 790 d et 796 b) et avec l'*Euthydème* (277 d).

69.   PROCLUS, *Théologie platonicienne* VI, 22, p. 97, 18-98, 2. Dans cette triade, Hestia est chargée de maintenir les êtres identiques et immaculés, Athéna garde leurs vies infléxibles et Arès illumine les corps avec la force, la puissance et la solidité qui sont les siens.

70.   *Ibid.*, VI, 11, p. 51, 15-52, 18. La triade « vivifiante » Artémis-Perséphone-Athéna est d'origine orphique. Elle est assimilée par Proclus à la triade chaldaïque Hécate-Âme-Vertu et à la triade platonicienne Artémis-Pherréphatta-Athéna Souveraine.

71.   *Ibid.*, VI, 22, p. 98, 3-13. Dans cette triade, Déméter est censée engendrer la vie au niveau encosmique, Héra est chargée de la procession des classes d'âmes, tandis qu'Artémis

En ce qui concerne les « dieux perfecteurs » (τελεσιουργοί), mentionnés à la fin de ce passage sans rapport évident avec la triade des dieux démiurgiques, purificateurs et vivificateurs, ils sont des dieux situés à un niveau supérieur, intelligible-intellectif[72]. Les dieux perfecteurs sont également nommés, dans la terminologie chaldaïque, « télétarques »[73]. Un exemple de prière adressée aux dieux télétarques se retrouve dans le livre IV de la *Théologie platonicienne*, où ces dieux sont invoqués afin qu'ils nous introduisent, par les rites théurgiques, dans l'initiation qui conduit, à son terme, aux dieux intelligibles :

> Puissent les télétarques (τελετάρχαι), guides vers les biens universels, nous conduire à cette initiation, nous illuminant non pas par des paroles mais par des actions (οὐ λόγοις ἀλλ᾽ ἔργοις φωτίσαντες) [c'est-à-dire par la théurgie] ; puissent-ils, nous ayant jugés dignes d'être remplis de la beauté intelligible sous la direction du grand Zeus [*Phèdre* 246 e], nous rendre parfaitement *impassibles à l'égard des maux* [*Phèdre* 250 c] du monde du devenir, qui présentement nous baignent de toutes parts ; puissent-ils faire briller sur nous cette lumière, comme le fruit le plus beau de la contemplation que voilà et que, à la suite du divin Platon, nous venons de transmettre aux *amoureux du spectacle de la réalité*, <puisque pour convaincre> ceux qui s'en détournent, rien ne peut suffire[74].

perfectionne la nature, étant, en particulier, protectrice des naissances sous le nom de Lochia.

72. Cf. *ibid.*, IV, 9, p. 29, 25-26, sur la remontée de l'âme, et, de manière détaillée, *ibid.*, IV, 25-26, sur la troisième triade des dieux intelligibles-intellectifs.

73. *Ibid.*, IV, 24, p. 73, 5-12 : Ἐκεῖ τοίνυν ἡ τελετὴ τῶν θεῶν, ἐκεῖ τὰ πρώτιστα μυστήρια. Καὶ οὐδὲν θαυμαστὸν εἰ καὶ τελετάρχας [*Oracles chaldaïques*, fr. 86, p. 177, 1 DES PLACES ; cf. H. LEWY, *Chaldaean Oracles...*, p. 148-149] ὁ Πλάτων θεοὺς ἀνέξεται καλούντων ἡμῶν, ὅς γε καὶ τὰς ψυχὰς ἐκεῖ τελεῖσθαί φησι, θεῶν δηλαδὴ τελούντων· τοὺς δὲ αὖ προκατάρχ<οντ>ας τῆς τελετῆς πῶς ἂν τις ἄλλως ἢ τελετάρχας ἀποκαλέσειεν ; Ἐγὼ μὲν γὰρ οὐδὲ ὅπου τρέψω τὴν διάνοιαν ἔχω, τοσαύτην ἐνάργειαν καὶ μέχρι τῶν ὀνομάτων ὁρῶν. « Là-bas donc se trouve l'initiation des dieux, là-bas, les tout premiers mystères. Et il n'y a rien d'étonnant à ce que Platon permette que nous appellions ces *dieux télétarques*, dès là que lui-même dit que les âmes de là-bas sont initiées, et ce sont évidemment des dieux qui les initient ; et ceux à qui revient le commandement de cette initiation, comment pourrait-on les appeler autrement que chefs d'initiation ? Pour moi, en effet, quand je constate une si grande évidence jusque dans les noms, je ne vois pas où je pourrais tourner ailleurs ma pensée » (trad. H. D. Saffrey, A.-Ph. Segonds). Cf. DAMASCIUS, *De principiis* I, p. 286, 8-10. Sur la correspondance entre les nomenclatures platonicienne et chaldaïque, voir la note de de l'édition préparée par H. D. Saffrey et L. Westerink dans PROCLUS, *Théologie platonicienne* IV, p. 170. Les dieux télétarques s'apparenteraient aux dieux ousiarques de l'*Asclépius* hermétique, sur lesquels voir A. J. FESTUGIÈRE, « Les dieux ousiarques de l'*Asclépius* », dans *Recherches de science religieuse* 28, 1938, p. 175-185 [repris dans *Hermétisme et mystique païenne*, Paris, 1967, p. 121-130].

74. PROCLUS, *Théologie platonicienne* IV, 26, p. 77, 21-78, 4 (trad. H. D. Saffrey, A.-Ph. Segonds légèrement modifiée) : εἰς ἣν δὴ καὶ ἡμᾶς οἱ τῶν ὅλων ἀγαθῶν ἡγεμόνες τελετάρχαι

Les prières perfectrices peuvent être adressées également à la classe élévatrice des dieux hypercosmiques, hypercosmiques-encosmiques et encosmiques. En ce qui concerne les dieux hypercosmiques, cette classe, qui convertit vers les niveaux supérieurs, est représentée par Apollon ; au niveau hypercosmique-encosmique, elle est représentée par Hermès-Aphrodite-Apollon, triade qui correspond à la triade ἀλήθεια – ἔρως – πίστις. Cette prière serait alors adressée à un des trois Apollon correspondant à ces trois niveaux.

*

Dans son *Commentaire sur le Timée*, Proclus établit ensuite une typologie des prières en fonction de leur type, leur objet et le moment où elles sont adressées. Il distingue ainsi les prières « selon les différences entre ceux qui prient : il y a en effet la prière philosophique (φιλόσοφος), la prière théurgique (θεουργική), et, en plus de ces deux, la prière légale, celle qui est conforme aux usages traditionnels des cités (κατὰ τὰ πάτρια) »[75]. On pourrait être tenté d'associer la prière « philosophique » au premier degré de la prière, associé à la γνῶσις des classes divines, étant donné que l'espèce de connaissance à laquelle la théurgie donne accès est, par définition, chez Proclus, supérieure aux connaissances acquises par la philosophie. Rien n'empêche cependant que chacun des trois types de prière (théurgique, philosophique et légale) présente des degrés analogues à ceux décrits dans la partie consacrée à la τελειότης de la prière.

Les prières se distinguent également « selon les choses au sujet desquelles nous prions : en tout premier viennent les prières pour le salut de l'âme, en second les prières pour le bon tempérament des corps, en troisième les prières qu'on accomplit pour les biens extérieurs »[76]. Cette classification ne soulève pas des problèmes particuliers.

καταστήσειαν, οὐ λόγοις ἀλλ᾿ ἔργοις φωτίσαντες, καὶ ὑπὸ τῷ *μεγάλῳ Διὶ* τῆς τοῦ νοητοῦ *κάλλους* ἀποπληρώσεως ἀξιώσαντες *ἀπαθεῖς* τῶν περὶ τὴν γένεσιν *κακῶν* ὅσα δὴ νῦν ἡμᾶς περικέχυται τελέως ἀποφήνειαν, καὶ τοῦτον ἡμῖν καρπὸν [cf. *Oracles chaldaïques*, fr. 130, 4 DES PLACES ; cf. H. LEWY, *Chaldaean Oracles...*, p. 197 n. 84] κάλλιστον ἐπιλάμψειαν τῆς παρούσης θεωρίας, ἣν ἑπόμενοι τῷ θείῳ Πλάτωνι *τοῖς φιλοθεάμοσι τῆς ἀληθείας* <...> ἀποστρόφους οὐδὲν ἱκανόν. Selon H. D. Saffrey et L. Westerink (note *ad loc.*), dans la dernière phrase il s'agirait d'une allusion anti-chrétienne.

75. PROCLUS, *Commentaire sur le Timée* I, p. 214, 2-5 DIEHL (trad. A.-J. Festugière) : τοὺς δὲ κατὰ τὰς τῶν εὐχομένων διαφορότητας· ἔστι γὰρ καὶ φιλόσοφος εὐχὴ καὶ θεουργικὴ καὶ ἄλλη παρὰ ταύτας ἡ νόμιμος ἡ κατὰ τὰ πάτρια τῶν πόλεων.

76. *Ibid.*, I, p. 214, 5-8 : τοὺς δὲ κατὰ τὰ πράγματα, περὶ ὧν αἱ εὐχαὶ γίνονται· πρώτισται μὲν γάρ εἰσιν αἱ ὑπὲρ τῆς τῶν ψυχῶν σωτηρίας, δεύτεραι δὲ αἱ ὑπὲρ τῆς τῶν σωμάτων εὐκρασίας, τρίται δὲ αἱ ὑπὲρ τῶν ἐκτὸς ἐπιτελούμεναι.

Enfin, Proclus discerne encore les prières « selon la distinction des moments où nous prions, en tant que nous discriminons les nombreuses sortes de prières ou selon les saisons de l'année, ou selon les « centres » par où passe le soleil en sa révolution, ou selon les autres relations de même sorte avec le mouvement solaire »[77]. Cette distinction est à mettre en rapport avec les invocations et les rites télestiques que les théurges célébraient en l'honneur des divinités du Temps, des Mois et de l'Année, comme Proclus le rapporte dans le livre III de son *Commentaire sur le Timée*[78].

4. La pratique de la prière

La prière initiale

En suivant une tradition littéraire normalisée par les théoriciens de la rhétorique, dans les dialogues de Platon les dieux sont souvent invoqués avant d'aborder une question difficile. La prière initiale du *Timée* (27 c-d), en particulier, souvent citée et commentée, eut un rôle important dans la consolidation de cet usage dans la tradition médio- et néoplatonicienne[79]. Proclus en fournit un des meilleurs témoignages dans un passage du livre I de la *Théologie platonicienne* relatif à la nécessité d'adresser une prière aux dieux avant de se lancer dans une enquête théologique. Dans ce passage, qui se présente comme une exégèse de la prière initiale du *Timée* – conjuguée avec le *Phèdre*, le dialogue théologique par excellence pour les néoplatoniciens –, le philosophe apparaît comme un prêtre de la divinité suprême et la science théologique à

---

77. *Ibid.*, I, p. 214, 8-12 : τοὺς δὲ κατὰ τὴν διαίρεσιν τῶν καιρῶν, ἐν οἷς ποιούμεθα τὰς εὐχάς, ἢ κατὰ τὰς ὥρας τοῦ ἔτους, ἢ κατὰ τὰ κέντρα τῆς ἡλιακῆς περιφορᾶς, ἢ κατὰ τὰς ἄλλας τοιαύτας ἐπιπλοκὰς διορίζόμενοι τὰς πολυειδεῖς εὐχάς.

78. *Ibid.*, III, p. 40, 31-41, 24. Sur le lien entre le temps et le nombre et sur leur rôle dans les prières, voir aussi *Théologie platonicienne* V, p. 184 (notes complémentaires).

79. Un dossier de textes a été constitué par H. D. Saffrey et L. Westerink, dans PROCLUS, *Théologie platonicienne* I, p. 131 n. 4. Voir aussi Ph. HOFFMANN, « Sur quelques aspects... », p. 203-210 ; SIMPLICIUS, *Commentaire sur le Manuel d'Épictète*, introduction et édition critique du texte grec par I. HADOT, Leyde, 1996, p. 14-15 n. 21-22 ; A. MOTTE, « Discours théologique et prière d'invocation. Proclus héritier et interprète de Platon », dans A.-Ph. SEGONDS, C. STEEL (éd.), *Proclus et la Théologie Platonicienne*, Actes du colloque international de Louvain (13-16 mai 1998). En l'honneur de H. D. Saffrey et L. G. Westerink, Louvain-Paris, 2000, p. 91-108. Sur *Timée* 27 c en particulier, voir HERMIAS, *Commentaire sur le Phèdre*, p. 52, 1-8 (digression sur la prière occasionnée par la mise en relation de *Phèdre* 237 a et de *Timée* 27 c).

laquelle il aspire, fondée sur l'exégèse des dialogues de Platon, comme le fruit d'une inspiration divine et d'une vision mystique :

> Cependant, il faut non seulement avoir reçu des autres le bien choisi entre tous de la philosophie de Platon, mais encore laisser à ceux qui viendront après nous des mémoires de ces bienheureuses visions [cf. *Phèdre* 250 b] dont nous aussi, disons-le, nous sommes devenu le spectateur et, autant qu'il est en notre pouvoir, le dévot par le ministère de ce guide, le plus parfait de nos contemporains et qui était parvenu au sommet de la philosophie, et c'est pourquoi nous aurions sans doute raison de faire une prière [cf. *Tim.* 27 d] pour que les dieux eux-mêmes allument (ἀνάπτειν) en nos âmes la lumière de la vérité (τὸ τῆς ἀληθείας φῶς), et que *ceux qui font cortège* aux dieux et *ceux qui sont à leur service* [*Phèdre* 252 c] dirigent notre intellect (νοῦς) et le guident vers le but parfait, divin et sublime de la doctrine de Platon. Dans tous les cas, en effet, il convient, je pense, que celui qui *possède si peu que rien de sagesse* [*Timée* 27 c] engage ses entreprises en commençant par les dieux, mais cela convient au maximum lorsqu'il s'agit d'exégèses concernant les dieux[80]. [...] Ayant donc compris cela et persuadés par le conseil que nous donne Platon dans le *Timée*, prenons les dieux pour guides dans la doctrine qui les concerne : quant à eux, s'ils nous écoutent *avec bienveillance et s'ils se montrent propices* [*Phèdre* 257 a] en venant à nous, qu'ils conduisent l'intellect de notre âme et l'accompagnent jusqu'à l'autel de Platon et jusqu'au *sommet escarpé* [*Phèdre* 247 b] de cette contemplation[81].

Étant donné que la prière néoplatonicienne représente la remontée progressive de l'âme vers l'Un et que, chez Proclus, elle caractérise l'ensemble du réel, il résulte que la prière adressée aux dieux par Timée, le modèle de toute prière qui prélude à l'enquête théologique, ne peut être comprise que comme une conversion de l'âme du philosophe vers le monde divin qui ne fait, en

---

80. PROCLUS, *Théologie platonicienne* I, 25, p. 7, 11-24 (trad. H. D. Saffrey, A.-Ph. Segonds) : Εἰ δὲ δεῖ μὴ μόνον αὐτοὺς εἰληφέναι παρ' ἄλλων τὸ τῆς Πλατωνικῆς φιλοσοφίας ἐξαίρετον ἀγαθὸν ἀλλὰ καὶ τοῖς ὕστερον ἐσομένοις ὑπομνήματα καταλείπειν τῶν μακαρίων θεαμάτων, ὧν αὐτοὶ καὶ θεαταὶ γενέσθαι φαμὲν καὶ ζηλωταὶ κατὰ δύναμιν ὑφ' ἡγεμόνι τῷ τῶν καθ' ἡμᾶς τελεωτάτῳ καὶ εἰς ἄκρον ἥκοντι φιλοσοφίας, τάχ' ἂν εἰκότως αὐτοὺς τοὺς θεοὺς παρακαλοῖμεν τὸ τῆς ἀληθείας φῶς ἀνάπτειν ἡμῶν ταῖς ψυχαῖς, καὶ τοὺς τῶν κρειττόνων ὀπαδοὺς καὶ θεραπευτὰς κατιθύνειν τὸν ἡμέτερον νοῦν, καὶ ποδηγετεῖν εἰς τὸ παντελὲς καὶ θεῖον καὶ ὑψηλὸν τέλος τῆς Πλατωνικῆς θεωρίας. Πανταχοῦ μὲν γάρ, οἶμαι, προσήκει τὸν καὶ κατὰ βραχὺ μετέχοντα σωφροσύνης ἀπὸ θεῶν ποιεῖσθαι τὰς ἀρχάς, οὐχ ἥκιστα δὲ ἐν ταῖς περὶ τῶν θεῶν ἐξηγήσεσιν.

81. *Ibid.* I, 25, p. 8, 5-10 (trad. H. D. Saffrey, A.-Ph. Segonds légèrement modifiée) : Ταῦτ' οὖν καὶ ἡμεῖς εἰδότες καὶ τῷ Πλατωνικῷ Τιμαίῳ παραινοῦντι πειθόμενοι προστησώμεθα τοὺς θεοὺς ἡγεμόνας τῆς περὶ αὐτῶν διδασκαλίας· οἱ δὲ ἀκούσαντες ἵλεῴ τε καὶ εὐμενεῖς ἐλθόντες, ἄγοιεν τὸν τῆς ψυχῆς ἡμῶν νοῦν καὶ περιάγοιεν <εἰς> τὴν τοῦ Πλάτωνος ἑστίαν καὶ τὸ ἄναντες τῆς θεωρίας ταύτης.

réalité, que reproduire un processus qui se produit à tous les niveaux de la réalité et qui, en premier lieu, se produit dans le monde des dieux, au niveau des réalités intelligibles[82]. Avant, donc, de se lancer dans la production de son œuvre théologique, le philosophe doit se tourner vers les dieux et les prier, en imitant ainsi le Démiurge qui se tourne, à son tour, vers les dieux intelligibles – et, en premier lieu, vers son père, Kronos – et les prie, et reçoit ainsi les principes à partir desquels il va créer le monde :

> Mais avant de mettre la main à l'ensemble de son exposé, il (*scil.* Timée) se tourne vers l'invocation des dieux et la prière, imitant en cela aussi le Créateur de l'Univers, dont on dit que, avant toute son œuvre démiurgique, il entre dans le temple oraculaire de la Nuit, s'y remplit des desseins des dieux, y reçoit les principes de la création et, s'il est permis de parler ainsi, résout toutes les difficultés, et en particulier invoque aussi son père (*scil.* Kronos) pour qu'il l'assiste dans son œuvre démiurgique. [...] Comment en effet eût-il pu remplir l'Univers des dieux et rendre le monde visible semblable au Vivant en soi, autrement qu'en se tendant vers les causes invisibles du Tout, ces causes dont il devait s'être rempli pour *produire au jour hors de son esprit des œuvres merveilleuses*[83] ?

Une prière analogue ouvre le commentaire de Proclus sur le *Parménide*[84]. Cette prière est adressée à toutes les classes divines, d'abord dans leur ensemble (εὔχομαι τοῖς θεοῖς πᾶσι καὶ πάσαις) (p. 617, 1-3), selon un usage courant dans la tradition littéraire et rhétorique[85], ensuite à chacune en particulier, pour leur demander le don propre à chacune d'entre elles qui servira à Proclus dans l'exégèse de la doctrine révélée par Platon dans le dialogue *Parménide* (p. 617, 13-21). Il s'agit d'une doctrine mystique (p. 617, 22-618, 3), qui a déjà été déployée par son maître, Syrianus, présenté comme un véritable hiérophante des enseignements divins de Platon (p. 618, 3-13) :

---

82.   Cet aspect a été étudié récemment par D. LAYNE, « Cosmic Etiology and Demiurgic Mimesis... ».

83.   PROCLUS, *Commentaire sur le Timée* I, p. 206, 26-207, 20 DIEHL (trad. A.-J. Festugière) : πρὶν δὲ ἄψηται τῆς ὅλης πραγματείας, ἐπὶ θεῶν παρακλήσεις καὶ εὐχὰς τρέπεται, μιμούμενος καὶ ταύτη τὸν τοῦ παντὸς ποιητήν, ὃς πρὸ τῆς ὅλης δημιουργίας εἴς τε τὸ χρηστήριον εἰσιέναι λέγεται τῆς Νυκτὸς κἀκεῖθεν πληροῦσθαι τῶν θείων νοήσεων καὶ τὰς τῆς δημιουργίας ἀρχὰς ὑποδέχεσθαι καὶ τὰς ἀπορίας ἀπάσας, εἰ θέμις εἰπεῖν, διαλύειν καὶ δὴ καὶ τὸν πατέρα παρακαλεῖν εἰς τὴν τῆς δημιουργίας σύλληψιν. [...] καὶ πῶς γὰρ ἄλλως ἔμελλε θεῶν πάντα πληρώσειν καὶ πρὸς τὸ αὐτοζῷον ἀφομοιώσειν τὸ αἰσθητὸν ἢ πρὸς τὰς ἀφανεῖς αἰτίας τῶν ὅλων ἀνατεινόμενος, ἀφ' ὧν αὐτὸς πεπληρωμένος ἔμελλεν ἀπὸ κραδίης προφέρειν πάλι θέσκελα ἔργα ; [*Orphic. fr.* 165 Kern].

84.   PROCLUS, *Commentaire sur le Parménide* I, p. 617, 1-618, 20 LUNA-SEGONDS.

85.   Cf. DÉMOSTHÈNE, *Sur la couronne* 1 ; *Corpus de prières...*, p. 145-146. Voir PROCLUS, *Commentaire sur le Parménide de Platon*, t. I, Paris, 2007, p. 165 (notes complémentaires).

Je prie tous les dieux et toutes les déesses de guider mon intellect dans la présente contemplation et, après avoir allumé en moi l'éclatante lumière de la vérité [cf. *Timée* 39 b], de déployer mon entendement pour parvenir à la science même des êtres, d'ouvrir les portes de mon âme pour qu'elle reçoive l'enseignement divinement inspiré de Platon, et, ayant ancré ma faculté de connaissance dans *ce qu'il y a de plus lumineux dans l'être* [*République* VII, 518 c], de me délivrer de toute la *sagesse illusoire* [*Sophiste* 231 b] et de l'errance parmi les non-êtres par l'étude toute intellective des êtres, par lesquels seuls *l'œil de l'âme est nourri et irrigué*, comme le dit Socrate dans le *Phèdre* [246 e ; cf. *République* VII, 533 d].

[Je prie] les dieux intelligibles de m'accorder un intellect parfait ; les dieux intellectifs, une puissance élévatrice ; les dieux chefs de l'univers, qui sont au-delà du ciel, une activité détachée et séparée des connaissances matérielles ; les dieux qui ont reçu en lot le monde, une vie ailée ; les chœurs angéliques, une révélation véridique des choses divines ; les bons démons, la plénitude de l'inspiration (ἐπίπνοια) venant des dieux[86] ; et [enfin] les héros, un état d'âme magnanime, grave et sublime. [Je prie] toutes les classes des dieux sans exception de mettre en moi une disposition parfaite à participer à la doctrine tout époptique et mystique que Platon nous révèle dans le *Parménide*[87] avec la profondeur appropriée aux réalités et qu'a déployée par ses très pures intuitions celui qui s'est en vérité imbu avec Platon de l'ivresse dionysiaque, qui a eu part au banquet de la vérité divine et qui s'est fait pour nous le maître dans cette doctrine et réellement le hiérophante de ces enseignements divins[88].

86. Cette ἐπίπνοια daïmonique est assurément une allusion à la figure du *daimōn* de Socrate, comme C. LUNA et A.-Ph. SEGONDS n'ont pas manqué de le relever (Notes complémentaires, p. 169). Voir aussi A. TIMOTIN, *La démonologie platonicienne*, p. 247-248.

87. Sur le *Parménide* comme le degré ultime de l'initiation à la philosophie platonicienne, voir PROCLUS, *Théologie platonicienne* I, 10, p. 44, 6. Pour d'autres références, voir les notes complémentaires de l'édition du *Commentaire sur le Parménide*, p. 169.

88. PROCLUS, *Commentaire sur le Parménide* I, p. 617, 1-618, 8 LUNA-SEGONDS : Εὔχομαι τοῖς θεοῖς πᾶσι καὶ πάσαις ποδηγῆσαί μου τὸν νοῦν εἰς τὴν προκειμένην θεωρίαν, καὶ φῶς ἐν ἐμοὶ στιλπνὸν τῆς ἀληθείας ἀνάψαντας ἀναπλῶσαι τὴν ἐμὴν διάνοιαν ἐπ' αὐτὴν τὴν τῶν ὄντων ἐπιστήμην, ἀνοῖξαί τε τὰς τῆς ψυχῆς τῆς ἐμῆς πύλας εἰς ὑποδοχὴν τῆς ἐνθέου τοῦ Πλάτωνος ὑφηγήσεως· καὶ ὁρμήσαντάς μου τὴν γνῶσιν εἰς τὸ φανότατον τοῦ ὄντος παῦσαί με τῆς πολλῆς δοξοσοφίας καὶ τῆς περὶ τὰ μὴ ὄντα πλάνης τῇ περὶ τὰ ὄντα νοερωτάτῃ διατριβῇ, παρ' ὧν μόνων τὸ τῆς ψυχῆς ὄμμα τρέφεταί τε καὶ ἄρδεται, καθάπερ φησὶ ὁ ἐν τῷ Φαίδρῳ Σωκράτης· ἐνδοῦναί τέ μοι νοῦν μὲν τέλειον τοὺς νοητοὺς θεούς, δύναμιν δ' ἀναγωγὸν τοὺς νοερούς, ἐνέργειαν δὲ ἄλυτον καὶ ἀφειμένην τῶν ὑλικῶν γνώσεων τοὺς ὑπὲρ τὸν οὐρανὸν τῶν ὅλων ἡγεμόνας, ζωὴν δὲ ἐπτερωμένην τοὺς τὸν κόσμον λαχόντας, ἔκφανσιν δὲ τῶν θείων ἀληθῆ τοὺς ἀγγελικοὺς χορούς, ἀποπλήρωσιν δὲ τῆς παρὰ θεῶν ἐπιπνοίας τοὺς ἀγαθοὺς δαίμονας, μεγαλόφρονα δὲ καὶ σεμνὴν καὶ ὑψηλὴν κατάστασιν τοὺς ἥρωας· πάντα δὴ ἁπλῶς τὰ θεῖα γένη παρασκευὴν ἐνθεῖναί μοι τελείαν εἰς τὴν μετουσίαν τῆς ἐποπτικωτάτης τοῦ Πλάτωνος καὶ μυστικωτάτης θεωρίας, ἣν ἐκφαίνει μὲν ἡμῖν αὐτὸς ἐν τῷ Παρμενίδῃ μετὰ τῆς προσηκούσης τοῖς πράγμασι βαθύτητος, ἀνήπλωσε δὲ ταῖς ἑαυτοῦ καθαρωτάταις ἐπιβολαῖς ὁ τῷ

Cette prière fait correspondre ainsi, de manière très rigoureuse, à chaque classe de dieux visée par la prière de Proclus un don particulier propre à la classe respective, reçu par une faculté particulière de l'âme[89] :

Dieux visés par la prière initiale du *Commentaire sur le Parménide*	Dons reçus des dieux
dieux intelligibles	intellect parfait
dieux intellectifs	puissance élévatrice
dieux hypercosmiques ou dieux-chefs	activité détachée et séparée des connaissances matérielles
dieux encosmiques	vie ailée
anges	révélation véridique des choses divines
les bons *daimones*	plénitude de l'inspiration venant des dieux
héros	état d'âme magnanime, grave et sublime

La prière conclusive

C'était une chose habituelle de terminer un discours par une prière ou un hymne et les traités ou les commentaires théologiques s'inscrivent dans cette tradition[90]. Dans la littérature philosophique l'exemple le plus connu est sans doute la prière à Pan par laquelle s'achève le *Phèdre*. Proclus ne s'est pas dérobé à cette tradition. Dans le livre IV de la *Théologie platonicienne*, l'exposé théologique sur les dieux de la première triade des dieux intelligibles-intellectifs (du « lieu supracéleste », cf. *Phèdre* 247 d) s'achève, en effet, par une énumération des attributs caractéristiques des trois divinités – la Science (ἐπιστήμη), la

---

Πλάτωνι μὲν συμβακχεύσας ὡς ἀληθῶς καὶ ὁ μεστὸς καταστὰς τῆς θείας ἀληθείας, τῆς δὲ θεωρίας ἡμῖν γενόμενος ταύτης ἡγεμὼν καὶ τῶν θείων τούτων λόγων ὄντως ἱεροφάντης· Sur l'éloge de Syrianus par lequel se termine cette prière, voir la note copieuse de C. Luna et A.-Ph. Segonds, dans les Notes complémentaires, p. 170-175.

89. Le tableau suivant représente de manière graphique l'analyse de la prière de Proclus par C. LUNA et A.-Ph. SEGONDS, dans PROCLUS, *Commentaire sur le Parménide*, t. I, introduction, p. CDLXXII-CLXXIII.

90. Pour des exemples de prières conclusives dans la tradition littéraire, voir O. KUETTLER, *Precationes...*, p. 7-9. Dans la tradition philosophique, les prières finales des Commentaires de Simplicius sur l'*Enchiridion* d'Épictète et sur le *De caelo* d'Aristote sont parmi les plus connus (voir PROCLUS, *Hymnes et prières*, p. 67-71) ; cf. Ph. HOFFMANN, « Sur quelques aspects... », p. 204-209 ; IDEM, « Science théologique et Foi... », p. 283-286. Sur les prières finales dans les hymnes théologiques de la tradition hermétique, voir A.-J. FESTUGIÈRE, *La Révélation d'Hermès...*, t. II, p. 320-325 [p. 792-797].

Sagesse (σωφροσύνη), la Justice (δικαιοσύνη) –, présentée comme un hymne chanté en leur honneur, dans lequel on les invoquerait par leur nom :

> Pour ne pas nous étendre davantage, et puisque ce que nous avons dit suffit à nous remettre en mémoire la pensée de Platon, célébrons donc dans un hymne ces trois divinités qui se sont partagé le *lieu supracéleste* : toutes sont intelligibles autant qu'on peut l'être dans les intellectifs, elles sont suprêmes, elles réunissent toutes choses dans l'unique unité intelligible, mais la première possède dans les intellectifs le rang primordial sous le mode de la stabilité, la deuxième, sous le mode de la génération, et la troisième, sous le mode de la conversion : la première, en effet, unifie les permanences des dieux et les ramène vers l'intelligible, la deuxième unifie leurs processions, et la troisième, leurs conversions. Et toutes ensemble, elles ramènent vers l'unité tout ce qu'il y a d'existence, celle qui est éternellement en repos, celle qui procède et celle qui se convertit[91].

Les hymnes poétiques

Proclus a composé un certain nombre d'hymnes dont sept nous sont parvenus. Édités par E. Vogt[92], ils ont fait, en 2001, l'objet d'une étude approfondie par Robbert van den Berg, qui me dispense d'en faire ici un exposé détaillé. Je me contenterai de résumer une partie des conclusions de cette excellente étude.

La conception de Proclus sur la prière rend évident le fait que la composition des hymnes revêtait, dans la perspective de Proclus, l'aspect d'une démarche théologique équivalente à la composition des commentaires des dialogues platoniciens, conçus, à leur tour, comme des hymnes en l'honneur de la divinité. Aussi n'est-il pas difficile de montrer que la composition des hymnes était étroitement liée à l'activité philosophique de Proclus et complétait, dans un registre stylistique différent, les analyses théologiques exposées dans ses traités théologiques et dans ses commentaires exégétiques.

---

91. Proclus, *Théologie platonicienne* IV, 16, p. 50, 11-21 (trad. H. D. Saffrey, A.-Ph. Segonds) : Ἵν' οὖν μὴ πολλὰ λέγωμεν, καὶ τῶν εἰρημένων ἀποχρώντων τῆς τοῦ Πλάτωνος ἡμᾶς ἀναμνῆσαι διανοίας, τρεῖς ἡμῖν αὗται θεότητες ὑμνείσθωσαν αἱ *τὸν ὑπερουράνιον* διελόμεναι *τόπον* [*Phèdre* 247 d], νοηταὶ μὲν ὡς ἐν νοεροῖς πᾶσαι καὶ ἄκραι καὶ συναγωγοὶ πάντων εἰς μίαν ἕνωσιν τὴν νοητήν, ἀλλ' ἡ μὲν μονίμως, ἡ δὲ γεννητικῶς, ἡ δὲ ἐπιστρεπτικῶς ἔχουσα τὸ πρωτουργὸν ἐν τοῖς νοεροῖς· ἡ μὲν γὰρ τὰς μονὰς τῶν θεῶν πάντων ἑνοῖ καὶ συνάγει περὶ τὸ νοητόν, ἡ δὲ τὰς προόδους, ἡ δὲ τὰς ἐπιστροφάς. Πᾶσαι δὲ ὁμοῦ τὴν ὅλην ὕπαρξιν τὴν μένουσαν ἀεὶ καὶ προϊοῦσαν καὶ ἐπιστρέφουσαν συνάγουσιν εἰς ἕν.

92. *Procli hymni*, éd. E. Vogt, Wiesbaden, 1957, p. 27-33 (traduction française par H. D. Saffrey dans Proclus, *Hymnes et prières*).

Aux hymnes de Proclus convient bien la définition selon laquelle les hymnes sont des prières chantées en l'honneur des dieux. En fait, on ne sait pas si ces hymnes était chantés en réalité, mais leur structure métrique rend plausible cette hypothèse, qui semble confortée également par quelques indications dans la *Vie de Proclus* par Marinus. Marinus affirme, en effet, que Proclus célébrait les fêtes importantes de nombreux peuples en entonnant des hymnes, en apportant pour preuve sa collection d'hymnes, dont la plupart sont perdus aujourd'hui, qui renfermait beaucoup d'hymnes en l'honneur des divinités étrangères au panthéon grec[93]. Selon Marinus, Proclus jugeait que le philosophe ne doit pas observer les rites d'une seule ou de quelques cités, mais qu'il doit être l'hiérophante du monde entier (τοῦ ὅλου κόσμου ἱεροφάντης)[94].

Les derniers philosophes néoplatoniciens d'Athènes partageaient ainsi la conviction que les traditions théologiques de tous les peuples expriment les mêmes vérités universelles sur la divinité, c'est pourquoi l'un des objectifs centraux de leur démarche était de montrer que les systèmes théologiques des Chaldéens et des Orphiques étaient en harmonie avec la philosophie de Platon. Cette harmonie préétablie est à la base de l'intérêt des derniers néoplatoniciens pour tous les types de cultes locaux où ils cherchaient à déchiffrer les mêmes vérités théologiques universelles. Selon Marinus, Proclus aurait été contraint à un certain moment à quitter Athènes pour une période pendant laquelle il aurait voyagé en Asie. Là-bas il aurait étudié et participé aux cultes les plus divers qu'il essayait même d'expliquer aux habitants[95], qui n'avaient pas probablement la moindre idée que leurs rites exprimaient les vérités métaphysiques du système théologique néoplatonicien. Mais cela montrait que Proclus se jugeait non

---

93. MARINUS, *Vie de Proclus* 19.

94. *Ibid.*, 19, 26-30, p. 23 : καὶ γὰρ πρόχειρον ἐκεῖνο εἶχεν ἀεὶ καὶ ἔλεγεν ὁ θεοσεβέστατος ἀνὴρ ὅτι τὸν φιλόσοφον προσήκει οὐ μιᾶς τινὸς πόλεως οὐδὲ τῶν παρ' ἐνίοις πατρίων εἶναι θεραπευτήν, κοινῇ δὲ τοῦ ὅλου κόσμου ἱεροφάντην. « De fait, notre pieux héros avait toujours ce mot à la bouche, que le philosophe ne doit pas être le prêtre seulement d'une seule cité ou des cultes traditionnels de certains peuples particuliers, mais qu'il doit être universellement l'hiérophante du monde entier ».

95. *Ibid.*, 15, 23-28, p. 18 : ἵνα γὰρ μηδὲ τῶν ἐκεῖ ἀρχαιοτέρων ἔτι σωζομένων θεσμῶν ἀμύητος ᾖ, πρόφασιν αὐτῷ τὸ δαιμόνιον τῆς ἀποδη μίας ταύτην ἐμηχανήσατο. αὐτός τε γὰρ τὰ παρ' ἐκείνοις σαφῶς ἐπεγίγνωσκε κἀκεῖνοι, εἴ τι ὑπὸ τοῦ μακροῦ χρόνου παρεώρων τῶν δρωμένων, ἐδιδάσκοντο, ὑφηγουμένου τοῦ φιλοσόφου, τὰ τῶν θεῶν ἐντελέστερον. « En effet, la Divinité lui avait ménagé l'occasion de ce voyage pour qu'il ne fût pas sans initiation aux pratiques religieuses tout à fait antiques qui se conservent encore chez les gens de là-bas. De fait, quant à lui, il apprit à connaître exactement leurs pratiques, et eux, de leur côté, se faisait enseigner par le philosophe tout ce que, à la longue, ils avaient négligé dans les rites, car il leur expliquait le culte des dieux plus parfaitement ».

seulement en théorie, mais aussi en pratique comme un « hiérophante » du monde entier. Proclus n'était pourtant pas un cas isolé parmi les derniers néoplatoniciens. On sait qu'Isidore, le maître de Damascius qui avait succédé à Marinus à la tête de l'Académie d'Athènes, a composé des hymnes[96]. Un autre néoplatonicien, Asclepiades, un contemporain de Damascius, a écrit, sur les traces de Syrianus et de Proclus, un traité sur l'harmonie de toutes les théologies, y compris celles des Égyptiens, et a composé également des hymnes en l'honneur de certaines divinités égyptiennes qui, malheureusement, ne nous sont pas parvenus[97].

Les hymnes de Proclus qui ont été préservés sont tous, à une seule exception qui reste encore sujet à débat, adressés à des divinités du panthéon grec (Hélios, Aphrodite, les Muses, Athéna). La question épineuse qui se posait dans l'analyse de ces hymnes et que R. van den Berg a résolu d'une manière que l'on peut juger tout à fait satisfaisante est celle de la place de ces divinités dans le système théologique proclien. On a pu montrer ainsi que les dieux invoqués dans ces hymnes sont des divinités plutôt inférieures, soit des dieux hypercosmiques, soit des dieux hypercosmiques-encosmiques, leur fonction étant d'unifier l'âme au niveau de l'intellect, alors que les cinq degrés de la prière, selon la théorie exposée dans le *Commentaire sur le Timée*, sont censés conduire à l'unification au niveau des hénades.

Trois exemples, étudiés par R. van den Berg, suffiront pour illustrer cette conclusion[98]. Hélios, qui est le destinataire d'un de ces hymnes, est à identifier à la divinité Apollon/Hélios de la triade des dieux hypercosmiques. Non seulement celui-ci est le seul Hélios mentionné dans les écrits de Proclus, mais la discussion sur Apollon/Hélios dans le livre VI (chap. 12) de la *Théologie platonicienne* présente des similitudes évidentes avec l'image du dieu Hélios telle qu'elle se dégage de l'hymne en son honneur. L'Aphrodite à laquelle est également adressée un des hymnes de Proclus n'est pas facile à identifier. La seule Aphrodite mentionnée par Proclus, dans le livre VI (chap. 22) de la *Théologie platonicienne*, est localisée dans la triade anagogique des dieux hypercosmiques-encosmiques. L'Aphrodite de l'hymne ne présente pas de dissimilitudes importantes avec cette Aphrodite-là, ce qui peut appuyer l'hypothèse qu'il s'agit de la même divinité. Enfin, les Muses, auxquelles est consacré un autre hymne de Proclus, ne sont pas attestées dans la *Théologie platonicienne*, mais dans le *Commentaire sur le Cratyle* de Proclus elles sont censées appartenir à la série d'Apollon qui est leur chef.

---

96. Damascius, *Vie d'Isidore*, Epitoma Photiana 61, fr. 113 Zintzen.
97. *Ibid.*, fr. 164 Zintzen.
98. R. Van den Berg, *Proclus' Hymns*, p. 41-42.

Conclusions

La contribution de Proclus à la théorie néoplatonicienne de la prière, qui se dégage notamment de la section consacrée à la prière dans son *Commentaire sur le Timée*, peut être mise en évidence en fonction de deux aspects.

Le premier est la définition de la prière. À ce titre, Proclus, sur les traces de Théodore d'Asinè, a étendu la conception jambliquéenne de la prière comme remontée de l'âme vers l'Un à l'ensemble de l'univers. Selon cette conception, la prière définit la structure même du réel : toutes choses prient sans cesse dans la mesure où toutes choses remontent continûment vers les réalités qui leur sont supérieures et, en dernière instance, vers l'Un, en accord avec leur nature et leur place dans la hiérarchie du réel. Selon Proclus, cette conversion que la prière exprime est rendue possible par les deux traces de l'Un et de l'Intellect (le μένειν et l'ἐπιστρέφειν) que tous les êtres possèdent dans leur nature et qui expliquent la tendance universelle vers l'Un qui caractérise l'ensemble de la réalité (cf. *Éléments de théologie*, prop. 1). Selon un modèle qu'on retrouve chez Jamblique, cette définition de la prière se présente comme une exégèse de la formule platonicienne προσομιλεῖν ἀεὶ τοῖς θεοῖς (*Lois* IV, 716 d), à laquelle elle donne, bien sûr, un sens différent de sa signification initiale.

Le second aspect de la contribution de Proclus à la théorie de la prière concerne sa dynamique, la manière dont elle parvient à susciter la reconversion des réalités et, en particulier, des âmes vers leur principe (ou, dans les termes de Proclus, sa τελειότης). Proclus expose ainsi une hiérarchie des degrés de la prière à cinq termes (γνῶσις, οἰκείωσις, συναφή, ἐμπέλασις, ἕνωσις) qui n'est pas une simple extension du schéma ternaire de Jamblique. Cette hiérarchie correspond en fait de manière rigoureuse à la hiérarchie des cinq causes (αἰτίαι) exposée au début du *Commentaire sur le Timée*. La τελειότης progressive de la prière est ainsi définie en fonction des causes, à savoir des espèces des dieux responsables de chaque degré de la prière dans la reconversion graduelle des êtres vers l'Un. Cette théorie des causes de la prière est, très probablement, une innovation de Proclus.

Comme Jamblique, Proclus définit une forme de πείθειν spécifique de la prière qui n'est pas caractérisée par le παθεῖν (c'était un des objets de la polémique entre Porphyre et Jamblique). Cependant, chez Proclus, le πείθειν de la prière émane des θεῖα συνθήματα, qui sont implantés à chaque niveau du réel et qui attirent la bienfaisance des dieux envers ceux qui prient. Ces « caractères », que l'âme découvre à chaque degré du monde divin, permettent le passage au niveau supérieur. La remontée de l'âme est ainsi assimilée, à l'instar du cheminement pédagogique néoplatonicien, à un parcours mystérique qui comporte une purification préparatoire, une initiation (μύησις), et qui s'achève par la vision mystique (ἐποπτεία).

Le rôle du silence est très important dans la seconde partie de ce parcours et on peut remarquer, une fois de plus, la place éminente du silence dans la définition de la prière néoplatonicienne. Le silence est supérieur au langage, qui ne peut exprimer que les niveaux inférieurs du réel. Proclus va plus loin encore, en affirmant l'existence d'un degré du réel qui se situe au-dessus du silence. On constate également, selon un modèle que l'on a déjà trouvé chez Jamblique, une revalorisation du rituel par rapport à la hiérarchie porphyrienne du culte. Alors que chez Porphyre aucun rite ne convient au niveau des dieux intellectifs, chez Proclus ce degré est illustré par plusieurs rites théurgiques.

Un autre aspect remarquable est l'accentuation du phénomène de textualisation de la religion, déjà mis en évidence chez Jamblique, dans la dépendance de la prière et, plus généralement, de la théurgie des *Oracles chaldaïques*. Chez Proclus, cette tendance s'accentue par la conception selon laquelle la recherche et le commentaire théologiques représentent des hymnes en prose en l'honneur de la divinité, une conception qui a des racines dans la théorie rhétorique antique. Les hymnes poétiques de Proclus sont, à leur tour, imprégnés de théologie néoplatonicienne et de références aux textes sacrés du néoplatonisme. La religion néoplatonicienne est essentiellement une religion à caractère « scientifique » et textuel.

La piété et, en particulier, la prière sont indissociables, chez Proclus comme chez Jamblique, du savoir théologique, la célébration de la divinité étant impossible en l'absence de la connaissance de l'ensemble des classes divines et de leurs propriétés. Cette γνῶσις représente en effet chez Proclus le premier degré de la prière, la condition *sine qua non* de la remontée de l'âme.

La doctrine proclienne de la prière permet aussi d'enrichir l'analyse de la rhétorique de la prière néoplatonicienne et de sa dimension anthropologique. Un passage du livre II de la *Théologie platonicienne* évoque ainsi deux gestes caractéristiques d'une prière modelée selon la prière devant le soleil levant, qui est la prière platonicienne par excellence (le soleil étant l'analogue visible de l'Un-Bien) : la prosternation et les yeux fermés. On sait par ailleurs que la piété envers le Soleil rythmait la vie religieuse quotidienne de Proclus. L'expérience décrite par Proclus, qui ne s'inscrit pas, comme chez Jamblique, dans un rite public, se réalise dans un isolement psychologique et social, dans la réclusion et dans la méditation, par un détachement volontaire de la vie de la « foule », détachement qui corrobore son opposition tacite au christianisme environnant.

Conclusions

La réflexion sur la prière dans la tradition platonicienne ancienne est caractérisée par une ambivalence constitutive : elle est le résultat à la fois d'une attitude critique à l'égard des pratiques religieuses traditionnelles et d'un effort systématique de reconstruction sur des bases philosophiques et théologiques d'une religion à caractère scientifique.

Cette ambivalence se trouve déjà dans l'œuvre de Platon (notamment dans les *Lois*), caractérisée par le souci de préserver les actes fondamentaux du culte civique et leur autorité doublé d'une démarche critique ayant pour objectif la censure et le contrôle de la religion traditionnelle. Platon ne désavoue pas d'espèces particulières de prière – c'est le néoplatonisme post-plotinien qui introduira des distinctions et des hiérarchies en fonction de critères philosophiques –, mais plutôt la conception selon laquelle les dieux peuvent être fléchis par des prières et par les sacrifices qui les accompagnent. Selon Platon, cette conception est à la fois fausse et impie : elle l'est d'abord parce qu'elle est fondée sur une idée fautive de la divinité, à laquelle elle attribue indûment des actions contraires à sa nature ; elle l'est aussi dans la mesure où elle représente l'expression d'un désir individuel qui s'oppose au bien commun de la cité, les actes religieux étant, dans la Grèce ancienne, éminemment civiques.

À cette conception Platon oppose, en dehors des hymnes en l'honneur des dieux – soumis, à leur tour, à une censure rigoureuse –, une série de prières jugées philosophiquement légitimes : l'invocation des dieux au début d'une enquête philosophique (*Timée* 27 c-d), selon une tradition littéraire dont l'imitation n'est d'ailleurs pas innocente ; la prière aux astres (aux « dieux visibles ») et au κόσμος, fondée sur un savoir qui ne la rend d'emblée accessible qu'à un nombre réduit de personnes capables de l'acquérir ; la prière, théorisée dans les *Lois* (IV, 709 b-d) et illustrée par la prière finale du *Phèdre*, pour que ce qui relève de la fortune soit en accord avec notre âme, avec ce qui dépend de nous, de notre τέχνη.

Ces trois espèces de prières ont eu une fortune importante dans la tradition médio- et néoplatonicienne, qui en a pourtant modifié la teneur. Les deux premières ont trouvé un écho notamment dans le néoplatonisme tardif. D'une part, la prière du *Timée* est devenue le modèle par excellence des prières initiales dans la tradition néoplatonicienne, même si chez Proclus, par exemple, ces dernières découlent d'une conception théologique qui n'est pas formellement attestée avant l'époque de Plutarque et selon laquelle le philosophe est le prêtre de la divinité suprême et la science théologique à laquelle il aspire, le fruit d'une inspiration divine. D'autre part, l'idée que la prière véritable est fondée sur une γνῶσις théologique a également été reprise et développée dans le néoplatonisme tardif, en étroite relation avec une autre conception platonicienne, selon laquelle la vraie εὐσέβεια, l'attitude religieuse du philosophe, procède d'un savoir théologique à caractère scientifique. Enfin, la troisième espèce de prière a pu trouver un écho particulier chez Aristote, dans l'*Éthique à Nicomaque*, puis chez Maxime de Tyr et dans le stoïcisme de l'époque impériale, en particulier chez Marc Aurèle.

Ces exemples montrent, à eux seuls, l'importance de l'exégèse pour le développement de la réflexion sur la prière dans la tradition médio- et néo-platonicienne. On remarquera à ce titre que les définitions de la prière de Jamblique et de Proclus sont présentées comme des interprétations de la for-mule platonicienne προσομιλεῖν ἀεὶ τοῖς θεοῖς (*Lois* IV, 716 d). Maxime de Tyr, lui aussi, fait allusion de manière détournée à cette formule.

Cette continuité ne doit pas cacher les différences fondamentales qui séparent la réflexion sur la prière présente dans les dialogues de Platon des développements ultérieurs. Une de ces différences concerne la nature même de la prière : chez Platon – qui ne s'écarte pas, sur ce point, de la tradition religieuse –, la prière représente essentiellement une αἴτησις, alors que la plu-part des médio- et néoplatoniciens n'accepteront pas le caractère universel de cette définition. À partir de Maxime de Tyr, ces derniers opposent à la prière traditionnelle de demande une espèce philosophique de prière qui n'est plus définie comme une demande (αἴτησις), mais dont le contenu diffère selon les auteurs.

Selon Maxime, la prière de demande est inutile quelle que soit la posi-tion philosophique que l'on peut adopter au sujet de la nature du principe universel gouvernant les affaires terrestres. À la prière pétitionnaire, Maxime oppose une prière philosophique qui n'a pas pour objet des choses dont on est dépourvu et qui devraient être demandées à la divinité, mais des choses déjà présentes sur lesquelles le sage s'entretient avec les dieux. Cette prière serait, en effet, une conversation ou un commerce (ὁμιλία) avec les dieux.

Plotin élabore une explication philosophique de l'action de la prière tradi-tionnelle, tout en limitant sa sphère d'action au monde sensible. Son efficacité découle ainsi, comme celle de l'astrologie ou de la magie, de la συμπάθεια natu-relle des parties de l'univers que ces pratiques mettent en contact de manière quasi-mécanique, sans que l'âme rationnelle ne soit ni touchée ni responsable de ces actions. La conception plotinienne de la prière traditionnelle la réduit à une sorte de « magie » du langage analogue à la magie de la musique ou de la poésie, à une forme de persuasion qui « charme » la partie irrationnelle de l'âme. Le sage, dans la mesure où il se laisse guider par son âme rationnelle, y reste insensible. Sa prière, qui n'en est une qu'à titre métaphorique, désigne l'acte propre de l'âme intellective, la contemplation (θεωρία) des réalités supérieures, l'Intellect et l'Un. Elle représente ainsi le mouvement anagogique de l'âme vers les réalités ultimes dont elle procède.

Porphyre, dans la *Lettre à Anébon*, juge également que la prière de demande est inappropriée par rapport à la nature intelligible des dieux, mais pour des raisons différentes : en premier lieu, parce qu'elle est censée exercer une contrainte sur eux, et en second lieu, parce que la persuasion et l'affectivité qu'elle met en œuvre sont incompatibles avec la nature impassible de la divinité. Platon avait déjà affirmé que les dieux ne sauraient être rendus sensibles au pouvoir du πείθειν qui caractérise les prières, mais, chez Porphyre, cela se passe non en raison de leur impartialité, mais parce que leur nature intelligible les rend par définition ἄκλιτοι, argument que Porphyre emprunte non à Platon, mais à Plotin. Au contraire, Jamblique et ensuite Proclus définiront une espèce de πείθειν propre aux prières qui échappe à la critique porphyrienne dans la mesure où elle ne vise pas les dieux, mais le νοῦς de l'orant. Chez Jamblique – comme chez les Stoïciens, mais pour des raisons doctrinales différentes –, la prière est censée agir non sur les dieux, mais sur celui qui prie. Il est toutefois remarquable que cette caractérisation de la prière en termes de πείθειν, enracinée dans la tradition littéraire et religieuse, est restée, depuis Platon jusqu'à la fin du néoplatonisme antique, un élément de permanence dans la réflexion sur la prière.

En ce qui concerne l'analyse de la prière en termes d'affectivité, elle ne remonte pas aussi loin. Le lien entre παθεῖν et prière, résultat du développement d'une réflexion sur les émotions religieuses, n'est pas en effet formellement attesté avant l'époque de Plutarque. Il apparaît également chez Apulée et chez un théoricien de la rhétorique, Hermogène de Tarse, ce qui témoigne des points de convergence, dans l'Antiquité tardive, entre les analyses rhétorique et philosophique de la prière. Ce lien sera ensuite contesté par Jamblique, sur la base du postulat de l'impassibilité des êtres divins.

Chez Porphyre, les supplications qui contraignent par la persuasion les êtres auxquels elles sont adressées ne peuvent concerner que des divinités de rang inférieur, des δαίμονες, des êtres immortels mais sujets au pâtir. À l'instar de Plotin, Porphyre juge que le dieu suprême ne peut être honoré que par la contemplation silencieuse de l'âme intellective, mais il concède pourtant l'usage des hymnes comme un discours approprié aux dieux intelligibles et l'usage des prières théurgiques pour la purification de l'âme pneumatique (inférieure).

La prière et le culte traditionnels conviennent, en effet, à des divinités de rang inférieur, alors que la divinité suprême n'est honorée que par la contemplation et le silence. L'idée que le silence est supérieur à la prière est une constante de la pensée religieuse néoplatonicienne. Elle découle du caractère inaccessible de l'Un, qui ne peut faire l'objet du culte traditionnel. Le système théologique néoplatonicien mène ainsi logiquement à une dévalorisation du contact extérieur avec les dieux et à une intériorisation de la prière et des rites traditionnels. La réhabilitation du rituel dans le néoplatonisme post-porphyrien représente le fruit d'un paradoxe, celui de la coexistence d'une affirmation de l'inaccessibilité de l'Un et du besoin profond d'un contact avec lui. Cette réhabilitation ne pourra se produire que par l'invention d'une formule rituelle universelle qui corresponde à la théologie néoplatonicienne. La théurgie a rempli cette condition. La définition d'une espèce de prière qui excède le langage et désigne la remontée progressive de l'âme vers Dieu représente un corollaire de cette exigence.

Jamblique sera le premier qui s'emploiera à rétablir la dignité théologique des prières de culte dans sa *Réponse à Porphyre*. Toute prière de culte est, dans cette perspective, jugée apte à susciter et à opérer la remontée progressive de l'âme vers l'Un. Chez Proclus – qui se réclame à ce propos de Théodore d'Asinè –, cette remontée se produit à l'échelle de l'ensemble de la réalité. Dans cette perspective, toutes choses prient dans la mesure où, de par leur nature, elles sont capables de remonter, en accord avec leur position dans la hiérarchie, vers leur principe ultime. L'univers entier représente ainsi une litanie perpétuelle.

Contre les arguments de Porphyre, Jamblique développe une théorie inspirée par les *Oracles chaldaïques* selon laquelle la prière est appropriée à la nature de l'Intellect divin dans la mesure où elle ne ferait, par sa proféation au cours du rituel, qu'actualiser un contenu de nature divine (les θεῖα συνθήματα) qui se trouve originairement dans l'Intellect. La nécessité de prier est fondée ainsi sur le postulat de la connaissance innée que l'âme possède de Dieu, connaissance que la prière ne fait qu'éveiller et actualiser en facilitant, au fur et à mesure que l'âme avance dans cette expérience de la prière, une accommodation avec la présence de la divinité et, au terme de ce parcours, l'union avec les dieux.

Cette progression sera complexifiée par Proclus, qui propose une hiérarchie des degrés de la prière à cinq termes, en relation avec une hiérarchie analogue des causes correspondant aux espèces des dieux responsables de tel ou tel degré de la prière. Chez Proclus, l'âme priante redécouvre, au long de sa remontée, les « caractères divins » à chaque niveau du réel, sa remontée étant assimilée à une initiation mystérique.

La définition d'une religion néoplatonicienne, dont la théorie de la prière fait partie, est caractérisée par un phénomène de textualisation progressive des pratiques religieuses. La religion néoplatonicienne est une religion éminemment textuelle : les prières et les rites théurgiques sont fondés sur les *Oracles chaldaïques*, le « livre sacré » du néoplatonisme ; la théologie scientifique est assimilée à un hymne en prose en l'honneur de la divinité, alors que l'activité philosophique et le style de vie dont elle s'accompagne représentent une forme supérieure de culte. Le professeur de philosophie est aussi prêtre et, à la fin de l'Antiquité, les écoles néoplatoniciennes, à Athènes et à Alexandrie, revêtent, effectivement, le caractère d'une communauté religieuse. L'exemple de Proclus montre bien que l'activité philosophique n'est pas incompatible avec la dévotion religieuse qu'expriment ses hymnes et ses prières quotidiennes.

Il est remarquable que l'essor de cette piété intellectuelle dans le néoplatonisme et l'élaboration d'une théologie de la prière, qui est une de ses expressions, se soient produits toujours à travers un retour aux textes de Platon. Ce retour permanent à Platon confère une unité à l'histoire que nous avons essayé de retracer et nous permet, malgré les césures et les innovations qui l'ont marquée, de parler, concernant les théories de la prière, d'une tradition platonicienne qui s'étend de Platon à la fin de l'Antiquité.

Quelques aspects fondamentaux de cette permanence méritent d'être soulignés : la prière du sage comme expression de l'ὁμοίωσις θεῷ ; la prière d'action de grâces fondée sur la connaissance de la divinité ; la prière au Soleil comme expression de cette forme de piété intellectuelle ; la philosophie comme hymne « scientifique » en l'honneur de la divinité ; la vertu comme condition préalable de la prière ; la définition de la prière comme une espèce de προσομιλία avec les dieux ; le caractère perpétuel de la prière du sage.

Enfin, la composition, en bonne et due forme, par Proclus et par d'autres philosophes néoplatoniciens, d'hymnes théologiques en vers en l'honneur des dieux n'est pas sans relation avec l'impératif platonicien de contrôle philosophique de la production des hymnes dans l'État platonicien. La censure en matière religieuse préconisée par l'auteur des *Lois* décante, à la fin de l'Antiquité, les formes d'expression d'une religion platonisée que défend et pratique une minorité d'intellectuels dispersés dans quelques coins de l'empire, religion dont les fondements ne sont plus les sanctuaires des dieux, mais les textes.

En se fondant sur les textes de Platon et d'Aristote, interprétés à la lumière des *Oracles chaldaïques* et d'autres autorités théologiques, les néoplatoniciens définissent ainsi le rapport entre philosophie et religion en développant une pensée religieuse originale, avec ses catégories propres : la prière, le sacrifice, l'initiation, la foi, etc. À la même époque, la théologie chrétienne assimile progressivement la philosophie grecque et cherche à définir, à son tour, la place de cette dernière par rapport à la religion, une réflexion que la théologie médiévale formulera sous la forme de la relation entre la foi et la raison. Le thème de ce livre fait ainsi partie d'une histoire intellectuelle qui se prolonge bien au-delà de la fin de l'Antiquité.

Bibliographie

Éditions et traductions

AMMONIUS, *In Aristotelis* De Interpretatione *commentarium*, edidit A. BUSSE, CAG IV 5, Berlin, 1897.

APULÉE, *Opuscules philosophiques (Du dieu de Socrate, Platon et sa doctrine, Du monde) et fragments*, texte établi, traduit et commenté par J. BEAUJEU, CUF, Paris, 1973.

[ARISTIPPE DE CYRÈNE] G. GIANNANTONI, *I Cirenaici. Raccolta delle fonti antiche, traduzione e studio introduttivo*, Florence, 1958.

ARISTOTE, *Ethica Nicomachea*, edidit I. BYWATER, Cambridge, 2010.

—, *Éthique à Nicomaque*, traduction, présentation, notes et bibliographie par R. BODÉÜS, Paris, Flammarion, 2004.

—, *Rhétorique*, t. III, Livre III, édition et traduction M. DUFOUR et A. WARTELLE, CUF, Paris, 2011.

—, *Rhétorique*, présentation et traduction par P. CHIRON, Paris, 2007.

AUGUSTIN, *La Cité de Dieu*, traduction de G. COMBÈS, revue et corrigée par G. MADEC, introduction par I. BOCHET, Nouvelle Bibliothèque Augustinienne 3, Paris, 1993.

CALCIDIUS, *Commentaire au Timée de Platon*, t. I-II, édition critique et traduction par B. BAKHOUCHE avec la collaboration de L. BRISSON pour la traduction, Paris, 2011.

CICÉRON, *De la divination / De diuinatione*, texte et traduction par J. KANY-TURPIN, Paris, 2004.

—, *La Nature des dieux*, traduction par C. AUVRAY-ASSAYAS, Paris, 2002.

CLÉMENT D'ALEXANDRIE, *Stromates*, tome VII, édition et traduction par A. LE BOULLUEC, SC 428, Paris, 1997.

Corpus de prières grecques et romaines. Textes réunis, traduction et commentaire par F. CHAPOT et B. LAUROT, RRR, 2, Turnhout, 2001.

Corpus Hermeticum, I. *Poimandrès, Traités II-XII*, texte établi par A. D. NOCK et traduit par A.-J. FESTUGIÈRE, CUF, Paris, 1945.

Corpus Rhetoricum, t. IV, *Prolégomènes au De Ideis*; HERMOGÈNE, *Les catégories stylistiques du discours* (De ideis); *Synopse des exposés sur les* Ideai, textes établis et traduits par M. PATILLON, CUF, Paris, 2012.

DAMASCIUS, *Vitæ Isidori reliquiæ*, edidit C. ZINTZEN, Hildesheim, 1967.

DIOGÈNE LAËRCE, *Vitae philosophorum*, ed. H. S. LONG, 2 vol., Oxford, 1964.

—, *Vies et doctrines des philosophes illustres*, traduction française sous la direction de M.-O. GOULET-CAZÉ, t. I-II, Paris, 1999.

ÉPICTÈTE, *Entretiens*, t. I-IV. Texte établi et traduit par J. SOUILHÉ avec la collaboration d'A. JAGU (pour les livres III et IV), CUF, Paris, 1943-1991.

ÉPICURE, *Fragments* = H. USENER, *Epicurea*, Leipzig, 1887.

—, *Lettres, maximes et autres textes*. Introduction, traduction, notes, dossier, chronologie et bibliographie par P.-M. MOREL, Paris, 2011.

EUSÈBE DE CÉSARÉE, *Préparation évangélique*, Livres IV-V, introduction, traduction et annotation par O. ZINK, texte grec révisé par É. DES PLACES, Sources Chrétiennes 262, Paris, 1979.

HERMIAS D'ALEXANDRIE, *In Platonis Phaedrum scholia*, ediderunt C.M. LUCARINI et C. MORESCHINI, Berlin - Boston, 2012.

Hymnes orphiques, texte établi et traduit par M.-C. FAYANT, CUF, Paris, 2014.

JAMBLIQUE, *Réponse à Porphyre (De mysteriis)*, texte établi, traduit et annoté par H. D. SAFFREY et A.-Ph. SEGONDS avec la collaboration d'A. LECERF, CUF, Paris, 2013.

—, *In Platonis Dialogos Commentariorum Fragmenta*. Edition with Translation and Commentary by J. M. DILLON, Leyde, 1973.

—, *Vie de Pythagore*, introduction, traduction et notes par L. BRISSON et A.-Ph. SEGONDS, Paris, 2011.

JULIEN, *Œuvres complètes*, t. I, 1ᵉ partie : *Discours de Julien César*, éd. et trad. J. BIDEZ, 2ᵉ tirage, Paris, 1972 ; 2ᵉ partie : *Lettres et fragments*, éd. et trad. J. BIDEZ, 2ᵉ éd., Paris, 1960 ; t. II, 1ᵉ partie : *A Thémistius, Contre Héracleios le Cynique, Sur la mère des dieux, Contre les cyniques ignorants* ; 2ᵉ partie : *Discours de Julien empereur, Les Césars, Sur Hélios-roi, Le misopogon*, Paris, 1963-1964.

LUCIEN, *Œuvres*, t. I-V, édition et traduction par J. BOMPAIRE, CUF, Paris, 1993-2008.

MARC AURÈLE, *Écrits pour lui-même*, tome I. *Introduction générale et Livre I*, texte établi et traduction par P. HADOT, CUF, Paris, 1998.

—, *Pensées*, texte établi et traduit par A. Trannoy, CUF, Paris, 1925.

MARINUS, *Proclus ou sur le bonheur*, texte établi, traduit et annoté par H. D. SAFFREY et A.-Ph. SEGONDS avec la collaboration de C. LUNA, CUF, Paris, 2001.

MAXIME DE TYR, *Dissertationes*, edidit M. B. TRAPP, Stuttgart-Leipzig, *1994*.

—, *Philosophumena - Διαλέξεις*, edited by G. L. KONIARIS, Berlin – New York, 1995.

—, *Choix de conférences. Religion et philosophie*, introduction, traduction et notes par B. PÉREZ-JEAN, Paris, 2014.

Oracles chaldaïques avec un choix de commentaires anciens, texte établi et traduit par É. DES PLACES, troisième tirage revu et corrigé par A. Ph. SEGONDS, CUF, Paris, 1996 [1ᵉ édition 1971].

ORIGÈNE, *Werke II, Buch V-VIII Gegen Celsus, Die Schrift vom Gebet*, hrsg. P. KOETSCHAU, GCS, 3, Leipzig, 1899.

—, *La prière*, introduction, traduction et notes par A.-G. HAMMAN, nouvelle édition revisée, Paris, 2002.

PHILODÈME, *On Piety*, Part 1. Critical Text with Commentary, edited by D. OBBINK, Oxford, 1996.

PHILON, *Opera quae supersunt*, t. I-VI, edidit L. COHN, P. WENDLAND, Berlin, 1896-1915.

—, *Œuvres*, t. 7-8. *De Gigantibus. Quod Deuis sit immutabilis*, introduction, traduction et notes par A. MOSÈS, Paris, 1976.

PLATON, *Œuvres complètes*, t. I-XIV, CUF, Paris, 1920-1964.

—, *Œuvres complètes*, nouvelle traduction sous la direction de L. BRISSON, Paris, 2008.

PLOTIN, *Opera*, ediderunt P. HENRY et H.-R. SCHWYZER, vol. I-III, Oxford, 1964-1982 (*editio minor*).

—, *Traités 1-54*, nouvelle traduction sous la direction de L. BRISSON et J.-F. PRADEAU, Paris, 2002-2010.

—, *Traité 38 (VI, 7)*. Introduction, traduction, commentaire et notes par P. HADOT, Paris, 1987.

PLUTARQUE, *Œuvres morales*, t. I-XV, CUF, Paris, 1987-2004.

PORPHYRE, *De l'abstinence*, texte établi et traduit par J. BOUFFARTIGUE et M. PATILLON, t. I-III, CUF, Paris, 1977-1995.

—, *Lettre à Anébon*, texte établi, traduit et commenté par H. D. SAFFREY et A.-Ph. SEGONDS, CUF, Paris, 2012.

—, *La Vie de Plotin*. t. I. Travaux préliminaires et Index grec complet par L. BRISSON *et alii*, Paris, 1982; t. II. Études d'introduction, texte grec et traduction française, commentaire, notes complémentaires, bibliographie par L. BRISSON *et alii*, Paris, 1992

—, *Vie de Pythagore. Lettre à Marcella*, texte établi et traduit par É. DES PLACES, CUF, Paris, 1982.

—, *De philosophia ex oraculis haurienda*, edidit G. WOLFF, Berlin, 1856.

—, *Vie de Porphyre, le philosophe néo-platonicien, avec les fragments des traités* Peri agalmatōn et De regressu animae, éd. J. BIDEZ, 2ᵉ éd., Hildesheim, 1964.

—, *In Platonis Timaeum commentariorum fragmenta*, collegit et disposuit A. R. SODANO, Naples, 1964.

—, *Fragmenta*, edidit A. SMITH, Stuttgart-Leipzig, 1993.

PROCLUS, *In Platonis Timaeum commentaria*, ed. E. DIEHL, t. I-III, Leipzig, 1903-1906.

—, *Commentaire sur le Timée*, traduction et notes par A.-J. FESTUGIÈRE, t. I-IV, Paris, 1966-1968.

—, *In Platonis rem publicam commentarii*, ed. W. KROLL, t. I-II, Leipzig, 1899-1901.

—, *Commentaire sur la République*, traduction et notes par A.-J. FESTUGIÈRE, t. I-III, Paris, 1970.

—, *Commentaire sur le Parménide de Platon*, t. I-IV, texte établi, traduit et annoté par C. Luna et A.-Ph. Segonds, CUF, Paris, 2007-2013.

—, *In Platonis Cratylum Commentaria*, ed. G. Pasquali, Stuttgart-Leipzig, 1994.

—, *Théologie platonicienne*, t. I-VI, édition et traduction par L. G. Westerink et H. D. Saffrey, CUF, Paris, 1968-1997.

—, *Trois études sur la providence*, t. I-III, éd. D. Isaac, CUF, Paris, 1977-1982.

—, *Procli hymni*, ed. E. Vogt, Wiesbaden, 1957. Traduction anglaise et commentaire par R. van den Berg, *Proclus' hymns. Essays, translation and commentary*, Philosophia antiqua, 90, Leyde, 2001 ; *Hymnes et prières*, traduits du grec et présentés par H. D. Saffrey, Paris, 1994.

—, *The Elements of Theology*, A Revised Text with Translation, Introduction and Commentary by E. R. Dodds, Oxford, 1933.

Saloustios, *Des dieux et du monde*, texte établi et traduit par G. Rochefort, CUF, Paris, 1960.

Sénèque, *Ad Lucilium epistulae morales*, recognovit et adnotatione critica instruxit L. D. Reynolds, t. I-II, Oxford, 1965.

—, *Entretiens. Lettres à Lucilius*, traduction H. Noblot revue par P. Veyne, Paris, 1993.

Simplicius, *Commentaire sur le Manuel d'Épictète*, introduction et édition critique du texte grec par I. Hadot, Leyde, 1996.

Les Sophistes. De Protagoras à Critias. Fragments et témoignages, traductions, présentations et notes sous la direction de J.-F. Pradeau, Paris, 2009.

Synésios de Cyrène, t. I, *Hymnes*, texte établi et traduit par Ch. Lacombrade, Paris, Les Belles Lettres, 1978.

Théodore d'Asinè, *Fragments* = W. Deuse, *Theodoros von Asine. Sammlung der Testimonien und Kommentar*, Wiesbaden, 1973.

Théophraste, *Peri eusebeias*, ed. W. Pötscher, Philosophia antiqua, 11, Leyde, 1964.

Xénocrate, *Fragments* = M. Isnardi Parente, *Senocrate-Ermodoro. Frammenti*, edizione, traduzione e commento, Naples, 1982.

Xénophon, *Économique*, texte établi et traduit par P. Chantraine, CUF, Paris, 1949.

—, *Mémorables (livres I-IV)*, t. I-II, texte établi par M. Bandini, traduction par L.-A. Dorion, CUF, Paris, 2011.

Littérature secondaire

Adamson, P., « Plotinus on Astrology », *Oxford Studies in Ancient Philosophy* 35, 2008, p. 265-291.

Addey, C., « The Role of Divine Providence, Will and Love in Iamblichus' Theory of Theurgic Prayer and Religious Invocation », dans E. Afonasin, J. Dillon,

J. F. FINAMORE (éd.), *Iamblichus and the Foundations of Late Platonism*, Leyde-Boston, 2012, p. 133-150.

—, *Divination and Theurgy in Neoplatonism*, Farnham, 2014.

ADKINS, A. W. H., « Εὔχομαι, εὐχωλή, and εὖχος in Homer », *Classical Quarterly*, 19, 1969, p. 20-33.

AMAND, D., *Fatalisme et liberté dans l'Antiquité grecque*, Louvain, 1945.

ATHANASSIADI, P., MACRIS, C., « La philosophisation du religieux », dans L. BRICAULT, C. BONNET (éd.), *Panthée. Religious Transformations in the Graeco-Roman Empire*, RGRW, 177, Leyde-Boston, 2013, p. 41-83.

AUBRIOT-SÉVIN, D., « Prière et rhétorique en Grèce ancienne (jusqu'à la fin du Vᵉ siècle av. J.-C.) », *Mètis* 6, 1991, p. 147-165.

—, *Prière et conceptions religieuses en Grèce ancienne jusqu'à la fin du Vᵉ siècle av. J.-C.*, Lyon, 1992.

AUSFELD, C., « De Graecorum precationibus questiones », *Jahrbuch für klassische Philologie*, Suppl. Bd. 28, 1903, p. 505-547.

BABUT, D., *La religion des philosophes grecs de Thalès aux Stoïciens*, Paris, 1974.

BAKHOUCHE, B., *L'Astrologie à Rome*, Louvain, 2002.

BARTON, T., *Ancient Astrology*, Londres-New York, 1994.

BEIERWALTES, W., *Proklos. Grundzüge seiner Metaphysik*, Frankfurt, 1965.

BELAYCHE, N., « 'Partager la table des dieux'. L'empereur Julien et les sacrifices », *RHR* 218, 2001, p. 457-486.

—, « Sacrifice and Theory of Sacrifice during the 'Pagan Reaction': Julian the Emperor », dans A. I. BAUMGARTEN (éd.), *Sacrifice in Religious Experience*, Leyde, 2002, p. 101-126.

BENDINELLI, G., « Περὶ εὐχῆς di Origene e la tradizione neoplatonica », dans F. COCCHINI (éd.), *Il dono e la sua ombra. Ricerche sul Περὶ εὐχῆς di Origene*, Rome, 1997, p. 33-52.

BENVENISTE, É., *Vocabulaire des institutions indo-européennes*, I. *Économie, parenté, société*, II. *Pouvoir, droit, religion*, Paris, 1969.

BERTRAND, D., « L'implication du νοῦς dans la prière chez Origène et Évagre le Pontique », dans W. A. BIENERT, U. KÜHNEWEG (éd.), *Origeniana septima. Origenes in den Auseinandersetzung des 4. Jahrhunderts*, Louvain, 1999, p. 355-363.

BITTON-ASHKELONY, B., « The Limit of the Mind (νοῦς): Pure Prayer according to Evagrius Ponticus and Isaac of Niniveh », *Zeitschrift für Antikes Christentum* 15, 2011, p. 291-321.

—, « 'More interior than the lips and the tongue': John of Apamea and silent prayer in Late Antiquity », *Journal of Early Christian Studies* 20, 2012, p. 303-331.

—, « Theories of prayer in Late Antiquity: doubts and practices from Maximos of Tyre to Isaac of Nineveh », dans B. BITTON-ASHKELONY, D. KRUEGER (éd.), *Prayer and Worship in Eastern Christianities, 5th to 11th Centuries*, Londres – New York, 2017, p. 10-33.

BORGEAUD, Ph., RENDU LOISEL, A.-C. (éd.), *Violentes émotions. Approches comparatistes*, Genève, 2009.

—, *Les dieux en (ou sans) émotion. Perspective comparatiste* [= *Mythos* 4, 2010].

BORRELLI, D., « Sur une possible destination de l'hymne aux dieux chez l'Empereur Julien », dans Y. LEHMANN (éd.), *L'hymne antique et son public*, p. 243-258.

BOTER, G. J., « Thrasymachus and πλεονεξία », *Mnemosyne* 39, 1986, p. 261-281.

BOUCHÉ-LECLERCQ, A., *L'Astrologie grecque*, Paris, 1899.

BOULNOIS, M.-O., « Dieu peut-il être envieux ou jaloux ? Un débat sur les attributs divins entre l'empereur Julien et Cyrille d'Alexandrie », dans D. AUGER, É. WOLFF (éd.), *Culture classique et christianisme. Mélanges offerts à Jean Bouffartigue*, Paris, 2008, p. 13-25.

—, « L'homme, statue vivante. Quelques réflexions sur les relations entre l'art, le vivant et la représentation du divin dans les premiers siècles du christianisme », dans E. VAN DER SCHUREN (éd.), *Une traversée des savoirs. Mélanges offerts à Jackie Pigeaud*, Québec, 2008, p. 51-72.

BOUVIER, D., « Socrate, Pan et quelques nymphes : à propos de la prière finale du *Phèdre* (279b4-c8) », dans F. PRESCENDI, Y. VOLOKHINE (éd.), *Dans le laboratoire de l'historien des religions. Mélanges offerts à Philippe Borgeaud*, Genève, 2011, p. 251-262.

BOYANCÉ, P., *Le culte des Muses chez les philosophes grecs*, Paris, 1938.

—, « La religion astrale de Platon à Cicéron », *RÉG* 65, 1952, p. 312-350.

BOYS-STONES, G. R., HAUBOLD, J. H. (éd.), *Plato and Hesiod*, Oxford, 2010.

BREMMER, J. M., « Greek Hymns », dans H. S. VERSNEL (éd.), *Faith, Hope and Worship. Aspects of Religious Mentality in the Ancient World*, Leyde, 1981, p. 193-215.

BREMOND, A., « Un texte de Proclus sur la prière et l'union divine », *Recherches de science religieuse* 19, 1929, p. 448-462.

BRISSON, L., « Le discours comme univers et l'univers comme discours. Platon et ses interprètes néoplatoniciens », dans *Le texte et ses représentations*, Paris, 1987, p. 121-128 [repris dans *Lectures de Platon*, Paris, 2000, p. 209-234].

—, « Plotin et la magie. Le chapitre 10 de la *Vie de Plotin* par Porphyre », dans *Porphyre, La Vie de Plotin*, II, Paris, 1992, p. 465-475.

—, « Les listes de vertus dans le *Protagoras* et dans la *République* », dans P. DEMONT (éd.), *Problèmes de la morale antique*, Amiens, 1993, p. 75-92.

—, *Platon, les mots et les mythes*, édition revue et mise à jour, Paris, 1994.

—, « La notion de *phthónos* chez Platon », dans F. MONNEYRON (éd.), *La jalousie*, Colloque de Cerisy (1989), Paris, 1996, p. 13-34 [repris dans *Lectures de Platon*, Paris, 2000, p. 219-234].

—, « L'incantation de Zalmoxis dans le *Charmide* (156d-157c) », dans Th. ROBINSON, L. BRISSON (éd.), *Plato. Euthydemus, Lysis, Charmides. Proceedings of the V Symposium Platonicum*, Sankt Augustin, 2000, p. 278-286.

—, « Le commentaire comme prière destinée à assurer le salut de l'âme », dans M.-O. GOULET-CAZÉ (sous la dir.), *Le commentaire entre tradition et innovation*, Paris, 2000, p. 329-353.

—, « Les accusations portées contre Socrate. Évanescence de la réalité et puissance du mythe », dans G. ROMEYER-DHERBEY, J.-B. GOURINAT (éd.), *Socrate et les Socratiques*, Paris, 2001, p. 71-94.

—, « La critique de la tradition religieuse par Platon, et son usage dans la *République* et dans les *Lois* », dans E. VEGLERIS (éd.), *Cosmos et psychè. Mélanges offerts à Jean Frère*, Hildesheim-Zurich-New York, 2005, p. 67-82.

—, « Peut-on parler d'union mystique chez Plotin ? », dans A. DIERKENS, B. BEYER DE RYKE (éd.), *Mystique : la passion de l'Un, de l'Antiquité à nos jours*, Bruxelles, 2005, p. 61-72.

—, « Les poètes, responsables de la déchéance de la cité. Aspects éthiques, politiques et ontologiques de la critique de Platon », dans *Études sur la* République *de Platon*, Paris, 2005, t. I, p. 25-41.

—, « The philosopher and the magician (Porphyry, *Vita Plotini* 10, 1-13). Magic and Sympathy », dans Ch. WALDE, U. DILL (éd.), *Antike Mythen : Medien, Transformationen und Konstruktionen, Fritz Graf zum 65. Geburtstag*, Berlin-New York, 2009, p. 189-202.

—, « Plotinus and the Magical Rites Practiced by the Gnostics », dans K. CORRIGAN, T. RASIMUS (éd.), *Gnosticism, Platonism and the Late Ancient World. Essays in Honour of John D. Turner*, Leyde-Boston, 2013, p. 443-458.

—, « Prayer in the Neoplatonism and the *Chaldaean Oracles*. Porphyry, Iamblichus, Proclus », dans J. DILLON, A. TIMOTIN (éd.), *Platonic Theories of Prayer*, Leyde-Boston, 2016, p. 108-133.

BRUIT-ZAIDMAN, L., *Le commerce des dieux. Eusebeia, essai sur la piété en Grèce ancienne*, Paris, 2001.

—, « Impies et impiété de l'*Euthyphron* aux *Lois* », dans J. LAURENT (éd.), *Les dieux de Platon*, Caen, 2003, p. 153-168.

BRÜNNECKE, H., *De Alcibiade II. qui fertur Platonis*, Diss. Göttingen, 1912.

BUSINE, A., « Porphyry and the Debate over Traditional Religious Practices », dans P. VASSILOPOULOU, S. R. L. CLARK (éd.), *Late Antique Epistemology. Other Ways to Truth*, Basingstoke-New York, 2009, p. 21-29.

CABOURET, B., « L'empereur Julien en prière », dans G. DORIVAL, D. PRALON (éd.), Aix-en-Provence, 2000, p. 115-123.

CALAME, C., « Les *Hymnes homériques* comme prières poétiques et comme offrandes musicales. Le chant hymnique en acte », *Mètis* n.s. 10, 2012, p. 51-76.

CAMPLANI, A., ZAMBON, M., « Il sacrificio come problema in alcune correnti filosofiche di età imperiale », *Annali di storia dell'esegesi* 19, 2002, p. 59-99.

CAMPOS DAROCA, J, LÓPEZ CRUCES, J. L., « Maxime de Tyr et la voix du philosophe », *Philosophie antique* 6, 2006, p. 81-105.

CARONE, G. R., « The Ethical Function of Astronomy in Plato's *Timaeus* », dans T. CALVO, L. BRISSON (éd.), *Interpreting the* Timaios-Critias. *Proceedings of the Fourth Symposium Platonicum*, Sankt Augustin, 1997, p. 341-350.

CASEL, O., *De philosophorum graecorum silentio mystico*, Giessen, 1919.

CHAMPEUX, J., « La prière du Romain », *Ktèma* 26, 2001, p. 267-283.

CHANIOTIS, A., « Rituals between Norms and Emotions: Rituals as Shared Experience and Memory », dans E. STAVRIANOPOULOU (éd.), *Ritual and Communication in the Graeco-Roman World*, Liège, 2006, p. 211-238.

CHAPOT, F., LAUROT, B., *Corpus de prières grecques et romaines*, textes réunis, traduits et commentés, RRR, 2, Turnhout, 2001.

CILENTO, V., « Mito e poesia nelle Enneadi di Plotino », dans *Les Sources de Plotin*, Entretiens sur l'Antiquité classique, V, Vandoeuvres-Genève, 1957, p. 243-323.

CLARK, G., « Augustine's Porphyry and the Universal Way of Salvation », dans *Studies on Porphyry*, éd. G. KARAMANOLIS, A. SHEPPARD, Londres, 2007, p. 127-140

CLAY, D., « Socrates' Prayer to Pan », dans G. W. BOWERSOCK, W. BURKERT (éd.), *Arktouros. Hellenic Studies presented to Bernard M. W. Knox on the occasion of his 65th Birthday*, Berlin-New York, 1979, p. 345-353.

COCCHINI, F. (éd.), *Il dono e la sua ombra. Ricerche sul Περὶ εὐχῆς di Origene*, Rome, 1997.

CORLU, A., *Recherches sur les mots relatifs à l'idée de prière, d'Homère aux Tragiques*, Paris, 1966.

CORRIGAN, K., « Religion and Philosophy in the Platonic Tradition », dans K. CORRIGAN, J. D. TURNER, P. WAKEFIELD (éd.), *Religion and Philosophy in the Platonic and Neoplatonic Traditions. From Antiquity to the Early Medieval Period*, Sankt Augustin, 2012, p. 19-34.

COULTER, J. A., *The Literary Microcosm. Theories of Interpretation of the Later Neoplatonists*, Leyde, 1976.

CREMER, F. W., *Die chaldäischen Orakel und Jamblich* De mysteriis, Meisenheim am Glan, 1969.

DARREL-JACKSON, B., « The Prayers of Socrate », *Phronesis* 16, 1971, p. 14-37.

DELATTE, A., « Le baiser, l'agenouillement et le prosternement de l'adoration (προσκύνησις) chez les Grecs », *Académie royale de Belgique, Bulletin de la Classe des Lettres et des Sciences morales et politiques*, 5ᵉ série, 37, 1951, p. 423-450.

DES PLACES, É., « La prière des philosophes grecs », *Gregorianum* 41, 1960, p. 253-272.

—, *Syngeneia, la parenté de l'homme avec Dieu*, Paris, 1964.

—, *La Religion grecque. Dieux, cultes, rites et sentiment religieux dans la Grèce antique*, Paris, 1969.

DETIENNE, M., *Les maîtres de vérité dans la Grèce archaïque*, Paris, 1967.

DIÈS, A., *Autour de Platon*, t. I-II, Paris, 1927.

DILLON, J., *The Middle Platonists*, Londres, Duckworth, 1977.

—, « Plotinus on whether the Stars are Causes », *Res Orientales* 12, 1999 [= R. GYSELEN RIKA (éd.), *Science des cieux. Sages, mages, astrologues*], p. 87-92.

—, « The Platonic Philosopher at Prayer », dans Th. KOBUSCH, M. ERLER (éd.), *Metaphysik und Religion. Zur Signatur des spätantikern Denkens*, Munich-Leipzig, 2002, p. 279-296 [repris dans A. TIMOTIN, J. DILLON (éd.), *Platonic Theories of Prayer*, p. 7-25].

—, « Iamblichus' Criticism of Plotinus' Doctrine of the Undescended Soul », dans R. CHIARADONNA (éd.), *Studi sull'anima in Plotino*, Naples, 2005, p. 337-351.

—, « The Religion of the Last Hellenes », dans J. SCHEID (éd.), *Rites et croyances dans les religions du monde romain*, Genève, 2007, p. 117-138.

DILLON, J., TIMOTIN, A. (éd.), *Platonic Theories of Prayer*, Studies in Platonism, Neoplatonism, and the Platonic Tradition, 19, Leyde-Boston, 2016.

DIOP, S., « L'énonciation homérique et la pratique de l'invocation à la Muse », *Circe*, 15, 2011, p. 67-79

DÖLGER, F. J., *Sol Salutis. Gebet und Gesang im christlichen Altertum*, zweite, umgearbeitete und vermehrte Auflage, Münster, 1925.

DONINI, P., *Le scuole, l'anima, l'impero : la filosofia antica da Antioco a Plotino*, Turin, 1982.

—, « Socrate 'pitagorico' et medioplatonico », *Elenchos* 24, 2003, p. 333-359.

—, « Sokrates und sein Dämon im Platonismus des 1. und 2. Jahrhunderts n.Chr. », dans APULEIUS, *De deo Socratis / Über den Gott des Sokrates*, herausgegeben von M. BALTES *et alii*, Darmstadt, 2004, p. 142-161.

DÖRING, K., *Exemplum Socratis. Studien zur Sokratesnachwirkung in der kynisch-stoischen Popularphilosophie der frühen Kaiserzeit und im frühen Christentum*, Wiesbaden, 1979.

DORIVAL, G., « Païens en prière », dans G. DORIVAL, D. PRALON (éd.), *Prières méditerranéennes hier et aujourd'hui*, Aix-en-Provence, Provence, 2000, p. 87-101 [version mise à jour « Modes of Prayer in the Hellenic Tradition », dans J. DILLON, A. TIMOTIN (éd.), *Platonic Theories of Prayer*, p. 26-45].

DORIVAL, G., PRALON, D. (éd.), *Prières méditerranéennes hier et aujourd'hui*, Aix-en-Provence, 2000.

DÖRRIE, H., « Die Religiosität des Platonismus im 4. und 5. Jahrhundert nach Christus », dans *De Jamblique à Proclus*, Genève, 1974, p. 257-281.

DÖRRIE H., BALTES, M., *Der Platonismus in der Antike* t. I-VI, Stuttgart-Bad Cannstatt, 1987-2002.

DRACHMANN, A. B., *Atheism in Pagan Antiquity*, Londres, Gylendal, 1922.

DRAGONA-MONACHOU, M., « Divine Providence in the Philosophy of the Empire », dans ANRW, II, 36.7, Berlin-New York, 1994, p. 4417-4490.

EDMONDS, R. G., « At the Seizure of the Moon : The Absence of the Moon in the Mithras Liturgy », dans S. B. NOEGEL, J. T. WALKER, B. M. WHEELER (éd.), *Prayer, Magic and the Stars in the Ancient and Late Antique World*, University Park (Pa.), Pennsylvania, 2003, p. 223-239.

ELIASSON, E., *The Notion of That Which Depends on Us in Plotinus and Its Background*, Leyde-Boston, 2008.

ESSER, H. P., *Untersuchungen zu Gebet und Gottesverehrung der Neuplatoniker*, Diss., Köln, 1967.

FAHR, W., *Theous nomizein. Zum Problem der Anfänge des Atheismus bei den Griechen*, Hildesheim, 1969.

FAVREAU-LINDER, A.-M., « L'hymne et son public dans les traités rhétoriques de Ménandros de Laodicée », dans Y. LEHMANN (éd.), *L'hymne antique et son public*, p. 153-167.

FEICHTINGER, H., « Οὐδενεία and *humilitas* : Nature and Function of Humility in Iamblichus and Augustine », *Dionysius* 21, 2003, p. 123-160.

FESTUGIÈRE, A.-J., *L'idéal religieux des Grecs et l'Évangile*, Paris, 1932.

—, *La Révélation d'Hermès Trismégiste*, t. I-IV, Paris, 1944-1954 [nouvelle édition revue et augmentée avec la collaboration de C. Luna, H. D. Saffrey et N. Roudet, Paris, 2014].

—, *Personal religion among the Greeks*, Berkeley-Los Angeles, 1954.

—, « Proclus et la religion traditionnelle », dans R. CHEVALIER (éd.), *Mélanges d'archéologie et d'histoire offerts à André Piganiol*, Paris, 1966, p. 1581-1590. [repris dans *Études de philosophie grecque*, Paris, 1971, p. 575-584].

—, « Les dieux ousiarques de l'*Asclépius* », *Recherches de science religieuse* 28, 1938, p. 175-185 [repris dans *Hermétisme et mystique païenne*, Paris, 1967, p. 121-130].

—, « Contemplation philosophique et art théurgique chez Proclus », dans *Studi di storia religiosa della tarde antichità*, Messina, 1968, p. 7-18.

—, « L'ordre de lecture des dialogues de Platon aux Ve-VIe siècles », *Museum Helveticum* 26, 1969, p. 281-296.

FÉVRIER, C., *Supplicare deis. La supplication expiatoire à Rome*, RRR, 10, Turnhout, 2009.

FILORAMO, G., « Aspects de la prière continuelle dans le christianisme ancien », dans G. DORIVAL, D. PRALON (éd.), *Prières méditerranéennes hier et aujourd'hui*, p. 165-175.

FREDOUILLE, J.-C., « Sur la colère divine : Jamblique et Augustin », *Recherches augustiniennes* 5, 1968, p. 7-13.

FREYBURGER, G., « Supplication grecque et supplication romaine », *Latomus*, 67, 1988, p. 501-525.

—, « Prière et magie à Rome », dans *La magie*, Actes du colloque de Montpellier, 25-27 mars 1999, t. III. *Du monde latin au monde contemporain*, Montpellier, 2000, p. 5-13.

—, « Prière silencieuse et prière murmurée dans la religion romaine », *RÉL* 79, 2001, p. 26-36.

FREYBURGER, G., PERNOT, L., *Bibliographie analytique de la prière grecque et romaine (1898-1998)*, RRR, 1, Turnhout, 2000 ; 2e édition complétée et augmentée *(1898-2003)*, sous la direction de G. FREYBURGER, L. PERNOT, F. CHAPOT et

B. LAUROT, 2008 ; *Supplément à la deuxième édition (2004-2008)*, sous la direction de Y. LEHMANN, L. PERNOT et B. STENUIT, 2013 ; *Deuxième Supplément à la deuxième édition (2009-2013)*, sous la direction de B. STENUIT, 2016.

FROHNHOFEN, H., *Apatheia tou theou. Über die Affektlosigkeit Gottes in der griechischen Antike und bei den griechischsprachigen Kirchenvätern bis zu Gregorios Thaumaturgos*, Frankfurt a.M.-New York, 1987.

GAISER, K., « Das Gold der Weisheit. Zum Gebet des Philosophen am Schluß des Phaidros », *Rheinisches Museum für Philologie* N.F. 132, 1989, p. 105-140.

GARVER, E., « Ἦθος and Argument : The ἦθος of the Speaker and the ἦθος of the Audience », dans L. CALBOLI MONTEFUSCO (éd.), *Papers on Rhetoric III*, Bologne, 2000, p. 113-126.

GERNET, L., *Recherches sur le développement de la pensée juridique et morale en Grèce (Étude sémantique)*, Paris, 1917.

GERNET, L., BOULANGER, A., *Le génie grec dans la religion*, Paris, 1932.

GESSEL, W., *Die Theologie des Gebetes nach 'De Oratione' von Origenes*, Munich-Paderborn-Vienne, 1975.

GLUCKER, J., *Antiochus and the Late Academy*, Göttingen, 1978.

GOEKEN, J., (éd.), *La rhétorique de la prière dans l'Antiquité*, RRR, 11, Turnhout, 2010.

—, *Aelius Aristide et la rhétorique de l'hymne en prose*, RRR, 15, Turnhout, 2012.

GOLDSCHMIDT, V., *La religion de Platon*, Paris, 1949.

GOULET-CAZÉ, M.-O., « Les premiers cyniques et la religion », dans M.-O. GOULET-CAZÉ, R. GOULET (éd.), *Le Cynisme ancien et ses prolongements*, Actes du colloque international du CNRS (Paris, 22-25 juillet 1991), Paris, 1993, p. 117-158.

GOURINAT, J.-B., « Le discours intérieur de l'âme dans la philosophie stoïcienne », *Chôra. Revue d'études anciennes et médiévales* 11, 2013, p. 11-22.

GRAF, F., « Prayer in Magical and Religious Ritual », dans Ch. A. FARAONE, D. OBBINK (éd.), *Magika Hiera. Ancient Greek Magic and Religion*, Oxford, 1991, p. 188-213.

GRAVER, M. R., *Stoicism and Emotion*, Chicago-Londres, 2007.

GUITTARD, Ch., « Invocations et structures théologiques dans la prière à Rome », *REL* 76, 1998, p. 71-92.

—, *Carmen et prophéties à Rome*, RRR, 6, Turnhout, 2007.

—, « La prière philosophique, grecque et latine : une esquisse de définition et de classification », dans D. BRIQUEL, C. FÉVRIER, Ch. GUITTARD (éd.), *Varietates fortunae, Religion et mythologie à Rome. Hommage à Jacqueline Champeux*, Paris, 2010, p. 195-210.

GURTLER, G. M., « Sympathy in Plotinus », *International Philosophical Quarterly* 24, 1984, p. 395-406.

HADOT, P., « Physique et poésie dans le *Timée* de Platon », *Revue de Théologie et de Philosophie* 115, 1983, p. 113-133 [repris dans *Études de philosophie ancienne*, Paris, 1998, p. 277-306]

—, « L'union de l'âme avec l'intellect divin dans l'expérience mystique plotinienne », dans G. BOSS, G. SEEL (éd.), *Proclus et son influence*, Actes du colloque de Neuchâtel (juin 1985), Zurich, 1987.

—, *Exercices spirituels et philosophie antique*, 2ᵉ éd., Paris, 1987.

HADZSITS, G. D., « Significance of Worship and Prayer among the Epicureans », *Transactions and Proceedings of the American Philological Association* 39, 1908, p. 73-88.

HAMMAN, A., « La prière chrétiennes et la prière païenne, formes et différences », dans ANRW II, 23.2, Berlin, 1980, p. 1190-1247.

HATZFELD, J., *Alcibiade. Étude sur l'histoire d'Athènes à la fin du Vᵉ siècle*, Paris, 1951.

HAVELOCK, E. A., *The Greek Concept of Justice from Its Shadow in Homer to Its Substance in Plato*, Cambridge, Mass.-Londres, 1978.

HIRSCHLE, M. *Sprachphilosophie und Namenmagie im Neuplatonismus*, Meisenheim am Glan, 1979.

HOFFMANN, Ph., « Sur quelques aspects de la polémique de Simplicius contre Jean Philopon : de l'invective à la réaffirmation de la transcendance du Ciel », dans I. HADOT (éd.), *Simplicius : sa vie, son œuvre, sa survie* (Actes du Colloque international *Simplicius*, Paris, Fondation Hugot du Collège de France, 28 septembre-1ᵉʳ octobre 1985), Berlin-New York, 1987, p. 183-221.

—, « Le sage et son démon. La figure de Socrate dans la tradition philosophique et littéraire (III) », *Annuaire de l'École Pratique des Hautes Études, Vᵉ Section* 96, 1987/1988, p. 272-281.

—, « Implications religieuses de la logique aristotélicienne », *Annuaire de l'École Pratique des Hautes Études, Section des Sciences religieuses*, 103, 1994-1995, p. 267-270.

—, « L'expression de l'indicible dans le néoplatonisme grec de Plotin à Damascius », dans C. LÉVY, L. PERNOT (éd.), *Dire l'évidence (Philosophie et rhétorique antiques)*, Actes du colloque de Créteil et de Paris 24-25 mars 1995, Paris, 1997, p. 335-390.

—, « La triade chaldaïque ἔρως, ἀλήθεια, πίστις : de Proclus à Simplicius », dans A.-Ph. SEGONDS, C. STEEL (éd.), *Proclus et la Théologie Platonicienne*, Actes du colloque international de Louvain (13-16 mai 1998) en l'honneur de H. D. Saffrey et L. G. Westerink, Louvain-Paris, 2000, p. 459-489.

—, « What was Commentary in Late Antiquity ? The Example of the Neoplatonic Commentators », dans M. L. GILL, P. PELLEGRIN (éd.), *The Cambridge Companion in Ancient Philosophy*, Cambridge, 2006, p. 597-622.

—, « Erôs, Alètheia, Pistis... et Elpis. Tétrade chaldaïque, triade néoplatonicienne (Fr. 46 des Places, p. 26 Kroll) », dans H. SENG, M. TARDIEU (éd.), *Die Chaldaeischen Orakel. Kontext, Interpretation, Rezeption*, Heidelberg, 2010, p. 255-324.

—, « Science théologique et Foi selon le Commentaire de Simplicius au *De Caelo* d'Aristote », dans E. CODA, C. MARTINI BONADEO (éd.), *De l'Antiquité tardive au Moyen Âge. Études de logique aristotélicienne et de philosophie grecque, arabe, syriaque et latine offertes à Henri Hugonnard-Roche*, Paris, 2014, p. 277-363.

—, « Le cursus d'étude dans l'École néoplatonicienne d'Alexandrie », dans Ch. MÉLA *et alii* (éd.), *Alexandrie la Divine*, Genève, 2014, t. I, p. 342-353.

—, « Le ritual théurgique de l'ensevelissement et le *Phèdre* de Platon. À propos de Proclus, *Théologie platonicienne*, IV, 9 », dans A. VAN DEN KERCHOVE, L. G. SOARES SANTOPRETE (éd.), *Gnose et manichéisme. Entre les oasis d'Égypte et la Route de la Soie. Hommage à Jean-Daniel Dubois*, Turnhout, 2017, p. 859-914.

HOMMEL, H., *Cicero Gebetshymnus an die Philosophie. Tusculanen V 5*, « Sitzungsberichte der Heidelberger Akademie der Wissenschaften », 3, Heidelberg, 1968.

JAKOV, D., VOUTIRAS, E., « Das Gebet bei den Griechen », dans *Thesaurus Cultus et Rituum Antiquorum*, t. III, Los Angeles, 2005, p. 105-141.

JOHNSTON, S.I., « Porphyry, Sacrifice, and the Orderly Cosmos: *On the Philosophy to be Derived from Oracles* Fr. 314 and 315 », *Kernos*, 23, 2010, p. 115-132.

KINDSTRAND, J. F., *Homer in der zweiten Sophistik. Studien zu der Homerlektüre und dem Homerbild bei Dion von Prusa, Maximus von Tyros und Ailios Aristides*, Uppsala, 1973.

KOTANSKY, R., « Incantations and Prayers for Salvation on Inscribed Greek Amulets », dans Ch. A. FARAONE, D. OBBINK (éd.), *Magika Hiera. Ancient Greek Magic and Religion*, Oxford, 1991, p. 107-137.

KRAJCZYNSKI, J., RAPP, Ch., « Emotionen in der antiken Philosophie. Definitionen und Kataloge », dans M. HARBSMEIER, S. MÖCKEL (éd.), *Pathos, Affekt, Emotion. Transformationen der Antike*, Frankfurt a. M., 2009, p. 47-78.

KRULAK, T. D., « *Thusia* and Theurgy: Sacrifical Theory in Fourth- and Fifth Century Platonism », *Classical Quarterly* 64, 2014, p. 353-382.

KNUUTTILA, S., *Emotions in Ancient and Medieval Philosophy*, Oxford, 2004.

KUETTLER, O., *Precationes quomodo oratores ueteres usurpauerint in orationibus*, Diss. Jena, 1909.

LABARRIÈRE, J.-L., « *Logos endiathetos* et *logos prophorikos* dans la polémique entre le Portique et la Nouvelle-Académie », dans B. CASSIN, J.-L. LABARRIÈRE (éd.), *L'animal dans l'Antiquité*, Paris, 1997, p. 259-279 [repris dans *La condition animale. Études sur Aristote et les Stoïciens*, Louvain-la-Neuve, 2005, p. 63-81].

LAURENT, J., « La prière selon Plotin », *Kairos* 15, 1999 [= D. MONTET (éd.), *Plotin.Ἐχεῖ, ἐνταῦϑα*], p. 99-106.

LAYNE, D., « Philosophical Prayer in Proclus' Commentary on Plato's *Timaeus* », *Review of Metaphysics*, 67, 2013, n° 2, p. 345-368.

—, « Cosmic Etiology and Demiurgic Mimesis in Proclus' Account of Prayer », dans J. DILLON, A. TIMOTIN (éd.), *Platonic Theories of Prayer*, p. 134-163.

LE BOULLUEC, A., *La notion d'hérésie dans la littérature grecque, 2ᵉ-3ᵉ siècles*, t. I-II, Paris, 1985.

—, « Les réflexions de Clément sur la prière et le traité d'Origène », dans L. PERRONE (éd.), *Origeniana Octava. Origen and the Alexandrian Tradition*, Louvain, 2003, p. 387-407 [repris dans *Alexandrie antique et chrétienne : Clément et Origène*, Paris, 2006, p. 137-149].

LEHMANN, Y. (éd.), *L'hymne antique et son public*, RRR, 7, Turnhout, 2007.

LÉVÊQUE, P., *Aurea Catena Homeri*, Paris, 1959.

LEWY, H., *Chaldæan Oracles and Theurgy. Mysticism, Magic and Platonism in the Later Roman Empire*, 3ᵉ édition par M. TARDIEU avec un supplément « Les Oracles chaldaïques 1891-2011 », Paris, 2011.

LÖHR, W. A., « Argumente gegen und für das Gebet. Konturen einer antiken Debate (im Anschluß an Origens und Porphyrios) », dans E. CAMPI, L. GRANE, A. M. RITTER (éd.), *Oratio. Das Gebet in patristischer und reformatorischer Sicht*, Göttingen, 1999, p. 87-95.

LUZ, M., « Philo on Prayer as Devotional Study », dans J. DILLON, A. TIMOTIN (éd.), *Platonic Theories of Prayer*, p. 46-57.

MAGRIS, A., « A che serve pregare, se il destino è immutabile ? : un problema del pensiero antico », *Elenchos* 11, 1990, p. 51-76.

MAHIEU, W. DE, « La doctrine des athées au Xᵉ livre des *Lois* de Platon (I-II) », *Revue belge de philologie et d'histoire* 41, 1963, p. 5-24 et 42, 1964, p. 42-64.

MALINGREY, A.-M., *« Philosophia ». Étude d'un groupe de mots dans la littérature grecque des Présocratiques au IVᵉ siècle après J.C.*, Paris, 1961.

MANSFELD, J., « 'Illuminating what is Thought'. A Middle Platonist *placitum* on 'Voice' in Context », *Mnemosyne* 58, 2005, p. 358-407.

MARTZAVOU, P., « The Isis Aretalogies as a Source for the Study of Emotions », dans A. CHANIOTIS (éd.), *Unveiling Emotions. Sources and Methods for the Study of Emotions in th Greek World*, Stuttgart, 2012, p. 267-291.

MAYHEW, R., « On Prayer in Plato's *Laws* », *Apeiron* 41, 2008, p. 45-61.

MCPHERRAN, M. L., *The Religion of Socrates*, Pennsylvania, 1996.

MÉHAT, A., « Sur deux définitions de la prière », dans G. DORIVAL, A. LE BOULLUEC (éd.), *Origeniana Sexta. Origène et la Bible*, Actes du Colloquium Origenianum Sextum (Chantilly, 30 août-3 septembre 1993), Louvain, 1995, p. 115-120.

MERCKEL, C., « Prière philosophique et transcendance divine. L'intériorité dans la religion de Sénèque (sur la base des *Lettres à Lucilius*) », *RÉL* 89, 2011, p. 133-153.

MERKI, H., Ὁμοίωσις θεῷ. *Von der platonischen Angleichung an Gott zur Gottähnlichkeit bei Gregor von Nyssa*, Fribourg, 1952.

MEULDER, M., « L'invocation aux Muses et leur réponse (Platon, *Républ.* VIII, 545d-547c) », *Revue de philosophie ancienne* 10, 1992, p. 139-177.

MORGAN, M. L., *Platonic Piety. Philosophy and Ritual in Fourth-Century Athens*, New Haven-Londres, 1990.

MORGAN, T., « Is *pistis/fides* experienced as an emotion in the Late Roman Republic, Early Principate, and Early Church ? », dans A. CHANIOTIS, P. DUCREY (éd.), *Unveiling Emotions II. Emotions in Greece and Rome: Texts, Images Material Culture*, Stuttgart, 2013, p. 191-214.

MORLET, S., *Christianisme et philosophie. Les premières confrontations (Ier-VIe siècle)*, Paris, 2014.

MOTTE, A., « La prière du philosophe chez Platon », dans H. LIMET, J. RIES (éd.), *Expérience de la prière dans les grandes religions*, Actes du colloque de Louvain-la-Neuve et Liège (22-23 novembre 1978), Louvain-la-Neuve, 1980, p. 173-204.

—, « Persuasion et violence chez Platon », *L'Antiquité classique* 50, 1981, p. 562-577.

—, « L'expression du sacré chez Platon », *RÉG* 102, 1989, p. 10-27.

—, « Discours théologique et prière d'invocation. Proclus héritier et interprète de Platon », dans A.-Ph. SEGONDS, C. STEEL (éd.), *Proclus et la Théologie Platonicienne*, Actes du colloque international de Louvain (13-16 mai 1998) en l'honneur de H. D. Saffrey et L. G. Westerink, Louvain-Paris, 2000, p. 91-108.

MUELLER-GOLDINGEN, C., « Zur Behandlung der Gebetsproblematik in der griechisch-römischen Antike », *Hyperboreus* 2, 1996, p. 21-37.

NAIDEN, F. S., *Ancient Supplication*, Oxford, 2006.

NASEMANN, B., *Theurgie und Philosophie in Iamblichs* De mysteriis, Stuttgart, 1991.

NEUHAUSEN, H., *Der* Zweite Alkibiades. *Untersuchungen zu einem pseudoplatonischen Dialog*, Berlin-New York, 2010.

NIKIPROWETZSKY, V., « La spiritualisation des sacrifices et le culte sacrificiel au temple de Jérusalem chez Philon d'Alexandrie », *Semitica* 17, 1967, p. 97-116.

NOËL, M.-P., « La persuasion chez Gorgias », dans *La Rhétorique grecque*, textes rassemblés par J.-M. GALY et A. THIVEL, Nice, 1994, p. 89-105.

NORDEN, E., *Agnostos Theos. Untersuchungen zur Formengeschichte religiöser Rede*, Leipzig, 1913.

NORTH, H., *Sophrosyne. Self-Knowledge and Self-Restreint in Greek Literature*, Ithaca-New York, 1966.

O'BRIEN, C. S., « Prayer in Maximus of Tyre », dans J. DILLON, A. TIMOTIN (éd.), *Platonic Theories of Prayer*, p. 58-72.

OLLIER, F., *Le Mirage spartiate. Étude sur l'idéalisation de Sparte dans l'Antiquité grecque, de l'origine jusqu'aux cyniques*, t. I-II, Paris, 1933, 1943.

OPSOMER, J., « Proclus et le statut ontologique de l'âme plotinienne », *Études platoniciennes* 3, 2006 [= *L'âme amphibie. Études sur l'âme chez Plotin*], p. 195-207.

PANACCIO, C., *Le discours intérieur de Platon à Guillaume d'Ockham*, Paris, 1999.

PARKER, R., *Polytheism and Society at Athens*, Oxford, 2005.

PATILLON, M., *La théorie du discours chez Hermogène le rhéteur*, Paris, 2010.

PÉPIN, J., « Prière et providence au 2e siècle (Justin, *dial.* I 4) », dans F. BOSSIER et al. (éd.), *Images of Man in Ancient and Medieval Thought. Studia Gerardo Verbeke ab amicis et collegis dicata*, Louvain, 1976, p. 111-125.

PERNOT, L., *La Rhétorique de l'éloge dans le monde gréco-romain*, 2 vol., Paris, 1993.

—, « Cent ans de recherches sur la prière païenne (1898-1998) », dans *La preghiera nel tardo antico. Dalle origini ad Agostino*, Rome, 1999, p. 631-639.

—, « Prière et rhétorique », dans L. CALBOLI MONTEFUSCO (éd.), *Papers on Rhetoric*, III, Bologne, 2000, p. 213-232.

—, « Hymne en vers ou hymne en prose ? L'usage de la prose dans l'hymnographie grecque », dans Y. LEHMANN (éd.), *L'hymne antique et son public*, p. 169-188.

PERRONE, L., « Le dinamiche dell'atto orante secondo Origene : la preghiera come ascesa, colloquio e conoscenza di Dio », dans L. F. PIZZOLATO, M. RIZZI (éd.), *Origene, maestro di vita spirituale/Origen : Master of Spiritual Life (Milano, 13-15 Settembre 1999)*, Milan, 2001, p. 123-139.

—, « Prayer in Origen's *Contra Celsum* : The Knowledge of God and the Truth of Christianity », *Vigiliae Christianae* 55, 2001, p. 1-19.

—, *La preghiera secondo Origene. L'impossibilità donata*, Brescia, 2011.

PERROT, A., « Pratiques chrétiennes de silence et philosophie grecque. Le motif de l'adoration silencieuse dans l'argumentation des Pères », dans A. PERROT (éd.), *Les chrétiens et l'hellénisme. Identités religieuse et culture grecque dans l'Antiquité tardive*, Paris, 2012, p. 149-159.

PFEIFFER, E., *Studien zum antiken Sternglauben*, Leipzig, 1916.

PIÀ COMELLA, J., *Une piété de la raison. Philosophie et religion dans le stoïcisme impérial. Des* Lettres à Lucilius *de Sénèque aux* Pensées *de Marc-Aurèle*, Turnhout, 2015.

PIRENNE-DELFORGE, V., « Le culte de la persuasion. Peithô en Grèce ancienne », *RHR* 208, 1991, p. 395-413.

PLEKET, H. W., « Religious History as the History of Mentality : the 'Believer' as Servant of the Deity in the Greek World », dans H. S. VERSNEL (éd.), *Faith, Hope and Worship*, p. 152-192.

POHLENZ, M., *Vom Zorne Gottes. Eine Studie über den Einfluß der griechischen Philosophie auf das alte Christentum*, Göttingen, 1909.

PRADEAU, J.-F., « L'assimilation au dieu », dans J. LAURENT (éd.), *Les dieux de Platon*, Caen, 2003, p. 41-52.

PULLEYN, S., *Prayer in Greek Religion*, Oxford, 1997.

RENAUT, O., *Platon et la médiation des émotions. L'éducation du* thymos *dans les dialogues*, Paris, 2014.

REVERDIN, O., *La religion de la cité platonicienne*, Paris, 1945.

REYDAMS-SCHILS, G. J., *Demiurge and Providence : Stoic and Platonist Readings of Plato's « Timaeus »*, Turnhout, 1999.

RIST, J. M., *Plotinus. The Road to Reality*, Cambridge, 1967.

ROBERT, L., « Un oracle gravé à Oinoanda », *Comptes rendus de l'Académie des Inscriptions et Belles Lettres*, 1971, p. 597-619.

ROESCH, S. (éd.), *Prier dans la Rome antique. Études lexicales*, Paris, 2010.

ROSENMEYER, Th. G., « Plato's Prayer to Pan (Phaedrus 279 B8-C3) », *Hermes* 90, 1962, p. 34-44.

RUDHARDT, J., *Notions fondamentales de la pensée religieuse et actes constitutifs du culte dans la Grèce classique*, Genève, 1958.

SAFFREY, H.-D., « L'hymne IV de Proclus, prière aux dieux des Oracles Chaldaïques », dans *Néoplatonisme. Mélanges Jean Trouillard*, Fontenay aux Roses, 1981, p. 297-312 [repris dans *Le Néoplatonisme après Plotin*, p. 193-206].

—, « Quelques aspects de la spiritualité des philosophes néoplatoniciens de Jamblique à Proclus et Damascius », *Revue des sciences philosophiques et théologiques* 68, 1984, p. 169-182 [repris dans *Recherches sur le néoplatonisme après Plotin*, p. 213-226].

—, « La dévotion de Proclus au Soleil », dans *Philosophies non chrétiennes et christianisme*, Bruxelles, 1984, p. 73-86 [repris dans *Le Néoplatonisme après Plotin*, p. 179-191].

—, *Recherches sur le néoplatonisme après Plotin*, Paris, 1990.

—, « Σημεῖον / *signum* dans la littérature néoplatonicienne et la théurgie », dans *Signum. IX Colloquio Internazionale. Roma, 8-10 gennaio 1998*, Florence, 1999, p. 23-38 [repris dans *Le néoplatonisme après Plotin*, p. 133-141].

—, *Le néoplatonisme après Plotin*, Paris, 2000.

SALVO, I., « Sweet Revenge. Emotional Factors in 'Prayers for Justice' », dans A. CHANIOTIS (éd.), *Unveiling Emotions. Sources and Methods for the Study of Emotions in th Greek World*, Stuttgart, 2012, p. 235-266.

SCHMIDT, H., *Veteres philosophi quomodo iudicaverint de precibus*, Giessen, 1907.

SCHNEIDER, K., *Die schweigenden Götter. Eine studie zur Gottesvorstellung des religiösen Platonismus*, Hildesheim, 1966.

SCROFANI, G., « La preghiera del poeta nell'*Alcibiade Secondo*: un modello filosofico e cultuale », *Kernos* 22, 2009, p. 159-167.

SEDLEY, D., « 'Becoming like God' in the *Timaeus* and Aristotle », dans T. CALVO, L. BRISSON (éd.), *Interpreting the* Timaios-Critias. *Proceedings of the Fourth Symposium Platonicum*, Sankt Augustin, 1997, p. 327-339.

SEGELBERG, E., « Prayer among the Gnostics? The Evidence of Some Nag Hammadi Documents », dans M. KRAUSE (éd.), *Gnosis and Gnosticism. Papers Read at the Seventh International Conference on Patristic Studies*, Leyde, 1977, p. 55-69

SENG, H., *Un livre sacré de l'Antiquité tardive: les* Oracles chaldaïques, Turnhout, 2016.

SEVRIN, J.-M., « La prière gnostique », dans H. LIMET, J. RIES (éd.), *L'Expérience de la prière dans les grandes religions*, Actes du colloque de Louvain-la-Neuve et Liège (22-23 novembre 1978), Louvain-la-Neuve, 1980, p. 367-374.

SFAMENI GASPARRO, G., « Critica del sacrificio cruento in Grecia: da Pitagora a Porfirio, II. Il *De abstinentia porfiriano* », dans F. VATTIONI (éd.), *Sangue e antropologia nella teologia*, Rome, 1989, p. 461-505.

SHAW, G., *Theurgy and the Soul. The Neoplatonism of Iamblichus*. Pennsylvania, 1995.

SICHERL, M., « Ein neuplatonischer Hymnus unter den Gedichten Gregors von Nazianz », dans J. DUFFY, J. PERADOTTO (éd.), *Gonimos. Neoplatonic und Byzantine Studies Presented to Leendert G. Westerink at 75*, Buffalo-New York, 1988, p. 61-83.

SOUILHÉ, J., « Le silence mystique », *Revue d'ascétique et de mystique* 4, 1923, p. 128-140.

SOURY, G., *Aperçus de philosophie religieuse chez Maxime de Tyr, platonicien éclectique*, Paris, 1942.

SPANNEUT, M., *Le stoïcisme des Pères de l'Église, de Clément de Rome à Clément d'Alexandrie*, Paris, 1957.

SPERBER-HARTMANN, D., *Das Gebet als Aufstieg zu Gott. Untersuchungen zur Schrift* de oratione *des Evagrius Ponticus*, Frankfurt a.M. *et al.*, 2011

SPINELLI, E., « La semiologia del cielo. Astrologia e anti-astrologia in Sesto Empirico e Plotino », dans A. PÉREZ JIMÉNEZ, R. Caballero (éd.), *Homo mathematicus*, Actas dal Congresso internacional sobre astrólogos griegos y romanos (Benalmádena, 8-10 de octubre de 2001), Málaga, 2002, p. 275-300.

STEEL, C. G., *The Changing Self. A Study on the Soul in Later Neoplatonism: Iamblichus, Damascius, Priscianus*, Bruxelles, 1978.

STEWART, C., « Imageless Prayer and the Theological Prayer in Evagrius », *Journal of Early Christian Studies* 9, 2001, p. 173-204.

SUDHAUS, S., « Lautes und leises Beten », *Archiv für Religionswissenschaft* 9, 1906, p. 185-200.

SZARMACH, M., « Über Begriff und Bedeutung der 'Philosophia' bei Maximos Tyrios », dans P. OLIVA, A. FROLÍKOVÁ (éd.), *Concilium Eirene XVI. Proceedings of the 16th International Eirene Conference (Prague, 31.08-04.09.1982)*, Prague, 1983, vol. I, p. 223-227.

—, *Maximos von Tyros. Eine literarische Monographie*, Toruń, 1985.

TANASEANU-DÖBLER, I. « Nur der Weise ist Priester. Rituale und Ritualkritik bei Porphyrios », dans I. TANASEANU-DÖBLER, U. BERNER (éd.), *Religion und Kritik in der Antike*, Münster, 2009, p. 109-155.

—, *Theurgy in Late Antiquity. The Invention of a Ritual Tradition*, Göttingen, 2013.

TAORMINA, D., « Le δυνάμεις dell'anima. Psicologia ed etica in Giamblico », dans H. J. BLUMENTAHL, E. G. CLARK (éd.), *The Divine Iamblichus. Philosopher and Man of Gods*, Bristol, 1993, p. 30-47.

—, « Iamblichus: The Two-Fold Nature of the Soul and the Causes of the Human Agency », dans E. AFONASIN, J. DILLON, J. FINAMORE (éd.), *Iamblichus and the Foundations of Late Platonism*, Leyde-Boston, 2012, p. 63-73.

TARÁN, L., *Academica. Plato, Philip of Opus and the Pseudo-Platonic* Epinomis, Philadelphia, 1975, p. 32-36.

TARDIEU, M., VAN DEN KERCHOVE, A., ZAGO, M. (éd.), *Noms barbares. I. Formes et contextes d'une pratique magique*, Turnhout, 2013.

TIMOTIN, A., *La démonologie platonicienne. Histoire de la notion de* daimōn *de Platon aux derniers néoplatoniciens*, Philosophia Antiqua, 128, Leyde-Boston, 2012.

—, « La théorie de Jamblique sur la prière. Sa fonction et sa place dans l'histoire du platonisme », *Laval théologique et philosophique* 70/3, 2014, p. 563-577.

—, « Porphyry on prayer. Platonic tradition and religious trends in the third century », dans J. DILLON, A. TIMOTIN (éd.), *Platonic Theories of Prayer*, p. 88-107.

—, « Le discours de Maxime de Tyr sur la prière (*Dissertatio* 5) dans la tradition platonicienne », dans F. FAUQUIER, B. PÉREZ-JEAN (éd.), *Maxime de Tyr, entre rhétorique et philosophie au IIe siècle de notre ère*, Marseille, 2016, p. 163-181.

—, « La voix des démons dans la tradition médio- et néoplatonicienne », dans L. SOARES SANTOPRETE, Ph. HOFFMANN (éd.), *Langage des dieux, langage des démons, langage des hommes dans l'Antiquité*, RRR 26, Turnhout, 2017, p. 137-152.

—, «*Antiastrologica* et *antignostica* dans le traité 52 (II, 3) de Plotin », dans Ph. HOFFMANN, L. SOARES SANTOPRETE, A. VAN DEN KERCHOVE (éd.), *Plotin et les Gnostiques. Au-delà de la tétralogie anti-gnostique. Hommage à Pierre Hadot*, Paris, à paraître.

TOULOUSE, S., « La théosophie de Porphyre et sa conception du sacrifice intérieur », dans S. GEORGOUDI, R. KOCH PIETTRE, F. SCHMIDT (éd.), *La cuisine et l'autel. Les sacrifices en questions dans les cités de la Méditerranée ancienne*, Turnhout, 2005, p. 329-341.

TRAPP, M. B., « Philosophical Sermons : The 'Dialexeis' of Maximus of Tyre », dans ANRW, II, 34/3, Berlin-New York, 1997, p. 1945-1976.

TUPET, A.-M., *La Magie dans la poésie latine, t. I. Des origines à la fin du règne d'Auguste*, Paris, 1976.

VAN DEN BERG, R. M., « Plotinus' Attitude to Traditional Cult : A Note on Porphyry *VP* 10 », *Ancient Philosophy* 19, 1999, p. 345-360.

—, *Proclus' Hymns. Essays, Translation, and Commentary*, Philosophia antiqua, 90, Leyde-Boston, 2001.

VAN DEN KERCHOVE, A., « Les hermétistes et les conceptions traditionnelles des sacrifices », dans N. BELAYCHE, J.-D. DUBOIS (éd.), *L'oiseau et le poisson. Cohabitations religieuses dans les mondes grec et romain*, Paris, 2011, p. 59-78.

—, *La voie d'Hermès. Pratiques rituelles et traités hermétiques*, Leyde-Boston, 2012.

VAN DER HORST, P. W., « Silent prayer in Antiquity », *Numen* 41, 1994, p. 1-25.

—, « Maximus of Tyre on Prayer. An Annotated Translation of εἰ δεῖ εὔχεσθαι (*Dissertatio* 5) », dans H. CANCIK, H. LICHTENBERGER, P. SCHÄFER (éd.), *Geschichte-Tradition-Reflexion. Festschrift für M. Hengel zum 70. Geburtstag*, Bd. II. *Griechische und Römische Religion*, Tübingen, 1996, p. 323-338.

VAN LIEFFERINGE, C., *La Théurgie. Des* Oracles chaldaïques *à Proclus*, Liège, 1999.

VAN NUFFELEN, P., *Rethinking the gods : philosophical readings of religion in the post-Hellenistic period*, Cambridge, 2011.

VAN RIEL, G., « Le 'service des dieux' chez Platon : religion et moralité dans l'*Euthyphron* et les *Lois* », *Études platoniciennes* 5, 2008, p. 11-22.

—, *Plato's Gods*, Farnham, 2013.

VERSNEL, H. S., « Religious Mentality in Ancient Prayer », dans H. S. VERSNEL (éd.), *Faith, Hope and Worship. Aspects of Religious Mentality in the Ancient World*, Leyde, 1981, p. 1-64.

—, *Fluch und Gebet. Magische Manipulation versus religiöses Flehen ? Religionsgeschichtliche und hermeneutische Betrachtungen über antike Fluchtafeln*, Berlin-New York, 2009.

VLAD, M., « Damascius and Dionysius on Prayer and Silence », dans J. DILLON, A. TIMOTIN (éd.), *Platonic Theories of Prayer*, p. 192-212.

WAKOFF, M., « Awaiting the Sun : A Plotinian Form of Contemplative Prayer », dans J. DILLON, A. TIMOTIN (éd.), *Platonic Theories of Prayer*, p. 73-87.

WESTRA, L. S., « Freedom and Providence in Plotinus », dans M. F. WAGNER (éd.), *Neoplatonism and Nature. Studies in Plotinus' Enneads*, New York, 2002, p. 125-148.

WHITTAKER, J., « Platonic Philosophy in the Early Centuries of the Empire », dans ANRW, II, t. 36/1, Berlin-New York, 1987, p. 81-123.

WÜLFING, P., « Hymnos und Gebet. Zur Formengeschichte der älteren griechischen Hymnendichtung », *Studii clasice* 20, 1981, p. 21-31.

ZAGO, M., « Incantations magiques et thérapeutique (Plotin, traité 33, ch. 14) », dans M. TARDIEU, L. SOARES SANTOPRETE (éd.), *Plotin et les Gnostiques*, Paris, à paraître.

ZELLER, D., « La prière dans le *Second Alcibiade* », *Kernos* 15, 2002, p. 53-59.

ZIEGLER, K., *De precationum apud Graecos formis quaestiones selectae*, Diss., Breslau, 1905.

Index locorum

AMMONIUS
Commentaire sur le De interpretatione
p. 38, 23-28 — 178n30
APULÉE
Apologie
54, 7 — 125n46
De deo Socratis
V, 130 — 91n38
VI, 132-133 — 196n80
XIII, 147 — 153n47
XIII, 147-148 — 172n9, 196n81
XXII, 170 — 103n83
De Platone et eius dogmate
XII, 205-206 — 89n29
ARISTIPPE DE CYRÈNE
Fragments
IV-A 132 — 90n37, 140n10
ARISTOTE
De caelo
I, 3, 270 b 5-8 — 143n20
Éthique à Eudème
II, 8, 1224 a 39 — 147n30
VIII, 2, 1246 b, 37-1249 b 23 — 53n97
Éthique à Nicomaque
I, 1099 a 32-b 3,7-9 — 53n97
V, 1129 a 33-b 2 — 27n21
V, 1129 b 1-7 — 52n96
V, 1130 a 15-23 — 27n21
VI, 1, 1140 b 11-12 — 27n20
IX, 1168 a 29-35 — 29n25
IX, 1168 a-b — 29n26
X, 2, 1173 a 1-2 — 143n20
Les Politiques
VII, 12, 1331 b 21 — 53n97

Poétique
1448 b 27 — 22n3
Rhétorique
III, 7, 1408 a 10-23 — 155n54
[ARISTOTE]
De mundo
398 a 18-23 — 131n62
AUGUSTIN
La Cité de Dieu
X, 9, 2 — 164n79
X, 10 — 164n80
X, 27 — 164n81, 165n83
CALCIDIUS
Commentaire au Timée
131 — 172n9
132 — 196n82
145 — 89n30
CICÉRON
De diuinatione
I, 129 — 149n37
II, 56 — 85n17
De natura deorum
I, 2 — 90n34, 141n13
III, 36, 86 — 90n34
III, 93 — 141n13
Tusculanes
V, 5 — 103n83
CLÉMENT D'ALEXANDRIE
Stromates
VII, 6, 31, 7-8 — 155n55
VII, 7, 35, 3-4 — 184n42
VII, 7, 39, 2 — 63n16
VII, 7, 39, 6 — 100n71
VII 7, 41, 1-6 — 139n8
VII, 7, 42, 1 — 100n71
VII, 7, 43, 5 — 100n72, 124n44

VII, 7, 44, 2-4   100n73
VII, 7, 49, 1   100n71
CORPUS HERMETICUM
  XII, 19   102n78
  XVI, 2   177n29
  Poimandres 6   189n57
DAMASCIUS
  Commentaire sur le Phédon
    I, § 167   218n29
  De principiis
    I, p. 286, 8-10   234n73
  Vie d'Isidore
    fr. 113   243n96
    fr. 164   243n97
DEMOSTHÈNE
  Discours
    XVIII, 1   44n67, 154n52
DIODORE DE SICILE
  Bibliothèque
    X, fr. 21   69n34
    X, fr. 22   69n33
    XII, 20, 2   76n49
DIOGÈNE LAËRCE
  Vies et doctrines des philosophes
    III, 59   59n3
    III, 96-97   88n27
    VI, 18   60
    VI, 42   67n25
    VIII, 9   69n34
    VIII, 33   156n56
EPICTÈTE
  Entretiens
    I, 16, 6-7   89n32
    III, 22, 22   99n70
    III, 24, 17   98n64
    IV, 1, 84   98n65
    IV, 1, 174-175   98n65
ÉPICURE
  Sentences vaticanes
    65   94n51
  Fragments
    257   142n14

EUSÈBE
  Préparation évangélique
    IV, 9   156n57
    IV, 20, 1-2   159n67
    V, 8, 1   145n24
    V, 8, 4-6   145n25
    V, 10, 1   145n23
    V, 10, 8-9   177n29
    V, 10, 10   150n40
    VI, προοίμιον, 2-3   93n46
    VI, 2, 2   93n46
ÉVAGRE LE PONTIQUE
  Sur la prière
    3 et 34   101n77
FIRMICUS MATERNUS
  Mathesis
    VII, 1, 1   156n56
GORGIAS
  Éloge d'Hélène
    12   147n31
    14   148, 148n34
[GRÉGOIRE DE NAZIANZE]
  Carmina dogmatica
    29   210n10
GRÉGOIRE DE NYSSE
  De oratione dominica
    1   101n77
HERMIAS
  Commentaire sur le Phèdre
    p. 52, 1-8   5, 236n79
    p. 186, 8-18   218n29
HERMOGÈNE
  De ideis
    II, 7, 5-6   154n52
    II, 7, 6   44n67
    II, 7, 12   155n53
HÉSIODE
  Les Travaux et les Jours
    286-289   32
    336-341   36n44
HOMÈRE
  Iliade
    I, 500-516   132n64

II, 484-493 — 46n75
V, 441 — 183n40
VII, 421 — 130, 222
IX, 497 — 32, 85
Odyssée
I, 1-10 — 46n75
V, 445-450 — 132n64
VIII, 265 — 191
XVII, 218 — 35n40
Hymnes orphiques
p. 117-119 — 52n94
p. 609 — 46n75
Isocrate
Sur la paix
[VIII], 63 — 26n18
Jamblique
Réponse à Porphyre (De mysteriis)
I, 3, p. 5, 15-20 — 183n41, 201n101
I, 5, p. 12, 17-20 — 199n97
I, 5, p. 12, 24-13, 1-3 — 197n87
I, 5, p. 13, 7-9 — 199n95
I, 6, p. 14, 16 — 197n87
I, 10, p. 25, 19-26, 7 — 172n11
I, 11, p. 29, 19-30, 22 — 152n43
I, 12, p. 30, 23-31, 9 — 174n17
I, 12, p. 31, 9-32, 3 — 175n20, 201n102
I, 12, p. 31, 22-25 — 191n66
I, 12, p. 32, 3-13 — 176n24
I, 12, p. 32, 9-12 — 191n64
I, 12, p. 32, 13-15 — 1771n27
I, 13, p. 32, 16-33, 6 — 152n42
I, 14, p. p. 33, 22-34, 4 — 178n31
I, 15, p. 34, 13-17 — 179n33
I, 15, p. 35, 7-15 — 180n34
I, 15, p. 35, 15-22 — 181n37
I, 15, p. 35, 22-36, 4 — 181n38
I, 15, p. 36, 5-17 — 182, 183n39
I, 15, p. 36, 13-14 — 191n64
I, 15, p. 36, 14-17 — 200n98
I, 15, p. 36, 17-26 — 185, 185n44
I, 19, p. 43, 22-24 — 192n69

II, 1, p. 50, 20-23 — 199n96
II, 11, p. 73, 5-8 — 192n69
III, 5, p. 83, 24-84, 5 — 194n75
IV, 3, p. 138, 11-19 — 198n93
IV, 3, p. 138, 20-23 — 190n61
IV, 12, p. 146, 23-147, 2 — 198n94
V, 26, p. 176, 20-26 — 186n46
V, 26, p. 177, 3-11 — 187n49
V, 26, p. 177, 11-17 — 188n51
V, 26, p. 177, 17-20 — 187n48
V, 26, p. 177, 21-178, 10 — 189n55
V, 26, p. 177, 27-178, 3 — 191n68
V, 26, p. 178, 4-5 — 191n66
V, 26, p. 178, 7-8 — 193n71
V, 26, p. 178, 19-23 — 187n50
V, 26, p. 178, 23-179, 7 — 186n47
VIII, 7, p. 270, 8-19 — 201n104
X, 5, p. 290, 16-292, 4 — 201n104
X, 8, p. 217, 16-23 — 200n100
Vie de Pythagore
54, 2-6 — 76n49
145 — 69n34
198, 1-4 — 151n41
226, 5-8 — 151n41
234, 1-5 — 151n41
Julien
Les actions de l'empereur ou de la royauté
32, 9-13 — 158n62
32, 13-14 — 180n35
Lettres
80, p. 88, 8-10 — 184n43
89, 301 d-302 a — 181n36
89, 302 a — 184n43
Sur Hélios-Roi
158 b-c — 201n103
Sur la Mère des Dieux
179 d-180 c — 202n105
Lucien
Icaroménippe
9 — 141n13

Zeus réfuté

5	93n44
6	93n45

LUCRÈCE

De la nature

V, 156-180	142n14
V, 1198-1203	94n51

MARC AURÈLE

Écrits pour lui-même

V, 7	87n22
VI, 44	89n31
VII, 8	97n63
VII, 27	97n63
VIII, 36	97n63
IX, 40	40n59, 89n31, 95n53
XI, 27	40n59

MARINUS

Vie de Proclus

1	183n40
15	242n95
19	242n93, 242n94
22	184n43, 222n44
30	207n2

MAXIME DE TYR

Dialexeis

V, 1	84n11, 84n12
V, 3	84n12, 86n20, 86n21
V, 4	87n23, 90n35, 90n36
V, 5	92n42
V, 6	94n49, 94n50
V, 8	95n55, 98n66
VIII, 6	102n80
IX, 4	172n9
XXVI, 1	102n81

MÉNANDRE LE RHÉTEUR

Division des discours épidictiques

p. 336, 25-337, 32	38n48

NOUVEAU TESTAMENT

1 Thessaloniciens

5, 17	91n40, 184

ORACLES CHALDAÏQUES

fr. 17	188n53

fr. 39	197n85
fr. 42	197n85
fr. 46-47	193n72
fr. 51	173n14
fr. 77	218n30
fr. 81	190n62
fr. 86	218n30
fr. 108	220
fr. 109	177n26
fr. 110	178n30
fr. 130	193n70, 201n104
fr. 140	221n42
fr. 153	201n104
fr. 177	218n30
fr. 219	145
fr. 221	145
fr. 222	145

ORIGÈNE

Contre Celse

IV, 26	124n44
VIII, 35	172n9

Sur la prière

V, 1	138n6
V, 1-3	137n5
V, 2	91n39
V, 6	91n39
VI, 4	91n41
IX, 2	101n76

PHILODÈME

Sur la piété

26	94n51
48	94n51

PHILON D'ALEXANDRIE

De fuga et inventione

112	197n84, 198n94

De gigantibus

52	125n46

De mutatione nominum

135	198n94

De opificio mundi

19	111n12

De plantatione

8-10	197n84
126	125n46

De prouidentia

I, 57	90n33
II, 102	90n34

PLATON

Alcibiade

105 a-e	64, 65n22
117 d-118 a	70n37
135 d-e	62n14, 78

Apologie

26 d	40n58

Banquet

200 e	97n61
202 d-e	171, 204
202 e-203 a	99n69, 195, 196n79
210 e	129n55
212 a	190n58
220 c-d	40n59

Charmide

155 e-156 a	30n30
156 d	30n30
157 a	30n30

Cratyle

406 b	46
408 c	51
411 e	27

Critias

106 a	39
106 a-b	43
108 c-d	47n77
109 c	190n58

Euthyphron

5 c-d	25n12
14 d-e	77n50
15 d-e	62n13

Gorgias

508 a	27n21

Ion

534 c-e	30n28

Lois

III, 688 b	78n53
III, 700 a-c	22n3
IV, 709 b	50n87, 88n25
IV, 712 b	44n67
IV, 716 c	21
IV, 716 c-d	35n41
IV, 716 d	185, 204, 227, 227n57, 244, 248
IV, 716 d-e	102
IV, 717 b-718 a	36
IV, 718 d-e	32
V, 726 a-728 e	36
V, 729 b-730 a	36
V, 731 d-e	28, 28n24
V, 738 b-c	21
VII, 796 c	22, 34n37
VII, 800 c-d	75n47
VII, 800 e-801 a	75n47
VII, 801 a	85n19, 96n59, 104
VII, 801 a-b	63n16
VII, 801 b-c	63n17
VII, 801 c-d	22n2, 63n17
VII, 801 e	22n3
VII, 811 a	72
VII, 819 a	72
VII, 820 e-821 a	41n60
VII, 821 b-821 d	40n58
VII, 821 c-d	75n47
IX, 854 b	34n37
X, 885 b	23n8, 76
X, 885 d	30n27
X, 887 c	45n72
X, 887 c-d	143n18
X, 887 e	40n58, 143n20
X, 888 b-c	23n8
X, 888 e	88n25
X, 893 b	44n67
X, 903 b-905 c	24
X, 905 d-e	22, 24n9
X, 905 e-906 a	24n10
X, 906 a-b	25, 26n15

X, 906 b-c	159n64
X, 906 c-d	22, 28n22
X, 906 d-e	24n10
X, 909 d-910 e	21
XI, 921 c	197n85
XI, 948 c	23n8
XII, 949 b	34n37
Parménide	
144 e	128, 128n52
155 e	128n52
Phédon	
63 e-64 a	49n85
64 a-69 d	49
66 b-68 b	37n45
67 b-c	50n86
67 e	49
69 a-b	26
79 d	190n58
80 b	198n91
99 c	197n85
111 b	37n45
114 a	34n37
117 c	49n84, 56, 142, 203
Phèdre	
237 a-b	48n82
246 a-257 a	35n39
246 e-248 c	218
247 a	174, 175, 201
248 c	88
250 c	173n15, 218, 220,
	220n39, 234
253 a	190n58
272 c	32n33
279 b-c	51n91, 56, 200
Philèbe	
25 b	44n67, 45, 45n72
51 d-e	37n45
Protagoras	
340 d	32
République	
I, 327 a-b	46
II, 364 b-e	22
II, 364 d	76

II, 364 e-365 a	30n29
II, 365 c	159n64
II, 365 d-366 a	33n35
IV, 427 b-c	21
IV, 432 b-c	45
V, 461 e	21
V, 470 a	21
VI, 490 b	190n58
VI, 508 a	40n58
VI, 508 a-511 e	40
VII, 540 c	21
VIII, 545 d	48n81
IX, 586 a-b	27n21
X, 607 a	22n3
X, 613 b	34n38
X, 616 c	197n85
Sophiste	
265 d	147, 147n32
Théétète	
176 b	34n38
Timée	
21 a	39
27 b-c	44n68
27 c	124, 208, 236n79, 237
27 c-d	44n67, 236, 247
27 d	52n95, 237
28 c	219n36
31 c	197n85
32 b	197n85
37 a	197n85
39 e-40 a	197
40 d-e	54n99, 197
41 a-b	37
47 b	39
48 a	147n30
48 d	45n69
48 d-e	44n67
86 b	64n20
90 c-d	42n61
90 d	34n38
[PLATON]	
Alcibiade II	
138 a-b	62n15

138 c	64n19
140 e	64n21
140 e-141 c	65n22
141 a-b	61
141 e-142 c	67n24
142 e-143 a	68n28
143 a-c	71n38
144 d	71n39
148 c	72n42
149 b	74n44
149 b-c	74n45
149 d-150 b	76n48
150 c-d	78n52
150 d-e	78
Épinomis	
980 b	39
980 b-c	45n71
985 c-d	21
985 d-e	42n64
Lettres	
VII, 341 d	129n55
VIII, 353 a	45n72
PLOTIN	
1 (I, 6), 3, 3 et 15	176n23
3 (III, 1), 4, 20-26	111n11
3 (III, 1), 5, 15-24	111n11
3 (III, 1), 6, 19-23	111n12
6 (IV, 8), 8	112n15
8 (IV, 9), 4, 6-7	124n42
9 (VI, 9), 1, 1-7	191n68
10 (V, 1), 6, 4-11	124n42
10 (V, 1), 8, 15-20	128n51
10 (V, 1), 8, 22-26	128n52
10 (V, 1), 10	111n15
10 (V, 1), 10, 6	133
10 (V, 1), 11, 14	193n74
22 (VI, 4), 7	131n60
27 (IV, 3), 15-16	108n3
28 (IV, 4), 2, 25-27	191n68
28 (IV, 4), 26, 1-5	117n33
28 (IV, 4), 30, 1-8	114n22
28 (IV 4), 30, 26-30	115n25
28 (IV, 4), 32-33	111n13

28 (IV, 4), 34, 1-7	112n14
28 (IV, 4), 34, 24-33	112n16
28 (IV, 4), 35, 37-43	112n17
28 (IV, 4), 39	112n16
28 (IV, 4), 39, 23-25	113n18
28 (IV, 4), 39, 29-30	113n19
28 (IV, 4), 40, 1-4	117n33
28 (IV 4), 40, 20-28	118n34
28 (IV 4), 40, 31-41, 4	119n35
28 (IV 4), 42, 1-7	119n36
28 (IV 4), 42, 9-17	120n37
28 (IV 4), 42, 19-28	121n38
28 (IV 4), 43, 1-5	122n40
28 (IV 4), 43, 16-19	122n41
28 (IV 4), 44, 1-3	122n41
31 (V, 8), 9, 1-16	127n50
32 (V, 5), 3, 8-15	132n63
32 (V, 5), 7, 31-38, 7	130n57
32 (V, 5), 8, 6	222n43
32 (V, 5), 8, 7-18	130n59
33 (II, 9), 5, 1-8	116n30
33 (II, 9), 13, 5-25	116n31
33 (II, 9), 14, 2-9	115n27
38 (VI, 7), 6, 5	176n23
39 (VI, 8), 17	108n3
45 (III, 7), 11, 6	124n42
46 (I, 4), 9, 22-23	226n56
47 (III, 2), 2-5	113
47 (III, 2), 7, 15-20	108n4
47 (III, 2), 8, 28-31	108n5
47 (III 2), 8, 36-42	109n6
47 (III 2), 8, 43-46	109n7
47 (III 2), 9, 10-15	110n8
48 (III, 3), 6	111n13
48 (III, 3), 6, 32-33	112n16
49 (V, 3), 6, 12-15	149n38
52 (II, 3), 1, 1-4	111n12
52 (II, 3), 7	111n13
PLUTARQUE	
Alcibiade	
XXXIII, 2	84n15
Contre Colotes	
1112 C	94n51

De la superstition
165 C   153n46
166 B   177n29
167 E   153n46

On ne peut vivre heureux selon la
doctrine d'Épicure
1101 D-E   153n46
1102 B   94n51

Propos de table
740 C   89n28

Sur Isis et Osiris
351 C-E   160n69
352 C   160n69
360 D-E   172n9

Sur la disparition des oracles
415 B   172n10
417 A-B   172n9

Sur le démon de Socrate
588 D-E   190n58

Thémistocle
XXVIII, 4   96n58

[PLUTARQUE]
De fato
569 D-570 A   90n34
570 B   89n28

PORPHYRE
Commentaire sur le Timée
fr. 28, p. 18, 1-11   136n3
fr. 28, p. 18, 11-14   136n4
fr. 28, p. 18, 14-19, 2   142n15
fr. 28, p. 19, 4-5   142n17
fr. 28, p. 19, 5-11   143n19

De l'abstinence
II, 19, 5   37n45
II, 34, 1-5   157n60
II, 36, 5   159n66
II, 37, 5   159n68
II, 38, 3   196n83
II, 40, 2   84n15
II, 42, 3   159n67
II, 45, 4   158n62
II, 58, 2   159n67
II, 61, 1   159n66

II, 61, 4   142n16
IV, 12, 1   130n58
IV, 17, 6   143n19

La philosophie tirée des oracles
I, p. 111-121   156n57
II, p. 152-154   159n67
II, p. 154-155   147n29
II, p. 154-161   145n24
II, p. 155-156   145n25
II, p. 158-160   146n27

Lettre à Anébon
fr. 9   156n57
fr. 13   150n40
fr. 15   153n48
fr. 17   149n36
fr. 18   149n37
fr. 19   151n41
fr. 20   159n67
fr. 64, 1   145n23
fr. 64, 8-9   177n29
fr. 64, 10   150n40

Lettre à Marcella
12   162n76
16   161n71, 162n74, 226n56
17   162n74
18   159n65, 159n66
19   158n62, 159n67, 161n73
23   159n66
24   162n75

Sur le retour de l'âme
fr. 2, p. 27, 21-29, 1   169n74
fr. 2, p. 30, 8-13   164n80
fr. 6, p. 34, 23-27   165n83
fr. 7, p. 34, 28-35, 5   164n81

Vie de Plotin
10, 1-9   121n39
10, 36-37   131
15, 21-26   110n10

Vie de Pythagore
59   159n68

PROCLUS
Commentaire sur le Cratyle
p. 47, 12-82, 29   216n22

Commentaire sur le Parménide

I, p. 617, 1-618, 8	239n88
I, p. 617, 1-618, 20	238n84
I, p. 702, 30	192n69
I, p. 868, 34	192n69
VII, p. 1171, 7-8	219n35

Commentaire sur la République

I, p. 82, 25	192n69
I, p. 135, 4	192n69
I, p. 187, 24-188, 27	215n21
II, p. 68, 4	193n74
II, p. 121, 17	216n24
II, p. 241, 22-24	173n15

Commentaire sur le Timée

I, p. 2, 30-3, 7	230n62
I, p. 3, 14-16	230n62
I, p. 3, 20-4, 5	231n63
I, p. 149, 19	192n69
I, p. 206, 26-207, 20	238n83
I, p. 207, 22-23	207n4
I, p. 208, 30-209, 9	208n5
I, p. 210, 3-11	211n12
I, p. 210, 11-14	211n13
I, p. 210, 11-211, 8	211n14
I, p. 210, 16-26	212n15
I, p. 210, 27-30	213n16
I, p. 210, 30-211, 8	215n21
I, p. 211, 1-2	216n23
I, p. 211, 9-11	221n40
I, p. 211, 13-17	223n48
I, p. 211, 18-19	224n50
I, p. 211, 20-24	225n53
I, p. 211, 24	192n69
I, p. 211, 24-212, 1	225n54
I, p. 211, 25	211n14
I, p. 212, 6-10	227n57
I, p. 212, 12-28	226n55
I, p. 212, 29-213, 7	228n59
I, p. 212, 30-213, 3	209n7
I, p. 213, 8-18	229n60
I, p. 213, 19-214, 1	232n64
I, p. 214, 2-5	235n75
I, p. 214, 5-8	235n76

I, p. 214, 8-12	236n77
II, p. 221, 8-222, 6	215n21

Éléments de théologie

1	244
33	211n12
39	211n13

Sur l'art hiératique

p. 148, 10-18	209n8

Théologie platonicienne

I, 10, p. 44, 6	239n87
I, 16, p. 77, 6-80, 12	227n58
I, 22, p. 104, 3-8	211n12
I, 22, p. 104, 15	216n24
I, 25, p. 7, 11-24	237n80
I, 25, p. 8, 5-10	237n81
I, 25, p. 109, 4-113, 10	214n17
I, 25, p. 110, 6-16	215n19
I, 25, p. 112, 1-3	224n52
I, 25, p. 112, 25-113, 4	214n17
I, 25, p. 113, 4-10	214n17
I, 29, p. 124, 3-125, 8	216n22
II, 1, p. 13, 27	192n69
II, 6, p. 41, 2-5	211n12
II, 8, p. 56, 16-17	183n40
II, 8, p. 56, 16-26	211n14
II, 11, p. 64, 11-65, 15	222n47
II, 11, p. 64, 14-19	220n37
II, 11, p. 64, 14-65, 2	219n33
II, 11, p. 64, 19-65, 2	220n37
II, 11, p. 65, 13	219n36
III, 1, p. 32, 19	192n69
III, 6, p. 25, 26-26, 2	223n49
III, 9, p. 35, 22-24	211n12
III, 22, p. 81, 15-17	214n17
III, 27, p. 99, 21	223n49
IV, 2, p. 13, 13-17	210n11
IV, 3, p. 14, 18-21	216n24
IV, 5, p. 21, 14-21	216n22
IV, 6, p. 24, 8-11	223n49
IV, 8, p. 26, 20-23	212n14
IV, 9, p. 2, 7-9	217n26
IV, 9, p. 27, 5-31, 16	216n25
IV, 9, p. 29, 3-14	217n28

IV, 9, p. 29, 25-26	234n72
IV, 9, p. 30, 10-17	219n33
IV, 9, p. 30, 12-14	212n14
IV, 9, p. 30, 15-17	220n37
IV, 9, p. 30, 17-19	220n38
IV, 9, p. 30, 21-31, 5	220n39
IV, 9, p. 31, 6-16	214n18
IV, 11, p. 35, 17-20	212n14
IV, 12, p. 41, 26-42, 2	224n51
IV, 16, p. 50, 11-21	241n91
IV, 17, p. 52, 11-13	201n104
IV, 22, p. 68, 1	227n58
IV, 24, p. 73, 5-12	234n73
IV, 26, p. 76, 22-77, 8	218n31
IV, 26, p. 77, 4-8	173n15
IV, 26, p. 77, 9-15	218n32
IV, 26, p. 77, 21-78, 4	234n74
IV, 26, p. 77, 23	215n19
IV, 34, p. 101, 1	193n73
IV, 34, p. 101, 4-7	213n15
V, 2, p. 10, 8	227n58
V, 3, p. 16, 24-17, 7	227n58
V, 7, p. 28, 13-18	226n56
V, 8, p. 29, 19-20	188n53
V, 8, p. 29, 20-21	217n28
V, 8, p. 30, 3-6	216n25
V, 10, p. 35, 3-4	227n58
V, 28, p. 105, 3-14	219n36
V, 34, p. 125, 1-2	219n35
V, 19, p. 71, 16-72, 5	183n40
V, 20, p. 75, 10-14	221n41
V, 36, p. 132, 8	219n34
VI, 4, p. 22, 27-23, 26	210n11
VI, 4, p. 23, 27-24, 12	212n15
VI, 10, p. 45, 9-47, 23	233n66
VI, 11, p. 51, 15-52, 18	233n70
VI, 13, p. 65, 5-67, 26	233n68
VI, 22, p. 97, 2-17	233n67
VI, 22, p. 97, 18-98, 2	233n69
VI, 22, p. 98, 3-13	233n71

SALOUSTIOS

VI, 2-3	233n65
XVI, 1	186n45, 194n76

SÉNÈQUE
Lettres à Lucilius

XLI, 1	94n52
LXXVII, 12	87n22, 92n43

Questions naturelles

II, 35	87n22

SEPTANTE
Psaumes

141, 2	155n55

SOPHOCLE
Ajax

824-865	49n83

SYNÉSIOS
Hymnes

I, 376	173n14
I, 343-344	210n9
I, 377-645	174n19
I, 528-532	173n14
I, 536-543	211n14
I, 593-594	173n14

THÉODORE D'ASINÈ
Fragments

fr. 7	209n7
fr. 9	219n35

THÉOPHRASTE
Sur la piété (fragments)

fr. 9	37n45

XÉNOCRATE

fr. 222	171n8

XÉNOPHON
Art de la chasse

VI, 13	46n73

Cyropédie

VIII, 7, 3	49n83

Économique

XI, 8	53n98

Mémorables

I, 1, 20	32n33
I, 2	61n12
I, 3, 1	35n24
I, 3, 1-4	37n46
I, 3, 2	69n32
I, 3, 3	73n43

I, 4, 2-19	37n46
II, 1, 20	32n33
III, 9, 6	64n20
IV, 2, 35	67n26
IV, 2, 36	68n27
IV, 3, 2-18	37n46

IV, 3, 16	35n42
IV, 3, 17	50n88
IV, 3, 18	26n18
IV, 6, 2-4	35n42
IV, 8, 11	37n46

Index rerum

Agenouillement 132, 143n20

Âme 13, 27-28, 36, 38, 52, 54, 56, 75-76, 92, 98, 100-101, 108, 108n4, 115, 119, 121-127, 129, 129n54, n55, 133-134, 147-148, 148n34, 149n38, 153n47, 154, 155n54, 157, 158n62, 161, 169, 172, 175-176, 179-180, 181n36, 183, 183n40, n41, 184-185, 187-190, 190n60, 191-193, 197, 197n87, n94, 198-200, 202, 205, 207, 209, 212, 212n15, 213, 213n16, 214-215, 215n19, 217, 218, 221-225, 227-229, 231-232, 233n67, n71, 235, 237, 239-240, 243-244, 247, 250-251
    du monde 118-119
    - hypostase 123-124
    impassible 157-158, 163
    intellective (rationnelle) 112, 118-119, 121, 126, 128-129, 133-134, 149, 163-165, 179, 189, 191, 224, 237, 248-249
    irrationnelle 112, 118, 121, 133, 149, 163, 165-167, 249
    nature ignée de l'~ 221
    non descendue 112, 132, 169, 204
    pneumatique 163-164, 166, 250
    remontée de l'~ 129n54, 134, 158, 161, 174, 181, 183-185, 191, 191n64, 201, 203-204, 209, 216, 216n24, 217, 217n26, 218-219, 221, 225-226, 228-229, 234n72, 237, 244-245, 249-250
    végétative 112, 112n17, 119, 121,

Amour de soi 28, 29n25, 55

Amulette 117

Aristotélicien, aristotélisme 11, 15, 22n3, 27, 27n20, n21, 28, 29n25, 52-54, 57, 59- 60, 67, 71, 73, 79, 88, 94, 97n62, 131, 137, 143n20, 147, 152n43, 155, 155n54, 190n60, 193n70, 207, 240n90, 248, 251

Astre(s) 40, 41, 99n70, 111, 111n10, n11, n12, 112, 114, 116, 119, 121, 127, 233n67
    contrainte des ~ 9, 110, 114, 114n23, 134
    influence des ~ 110, 112-114, 116-117, 119, 121, 121n39
    prière aux ~ 113, 113n21, 114, 114n23, 117n33, 119-120, 247
    responsabilité des ~ 111n11, 120, 133
    vénération des ~ 40n56, n59, 41

Astrologie 109, 110n9, 111, 111n11, n12, 112, 117, 120, 134, 248
    légitimité de l'~ 112
    polémique anti-astrologique 111n10, 116, 116n29

Athéisme 136-137, 141, 203
    critique de l'~ 23, 137, 143

Bonheur 36, 53-54, 67, 68n27, 73, 94, 97-98, 194n76, 202-203

Cause(s)
    de la prière 205, 208, 217, 229-236, 244
    types de ~ 229-232, 244, 250

Chance (fortune) 50, 52-53, 83-84, 87-89, 94, 103, 162, 202-203, 247

Chant 12, 12n3, 22n3, 48, 63, 115, 118, 146, 149, 162, 167, 209, 241-242

Charme 115-116, 118, 134, 145-146, 148, 148n34, 249

Choix préalable 113, 113n18, 118-119, 121

Chrétien, christianisme 82, 93, 99-100, 103, 105, 139-140, 155n55, 157n61, 161, 169, 184, 184n42, 203, 222n45, 223, 228, 245, 252
polémique antichrétienne 203, 234n74

Connaissance
astronomique 40-42, 54, 75
de soi 79
théologique 183, 187, 189, 194, 200, 202-205, 214-215, 221, 223, 245, 251

Contemplation (intellective, noétique) 101, 105, 122, 125-126, 130, 132-134, 156-158, 160-162, 167, 169, 175, 189n57, 201, 223, 234, 237, 239, 249-250

Conversation (avec les dieux) 83, 95-96, 98, 101-102, 104, 125, 183-184, 184n 42, 200, 200n98, 208, 227, 248

Conversion (par la prière)
de l'âme 134, 204, 209, 237
universelle 211, 213, 215n 21, 229, 241, 244

Culte
civique (traditionnel) 12-14, 22, 29-30, 34-36, 40-43, 46, 55-56, 74, 94n51, 107n1, 143, 156, 167, 169-171, 175, 185, 187, 193, 195, 204-205, 207, 242n94, n95, 245, 247, 250
immatériel (spirituel) 156-160, 156n56, 167, 204, 251

Cynique, cynisme 67, 67n25, 79

Cyrénaïque 90, 90n37, 139-141, 140n10

Daimōn (daimones) 22, 26, 36, 84, 99, 99n69, 125, 169, 171, 172n10, 179, 195-197, 199-200, 204, 249
bon 240
culte des ~ 153, 158n62, 159, 166, de Socrate 82, 102, 102n80, 105 125-126, 239n86
envieux 84
mauvais 154, 159-160, 167
prière aux ~ 84n15, 154, 159, 166
sujet au pâtir 153, 167, 171, 173, 195

Désir 27, 29, 55, 61, 64, 66, 68, 79, 91, 97, 97n61, 98, 98n65, 100, 104, 116n30, 128, 180, 183, 183n41, 211n14, 212n15, 247

Destin 31, 83, 87, 87n22, 89n29, n30, 92, 103, 136, 201

Déterminisme (astral) 110, 133

Dévotion 40, 54, 114, 251
intellectuelle 54

Dieu(x)
affectivité des ~ 151-154, 152n42, 153n47, n48, 161, 171-175
Aphrodite 235, 243
Apollon 38, 46-47, 85, 146, 235, 243
Arès 233
Artémis 46, 95, 233
Athéna 47n74, 207, 233, 233n69, n70, 243
assimilation au(x) ~ 34-36, 133, 142, 207, 229
classes des ~ 212, 221, 229, 232-233, 239-240
commerce avec (les) ~ 9, 37, 95-105, 125n47, 184, 200, 204, 208, 227, 248, 251
communion avec (les) ~ 186-187, 192, 204, 225-226
connaissance innée de(s) ~ 200
contrainte exercée sur (les) ~ 114, 114n23, 116-117, 144-150, 166, 173-175, 190

Corybantes 233
Courètes 227n58, 233n68
encosmique 222, 233, 233n65, n71, 235, 240
Déméter 233, 233n71
Éros 39, 48, 199
Héphaïstos 233
Héra 38, 233, 233n71
Hélios v. *Soleil*
Hermès 51, 56, 213, 235
hypercosmique 222, 230-233, 235, 240, 243
hypercosmique-encosmique 233, 235, 243
inflexibilité des ~ 86, 89n31, 136, 139, 176, 227n58
intellectif 217n28, 219n35, n36, 227n58, 230, 239-241, 245
intelligible 149, 151, 156-158, 160, 166-167, 179, 202, 217, 219-220, 222, 230, 234, 238-240, 250
intelligible-intellectif 217n26, n28, 218-219, 218n32, 223n49, 234n72, 240
mainteneurs 217-219
perfecteurs 217-218, 232, 234
rassembleurs 218
Mnémosyne 46-47
Muses 12n3, 39, 39n53, 46-49, 46n75, 48n80, 56, 63n17, 243
Pan 51-54, 56, 70, 73, 137, 240
Perséphone 233, 233n70
Poséidon 233
Séléné (Lune) 40, 42, 114n23, 143n20, 209, 212
union avec (les) ~ 157, 160-162, 175, 186, 190, 193-194, 201, 225-227, 226n56, 228, 231, 250
Univers (Tout) 38, 40-44
vénal (corrompu) 23-24, 27-28, 30, 32-33, 55, 72, 73n43, 75-77, 85-96, 108, 137, 227, 227n58
visible 40-44, 54

Zeus 35n39, 38, 46, 68, 73, 92-93, 202, 227n58, 233
Divination, devin 29-31, 30n28, 37, 47, 99, 99n69, 102, 104-105, 120, 193-194, 215
oraculaire 170

Éloge 22n3, 39, 63, 102, 103n83, 148, 155n54, 172, 239n80
Émotion 151n41, 152-154, 153n45
discours empreint d'~ 154-155, 155n54
prière empreinte d'~ 151, 159
religieuse 13, 151-152, 151n41, 152n44, 249
Épicurien, épicurisme 18, 60, 94-95, 94n51, 108, 110-111, 142, 142n14
Espoir 49-51, 50n 86, 98
Exégèse 14, 16, 132, 184, 236-238, 241, 244, 248
allégorique 84n11a

Feu (divin) 146, 188, 190, 190n61, n62, 193, 221, 223n49, 225, 225n53
Foi 91-92, 169, 188-189, 192-193, 193n71, 205, 213-215, 215n19, 217, 222n45, 223, 224n52, 226-227, 252
Formes intelligibles 37, 54, 107

Gnosticisme, gnostique 100, 107n1, 108, 115-116, 134, 139-140, 144, 149-150, 184n42
Grand Roi 131-132, 131n62

Hénade 215n19, 222, 223n49, 230-231, 243
Héros 22, 22n3, 36, 40, 169, 212n15, 239-240, 242n94
Hiérarchie
anthropologique 133
des êtres divins 131-132, 135, 156-160, 216-217, 223, 231, 250
des offrandes 156-160, 166-167, 245

politique 132

Hymne 11-13, 15, 18, 22, 34, 40,
   45, 47, 63, 156-158, 167, 174n19,
   181n36, 183n40, 207, 210, 241-243,
   245, 247, 250-251
   conclusif 240-241
   en prose 14, 39, 103n83, 207, 245,
      251
   scientifique 38-40, 45, 55, 221-223,
      251
   silencieux 209

Ignorance 42, 70-72, 79, 103
Impassibilité
   de l'âme 112, 118, 121-122, 158,
      165, 234
   de(s) dieu(x) 118, 150-151, 157, 167,
      249
Impiété 22-23, 25, 29, 31, 33-34, 55,
   85, 89n31, 93, 137, 142, 155n54, 202
Incantation 27, 30-31, 85, 115, 117-
   120, 134, 150
Initiation (aux mystères) 143n19, 160,
   214, 218-219, 219n36, 220n39,
   234, 234n73, 239n87, 242n95, 245,
   251-252
Injustice 24-27, 30-31, 33, 55, 76, 108
Intellect
   divin (Νοῦς) 107, 123, 126-130, 134,
      149, 151n41, 153, 161, 179, 202,
      204, 213, 215, 223, 230-231, 244,
      249-250
   partie supérieure de l'âme (νοῦς) 100-
      101, 112, 125, 128-129, 133-134,
      156, 163-164, 176-177, 179-180,
      182, 188, 204, 222, 237, 239-240,
      243, 249
Intériorité 25n12, 51-53, 129, 131, 133,
   157-158, 158n62, n63, 164, 169, 204
Intonation (de la voix) 115, 118
Invocation (des dieux) 44-47, 44n67,
   48n80, 52n95, 123-128, 150-151,

153n48, 157, 173, 175-176, 178,
   190-192, 198, 209, 236, 238, 247

Justice 25-26, 36, 45, 56, 75-76, 85,
   109, 145, 149, 227, 241

Lamentation 12n3, 151n41, 159n68
Langage
   articulé 125, 127, 132-133, 156-158,
      184, 245, 250
   des daimones 126n49
   intellectif 124, 126
   intérieur 123, 157-158
Larmes 151n41, 159n68, 161
Libre arbitre 92, 108-109, 111n11, 136
Lumière (divine) 129, 131, 146,
   173n14, 174, 189, 189n57, 191, 193,
   193n71, 215n19, 220n39, 222, 225-
   226, 225n53, n54, 228, 234, 237, 239

Magie 9, 102n79, 107, 114n23, 115,
   117-118, 117n32, n33, 121n39, 122,
   125n46, 134, 144, 146, 148-150,
   173n12, 174n18, 177, n29, 248-249
Médecine 24, 30n30, 90, 90n36, 120
Musique 22, 48, 118, 120, 134, 249
Mystère (rites mystériques) 143n19,
   157n61, 160, 218, 220n39, 234n73,
   244, 251
Mystique (expérience) 129n54, 190,
   211n14, 218-219, 221, 224, 237-239,
   246
Mythe, mythologie 35n39, 39, 47-48,
   83, 103, 143, 143n18, 152n42
Nom (des dieux) 177-178, 177n27,
   n29, 182, 204-205, 216n22

Offrande (sacrificielle) 32-33, 36, 73-
   76, 156, 158-161
   de la parole 39, 155-156, 158
   intellectuelle 158
   végétale 159-160

Parole
  efficacité de la ~ 148, 176, 178, 180,
    186n45, 204
  révélée 145-147, 185
Persuasion 14, 33, 85, 92, 143n18,
  145-149, 163n78, 166, 176, 190n62,
  191-192, 191n64, 205, 215, 237, 249
Piété 21, 25-29, 25n12, 30n28, 35n42,
  36, 37n46, 41-42, 44, 54-56, 60-61,
  72, 75, 77, 79, 86, 114, 159n66,
  162n74, 208, 245
  philosophique 13, 245, 251
Poésie, poète 21-22, 22n2, 29, 30-33,
  30n28, 38, 46-48, 55-56, 62-63,
  63n17, 68-70, 69n32, n32, 72-73, 75-
  76, 79, 85-86, 96n59, 117, 120, 130,
  134, 222, 249
Prescience 91-92, 137, 179, 182, 205
Prêtre 29-30, 30n28, 47, 56, 124-125,
  161, 175-176, 177n27, 178, 180,
  186, 189-190, 192-193, 198, 217n26
  le philosophe ~ 160-161, 236,
    242n94, 248, 251
Prière
  anthropologie de la ~ 205, 223, 228,
    245
  au matin 40, 40n57, 184n43, 245
  au moment de la mort 49-51, 56
  au soir 40, 184n43
  caractère contraignant de la ~ 110-
    123, 134, 144-155, 192, 244
  caractère persuasif de la ~ 144-155,
    176, 191-192, 205, 215-216, 244,
    249
  causes de la ~ 229-232, 244
  commentaire comme ~ 207, 245, 251
  conclusive (finale) 51-54, 200-203,
    240-241
  d'action de grâce 39, 89, 179, 251
  de demande (pétitionnaire) 50, 56, 62-
    63, 68-69, 72, 83-84, 87, 95-96, 104,
    108, 123, 134, 159, 184, 248-249

  de louange 131-132, 179
  degrés de la ~ 185-194, 220-229,
    243, 244, 250-251
  discours philosophique (théologique)
    comme ~ 38-40, 45, 221-223,
    221n41, 238, 240-241, 245, 251
  du culte publique (légale) 14, 22, 29,
    34-37, 41-42, 55, 62, 156-157, 170,
    235
  du sage 14, 21, 161-162, 248
  empreinte d'émotion (passion) 150-
    155, 159, 161, 167, 182, 249
  efficacité de la ~ 110-123, 144-155,
    178n30, 180, 248-249
  fonction purificatrice de la ~ 163-
    166, 250
  gestes de la ~ 205, 223, 245
  initiale 44, 46, 56, 124, 236-240, 247
  intellectuelle (non-articulée) 126-
    128, 133-134, 157, 167, 181, 249
  intériorisation de la ~ 133, 188, 250
  (in)utilité de la ~ 86-87, 90-94, 104,
    107, 110, 135-144, 165, 248
  modes de la ~ 232-235
  nature anagogique de la ~ 180-181,
    188-189, 191, 225, 249
  nature épistrophique de la ~ 182,
    205, 209-220, 225, 237, 244, 250
  nature révélée de la ~ 181-182,
    181n36, 185, 203, 244, 250
  perpétuelle (ininterrompue) 184-
    185, 184n42, 205, 226, 226n56,
    251
  philosophique 54, 69-70, 81, 83, 93,
    95-103, 108, 123, 124n43, 134,
    167, 184, 235, 248
  pour les biens présents 96-99
  qu'on s'adresse à soi-même 97-98,
    104, 176, 176n25, 249
  quotidienne 40, 184n43, 251
  silencieuse 125, 125n46, 133, 157,
    167, 215, 245, 250

temps de la ~ 40, 184, 184n43, 188-189

théurgique 163-166, 169-205, 235, 250

universelle (cosmique) 182, 203, 209-229, 237, 244, 250

Prosternation 131-132, 132n64, 143, 143n20, 222-223, 222n44, 245

Providence 23-24, 29, 83, 87, 89-93, 103-104, 107-109, 113, 133, 136-139, 141, 173, 176, 178, 202, 226, 229, 231

critique de la ~ 23, 136-139, 141

individuelle 90-93, 109, 141

caractère inflexible (nécessaire) de la ~ 136-137, 141, 178, 227n58

Prudence 25, 72, 74, 76, 79

Puissances anagogiques 188-189, 193, 203, 213, 226-227, 229, 240

Pureté, purification 34n37, 37, 40n59, 50n86, 151n41, 158n62, 160, 163-166, 175, 182, 215, 218, 218n29, 223n48, 232-234, 245, 250

morale 36, 37n45, 158n62, 223n48

Pythagorisme, pythagoricien 40n59, 69, 69n34, 70, 70n35, 73, 95-96, 104, 146, 151n41, 156, 156n56, 159n68, 230

Révélation
de l'Intellect divin 129-132, 134
de l'Un 129-132, 134

Rhétorique 14, 22n3, 52, 167, 238, 245
de la prière 14, 118, 134, 166, 223, 249
théorie ~ 12, 15, 44n67, 154-155, 158n63, 167, 236, 245, 249

Rituel 115, 149, 160n69, 161, 169-170, 172, 245, 250
théurgique 170-171, 180, 182, 191n64, 203-205, 226, 250

Sacrifice 12, 23-24, 27, 30-34, 37, 41-42, 55-56, 61, 72, 73n43, 74-79, 85, 89n31, 93, 99, 135, 137, 154, 159, 161, 163, 166-167, 170, 178, 186, 189, 195-197, 247, 252
de la parole 155n55, 156n58
expiatoire 150, 150n40, 173
intellectuel 156-157, 158n62, 167
sanglant 159-160
théorie du ~ 155-160, 186-188

Sagesse, sage 13-14, 21, 26, 44, 51, 65n23, 72, 94, 97, 99, 121-122, 134, 139, 143n19, 156, 160-162, 167, 202, 215, 226-227, 237, 239, 241, 248-249, 251

Silence 124-125, 125n46, 131, 133, 156-158, 156n56, 157n61, 161, 167, 209, 214-215, 219n34, n36, 220, 220n37, n39, 222-223, 222n44, 245, 249-250
nom de l'intelligible 218-219

Soleil (Hélios) 38, 40, 42, 54, 99n70, 112n17, 114, 116n30, 119, 127, 130, 143, 143n20, 201, 209, 212n15, 223n49, 236, 243, 245
contemplation du ~ 41, 130
culte du ~ 40, 114, 209, 212, 222, 245
prière au ~ 40, 114, 134, 251
prière devant le ~ levant 40, 40n57, 114n24, 130n58, 184n43, 222n44, 245
prière au coucher du ~ 40, 184n43

Statue 160-161, 163n78

Stoïcien, stoïcisme 15, 18, 26n19, 57, 60, 82, 82n7, 87, 88n27, 89, 92, 94-95, 97, 99-100, 102-104, 109-110, 126, 133, 137, 141, 158, 158n63, 166, 176n25, 179-180, 201, 205, 248-249

Supplication 32-34, 34n37, 132n64, 151, 151n41, 154, 159, 159n68, 161, 179, 181n36, 182-184, 187, 205, 249

Symbole 28n23, 51, 177, 177n27, 185, 192n69, 211n14, 218-219, 219n36, 222n45, 223

Temple
  de Jérusalem 124
  le νοῦς comme ~ de Dieu 161
Théurgie 163, 169-205, 207, 213n15,
  214-215, 215n19, 221, 234-235, 245,
  250

Un
  hymne en l'honneur de l'~ 221n41
  inaccessibilité de l'~ 107, 250
  indicibilité de l'~ 156
  invocation de l'~ 123-126
  révélation de l'~ 129-132
  l'Un-Bien 231, 245
  union (mystique) 129n54, 142, 160-
  161, 174-175, 187, 190, 192, 194,
  204, 218-219, 224n52, 225, 227,
  229, 231, 250

Tempérance 25-27, 35-36, 56
Textualisation (de la prière) 14, 189,
  207, 207n3, 245, 251

Vertu 25-27, 25n14, 31-32, 34, 36-37,
  53, 56, 72, 75-76, 78-79, 83, 94-96,
  98, 102, 118, 142, 143n19, 153,
  161-162, 185, 201, 202, 226-227,
  233n70, 251
Vision (mystique) 174, 218-219,
  220n37, 222n44, 237, 245
Voix 48, 100, 115, 118-119, 125,
  125n46, 134, 149-150, 157, 180-181,
  190
Volonté de(s) dieu(x) 50, 91, 173-174,
  173n13, 178-179, 190, 196, 201

Index verborum

ἀγύρτης 30-33, 55, 85, 116
ἀδικία 25-27, 30, 35, 52-53, 55
αἴτησις 95-97, 101, 104, 134, 248
ἀλήθεια 193, 202, 213-214, 226-227, 235, 237
ἀνάγκη 87-88, 136, 144-147, 166, 172-173, 178-179
ἀναγωγή 157-158, 187-188, 189n56, 199
ἀπάθεια 121, 150-152, 157, 171-173, 179, 195
ἀρετή 31-32, 46, 53-54, 67, 73, 94-96, 98, 161, 202-203
ἀφροσύνη, ἄφρων 25-26, 36, 64, 74, 78

βία 147, 178
βλασφημία 41-42, 74-75

γνώρισις 187-189, 194, 204
γνῶσις 183-184, 200, 202-203, 205, 221, 223, 232, 235, 244-245, 248
γοητεία 115, 117-118, 121-123, 134

δαίμων 22, 26, 84, 99n69, 102, 105, 125-126, 153-154, 159-160, 166-167, 171, 172n10, 173, 179, 195-197, 199-200, 204, 249
δεισιδαιμονία 153
διάλεκτος 95-96, 98-99, 104, 200
δικαιοσύνη, δίκαιος 25-27, 56, 76-77, 227, 241
δύναμις 185, 208, 215

ἐγκώμιον 22n3
εἱμαρμένη 87-89, 92-93, 136, 201
ἔλλαμψις 173-174, 188, 190, 192, 194

ἐλπίς 49-50, 188-189, 193-194, 202-203, 226-227
ἐμπάθεια 150, 161, 167, 171-175, 195, 204
ἐμπέλασις 224, 231-232, 244
ἐνέργεια 173, 180, 182, 190, 228-229
ἕνωσις 174-175, 187-188, 190, 192-194, 198n94, 201, 223n50, 225, 228, 231-232, 244
ἐπιστήμη 43-44, 77, 215, 240
ἐπιστροφή 209-211, 213
ἐπιθυμία 27, 97-98
ἐποπτεία 218-219, 245
ἐπῳδή 30n30
ἔρως 188-190, 193-194, 198-199, 213-214, 226-227, 235
εὐδαιμονία 53-54, 73, 202-203
εὐσέβεια 25-27, 37, 42, 74, 159n66, 248
εὐτυχία 50-54, 57, 67, 73, 94
εὐφημία 42, 74
εὐχαριστία 89
εὐχή 11-12, 34n37, 39, 68, 95-97, 100, 104, 124, 126, 136, 138, 145, 154, 162, 186-187, 200, 228
εὐχωλή 32n32, 34n37

ζωή 174

ἦθος 152, 154n52, 155

ἱκετεία 11, 34n37, 151n41, 160-161, 163-167, 182, 183, 185, 191n64

θεωρία 121-122, 124, 134, 149, 157-158, 160, 167, 249
θρησκεία 186, 225-226

θυσία 31, 154, 156, 159-160, 167

κλήσις 150-151, 167, 170-177, 182, 190

λιτανεία 11, 151, 154, 159-160, 163,
    166-167, 170-171, 170, 182-183, 185
λόγος 43n66, 51, 56, 115, 118, 125,
    147-148, 154-155, 157-158, 162

μάθησις 42
μάντις 30-33, 55, 116
μέλος 118
μυήσις 218-220, 245

νοῦς 26n19, 107, 125-126, 128-131,
    149, 161, 163, 166-167, 171, 176-
    177, 179-182, 184-185, 188, 192n69,
    201, 204-205, 237, 249

οἰκείωσις 223, 232, 244
ὁμιλία 9, 95-96, 98-102, 104-105,
    125n47, 184, 200, 248
ὁμοίωσις (θεῷ) 34n38, 184, 251
ὁσιότης, ὅσιος 25-27, 36, 41-42, 75-77,
    79

πάθος, παθεῖν 14, 150-155, 157, 166-
    167, 171-176, 185, 216, 244, 249
πειθώ, πείθειν 14, 27, 31, 145, 147-149,
    166-167, 176-177, 188-189, 191,
    194, 205, 215-216, 244, 249
πίστις 45n70, 188-189, 192-193, 194,
    213-215, 217n27, 224-227, 235
πόθος 98
πλεονεξία 25, 27-29, 53, 55
πολυμαθία 71
προαίρεσις 88n27, 113, 118-119, 121,
    174
πρόνοια 87-91, 136
προσκλήσις 150-151, 167, 170-173,
    175-176, 182, 185, 198

προσκύνησις 132, 132n64, 143n20,
    222 n47
προσομιλία 36-37, 99, 102, 104, 183-
    185, 200, 204, 227-228, 244, 248, 251

σειρά 210n11, 212
σιγή 157-158, 160, 218-219, 220,
    222n47
στιγμός 115, 118
συμπάθεια 111-113, 117, 134, 150, 248
συναφή 187-192, 194, 224, 231-232, 244
συνήθεια 188-189, 191
σύνθημα 177-178, 183n40, 185, 204,
    211-213, 216-220, 224, 226, 229,
    232, 244, 250
σωφροσύνη, σώφρων 25-27, 30n30, 34-
    36, 44, 51, 56, 70, 74, 76, 77n51, 86,
    215, 227, 241

τελετή 143n19, 160n70, 218, 234n73,
τέχνη 50, 52, 57, 77, 87-88, 94-95,
    103n82, 115, 137, 247
τύχη 50, 52, 56, 67n25, 84, 87-89, 93,
    137, 162, 167, 202-203

ὕβρις 25-27, 28n23
ὕμνος 11-12, 22, 38, 45, 47n77, 157-
    158, 160, 162, 167, 181n36, 209n8,
    222, 241n91

φιλία 28, 51-52, 177-179, 187, 188n51,
    189-190, 191n68, 194, 198, 200-201
φιλόσοφος 95-97, 103n82, 104, 133,
    139n8, 160n69, n70, 215, 235,
    237n80, 242n95
φρόνησις, φρόνιμος 25-27, 64, 68-69,
    76-79, 116n30, 201
φωνή 115n27, 125-126, 149, 157-158,
    181
φῶς 129-131, 174, 189-190, 193-194,
    220n39, 225n54, 288n59, 237,
    239n88

Table des matières

Remerciements   5

Préface   7

I. Introduction   9
    Corpus de textes   13
    Status quaestionis   14

II. Platon. Prières des impies, prières des sages   19
    1. Prier selon la loi   20
    2. Les prières platoniciennes et la tradition religieuse   35
    Conclusions   52

III. Le *Second Alcibiade*.
    À la recherche de la prière idéale   57
    1. Le *Second Alcibiade* et la pensée religieuse à l'époque hellénistique   57
    2. La prière de l'insensé : demander un mal au lieu d'un bien   59
    3. La prière idéale du poète anonyme   66
    4. La prière des Athéniens et la prière des Spartiates   70
    Conclusions   77

IV. Maxime de Tyr. Prière traditionnelle et prière du philosophe   79
    1. La critique de la prière traditionnelle   81
    2. La définition d'une « prière du philosophe »   93
    Conclusions   101

V. Plotin. Prière « magique » et prière du νοῦς   105
    1. Prière, providence et responsabilité individuelle   106
    2. Les prières peuvent-elles contraindre les astres ?   108
    3. Prier et attendre Dieu   121
    Conclusions   130

VI. Porphyre. Hiérarchie des êtres divins, hiérarchie des prières   133
    1. La défense de la prière dans le *Commentaire sur le Timée*   133
    2. La *Lettre à Anébon* : prier n'est ni contraindre, ni pâtir   142
    3. *De l'abstinence* : la place de la prière dans la théorie du sacrifice   153
    4. Prière du sage, prière des théurges   158
    Conclusions   164

VII. Jamblique. La prière théurgique   167
   1. Les réponses de Jamblique aux objections de Porphyre   169
   2. La théorie de la prière de Jamblique   183
   3. La prière finale de la *Réponse à Porphyre*   198
   Conclusions   201

VIII. Proclus. La prière cosmique   205
   1. L'οὐσία de la prière   207
   2. La τελειότης de la prière   218
   3. Les causes et les modes de la prière   227
   4. La pratique de la prière   234
   Conclusions   242

Conclusions   245

Bibliographie   251
   Éditions et traductions   251
   Littérature secondaire   254

Index locorum   271

Index rerum   285

Index verborum   291

Volumes parus dans la collection Recherches sur les Rhétoriques
   Religieuses (RRR)   295

Volumes parus dans la collection Recherches sur les Rhétoriques Religieuses (RRR)

1 *Bibliographie analytique de la prière grecque et romaine (1898-1998)*, par les membres du C.A.R.R.A., sous la direction de Gérard FREYBURGER et Laurent PERNOT.
Deuxième édition complétée et augmentée (1898-2003), par les membres du C.A.R.R.A., sous la direction de Gérard FREYBURGER, Laurent PERNOT, Frédéric CHAPOT, Bernard LAUROT.
Supplément à la deuxième édition (années 2004-2008), par les membres du C.A.R.R.A., sous la direction de Yves LEHMANN, Laurent PERNOT, Bernard STENUIT.
Deuxième Supplément à la deuxième édition (années 2009-2013), par les membres du C.A.R.R.A., sous la direction de Bernard STENUIT

2 *Corpus de prières grecques et romaines*, Textes réunis, traduits et commentés par Frédéric CHAPOT et Bernard LAUROT.

3 Anima mea. *Prières privées et textes de dévotion du Moyen Age latin*, par Jean-François COTTIER.

4 *Rhétorique, poétique, spiritualité. La technique épique de Corippe dans la Johannide*, par Vincent ZARINI.

5 *Nommer les Dieux. Théonymes, épithètes, épiclèses dans l'Antiquité*, Textes réunis et édités par Nicole BELAYCHE, Pierre BRULÉ, Gérard FREYBURGER, Yves LEHMANN, Laurent PERNOT, Francis PROST.

6 Carmen *et prophéties à Rome*, par Charles GUITTARD.

7 *L'hymne antique et son public*, Textes réunis et édités par Yves LEHMANN.

8 *Rhétorique et littérature en Europe de la fin du Moyen Age au XVIIe siècle*, Textes réunis et édités par Dominique DE COURCELLES.

9 *L'étiologie dans la pensée antique*, Textes réunis et édités par Martine CHASSIGNET.

10 Supplicare deis. *La supplication expiatoire à Rome*, par Caroline FÉVRIER.

11 *La rhétorique de la prière dans l'Antiquité grecque*, Textes réunis et édités par Johann GOEKEN.

12 *Julius Valère*, Roman d'Alexandre, Texte traduit et commenté par Jean-Pierre CALLU.

13 *L'enseignement de la rhétorique au IIe siècle après J.-C. à travers les discours 30-34 d'Ælius Aristide*, par Jean-Luc VIX.

14 *Rhétorique et poétique de Macrobe dans les* Saturnales, par Benjamin GOLDLUST.

15 *Ælius Aristide et la rhétorique de l'hymne en prose*, par Johann GOEKEN.

16 *Lessico, argomentazioni e strutture retoriche nelle polemica di età cristiana (III-V sec.)*, a cura di Alessandro CAPONE.

17 Aristoteles Romanus. *La réception de la science aristotélicienne dans l'Empire gréco-romain*, Textes réunis et édités par Yves LEHMANN.

18 *La déesse Korè-Perséphone : mythe, culte et magie en Attique*, par Alexandra DIMOU.

19 *Ælius Aristide écrivain*, Textes réunis et édités par Laurent PERNOT, Giancarlo ABBAMONTE, Mario LAMAGNA, avec l'assistance de Maria CONSIGLIA ALVINO

20 *Poétique de la prière dans les œuvres d'Ovide*, par Virginie SUBIAS-KONOFAL

21 *Religions de Rome. Dans le sillage des travaux de Robert Schilling*, Textes recueillis et édités par Nicole BELAYCHE et Yves LEHMANN